本书为以下基金项目的研究成果：
国家自然科学基金项目（71263049）；国家自然科学基金项目（71463054）；博士后基金面上项目（2016M602948XB）；新疆科技厅软科学项目（2017D07019）；新疆自治区社科基金项目（2015BJY018）；新疆人文社科研究基地重点项目（050314B01）；新疆人文社科研究基地项目（XJEDU010612C12）；新疆财经大学2015级应用经济学博士后流动站研究项目。得到新疆财经大学学术著作出版资助，同时得到了新疆社会经济统计研究中心的资助。

DONGXIBU CHANYEZHUANYI SHOUZU BEIJINGXIA
XINJIANGCHABIEHUA TUDIZHENGCE GOUJIAN

东西部产业转移受阻背景下新疆差别化土地政策构建

马长发◎著

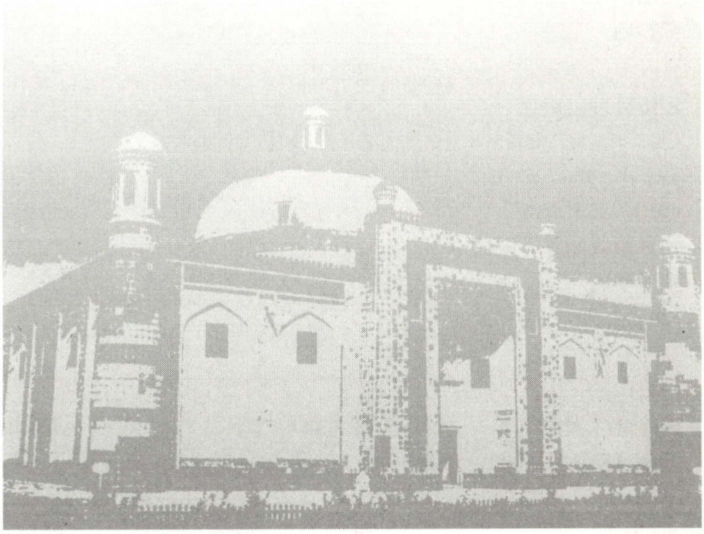

经济管理出版社
ECONOMY & MANAGEMENT PUBLISHING HOUSE

图书在版编目（CIP）数据

东西部产业转移受阻背景下新疆差别化土地政策构建/马长发著．—北京：经济管理出版社，2018.2
ISBN 978-7-5096-5597-9

Ⅰ.①东…　Ⅱ.①马…　Ⅲ.①土地政策—研究—新疆　Ⅳ.①F321.1

中国版本图书馆CIP数据核字(2017)第315840号

组稿编辑：申桂萍
责任编辑：赵亚荣
责任印制：司东翔
责任校对：董杉珊

出版发行：经济管理出版社
（北京市海淀区北蜂窝8号中雅大厦A座11层　100038）
网　　址：www.E-mp.com.cn
电　　话：（010）51915602
印　　刷：北京玺诚印务有限公司
经　　销：新华书店
开　　本：720mm×1000mm/16
印　　张：23
字　　数：438千字
版　　次：2018年3月第1版　　2018年3月第1次印刷
书　　号：ISBN 978-7-5096-5597-9
定　　价：98.00元

总 序

消除贫困、改善民生、逐步实现共同富裕，是社会主义的本质要求，是我们党的重要使命。改革开放以来，我国实施大规模扶贫开发，使7亿多农村贫困人口摆脱贫困，取得了举世瞩目的伟大成就，为世界反贫困做出了巨大的贡献。2015年，中央召开扶贫开发工作会议，提出到2020年确保我国现行标准下7000多万农村贫困人口实现脱贫，贫困县全部摘帽，解决区域性整体贫困，并提出要把精准扶贫、精准脱贫作为基本方略，按照扶持对象精准、项目安排精准、资金使用精准、措施到户精准、因村派人精准、脱贫成效精准的要求，坚决打赢脱贫攻坚战。新疆作为我国少数民族聚居的西北边疆地区，贫困人口多，贫困发生率高，贫困人口主要集中在南疆四地州、贫困山区和边境地区。南疆四地州是我国14个集中连片特困地区之一，也是我国六个主要的深度贫困地区之一，自然条件差、经济基础弱、贫困程度深，是脱贫攻坚中的硬骨头。新疆2020年要实现全面建成小康社会目标，必须要实现农村贫困人口脱贫，解决区域性整体贫困问题。

要实现新疆社会稳定和长治久安的总目标，必须坚持党中央依法治疆、团结稳疆和长期建疆的治疆方略，着眼实现长治久安，积极实施精准扶贫、精准脱贫的基本方略，为社会稳定和长治久安奠定发展和稳定的基础；必须加快构建现代化经济体系，紧抓建设丝绸之路经济带核心区和全面对外开放战略的历史机遇，积极承接东中部地区的产业转移，加强培育自主创新能力，促进科技型中小企业协同创新，激发中小企业发展活力和创新动力，推进新疆经济发展质量的提升，为新疆与全国同步实现现代化奠定更为坚实的基础。

新疆财经大学紧紧围绕中央、自治区的战略部署，以“长治久安视角下的新疆精准扶贫”为主题展开了积极有效的团队研究，取得了较为丰富的研究成果，现集结成册。这套丛书包括三本：《新疆扶贫开发若干重点问题研究》《东西部产业转移受阻背景下新疆差别化土地政策构建》和《新疆科技型中小企业协同创新研究》。

《新疆扶贫开发若干重点问题研究》的主要内容：实现农村贫困人口脱贫是全面建成小康社会最艰巨的任务。新疆作为我国少数民族聚居的西北边疆地区，贫困人口多，贫困发生率高。总体看，新疆贫困人口主要集中在贫困山区、边境地区和少数民族聚居地区，这些贫困地区发展的本底条件较差，开发成本高，减贫难度大，因此，脱贫攻坚任务十分艰巨。为实现2020年新疆全面脱贫并与全国同步全面建成小康社会目标，深入系统地研究新疆扶贫开发问题具有重大的现实意义，对于新疆实现社会稳定和长治久安总目标以及国家边疆稳定发展具有重要的实践意义。本书在深入分析新疆的贫困特征、贫困成因以及扶贫开发的关键问题和主要现实困难的基础上，提出了新疆实现全面脱贫的对策和政策建议。本书以问题为导向，采用实证研究与理论分析相结合的方法，选择与新疆扶贫开发紧密相关的人口、就业、特色农业、新型城镇化、边境地区脱贫、贫困退出机制、贫困退出后的持续扶持机制与政策和2020年新疆全面脱贫的政策建议八个问题进行了专题研究。

《东西部产业转移受阻背景下新疆差别化土地政策构建》主要内容：当前新疆存在东西部产业转移受阻、推动产业进疆的政策梯度未形成、看似公平的土地政策可能对新疆不公平等问题，导致新疆“跨越式发展”受到严重阻碍。本书旨在构建推动产业进疆的政策梯度，从理论、实证和政策三个层面展开研究。通过理论研究，得出：新疆的产业转移战略应该是依据资源禀赋，以比较优势为基础，发挥后发优势，培养动态比较优势，实现竞争优势；制度优势比获得更多政府投资更有价值，西部只有依靠制度创新，才有可能实现后发赶超；不能脱离发展阶段和经济增长方式，盲目促进产业转移。通过实证研究，得出：当内涵式增长逐渐替代外延式增长，使得新增建设用地上创造的GDP相对于存量用地上创造的GDP处于劣势的时候，土地弹性和贡献就会出现拐点；根据空间误差模型和空间滞后模型的测算，发现土地要素的弹性是中部>西部>东部，说明土地要素投入效率是中部>西部>东部；东部发达地区土地弹性依然很强，没有出现转弱的拐点。通过政策研究完成了东西部土地和财税政策梯度比较；构建了差别化土地政策框架，提出了多行业和地类的差别化土地政策建议；根据产业转移特征、规律、差别化点提出了多项鼓励性和警惕性差别化政策建议。本书将为吸引产业进疆的土地政策构建提供理论依据和有效性衡量标准。

《新疆科技型中小企业协同创新研究》主要内容：以新疆科技型中小企业为研究对象，通过问卷调查和实地调研访谈法，收集大量翔实的数据资料，分析新疆科技型中小企业协同创新的现状和影响因素，通过新疆奇康哈博维药股份有限公司、图示天下软件有限责任公司、新疆德蓝水技术股份有限公司、新疆感知信息科技有限公司开展协同创新活动的案例研究，剖析成功的经验和存在的问题，并结合比较研究方法，对比美国、德国、日本及我国广东省和福建省开展协同创新活动的具体做法，总结问题并得出促进新疆科技型中小企业协同创新的若干对策建议。从协同创新主体参与方的角度，主要包括：建立利益分配和风险分散机制、提升企业自身的知识和技术转化能力、建立资源共享机制等。从外部环境的角度，主要包括：政府应从法律法规、科技政策、经济手段等方面采取措施促进产学研协同创新；金融中介应从加大政策性金融机构支持力度、创新商业银行服务模式、加快发展风险投资机构等方面支持产学研协同创新；科技中介应从加快发展速度、规范市场竞争环境、提高从业人员素质、完善中介服务平台建设等方面支持产学研协同创新。

“长治久安视角下的新疆精准扶贫”学术丛书编写组

2017 年 10 月 20 日

前　言

2010年5月第一次新疆工作座谈会以来，新疆发展受到空前重视，新疆的“跨越式发展和长治久安”被赋予特殊的战略意义。新疆的“跨越式发展”根本上需要产业支撑，但“跨越式发展”在东西部产业转移中的特征表现在哪里？现有优惠政策是否足够吸引产业进疆？政策作用下产业转移的临界点在哪儿？这些关键问题需要理论的指导和科学的测算。

当前，19省市对口援疆是中央为推进新疆跨越式发展和长治久安做出的一项重大战略部署，为推动东部发达地区产业向新疆转移提供了独有的战略机遇。但是如果施援方和受援方都没有充分掌握新疆经济和社会发展的规律，并在此基础上制定理论指导明确、战略目标统一、全国和全疆统筹的科学政策体系，那么援疆措施就难以避免呈现项目推动、各自为政、缺乏合力、重复建设等特征。看起来大好的援疆形势，可能在一定程度上表现出“热情的零敲散打”“各吹各的号”“摸着石头过河”，非常不利于新疆战略目标的实现。

研究发现，在市场机制的作用下，市场的力量通常倾向于扩大地区差距而不是缩小差距。局限于我国东部经济发展总水平，自然的市场调节下产业转移时机还不成熟，需要“逆市场”的政策调节促进产业转移，但在东部、中部、西部、东北“四大板块”普惠制形势下，以及我国财税和政绩考核体制诱发的“地方保护”下，有利于新疆的“政策梯度”难以形成。无论是市场调节的产业梯度转移、外溢效应，还是“逆市场调节”的政策梯度，新疆都处于劣势。市场机制下的东西部产业转移受阻、滞缓已经是学界共识，因此需要构建新疆与东部政策梯度弥补产业转移动力的不足，以“政策换时间”方式促进产业进疆。新疆需要构建针对国内其他板块和西部其他省份之间有效的政策梯度，以改变东西部产业之间的比较成本和比较优势，达到东部产业转移的临界点，还要求政策优惠到足够保证东部产业跨越中部和西部其他省份进入新疆。

当前，新疆正处于西部大开发、19省市对口援疆、丝绸之路经济带、扶贫攻坚战略、新型城镇化等多战略叠加和优惠政策倾斜机遇期，居于“经济的洼地，政治的高地”这样一个战略位置，构建促进产业进疆的差别化的政策梯度有其必要性、迫切性和可能性。

吸引产业的优惠政策通常包括土地、金融、财税、环保、人力、资源等方面的宽松优惠条例，土地政策作为吸引产业转移的“龙头政策”和招商谈判的“压轴性”底牌，对吸引东部产业进疆具有关键意义。

2011 年 6 月，国土资源部提出“差别化土地管理”这一新的土地资源管理的原则和目标；2015 年底中央提出了“供给侧改革”的要求，给差别化土地政策提出了新要求，带来了新机遇。在当前西部进行激烈招商引资竞争、承接产业转移这样一个背景下，土地政策如何从产业转移的特征和规律入手，找到差别化点，有的放矢地制定出更有利于促进产业转移和升级、促进供给侧改革的好政策，有待深入研究，也具有重要的理论和实践价值。本书将为吸引产业进疆的土地政策构建提供理论依据和有效性衡量标准。

基于此，本书有两大特色：一是从理论出发，战略定位、政策统筹；二是减少计划性思维、指令性思维，突出思想性、指导性、差别化思维。

首先，要想利用差别化政策吸引产业转入，先要了解东西部产业转移滞缓原因，进而了解东西部差距产生的经济机理、政策影响机制，然后才能掌握产业转移滞缓背后的政治与经济机理。其次，在构建政策的时候，针对促进产业转移找到差别化点是关键，这就需要全面梳理产业转移的特征、规律、差别化点，然后才能有的放矢地制定出促进产业转移升级的好政策。最后，在构建政策的时候发现多个产业、多个地域、不同阶段、不同地类、多个环节、多个指标在多个层面的互相渗透、错综复杂，这种背景下，为每个地区构建全方位、无遗漏的差别化政策。

从实践看，土地政策问题在全国都是一个比较敏感的话题，所以调研在疆内外都处于一个表面顺利、深度挖掘却困难的状态。正如基层领导所说，“好的政策哪儿都有，一部分在桌子上，一部分在抽屉里，一部分在口袋里。口袋里面的东西，关系再好也不能让你看”。各地招商引资优惠政策的条款真正使用的不只是公开的优惠政策，公开的都是桌面上的，具体条款往往言之不清，或者在优惠政策最后会附一句“一事一议”“一企一议”“特事特办”等措辞。地方政府对外来调查的敏感甚至排斥，无疑会阻碍地方实践经验向理论升华、向政策提升的机会，也导致非地方体制内人员身在其外去了解、构建具体政策存在困难。

学术研究应偏向思想指导，而具体的地方政策是指令性的、片面的，对规律的认识、思想的把握才真正有思想指导性，更符合学术研究的价值。本书重点探索产业转移的特征、规律和土地促进产业转移的差别化点，然后以此为基础，给出差别化土地政策构建的思想指导性建议。

因此，本书没有局限于“就土地论土地，就产业论产业，就政策论政策”，而是从东西部差距产生的政治经济机理入手，以比较优势、动态比较优势、后发优势、竞争优势等理论为指导，以未来跨越式发展为目标，将土地政策的构建与产业的有效转移结合分析，将大量研究精力放在政策构建的前期，即政策构建的社会和经济理论支持研究，这样就不仅是构建了一个指令性的政策那么简单，更重要的是回答了以下问题：为什么构建差别化政策？构建什么目标的差别化政策？政策构建的社会和经济依据有哪些？政策有效的衡量标准是什么？需要鼓励和警惕的差别化点有哪些？以什么方式、什么力度进行政策倾斜？这样就为构建政策梯度提供了理论和科学测算的基础，将为推动产业进疆的政策梯度构建提供思想性的、指导性的理论和政策借鉴，而非构建某个具体的指令性的政策。各地只要掌握了产业转移和升级的规律、各种用地的差异点，就能更好把握产业需求和用地需求，自我量身定做，制定出系统性的、本地化的差别化土地政策。

本书共九章，其中第五章第二节（新疆承接产业转移的现状）由许欧阳负责研究并撰写，第三节（新疆产业空间布局）由肖春梅和刘雅轩负责研究并撰写，第四节（新疆承接产业转移的行业选择）和第五节（新疆承接产业转移的承载力分析）由石林负责研究并撰写。在此衷心感谢他们大力、诚挚的支持，尤其感谢经济学院肖春梅老师，长期以来笔者多项课题和专著的完成都有赖于她的大力支持。

受研究水平和研究时间的限制，本书难免存在不妥、争议或谬误之处，恳请各位专家学者批评指正。

目　录

第一章　研究背景和意义

第一节　当前产业转移和援疆政策中存在的问题

2010 年 3 月第一次新疆工作座谈会议以来，新疆发展受到空前重视，新疆的“跨越式发展和长治久安”被赋予特殊的战略意义[①]，但“跨越式发展”在东西部产业转移中的特征表现在哪里？现有措施是否足够支撑跨越？跨越的临界点在哪儿？这些关键问题需要理论的探讨和科学的测算，但还没有引起学术界和领导层足够的重视。

如果施援方和受援方都没有充分掌握新疆经济和社会发展的规律，并在此基础上制定统筹科学的政策体系，那么现在的援疆措施就难以避免各自为政，难以形成长期有效的合力。看起来大好的援疆形势，可能在一定程度上表现出“热情的零敲散打”“摸着石头过河”，这不利于新疆战略目标的实现。

学术界的研究发现，当前的产业转移和援疆政策中存在四个问题，使得新疆目前并不具备实现“跨越式发展”的潜质。

一、东部向西部产业转移受阻，普惠制又影响了西部政策梯度

我国新的区域发展总体格局已全面形成“东部率先、中部崛起、东北振兴、西部开发”的所谓“四大板块”战略，区域间的激烈竞争表现为对产业的竞争。

---

① 2014 年 5 月第二次新疆工作座谈会提出新疆战略目标是“社会稳定和长治久安”，但本研究认为发展和稳定的关系要么互相促进，要么互相促退，长期地坚持发展或稳定的目标，最终会导致发展和稳定关系的相互促退。当前对稳定目标的偏重是暂时性、一定时期的应对战略，酝酿和促成发展和稳定良性互动的关系是新疆最终追求的战略目标，因此，从前瞻性眼光看，跨越式发展仍是新疆需要提前布局和研究的问题。

研究发现，产业梯度顺序表现为东部高于中部，而中部又高于西部（张可云，2001；张春法，2006），东部对内陆地区的外溢效应主要集中面向中部地区（潘文卿和李子奈，2008；范剑勇等，2010）。但实际上，东部的制造业尚未达到转移的内生临界点（李娅和伏润民，2010），中国29个制造业行业中仅有9个行业存在扩散效应（陈秀山和许瑛，2008），大规模的产业转移并未发生，产业转移并不明显（陈秀山和许瑛，2008；赵伟，2009），制造业将进一步向东部地区转移和集聚（范剑勇，2004；赵伟，2009）。

另外，市场分割和地方保护会阻碍东部产业的转移（林毅夫和刘培林，2004；陆铭和陈钊，2006；陶然等，2009）。单纯市场的力量一般会扩大而不是缩小地区差距（Myrdal G.，1957），国家的政策仍是促进东部产业向西部转移的关键因素（李娅和伏润民，2010），适度的政策梯度是实现区域协调发展的核心选项（安虎森和李锦，2010）。

市场力的作用倾向于扩大而不是缩小地区间的差别（迈达尔，1957）。只有在区域间形成有效的政策梯度，才能真正发挥优惠政策的区域调节效应。政府应进一步加大东西部的政策落差，在东部和西部之间形成一定的政策梯度。

但我国区域政策体系存在严重缺陷，以前是“一刀切”，现在是普惠制，普惠制使得政策泛化，重点不突出（魏后凯和邬晓霞，2010），四大板块之间难以形成有效政策梯度，成为“都优惠就没有优惠”。西部大开发并没有显著地改善西部地区的软环境（魏后凯和孙承平，2004；刘生龙和胡鞍钢，2009）。甚至有研究指出，国家对西部的大开发远不及当初开发东南沿海及经济特区时的政策力度大，落后地区获得的许多优惠是仿照东部的普及，并且西部的总体优惠水平还是低于东部，乃至不及“振兴东北等老工业基地”的政策含金量高（李汉文，2011）。

研究表明，无论是在市场调节的产业梯度转移、外溢效应上，还是在“逆市场调节”的政策梯度上，新疆都处于劣势，这种总体态势决定了新疆难以从东部引入规模产业，也难以“跨越”中部地区和东北地区。

二、援疆政策尚未形成全局、长效、稳定的政策框架

第一次新疆工作座谈会后出现多路支援、多层支援、多方面支援，但更多体现“一对一”帮扶、“人、财、物”特色和项目特色。援疆政策各自为政，缺乏体系。无论施援方还是受援方，还缺乏对新疆经济发展阶段、增长方式、东西部产业转移、政策结合等的针对性研究，缺乏对四大战略板块的不同着力点、层面的差异认识，因而在分类指导方面有待完善。就产业转移而言，当前政策是否符合产业转移规律，是否比其他区域更具梯度性优势，与西部其他省份比较的优劣

势如何，各种优惠政策综合效应如何，这些问题都有待更深入研究。

援疆政策尚未形成以“问题”为主线的，全局、前瞻、长效、稳定的政策框架，说明对“跨越式”战略的内涵要求还没充分、科学地体现到援疆政策中去，这与中央的战略要求可能还有差距。有必要充分挖掘“跨越式发展和长治久安”特有的政治、经济、社会内涵，把新疆的特殊性上升到“区域援助理论分析的高度”，以“效率、公平、特殊”这个三维理论框架研究新疆发展问题，把中央对新疆的战略支持更多体现到政策中去，为新疆争取更多“一对一”的优惠政策提供理论支持，促使新疆在“普惠制”的不利局面中脱颖而出。

三、建设用地高需求和严格的土地政策之间的矛盾

新疆正处在工业化中期阶段——典型的马尔萨斯增长向索洛增长过渡阶段，土地是一种重要的生产要素。历史规律表明，在这个阶段采取粗放式增长方式是不可跨越的必然选择（Porter，2002），不能脱离发展阶段讨论经济增长方式问题（王一鸣，2007），这个阶段是资源消耗和要素投入强度最大的时期，相当于东部早期发展时期，对建设用地有大量需求。新疆的工业化阶段及相应的经济增长方式决定了新疆对建设用地的巨大需求，但这与严格的土地政策之间存在矛盾，新疆的“跨越式发展”需要差别化土地政策的支持。

四、看似公平的土地政策实际对新疆不公平

根据罗尔斯的公平理论，在竞争起点上居于优势地位的城市竞争主体在很大程度上决定着“竞争过程的规则”，从而在竞争过程中也将具有相对的竞争优势，因此这种形态的竞争“看似公平，实质上却不公平”，难以达到实质公平的竞争结果。这一点准确地体现在东、西部对建设用地的竞争中：

（1）发达地区以财政补贴政策打破了现有土地供给政策的实际公平，破坏了土地市场秩序。当前土地“招拍挂”政策和“工业用地统一最低标准”等政策考虑了欠发达地区的经济水平，看似公平，但研究发现：东部地区对开发区新增工业用地的补贴最多，中部次之，西部最少（张清勇，2009）。东部地区利用自身已有的财政优势采取地方政府补贴，依然能够实行比中西部更优惠的招商引资供地政策，这些不公平竞争的行为会严重破坏土地市场秩序，甚至使土地秩序彻底失效，进一步加剧发展过程的不平衡。

（2）东部可以更高的“土地级差收益”获得更多城乡建设用地置换的机会，而落后地区因本身级差地租收益低，无法与发达地区竞争而处于发展困境。

（3）西部为东部承担外部成本。东部发达地区在早期率先发展中通过“土地换资本，空间换发展”策略获得低成本高速扩张，造成耕地紧张、环境污染等

问题，却要中西部地区同样承担“全世界最严格的耕地保护政策”。西部为东部发达地区承担外部成本，是典型的“东部生病，西部吃药”。更值得担忧的是，东部通过前期扩张已打下很好的城市基础，西部正处在工业化和城市化起步发展期，同样严厉的土地政策是“砍了东部的尾巴，斩了西部的头”。

（4）主体功能区是对区域过去发展水平的一个事后承认或被动承认，核心逻辑是对外生条件和历史事件的绝对遵从，存在“越富越支持，越穷越限制”。资料显示，我国22个限制开发地区，西部占了17个。在相关配套政策不到位的情况下，主体功能区建设非但不能缩小差距反而会扩大发展差距（安虎森和薄文广，2011）。另外，李国平（2008）研究发现，改革开放30年来中西部地区资源密集型行业的比较优势得到了强化。新疆主要是资源优势，“东西互动，优势互补”策略会不会加强新疆的资源依赖引发“资源诅咒”也值得思考。

第二节　构建“逆市场调节”政策梯度的必要性

研究发现，在市场机制的作用下，市场的力量通常倾向于扩大地区差距而不是缩小差距。局限于我国东部经济发展总水平，自然的市场调节下产业转移时机还不成熟，需要“逆市场”的政策调节促进产业转移，但在东部、中部、西部、东北“四大板块”普惠制形势下，以及我国财税和政绩考核体制诱发的地方保护下，有利于新疆的政策梯度难以形成。无论是在市场调节的产业梯度转移、外溢效应上，还是“逆市场调节”的政策梯度上，新疆都处于劣势。因此，需要构建新疆与东部政策梯度弥补产业转移动力的不足，以“政策换时间”方式促进产业进疆。

以上现状表明，新疆需要构建针对其他板块和西部其他省份之间有效的政策梯度，以政策落差改变东西部产业之间的比较成本和比较优势，达到东部产业转移的临界点，还要求政策优惠到足够保证东部产业跨越中部和西部其他省份进入新疆。

改革以来的经验表明，土地是区域竞争中招商引资的龙头，这决定了土地优惠政策在各种优惠政策中的龙头地位。以土地政策为龙头，配合以产业、财税、人力、资源等政策，对构建新疆与东部、中部、东北及西部其他省份之间的政策梯度具有显著的可行性。

以最新一轮产业转移为例，很多企业面向中西部多家地方政府进行“一对多”谈判，谁的优惠多，企业就最终选择哪里，而土地往往就是政府的最后筹码。国家要求"任何地区、部门和单位都不得以'招商引资''旧城改造''国有企业改制'等各种名义减免土地出让收入、实行'零地价'甚至'负地价'，或者以土地换项目、先征后返、补贴等形式变相减免土地出让收入"，但此类现象事实上屡禁不止，城市的几乎所有大投资、大项目背后都有土地的影子。这一方面反映了地方政府招商引资过程中的不规范操作，另一方面也反映了土地优惠政策在吸引产业转移中近似"压轴性"的作用。

第三节　新疆构建政策梯度的历史机遇

"跨越式的发展"需要"跨越式的政策"，而差别化的土地政策是各种政策的基础。新疆发展正面临两个前所未有的契机：

1. 新疆正处在众多战略叠加和优惠政策倾斜机遇期

由于历史、民族、社会和国际的一些原因，中央给予新疆和西藏类似的"特殊"战略地位，新疆不是一般意义上的"老少边穷"，在西部内部也具有特殊地位。西部大开发、19 省市对口援疆、丝绸之路经济带、扶贫攻坚战略、新型城镇化等多战略叠加，2010 年 3 月新疆工作座谈会议、2010 年 7 月西部大开发会议、2014 年 5 月第二次新疆工作座谈会，以及国家"十二五""十三五"规划等都明确要求把新疆置于西部乃至全国的突出战略地位，新疆正处在"经济的洼地，政治的高地"这样一个位置，构建差别化的政策梯度有其必要性、可能性、迫切性。

2. 供给侧改革给差别化土地政策提出了新要求、带来了新机遇

2011 年 6 月，《全国主体功能区规划》提出建立差别化土地政策要求，明确提出：要按主体功能区的要求，实行差别化的土地管理政策。《国民经济和社会发展第十二个五年规划纲要》提出了"全面实行资源利用总量控制、差别化管理"这一新的土地资源管理的原则和目标。

2011 年 6 月，国土资源部印发的《国土资源"十二五"规划纲要》确定了"十二五"国土资源管理总体目标，明确要求实施"土地总量控制、供需双向调节、差别化管理"，以加快资源利用方式转变，促进经济发展方式转变。2012 年 8 月，国土资源部通过了《关于推进土地利用计划差别化管理的意见》（国土资发〔2012〕141 号），差别化土地利用计划政策开始在全国层面推行。2015 年底中央提出了"供给侧改革"的要求，土地作为所有经济活动的基础资源，则是供给侧改革中必不可少的要素。承接产业转移的土地政策又增加了"加快过剩产

能化解，促进产业优化重组”的新要求。这为新疆差别化土地政策的构建和吸引产业进疆的政策梯度形成提供了契机，也提出了新的要求。

第四节　研究特色和意义

近年来，政界与学界已经形成共识，我国幅员辽阔，不同区域的资源禀赋、发展阶段、产业以及城乡实际情况千差万别，与之对应的当前土地管理存在的突出问题在于土地政策普适性较强而差异性不足、土地政策理论研究滞后于经济社会发展需要、试点经验总结提升和应用推广不够等，这种现状不利于土地参与宏观调控，不利于发挥区域资源禀赋优势，需要抓紧进行理论研究，科学指导各地实践经验上升到国家政策层面。

从产业用地差别化和行业用地差别化的学术研究看，有关差别化土地政策的研究数量不到 100 篇，研究数量和质量都比较欠缺，只有矿业用地差别化政策受到较多关注，对旅游业差别化的研究只有 1 篇理念性地提及，土地政策如何配合产业转移的研究仍是空白。可以看出，关于差别化土地政策的研究由于数量和质量有限，必然导致很多研究角度无法涉及，或研究不深入，缺乏理论启示和实践借鉴的价值。

从各地差别化研究实践看，国土资源部网站、各地方网站、国土资源报提供了数以千计的报告案例，差别化政策依然更多停留在政府指令口号、零星建议层面，说明土地政策理论研究滞后于经济社会发展的实践需要、试点经验总结提升和应用推广不够等问题较为突出，实践到理论的升华，实践到政策的提升还有一些距离。从汇报案例的地域来看，来自东部发达地区的报告案例较多，来自西部的案例较少，而且多是在文件报告里提出要贯彻“差别化的要求”“抓住差别化的机遇”这样一些口号，缺乏具体措施，说明西部欠发达地区在改革创新的超前思维、胆量方面和东部有明显差距。

在当前西部进行激烈招商引资竞争、承接产业转移这样一个背景下，土地政策如何从产业转移的特征和规律入手，找到差别化点，有的放矢地制定出更有利于促进产业转移和升级、促进供给侧改革的好政策，有待深入研究，也具有重要的理论和实践价值。

基于此，本书最大的特色是没有局限于“就土地论土地，就产业论产业，就政策论政策”，而是从东西部差距产生的政治经济机理入手，以未来跨越式发展为目标，将土地政策的构建与产业的有效转移结合分析，将大量研究精力放在政策构建的前期，即政策构建的社会和经济理论支持研究，这样就不仅是构建了一个指令性的政策那么简单，更重要的是回答了：为什么构建差别化政策？构建什么目标的差别化政策？政策构建的社会和经济依据有哪些？政策有效的衡量标准是什么？需要鼓励和警惕的差别化点有哪些？以什么方式、什么力度进行政策倾斜？这样就为构建政策梯度提供了理论和科学测算的基础，将为推动产业进疆的政策梯度构建提供思想性的、指导性的、普遍性的理论指导，而非构建某个具体的指令性的政策。

各地只要掌握了产业转移和升级的规律、各种用地的差异点，就能更好地把握产业需求和用地需求，自我量身定做，制定出系统性的、本地化的差别化土地政策。

第二章　产业转移和差别化政策的关键理论探讨

第一节　产业转移的基础：理论和战略的争议、选择

一、差别化政策的科学逻辑：理论—战略—产业—政策

差别化的土地政策要服务于产业发展，产业选择要服从于区域发展战略，区域战略要遵循客观经济规律，服从经济理论指导。因此，科学发展的逻辑是“理论—战略—产业—政策”，这是一条科学发展的逻辑思路，但是现实中这条逻辑线路中存在理论和现实的诸多矛盾和令人疑惑之处。

其现状是：战略理论指导的失误可能导致新疆总体发展战略有缺陷，最终影响到发展与稳定的关系失衡。

二、理论和现实的困境

（一）欠发达地区普遍面临发展的“理论困境”

2000 年 10 月中共十五届五中全会公报中第一次出现了“跨越式发展”的提法，此后，“跨越式发展”成为中国政府工作文件中的常用词汇，很多省份、行业、部门相继提出“跨越式发展”战略，到目前为止全国已有 27 个省份提出了“跨越式发展”（刘进军，2013）。“跨越式发展”不是“浮夸风”“大跃进”，而是需要一定的基础条件，它涵盖了 GDP 的跨越、城乡收入的跨越和城镇化的跨越等方方面面的内容。当前，欠发达地区努力缩小区域差距，普遍提出了“跨越式发展”或“赶超式发展”的口号，并以产业发展、城镇化为抓手，追求赶超

式发展的目标。但“跨越式发展”是中国独有的提法和发展方式，国内尚未形成成熟体系（孙庆刚和秦放鸣，2011）。

关于欠发达国家和地区缩小差距、后发赶超的多种经济发展理论在国内广泛存在争议，导致国内学术界和地方政府长期陷入“理论困境”和“陷阱”疑惑中。主要表现在：静态比较优势理论与动态比较优势理论的争议（Stiglitz，2011；Rodrik，2011；余永定，2013；干春晖和余典范，2013）；比较优势理论与竞争优势理论的争议（洪银兴，1997；Nelson R.，1993）；后发优势和后发劣势的争论（杨小凯，2000；林毅夫，2002；魏后凯，2004）。此外，还面临着“比较优势陷阱”“后发优势陷阱”“资源诅咒”“产业转移梯度陷阱”“转型陷阱”等诸多“优势”与“陷阱”并存的迷惑（徐康宁，2005；邵帅，2008；刘友金和吕政，2012；干春晖和余典范，2013）。刘世锦（2010）认为，后发优势的典型误解就是“跨越式发展”的口号，林毅夫反对“大推进”战略。

（二）新疆面临“比较优势陷阱”和“资源诅咒”困境

指导理论迷失可能导致新疆发展战略的迷失。新疆自1993年开始执行的“黑白战略”是静态比较优势理论指导下的总体战略，直接结果可能导致产业结构逆调整，产业利益链的低端锁定和结构锁定。研究发现：新疆“比较优势陷阱”凸显（陈闻君和胡序勇，2012）；新疆能源资源开采量增幅远高于新疆GDP增幅等充分表明新疆存在“资源诅咒”效应（姚文英，2009），新疆“资源诅咒”特征明显，甚至是严重区（孙庆刚和秦放鸣，2011；马跃辉和高志刚，2013）；新疆资源优势未能有效转换为竞争优势（韦亚平，2007）。

1999年以前，新疆的多项经济指标和城镇化率曾长期高于全国平均水平，但是在2000~2009年第一轮西部大开发结束后，新疆城镇居民人均可支配收入在全国的排名由1999年的第17位，下降到2009年的第30位，人均生产总值由1999年的全国第13位、西部第1位，下降到2009年的全国第21位、西部第5位[①]；城镇化率由第17位下降到第26位，2010年新疆城镇化率低于全国水平8.35个百分点，2000~2009年增长率为0.6%，低于全国同期水平0.6个百分点[②]。新疆与东中部之间多项指标差距都显著拉大至全国最末端，在西部也失去领先优势，而且从2010年新疆工作座谈会后，经济和城镇化差距还呈现出进一步扩大的趋势（闫海龙，2012）。第一轮西部大开发对新疆而言是“机遇的十年”，也是“失去的十年”。

新疆在经过第一轮西部大开发10年比较显著的绝对增长的同时，在相对指

---

① 根据1999~2009年《中国统计年鉴》《新疆统计年鉴》《新中国六十年统计资料汇编》整理。

② 数据来自《新疆城镇体系规划（2012－2030年）》和《新疆城镇化发展道路选择研究》专题报告。

标上却不断拉开差距，意外地引来了严峻的维稳形势。当前新疆的战略目标从2010年第一次新疆工作座谈会确定的“跨越式发展和长治久安”转变为2014年第二次新疆工作座谈会确定的“社会稳定和长治久安”，说明前一时期的发展没有促进稳定，反而使政治和社会稳定状况明显恶化，新疆当前处在“稳定压倒一切”的应急状态，面临着发展和稳定目标的双损失。

对于这个令人意外和惊讶的结果，地方政府出于新疆特殊的稳定需要和政治考量，倾向于汇报纵向的发展成果，疆内学术界在第一轮西部大开发的10年中保持了集体沉默。

三、欠发达地区“跨越式发展”理论体系及观点争议

如前文所述，当前，欠发达地区努力缩小区域差距，普遍提出了“跨越式发展”或“赶超式发展”的口号，并在相关理论和实践方面进行了积极探索。

1. 跨越式发展的概念

跨越式发展是一种新的发展方式，这种提法和发展方式是中国的独创，国外对中国“大跃进”（Great Leap Forward）研究文献颇多，但没有“跨越式发展”这种提法（孙庆刚和秦放鸣，2011）。跨越式发展的提出主要是依据戴维·罗默1986年提出的“新经济增长”模型理论，以及受到世界银行总结的韩国快速追赶发达国家的模式和OECD的麦迪森等的启发提出来的，认为落后国家有可能追赶发达国家，当时用了英文“leapfrog”一词，即“跳跃”或“蛙跳”的意思。它是指落后国家或落后地区，为了缩小与先进国家或地区的差距，直接吸收人类先进文明成果，主要是先进的科学技术和管理经验，通过实施不平衡发展战略，最终实现经济、科技、文化等领域和国家发展水平整体跃升的一种新的发展方式（陈秀山和王舒勃，2002）。

我国最早是1994年启动S－863软课题时针对科技创新提出“跨越式发展”的，2000年10月，中共十五届五中全会第一次正式使用“跨越式发展”的提法。第一次新疆工作座谈会后，中央对新疆提出了跨越式发展的要求。

学术界最早是由覃乃昌（1997）、周国华和郑云有（1999）、张明玉（1999）等对民族地区经济、农村经济、企业跨越式发展进行研究；重点以国家为研究主体，研究的是技术跨越和生产力跨越式发展的概念、跨越式发展的可能性、跨越式发展的途径和方式（邓光奇，2004；李黎明，2007）；然后出现以省份、行业部门为单位的跨越式发展研究，比较典型的是西藏、宁夏、新疆等民族地区和西部地区为对象的跨越式发展的研究（孙庆刚和秦放鸣，2011）。

学界共识在于：跨越式发展认为，落后国家或地区有可能追赶发达国家，制度和体制条件是实现跨越式发展的关键（陈秀山和王舒勃，2002，2004）。日本

和“亚洲四小龙”后发赶超的成功为跨越式发展的可能提供了示范，而其支持理论一般被认为是比较优势理论和后发优势理论（林毅夫，1994，2002；简新华和许辉，2002；郭熙保和胡汉昌，2004）。

2. 跨越式发展理论体系构成

比较优势理论又包括静态比较优势理论和动态比较优势理论。文献中所见的比较优势一般是指比较优势理论。

（1）比较优势和动态比较优势。

比较优势是由李嘉图（Ricardo，1817）在亚当·斯密“绝对优势”概念的基础上提出的国际贸易理论，又称为“相对优势理论”。一方面，在批判比较优势理论的基础上，Grubel 和 Lloyd（1975）提出了产业内贸易理论，Krugman（1979）、Dixitand 和 Noman（1980）等学者创立了新贸易理论；另一方面，比较优势理论经由 Heckscher、Ohlin、Stolper、Samuelson 等的努力，发展出 H－O 理论、S－S 理论、FPT 要素价格均等化理论和雷布津斯基定理。其中，Rybczynski 提出的雷布津斯基定理表明比较优势理论其实是一个动态的概念。波特（Porter，1980）在比较优势的基础上，革命性地提出了竞争优势的概念，指出拥有比较优势未必就有竞争优势。

虽然经济学家们已经在理论上从各个方面证明了比较优势理论的有效性（Deardoff，1979，1980，2004），但是在“二战”后初期，很多学者发现传统比较优势理论的固有缺陷不利于后进国家经济的发展（普雷维什，1950；明特，1954；De－breu，1974；Cheng、Sachs 和 Yang 等，2000）。此后，越来越多的学者发现，比较优势动态化有利于经济的发展，强调经济发展中的后天可获得要素对经济发展的重要作用（Young，1991；Redding，1997；Durkin，1997；Rieei，1999；Aghion 和 Howitt，1998）。进一步研究明确提出了动态比较优势的概念，Krugman（1987）、Grossman 和 Help－man（1991）与 Amsden（1989）都使用了“动态比较优势”（Dynamic Comparative Advantage）这个概念，但没有给出清晰的定义。Redding（1999）则在 Krugman（1987）的基础上，对动态比较优势的概念做了较为明确的定义。

总体来看，关于动态比较优势理论的研究中：基于要素变化的动态比较优势代表性理论包括动态比较成本说（筱原三代平，1955）、雁行理论（赤松要，1932；小岛清，2000）、比较优势阶梯论（Balassa，1977）、内生动态要素禀赋理论（Oniki 和 Uzawa，1965）和产品生命周期理论（Vernon，1966）等。在考虑技术要素的动态变化方面，有干中学（Arrow，1962；Romer，1986）和技术外溢（Krugman，1987；Lucas，1988）两种主要的技术获取途径。此外，杨小凯（2002）将分工专业化视为动态比较优势的来源。

（2）后发优势与后发劣势。

后发优势论的创立者是亚历山大·格申克龙（Alexander Gerschenkron，1962），认为落后国家可以利用其后发优势来缩小与领先国家的生产率差距。随后，纳尔逊和菲尔普斯（Nelson 和 Phleps，1966）将这一思想模式化，以阿布拉莫维茨（M. Abramovtiz，1986）为首的一批学者提出“追赶假说”（Absorptive Capability Hypothesis）来补充“后发优势假说”。Cohen 和 Levintal（1989）以“吸收能力假说”解释追赶失败现象。Pavitt 和 Soete（1982）用创新变量解释“后发优势陷阱”。Brezis 和 Krugman（1993）在总结发展中国家成功发展经验的基础上提出了基于后发优势的技术发展的“蛙跳”（Leap - frogging）模型。日本学者南亮进（1992）探讨了日本的后发优势从产生到消亡的过程，提出了“后进利益说”。

后发劣势的概念由列维（Levy，1966）在《现代化与社会结构》中提出，从制度层面上提出了后发优势与后发劣势的并存。2000 年杨小凯在国内首次提出后发劣势概念，认为技术模仿的短期成功会挤压制度创新，将引致长期失败。与之相对，Brezis 和 Krugman（1993）的“蛙跳”理论认为，后发国通过更好地把握新技术和机会，可能会赶上甚至超过先进国家。

3. 各种理论观点争议

令人难以乐观的是，学界对跨越式发展的支撑理论存在一些争议，刘世锦（2006）甚至认为，跨越式发展主要体现在技术或管理方法上，而不大可能体现在发展阶段上，林毅夫（1994）也不赞成“大推进”的理论。

（1）跨越式发展支撑理论的争议。

关于后发国家如何实现赶超，主要有三种观点：静态比较优势战略（林毅夫，1994）、动态比较优势战略（Young，1991；杨小凯、干春晖和余典范，2013）、后发优势战略（郭熙保，2000）。争议体现在对“东亚奇迹”的解释方面，林毅夫和蔡昉等（1999）等学者把“东亚奇迹”归功于静态比较优势，Alice Amsden（1989）和 Robert Wade（1990）的解释是其源于动态比较优势，罗索夫斯基（Rosovsky，1976）、南亮进（1992）和大川一司（1988）等将后发优势理论应用于对日本工业化过程的分析并验证了其客观性。

国内一些重要观点还包括：国外对中国“大跃进”研究文献颇多，这给予我们很大警示，即“跨越式发展”与“大跃进”一步之遥，搞得不好就是“大跃进”（孙庆刚和秦放鸣，2011）；跨越式发展主要是就经济而不是就社会而言的，经济又主要指社会生产力的发展（陈秀山和王舒勃，2004）；实现跨越式发展不仅包括实现发展速度的跨越，而且包括实现发展方式的跨越、发展阶段的跨越，以及包括实现重大科技创新的跨越和生活方式转变的跨越。跨越式发展有着极其丰富的内涵（董兆武，2010）。

（2）比较优势与竞争优势之争。

从国内来看，早在1994年，林毅夫就在详尽剖析中国经济改革经验和比较东亚新兴工业化国家与其他发展中国家不同经济增长路径的基础上，提出了“比较优势战略理论”，迅速引起了国内外学者的重视和积极回应。2003年末，《经济发展的比较优势战略理论》一文拉开了新一轮中国经济发展战略论战的序幕（林毅夫，2003），中国学者的研究与讨论很快突破了“比较优势战略”的思维框架，通过借鉴20世纪70年代诞生的战略贸易理论和新兴的国家竞争优势理论，认为单纯的比较优势不一定能成为竞争优势，需要将这种比较优势转化为竞争优势。近年，在中国对外贸易导向和产业结构调整问题上，由“竞争优势战略”统领的政策建议似乎在讨论中占据了上风（于永达和于君博，2005）。

波特（Porter，1980）在比较优势的基础上，革命性地提出了竞争优势的概念。波特认为，拥有比较优势未必就有竞争优势，而只有获得竞争优势才能最终实现国际分工利益。波特教授1990年提出“国家竞争优势”理论，发展了传统比较优势理论，认为一国兴衰的根本在于在国际竞争中是否赢得优势。Nelson R.（1993）认为，“比较优势战略”确实需要诸如“国家竞争优势”“国家创新体系”这样的新理论作为补充和发展。洪银兴（1997）从比较利益陷阱、比较优势转化为竞争优势和创造产业竞争优势三个方面分析入手，提出单纯的比较优势不一定能成为竞争优势，不能只停留在对比较优势产业的完善上，更重要的是要在这种比较优势的基础上创造出竞争优势。

林毅夫和李永军（2003）认为，对竞争优势理论的片面理解，使有些学者误认为比较优势理论已经过时，倡导由政府来推动竞争优势的提升，以进行经济上的“赶超”。这种“赶超”创造出一批在竞争的市场中不具有自生能力的企业，和竞争优势理论所希望达到的结果正好相反。

于永达和于君博（2005）认为，“比较优势战略”是中国经济增长中必须遵循的策略，但中国确实需要诸如国家竞争优势”“国家创新体系”这样的新理论作为补充和发展。

吴群刚和冯其器（2001）认为，发挥比较优势只是被动地适应资源禀赋特点，而创造竞争优势则是主动地催生新的比较优势或获得动态比较优势。因此，一个地区应该大力促进具有比较优势的产业和产品发展，有目的地退出和放弃那些不具比较优势的产业和产品，把发挥比较优势与提高竞争优势结合起来，在充分发挥比较优势的同时，将比较优势转化为竞争优势，不断推动产业升级。

（3）比较优势与动态比较优势之争。

在“二战”后初期，很多学者发现传统比较优势理论的固有缺陷不利于后进国家经济的发展。普雷维什（1950）和明特（1954）指出，发展中国家如果遵循现有的比较优势来参与国际分工，就会掉进比较利益陷阱，损害国民经济的长远发展。De－Breu 等（1974）提出“不可能定理”，否定了传统比较优势理论。越来越多的学者发现，比较优势动态化有利于经济的发展，强调经济发展中的后天可获得要素对经济发展的重要作用（Young，1991；Redding，1997；Durkin，1997；Rieei，1999；Aghion 和 Howitt，1998；Cypher 和 Dietz，1998）。他们的普遍观点是：从短期来看，动态比较优势会引起旧的出口部门比较优势的暂时减弱甚至消失，从而减缓经济增长速度；从长期来看，比较优势的动态转变则有利于经济的持续增长和国民福利水平的提高。Cheng、Sachs 和 Yang 等（2000）将李嘉图的技术比较优势引入 H－O 模型，严格证明了传统比较优势学说的局限性（林善波和陈飞翔，2011）。实证研究发现，比较优势对区域经济增长的带动效应已经非常微弱，实证结果支持了动态比较优势有利于经济增长的观点（林善波和陈飞翔，2011）。

在国内，林毅夫的静态比较优势分析框架在国际上受到斯蒂克里茨、罗德里克和张夏准等的质疑和批评（余永定，2013）。多名学者研究认为，静态比较优势的路径依赖可能使发展中国家长期利用静态比较优势参与分工，会强化已经落后的发展中国家原有的比较优势，陷入技术和产品的“低端锁定”或“比较优势陷阱”（Young，1991；杨小凯，1998；郭熙保，2008；郭克莎，2013）。Audy（2000）、Sachs 和 Warner（1999）等学者研究认为，依赖比较优势出口自然资源初级品的国家，在长期表现出比自然资源稀缺国家更低的增长率，这就是所谓的“资源诅咒”。干春晖和余典范（2013）认为，传统比较优势的路径依赖不仅有可能使中国陷入“比较优势陷阱”，如若不长远谋划，积极构建新的动态比较优势，亦有可能使中国整体经济陷入“转型陷阱”。中国要避免在全球价值链的分工和利润分配环节中被低端锁定的命运，就必须在经济发展过程中，不断提升自己的比较优势内涵，追求动态的比较优势。

2012 年林毅夫在比较优势框架基础上推出了新结构经济学理论，受到国际和国内多位著名经济学家的广泛赞誉和批评质疑。张军（2013）认为，“林毅夫教授 20 年来坚持倡导的基于比较优势的产业政策和发展战略的思维框架显然是要坚守而不是超越静态比较优势学说的理论基础。因此，在理论上如何能够把基于静态效率的比较优势理论从贸易部门直接推演到整个产业的范围并运用于一国国内的产业政策与产业结构变化升级的领域，这是新结构经济学的基础理论工作”。

林毅夫（1994，1999，2012）一贯主张依据资源禀赋发挥比较优势（静态），认为不符合要素禀赋结构决定的比较优势会使产业或企业缺乏自生能力。

与此相反，张夏准认为，静态比较优势理论只是告诉发展中国家当前保护某些产业会遭受的损失，而没有指出产业保护的长远益处（Chang，2006）。如果发展中国家过早地按照比较优势参与国际分工，很可能被“锁定”在产品附加值链的底端，意味着发展中国家将失去追赶发达国家的动力，陷入“贫困陷阱”。于永达和于君博（2005）认为，中国经济发展差距使得林毅夫“比较优势战略”的假设变得过于苛刻而无法满足。

（4）后发优势与后发劣势之争。

国外 Brezis 和 Krugman（1993）的蛙跳理论认为，后发国通过更好地把握新技术和机会，可能会赶上甚至超过先进国家。杨小凯（2004）在国内首先提出后发劣势理论，指出技术模仿的短期成功会挤压制度创新的长期成功，这种短期的成功，可能又是“对后来者的诅咒”（杨小凯，2004）。落后国家模仿发达国家的技术容易而模仿其制度难。落后国家倾向于模仿发达国家的技术和管理而不去模仿其制度，虽然可以在短期内获得经济的快速增长，但是会强化制度模仿的惰性，给长期增长留下许多隐患，甚至使长期发展变为不可能，因此，他认为后发国家有“后发劣势”，主张应该由难而易，在进行较易的技术模仿前，先完成较难的制度模仿，才能克服“后发劣势”。

诺思和托马斯（1973）曾指出，制度创新本身是经济发展的动态原因，具有自我循环累积机制，制度创新比技术创新更为优先且更为根本。在国内，林毅夫（2002）和杨小凯（2003）展开了著名的“后发优势与后发劣势”之争。

林毅夫（2003）认为制度是不可能隔夜就改成的。日本、“亚洲四小龙”等并未完成宪政改革，但它们在发展的每一个阶段都比较好地发挥了它们的比较优势，所以实现了后发优势，在发展水平上赶上或大幅度缩小了与发达国家的差距；相对于那些违背比较优势，想在产业、技术上赶超的发展中国家，不管是已经实行了宪政体制的印度还是未实行宪政体制改革的苏联、东欧等社会主义国家抑或中南美洲国家，和发达国家的差距不仅没有缩小，有的甚至还扩大了。

杨小凯与林毅夫关于后发优势与后发劣势之争，实质上是后发国的经济发展应该走技术模仿道路还是制度模仿道路之争。郭熙保和胡汉昌（2004）认为技术模仿与制度模仿是后发国后发优势不可分割的两个组成部分，在不同的发展阶段其着重点有所不同，单纯的技术模仿论和制度模仿论都是错误的和有害的。并特别指出，制度后发优势不仅存在，而且是后发国后来居上的必由之路。

杨小凯使我们注意到了制度创新的必要性、重要性和根本性，以及延误制度创新的严重后果，单纯追求技术创新模仿是不可为的。林毅夫的观点实际是折中的观点，当前中国的政治经济体制短期内难以发生根本性改变，这是大家都心领神会、不言而喻的前提基础，在这样一个前提下，既然制度创新不能隔夜而成，那就努力探寻可行的道路，为赶超式发展找寻实践的经验和理论的出路。其也许是符合中国国情的有效的新路，也许将被历史证明是不可为而为之。

除此之外，还有一些代表性观点。陈秀山和王舒勃（2002）认为，后发优势是客观存在的，日本、“亚洲四小龙”等地区的崛起已经证明，但后发优势只是跨越式发展的必要条件而不是充分条件。后发优势也容易被误解，典型的例子是某些“跨越式发展”口号和设想，但跨越式发展主要体现在具有充分可替代性的技术或管理方法上，而不大可能体现在具有“自然发育”特性的发展阶段上（刘世锦，2006）。谢作诗（2003）认为，后发劣势是发展中国家的更大现实。

（5）比较优势与后发优势的融合和警惕。

总的来看，比较优势理论和后发优势理论有互相促进、融合发展的趋势。发展中国家或地区比较优势、后发优势是客观存在的，并已被美国、德国、日本、“亚洲四小龙”等国家和地区的崛起所证明，对其一味地否定是不符合历史事实的（何国勇和徐长生，2004）。发展中国家主要有两种优势可以利用，一种是比较优势，另一种是后发优势（郭熙保和胡汉昌，2004），发挥比较优势和后发优势是后发国家实现跨越式发展的理论基础和基本方略（简新华和许辉，2002）。

后发优势战略与比较优势战略相比有两个特点：一是后发优势战略不主张消极地按照比较优势原则介入国际分工；二是以后发优势改造和提升比较优势（郭熙保和胡汉昌，2004）。由于比较优势、后发优势在发展中国家的经济发展中是相互依存的，因此，较好的选择是将两种发展战略结合起来，执行“双重优势并重战略”，如此才能取得经济发展的成功（何国勇和徐长生，2004）。

后发优势发挥作用的前提条件需要比较优势的发挥来积累和创造，而比较优势需要利用后发优势理论来进行巩固和提升。在不远的未来可以预见，比较优势理论和后发优势理论将进一步融合和发展，从而为众多发展中国家经济的进一步腾飞提供更加充足的理论支持（聂华林和杨坚，2009）。

另外，需要警惕两点：一是天花板效应。郭熙保和胡汉昌（2004）指出后发优势存在天花板效应，后发国家仅凭后发优势不可能赶上发达国家，自主创新和实施以创新为主的战略就成为后发国的必然选择。二是比较优势的基础作用。林毅夫（2002）认为，如果政府优先发展的产业不符合这个经济的比较优势，结果是不但没有发挥技术创新的后发优势，而且还会出现各种制度扭曲的后发劣势。

（6）关于制度创新和政府作用的争议。

文献研究所能获得较多共识的是：比较优势、后发优势、竞争优势理论都强调了制度创新和政府干预在后发赶超中的关键作用，包括：静态比较优势分析框架的新结构经济学主张以市场经济为基础制度，政府发挥辅助性的因势利导的作用（林毅夫，2012）；制度后发优势不仅存在，而且是后发国后来居上的必由之路，要使后发优势得以充分的利用和发挥，后发国家政府必须创造一个有利的制度和政策环境（郭熙保和胡汉昌，2004）。

有些人明确反对国家调控、区域援助，认为政府干预降低总体效率、导致扭曲等。这种效率至上的思维忽视了两个事实：第一，多目标发展。公平目标是社会稳定、经济可持续发展的内在要求。第二，东部是首先依靠倾斜性政策实现率先发展的。东部主要是依靠“特区”“特法”，依靠倾向于东部的非均衡发展战略实现率先发展的。而且，这种东部的制度优势至今未变。

后发优势的缺点之一是后发国必须由政府组织大规模地行动来实现这个过程，这就很可能会影响民主政治的发展（Levi，1966）。绝大多数的动态比较优势理论都认可政府在比较优势转换中的积极作用（于春晖和余典范，2013）；国家竞争优势理论的“钻石模型”中也给“政府”这个宏观经济调控者以重要的位置（于永达和于君博，2005）。陈秀山和王舒勃（2004）指出，制度和体制条件是实现跨越式发展的关键。

在国际理论借鉴方面，政府干预对经济发展的积极作用在主流经济学家那里是普遍遭到质疑的（顾昕，2013），但是隶属于发展经济学的“发展型政府”理论（Chalmers Johnson，1982）、“市场强化型政府”理论（Aoerson，2000）、“市场增进型政府”理论（青木昌彦，1998）、“国家干预的新制度主义理论”（张夏准，1994）却主张有效的政府积极干预。值得一提的是，2012 年林毅夫在《新结构经济学》中提出的“有为政府”概念，是其在长期理论思考基础上对发展中国家长期观察和研究的结果（林毅夫，2012；黄少安，2013）。

发展经济学传统上一直强调土地、劳动、资本等生产要素，以要素资源禀赋（资本劳动比）为基础的国家战略选择可以很好地解释中国从计划经济到市场经济的转型（林毅夫等，1994，1999）。近年来，发展经济学最新进展所积蓄的能量给主流经济学带来了巨大的冲击，以赖纳特和张夏准为代表的演化发展经济学的研究方法和基本原理，为发展经济学的重新定向和复兴奠定了基础，他们强调政府对发展中国家的积极作用，在国际上有很大影响，对于理解历史上成功的发展经验在当代是否仍然具有借鉴意义、发展中国家到底应该如何选择发展战略有重要的启发价值（束克东和黄阳华，2008；贾根良，2010）。

另外，林毅夫（2012）提出的新结构经济学（New Structure Economics）主张以市场经济为基础制度，政府发挥辅助性的因势利导的作用，以及中国应该深化市场经济体制改革，完成从双轨制向完善的市场单轨转型（林毅夫，2012）。许多世界著名经济学家如达斯古普塔（Partha Dasgupta）、斯宾塞（Michael Spence）、斯蒂格利茨（Joseph Stiglita）、福格尔（Robert Fogel）、阿克劳夫（Ueorge Akerlof）、谢林（Thomas C. Schelling）、赫克曼（James J. Heckman）、迈尔森（Roger B. Myerson）、菲尔普斯（Edmund Phelps）等均已经给予了高度的评价。新结构经济学是发展经济学思潮的第三波（林毅夫，2011），是林毅夫长期理论思考、对发展中国家长期观察和研究的结果，恰当地综合了旧结构主义和新自由主义（黄少安，2013；张曙光，2013），对发挥政府合理的积极作用具有指导价值，也更适合中国国情。但是，新结构经济学的“有为政府”理论也受到“好人政府”和“制度缺位”的质疑（张曙光，2013；韦森，2013；黄少安，2013）。

需要注意的是，本书对政府积极作用的探索是针对边疆民族落后地区的特殊需求，并非支持政府在经济微观领域的不适当干预。主张从新疆特殊实际出发，由当前产业化和城镇化的政府全面主导向有限主导、市场基础作用、市场决定作用逐步过渡。

（7）关于产业政策合理性的争议。

2016 年下半年，林毅夫、张维迎和田国强就国家是否应该鼓励支持产业政策进行了激烈辩论。这次争论集中反映了当下经济体制改革的核心问题——政府和市场的关系问题，也直接关系到差别化的产业政策是否合理的问题。

张维迎（2006）认为，“产业政策是指政府出于经济发展或其他目的，对私人产品生产领域进行的选择性干预和歧视性对待，其手段包括市场准入限制、投资规模控制、信贷资金配给、税收优惠和财政补贴、进出口关税和非关税壁垒、土地价格优惠等”。关键的两个词是“私人产品”和“选择性干预”，他认为政府在公共产品上的投资不属于产业政策，普遍性的政策也不属于产业政策。“统一的公司税不是产业政策，但扶持性的所得税减免就属于产业政策了”。“产业政策是披着马甲的计划经济，二者都体现了政府对经济生活、资源配置的干预”。“产业政策自 20 世纪 80 年代以来，在中国失败的例子比比皆是，成功的例子凤毛麟角”。“中国经济持续存在的结构失调、产能过剩，哪一个不是产业政策主导的结果?”

林毅夫（2006）认为，大多数成功的经济体均在快速发展过程中使用了产业政策，“我没有见过不用产业政策而成功追赶发达国家的发展中国家，也没见过不用产业政策而继续保持其领先地位的发达国家”。16 世纪的英国，19 世纪中叶的美国、德国、法国以及“二战”之后的日本和“亚洲四小龙”都在快速发展过程中使用了产业政策。“获得成功的最显著的 13 个经济体有五个特征：开放经济、宏观稳定、高储蓄高投资、有效市场以及积极有为的政府”。他们的成功是因为积极有为的政府制定了产业政策来推动新的产业发展。企业家的创新主要是在产品和技术层面，基础科研和公用技术的突破依靠政府支持。“美国的一项研究表明，美国在国际上领先的产业早期的研发基本都是靠政府支持的。基础科学的革命不受企业家精神的影响。”林毅夫认为，尽管许多产业政策失败了，但不是不要产业政策，而是制定什么样的产业政策。尚未见不用产业政策而成功追赶发达国家的发展中国家和保持持续发展的发达国家。

田国强（2016）反对“有为政府”的概念，他认为，由于迄今为止成熟的市场机制还没有建立起来，当前一些政府存在大量的事前和事后乱为，因而提倡“有为政府”往往就会强化政府的乱为而忽视市场化改革的紧迫性。

田国强（2016）认为是市场化制度性改革，而不是产业政策对经济发展起到关键作用。如果说产业政策对发展中国家在追赶发达国家过程中是一个有效的政策工具，但对于一个像中国这样既是发展中国家，更是经济体制转型的国家，则更重要的不是产业政策，而是制度性的改革配以适当的政策包括产业政策。因为仅靠政策是治标不治本的，而市场化制度性改革才是标本兼治、至关重要的。所以，随着中国市场经济的不断成长、成熟，经济增长要实现从要素驱动向效率驱动、创新驱动的转变，失败率较大的倾斜扶持性产业政策要少用、慎用，竞争性的市场环境变得越来越重要。

其他一些观点有：对具有较大经济规模、干中学能力较强和产业间溢出显著的发展中国家而言，根据初始比较优势参与国际专业化分工会抑制其技术进步，而适当的产业干预政策则会促进其技术进步（周燕，2010）。如果研究者和政策制定者的预见是错误的，进行不适当的引导甚至干预，就有可能从遵循比较优势的发展战略轨道，陷入到赶超发展战略的陷阱中（蔡昉，2007）。

四、理论启示

（一）现实的迷惑

1. 区域战略角度：“一黑一白”[①] 和“东西互补”的疑惑

20 世纪 90 年代中期到 2009 年第一轮西部大开发期间，15 年时间，新疆一直立足资源产业优势，实施“一黑一白”战略，从理论上分析，是比较优势战略的体现，但是经过 15 年的努力，新疆的经济和居民收入、城镇化等多项指标，从全国排名中上、西部领先落到全国后部甚至最末水平。多项研究得出了新疆已陷入“比较优势陷阱”“资源诅咒”等困境，在产业发展上呈现出产业利益链的“低端锁定”和“结构锁定”等不利表现。

事实已经证明，前期多年执行比较优势理论的“一黑一白”资源优势战略，在新疆已经明确失败，必须进行调整。但是当前新疆的发展依然强调发挥新疆“资源特色优势”，依然强调“东西互补”（新疆补的都是初级产品和低端环节），这对今后新疆的战略会有什么影响？

---

① 新疆在 1993 年提出的“一黑一白”战略，是指新疆以石油和棉花为主导产业的发展战略。后来发展为“一黑一白一红”战略，“一红”指西红柿、枸杞、红枣等。

如果严格遵循比较优势理论，日本今天应该如同泰国在卖大米，韩国在卖泡菜。如果不发挥比较优势，不积极发展资源特色优势产业，新疆诸多资金技术困难，发展从何谈起？如果继续执行“一黑一白”“东西互补”战略，岂非又走回老路？新疆今后的总体战略从理论上应该如何认识和修正？

2. 区域产业调控指导的角度：各种产业类型具备什么含义

各地都有主导产业、支柱产业、特色优势产业，又都在积极发展高新技术产业，强调新产业新业态，强调创新创业。其分别遵守什么理论？各地制定的支柱产业、主导产业、优势产业目录是否真正科学？各种产业类型具备什么理论含义？是否真的有利于缩小地区差距？

3. 宏观调控的角度：结构雷同与产能过剩

从宏观调控看，全国和地方层面都各有区域发展规划、产业规划、产业指导目录、产业禁止目录。为什么全国产业结构重复、产能过剩？为什么急需供给侧改革？

4. 创新的角度：各地高新产业为什么都雷同

全国都在强调科技创新能力，强调发展高新技术产业，主要包括信息技术、生物技术、新材料技术三大领域十大高新技术。全国都在积极发展高新区、经济开发区，截至 2014 年，国家级高新区总数达到 114 家。但是又存在一个现象，即高新区遍地开花，各区发展高新产业雷同，高新区之间雷同，高新区和经济开发区雷同。

各地都一样地发展高新产业，但是各地的资金、技术、人力资本差别很大，谁真正具有比较优势与竞争优势呢？

（二）比较优势理论的指导

比较优势战略在本质上是着眼于在国际、国内经济分工中找到自己的位置，建立起与自身要素禀赋结构相匹配的有竞争优势的产业（孙金山和徐明等，2013）。而林毅夫又指出，依据资源禀赋，遵循比较优势有利于发展中国家和落后地区积累资金和技术，有利于实现升级（林毅夫，1994），违背资源禀赋会使产业或企业缺乏自生能力。

从比较优势的合理性来看，各地确有必要依据资源禀赋，发展自身特色优势产业，积累资金、技术、人力资本，打下良好的经济基础，以备将来升级发展。对新疆而言，“一黑一白”有其合理性，依据资源优势发展各类采矿业、农业，依据劳动力富余发展劳动密集型产业，都符合比较优势原理，都有利于经济发展的起步和积累。

需要警戒的是：在我国当前财税体制和企业体制下，采矿业的巨额收益在当地没有合理分配，采矿业的发展对当地就业和生活水平的提高缺乏溢出效应；在新疆这样水资源欠缺地区，过于发展农业对水资源占用过多①，对生态造成过大压力，对工业用水产生挤压效应。

从历史发展来看，采矿业的发展对新疆经济增长和生活水平提高没有产生合理作用，矿业资源的丰富与新疆经济增长之间的不合理关系已经说明新疆“资源诅咒”特征。类似西气东输工程降低了东部的生产生活成本，却不利于推动产业从东部移出；对采矿业受益的比例提成当前从计量征税改为了计价征税，是否足够合理以弥补造成“资源诅咒”的差距，都需再探讨。

从棉花等农产品用水情况来看，新疆大面积种植棉花是否合理？从水资源约束来看，“一白”的合理性就值得再探讨。

（三）动态比较优势理论的启发和指导

动态比较优势是静态比较优势的动态化发展的成果，是对静态比较优势在否定基础上的发展。

1. 传统比较优势的弊端

传统比较优势存在一些弊端，在中国的实践中也遇到了很大的挑战。

发展中国家长期利用静态比较优势参与分工有可能导致技术和产品的“低端锁定”。如 Young（1991）就认为，基于传统比较优势理论的自由贸易会强化已经落后的发展中国家原有的比较优势，使之专业化生产低技术含量的产品。杨小凯（1998）也指出，一旦人们专业化从事某种产品的生产就意味着放弃另一产业的生产，从而使得另一行业的劳动生产率处于停滞或下降状态，进而强化原有的比较优势。郭熙保等（2008）也认为，落后国家根据比较优势参与国际分工，往往只能从事传统部门的生产，这就很可能导致技术的锁定，进而陷入依附性发展的陷阱。因此，发展中国家在进行国际分工的产业选择时就面临如下问题：是在当前已经具备比较优势的低技术产业继续从事专业化生产，还是进入目前缺乏比较优势但在将来有可能通过技术水平的提高而获得比较优势的部门开展生产？

过度依赖比较优势的战略也使得中国陷入了“比较优势陷阱”，增大了经济转型的压力。这主要体现为中国在研发、设计、品牌营销、供应链管理和分工深化等关键环节的缺失，在国际产业分工中被固化在价值链的低端，经济活动的附加价值偏低；同时，中国企业大量集中于加工制造环节也造成了企业之间的过度竞争与产能过剩，导致贸易条件恶化、贸易摩擦加剧等。因此，中国要避免在全球价值链的分工和利润分配环节中被低端锁定的命运，就必须在经济发展过程中，不断提升自己的比较优势内涵，追求动态的比较优势（干春晖和余典范，2013）。

① 据研究，新疆农业灌溉用水占据总用水量95%以上。

总而言之，传统比较优势战略（静态比较优势）着眼点是立足于与要素禀赋结构相匹配的有竞争优势的产业，其作用在于打基础，但有可能陷入“比较优势陷阱”“资源诅咒”，变成“成事不足，败事有余”，因此需要培养动态比较优势。

2. 动态比较优势的优势

Young（1991）认为，后进国家目前具有比较优势的部门，并不是潜在生产效率最高的部门，动态比较优势意味着资源向具有更大效率改进潜力的部门集中。Aghion 和 Howitt（1998）指出，当一国的劳动资源从技术简单的部门转移到技术复杂的部门时，不仅会获得更好的生产效率，整个经济的增长率也会相应地提高。

林善波和陈飞翔（2011）认为，传统的比较优势理论这一静态的理论框架，已经不适合我国经济发展的要求，不利于我国比较优势的动态演进与经济的可持续发展。我国迫切需要调整比较优势产业，使其从低附加值的资源、劳动密集型领域向附加值较高的资本、技术密集型领域转移，通过比较优势动态化，使我国经济更加持久、健康地发展。

3. 运用动态比较优势理论的问题

培养动态优势，选择具有潜力，但当前不具有优势的产业，会在一定时期影响发展速度。选择培养不具有比较优势的产业，不仅没有实现潜力，还挤压了具有资源禀赋优势产业的资金、人力，影响到有资源禀赋产业的发展，可能导致倒退。

需要强调的是，“资源诅咒”的存在并非是对比较优势理论适用性的否定，“资源诅咒”发生仅仅是对动态比较优势理论的背离，而并非这一理论的结果（张亮亮和张晖明，2009）。

传统比较优势的弊端和动态比较优势的优势给新疆的启发在于产业的选择和传统产业链条的延伸方面。

过于依赖当地资源禀赋发展特色优势产业，在产业选择上可能陷入比较优势陷阱，在产业链条上被锁定于初级产品和低端加工环节，要想获得长期可持续的、赶超式的发展，在产业选择上须选择一些科技含量较高、附加值较高的产业，例如高新技术产业，做好产业升级工作。

在依据比较优势选择矿业和农业等产业方面，要提升产业链条价值，做好产业链条延伸工作，在研发、设计、品牌营销、供应链管理和分工深化等关键环节下功夫，提供附加值更高的产品，获得更多的利润分成。

对新疆而言，选择矿业和农业等资源优势产业有其合理性，但在加工环节上要延伸产业链，致力于产品深加工，增加人力资本投入，提高产品附加值。因此，矿产品和农副产品深加工是一个努力方向。

从动态比较优势要求来看，只有选择适合新疆的高新产业、新产业、新业态，培养动态比较优势，才有可能突破“比较优势陷阱”和后发优势的“天花板效应”。

但是从动态比较优势弊端出发，一要立足自身潜在优势，选对新产业、新业态。要根据新疆资源、资金、技术、人力等方面禀赋确定新产业、新业态，不盲目从众，盲目应用高新技术。二要坚持渡过困难期、产业培养的妊娠期。新产业会占用传统产业的资金、人力、技术。

（四）后发优势理论的启发指导

1. 后发优势理论的优势

郭熙保和胡汉昌（2004）认为，后发国可以推动自身不具有比较优势的某些行业的发展，通过各种手段如人力资本投资、技术引进和模仿，促进技术积累和提升，增强国际竞争力。这类行业主要是指资本和技术密集型行业。另外，后发国可以后发优势改造和提升比较优势。

发展中国家收入水平、技术发展水平、产业结构水平与发达国家有差距，可以利用这个技术差距，通过引进技术的方式，来加速发展中国家技术变迁，从而使经济发展得更快，这就是所谓“后发优势”的主要内容（林毅夫，2003）。

2. 后发优势的弊端：后发劣势

后发劣势实际是后发优势弊端的体现：技术模仿易、制度模仿难会挤压制度模仿，短期的技术模仿导致难以或无法实现赶超。

杨小凯（2004）还指出，19 世纪后半叶，日本明治维新模仿制度，中国洋务运动模仿技术（中学为体，西学为用）。日本和中国的比较说明，要获得后发优势，一定要先做个学习成功制度的好学生，在考试及格前，一个坏学生是没有资格讲“制度创新”的。中国到处都有“科教兴国”“教育兴国”的口号，这都是后发劣势的表现，真正要利用后发优势应该提倡“制度兴国”。而浦东政府在加工出口区又是用“官商合办”、模仿技术和资本主义管理方法来延缓制度改革，表面上颇有成效，实际上则留下了制度隐患（杨小凯，2004）。

3. 启发指导

（1）欠发达地区的技术和制度模仿（在我国主要是技术模仿）可以降低成本，实现追赶，缩小差距。

（2）后发优势的“天花板效应”导致只能“赶”，不能“超”。后发优势着眼点是立足于技术模仿和制度模仿的低成本优势，实现追赶，但只能实现“赶”，达不到“超”，因为模仿存在“天花板效应”，只有模仿，徒弟永远超不过师傅。因为通常地，模仿难以学习到 100%，即使学到了 100%，师父又有创新走到前面去了。

(3) 动态比较优势、后发优势、后发劣势共同的启示在于，追赶依靠后发优势，跨越需要依靠动态比较优势。赶超的关键不是模仿，是创新，不单是技术创新，还需要制度创新。

(五) 竞争优势理论的指导

吴群刚和冯其器（2001）认为，发挥比较优势只是被动地适应资源禀赋特点，而创造竞争优势则是主动地催生新的比较优势或获得动态比较优势，竞争优势是比较优势和规模优势及技术优势的综合状态。

金碚（1997）认为，“各国产业在世界经济体系中的地位是由多种因素所决定的，从国际分工的角度看，比较优势具有决定性作用；从产业竞争的角度看，竞争优势又起决定性作用。而在现实中，比较优势和竞争优势实际上共同决定着各国各产业的国际地位及其变化趋势”。他强调比较优势和竞争优势的双重作用。

Siggel（1998，2001）与金碚的观点类似，认为比较优势应该是一个动态和开放的概念，而不应该只是局限于李嘉图式的概念，比如规模经济和技术往往是不可分的。

林毅夫（2002）认为，竞争优势和比较优势是彼此相容的，他通过企业自生能力（Viability）试图将两个概念建立逻辑联系。自生能力被解释为开放、自由和竞争市场中企业的预期利润。蔡昉（2003）等认为，竞争力和比较优势并不是互相排斥的，产业竞争力的大小与其是否遵循比较优势原则直接相关（李钢和董敏杰等，2009）。

区域竞争力既取决于宏观层次的区域比较优势，即区域资源禀赋差异，又取决于微观层次的企业竞争优势，是二者综合作用的结果。这两种优势相互联系、相互促进，由此形成了一个区域竞争力的基础（魏后凯，2004）。

由于比较优势、后发优势在发展中国家经济发展中是相互依存的，因此，较好的选择是将两种发展战略结合起来，执行“双重优势并重战略”，如此才能取得经济发展的成功（何国勇和徐长生，2004）。

新疆如果过于关注具有比较优势的能源产业，势必带来产业结构的畸变和对其他产业投资的“挤出效应”。从波特国际竞争的视角分析，比较优势向竞争优势转换的重要途径是将高新技术、先进的管理手段、高层次的人才与丰富的劳动力资源结合，生产具有国际竞争力的产品。因此，对于棉花和石油产业，合理的策略是延伸产业链条，发挥带动效应，而不是放弃其战略产业地位。目前若不能解决棉花深加工中的技术含量低、综合效益差的问题和石油化工生产中的“发达岛”和“两头在外”等问题，那么，石油、棉花就很难成为可信赖的支柱产业（陈闻君和胡序勇，2012）。

五、新疆产业发展的理论和战略选择

（一）理论借鉴的前提

一方面，我国目前正处于艰难的转型期，我们原先在计划经济条件下形成的理论也不适应新的发展；另一方面，发达国家的理论难以直接引进并加以应用，因为西方实际上没有一本真经，发达国家的理论也不断地在变，发达国家的理论也不一定完全适用于发达国家，更不能保证这些理论在发展中国家适用（林毅夫，2012）。理论家照抄照搬发达国家的经验和理论，往往忽视中国的国情和发展轨迹的不同，决策者受到利益的约束、诱导，所形成的决策常常会出现偏差（李铁，2013）。我们需要结合新疆情况，参考借鉴相关理论和实践经验，来确定自己的指导理论和区域战略。借鉴西方经济学发展理论需要先明确以下两个前提：

1. 更多借鉴已经实现了后发赶超的国家

经济学是经验科学，所以借鉴要具备两个条件：第一应该借鉴欠发达国家和地区，第二需要借鉴经历了后发赶超的欠发达国家和地区。因此，日本和“亚洲四小龙”等实现了后发赶超的国家和地区比欧美国家更具有参考借鉴价值。

2. 综合理论战略

根据前文所述，对于新疆地区而言，其经济发展的战略是多元的，单纯采用某一种优势战略是不够的，需要结合新疆情况，综合考虑多种理论的优势、不足，规避弊端，制定综合的区域战略。

（二）各种理论的优点和不足

（1）传统比较优势战略（静态比较优势）着眼点是立足于与要素禀赋结构相匹配的有竞争优势的产业，其作用在于打基础、积累资金和技术，但有可能因为过度依赖而陷入“比较优势陷阱”“资源诅咒”，导致“成事不足，败事有余”。

（2）后发优势着眼点是立足于技术模仿和制度模仿的低成本优势，实现追赶，但只能实现“赶”，达不到“超”，因为模仿存在“天花板效应”，只有模仿，徒弟永远超不过师傅。因为通常地，模仿难以学习到100%，即使学到了100%，师父又有创新走到前面去了。

（3）后发劣势理论实质是后发优势理论弊端的体现：技术模仿易、制度模仿难会挤压制度模仿，短期的技术模仿效益导致难以实现赶超。

（4）动态比较优势和后发优势、后发劣势共同的启发在于，追赶依靠后发优势，超过依靠动态比较优势。赶超的关键不是模仿，是创新，不单是技术创新，还需要制度创新。如果沉溺于比较优势，缺乏创新，日本现在应该在卖大米，韩国应该在卖泡菜。

（5）静态比较优势打基础，无法追赶缩小差距，追赶依靠后发优势，但模仿的“天花板效应”导致不能实现超越，超越需要依靠动态比较优势。因此赶超的关键不是模仿，是创新，不单是技术创新，还需要制度创新。

（6）政策梯度的构建需要警惕：不仅要致力于模仿，还需要创新，不光技术创新，还需要制度创新。在当前大的体制难以改变这一前提下，通过具体行业政策创新，构建政策梯度，促进产业跨梯度、跨区域转移。

（7）无论是打基础应用静态比较优势，还是缩小差距应用后发优势，抑或应用动态比较优势实现超越式发展，都需要政府更多参与。

（8）比较优势的提升需要以后发优势为动力。发挥后发优势的前提条件需要通过发挥比较优势来积累、创造。

（9）没有一个富裕地区是援助出来的，没有一个发达地区是产业承接出来的。当我们学习东部早期优惠政策的时候，东部又出台了“自贸区”“保税区”等更特殊的政策。因此，欠发达地区的差别化政策更需要关注创新。

（三）几种理论的关系和作用机制

目前国内学术界存在着巨大争论，概括起来主要有三种观点：一是林毅夫提出的比较优势战略；二是郭熙保提出的发展中国家应该执行以后发优势为主的发展战略；三是杨小凯对比较优势、后发优势的否定。

首先，比较优势的提升需要以后发优势为动力。其次，发挥后发优势的前提条件需要通过发挥比较优势来积累、创造。

由于比较优势、后发优势在发展中国家经济发展中是相互依存的，因此，较好的选择是将两种发展战略结合起来，执行“双重优势并重战略”，如此才能取得经济发展的成功（何国勇和徐长生，2004）。

（四）新疆总体理论指导战略

1. 理论指导战略

本书认为，新疆的理论指导战略应该是：依据资源禀赋，以比较优势为基础，发挥后发优势，培养动态比较优势，实现竞争优势。表现在产业发展上，就是立足比较优势理论，发展资源特色优势产业，立足后发优势理论，模仿借鉴先进技术和管理方法，促进产业升级，延伸产业链价值，立足动态比较优势理论选择具有区域发展潜力的新产业、新业态，或者延伸产业链，以创新要求寻得产业或产业链条的重大突破。立足后发劣势理论，在制度政策创新、构建良好软环境方面下功夫。

2. 依据优势理论的产业分类

当前，新疆产业发展的重点和方向是围绕 17 个产业，以优势资源产业为基础，推进传统产业转型升级，加快建设制造强省。这17个产业包括：

（1）优势资源产业3个：石油和化学工业、煤炭煤化工产业、电力工业；

（2）传统产业3个：钢铁、有色金属、建材和化学工业；

（3）劳动密集型产业2个：纺织服装、特色轻工业；

（4）战略新兴产业7个：先进装备、新兴能源、新材料、生物和医药、新一代信息技术、节能环保、清洁能源汽车产业。

（5）先进生产性服务业2个：现代物流业、科技服务业。

其中，优势资源产业立足于能源比较优势，传统产业立足于矿业资源比较优势，纺织服装和特色轻工业两个产业立足于特色农林牧资源比较优势。可以看出，这8个产业都是具备一定的静态比较优势的产业。需要警惕的是，一方面，要积极依靠比较优势产业积累资金和技术，为将来产业升级做准备；另一方面，必须引导和支持能源密集、资本密集、技术密集、高附加值、产业链长的项目和企业落地新疆，积极延伸产业链，提高优势资源产业附加值，把资源优势最大限度地转化为产业优势。否则，按理论推理和经验，将难以避免“比较优势陷阱”。

战略新兴产业和先进生产性服务业共9个产业属于具有培养潜力的动态比较优势产业。应该发挥后发优势，积极模仿技术和管理创新，创新驱动，培养动态比较优势。

但是，技术和思想创新也需要集聚效应，新疆处在技术和管理思想洼地，如果全国都同等发展相同战略新兴产业，那么这些产业于新疆是否具有潜在优势、将来在全国市场或者区域市场能否建立优势地位将难以保持乐观。

第二节 东西部的制度落差和差别化政策的经济解释

一、新疆与东部差距现状

1999年以前，新疆的多项经济指标和城镇化率曾长期高于全国平均水平，但是在2000～2009年第一轮西部大开发结束后，新疆城镇居民人均可支配收入在全国的排名由1999年的第17位，下降到2009年的第30位，人均生产总值由1999年的全国第13位、西部第1位，下降到2009年的全国第21位、西部第5位①；城镇化率由第17位下降到第26位。新疆与东中部之间多项指标差距都显

① 根据1999～2009年《中国统计年鉴》《新疆统计年鉴》《新中国六十年统计资料汇编》整理。

著拉大至全国最末端，在西部也失去领先优势，而且从2010年新疆工作座谈会后，经济和城镇化差距还呈现出进一步扩大的趋势（闫海龙，2012）。第一轮西部大开发对新疆而言是“机遇的十年”，也是“失去的十年”。

目前新疆存在着一种风险，即新疆的经济差距与东部地区相比没有缩小，与中亚国家相比也处于落后状态，从而导致地处欧亚大陆腹地的新疆陷入增长谷底，形成了“V形陷阱”（张文中，2013）。研究发现，依据行为经济学理论，相对指标的恶化会使人们忽视绝对指标的改善，产生被剥夺感和不公平感，出现“逆向选择”。考虑到新疆少数民族与中亚国家及土耳其等国相近的突厥文化背景，这样贫弱的物质基础在极端宗教势力和分裂分子频繁活动的新疆将不利于国家、社会、民族认同感，不利于新疆社会稳定和长治久安。

1978年改革开放之前，新疆居民生活水平在全国处于前列。改革开放之后新疆的发展速度与东中部差距并不大，实际上20世纪80年代以提高农村生产率为目标的农村土地制度改革逐渐缩短了东中西部的差距。新疆与东部拉开差距是在1992年邓小平南方谈话市场经济大力发展之后，这与90年代在城市以促进要素流动为目标的市场化机制改革有关。

二、东西部差距研究现状

针对我国东西部经济发展水平差距在西部大开发战略背景下仍在扩大的趋势，现有各类研究成果从不同角度就其成因给出了不同的解释。归纳起来，主要有历史自然因素差别（王绍光和胡鞍钢，1999）、发展战略不同（林毅夫和刘培林，2003）、人力资本差异（蔡昉和都阳，2000）、制度因素和市场化程度（王燕梅，2001）以及产业结构（范剑勇和朱国林，2002）等方面的原因。

王小鲁和樊纲（2004）强调地区生产率的差异；陈秀山和徐瑛（2004）强调要素投入和要素投入的使用效率；赵志耘和吕冰洋（2005）强调资本积累的影响；徐康宁和韩剑（2005）强调“资源诅咒”；胡大立（2006）强调民营经济发展的影响；齐绍洲和罗威（2007）强调能源消费强度与地区经济增长之间的关系；马拴友和于红霞（2003）强调了财政分权与转移支付，研究了地方税影响因素；Adams Samuel 和 Wade Robert Hunter（2008）以及 Machiko 和 Thorbecke Erik（2006）则认为全球化对地区收入差距有着重要影响。还有从开放理论角度的解释（赵伟，2001；汪锋等，2006），从市场化和所有制结构角度的解释（郭兆淮，1999；Chen 和 Feng，2000；万广华等，2005）。

另外的一些研究（Fleish 和 Chen，1997）将中国地区差距的原因归结为中央政府的地区倾斜政策或地理因素，认为中央政府对东部地区的优先投资是中西部地区落后于东部地区的根源，同时，中西部不利的地理条件也限制了这些地区的发展。

本书重点关注了倾斜政策对东西差距的影响。安虎森和殷广卫（2009）认为，“东部崛起”被公认为与中央政府的政策倾斜或“区域经济非均衡发展战略”密切相关。但林毅夫和刘培林（2003）持不同观点，他们认为，事实上中西部地区的投资水平并不亚于东部地区，尤其是在改革开放之前的时期里。如果倾斜的投资政策是导致地区差距的主要因素，那么就无法解释改革开放之前中西部地区得到了大量投资却没有缩小和东部省份发展水平差距的事实。

三、东西部之间制度落差分析

（一）制度落差对区域差距的决定性影响

新制度经济学认为，经济增长更体现为政治经济制度的发展，经济正是在制度更替和作用效率改进过程中发展的（North，1990），合理、有效的政治经济制度是实现经济发展的决定原因（Delong 和 Shleifer，1993）。

尽管影响我国区域经济差异的因素很多，但隐藏在这些因素背后的核心因素是制度。制度落差是影响区域经济差异的首要因素（窦玲，2010；严汉平和方芳等，2009；王琴梅，2006）。

自我国改革开放以来，东西部制度落差随着非均衡发展战略的实施逐渐产生。东部优先发展战略获得了国家制度的倾斜，“特区”和“特法”使东部区域发展在制度上有了保障，有更大的创新自由度。中国改革开放首先是从东部改革中许多“试点”开始，“试点”也即渐进式改革中的“试错”行为，试错的后果由中央政府来承担。东部制度供给往往超越国家允许限度的制度供给，这种制度供给不是中央政府的主动安排，而是地方政府的自主行为，大部分都得到了中央的默许或肯定（窦玲，2010）。在这种情况下，东部制度创新空间非常大，创新失败风险又小，因此制度创新积极性就非常高，不断地掀起一轮又一轮制度创新。并且，制度创新较早区域内的经济主体凭借此制度落差在一定阶段内获得高额“制度租”，“制度租”的存在会进一步加剧区域间差距（严汉平和方芳等，2009）。

王春超和余静文等（2009）等学者研究认为，在整个区域经济制度变迁的过程中，中央政府的制度创新是一条基于政府理念内发的过程。这种区域经济增长的差异性很大程度上来源于中央政府的理念及其对应的区域政策的变化。政府一定的理念形成后能促使特定政策制度的确立，此后将会对各个区域经济增长速度产生不同的影响，由此产生区域经济增长的差异。20 世纪八九十年代执行的是东部率先发展的理念，2000 年后开始的西部大开发、中部崛起、东北振兴等战略是区域均衡发展的理念。

但是很不幸，由于主客观因素所限，国家战略的主体思路是将西部经济发展视为东部经济发展的补充部分。国家的经济发展和人口布局重心在东部，战略缓冲在中西部。因此，从国家战略根本上看，西部发展处于从属地位。长期以来在背后影响经济发展的客观自然地理因素和国家战略决定了未来西部发展的“天花板”，也决定了政策取向。

从现实看，当前西部大开发的优惠政策多是仿照东部政策的普及，没有东部早期优惠，甚至没有东部振兴政策优惠。即使横向比较来看，虽然在某些方面，例如财税减免和土地优惠方面，西部比东部优惠，但是东部地区不断出台新的区域战略规划，开辟“保税区”“自贸区”等新的改革尝试，再度拥有了更高层面先尝先试的制度比较优势。

（二）制度差距的表现

东西部的制度落差主要表现为产权制度落差、市场化制度落差、对外开放程度落差、西部地区立法滞后、制度执行的差异、制度实施落差、非正式制度落差（窦玲，2010；严汉平和方芳，2009；王琴梅，2006）。

制度落差表现在土地领域是微观层面的落差，主要表现为东西部农户所拥有的土地产权制度落差。东部乡镇企业发展快，能够吸纳大量农村剩余劳动力。随着大量农村剩余劳动力进入城镇及转向非农产业，土地的社会保障功能逐渐弱化。东部又及时进行土地流转、集中规模经营等土地改革，既防止了土地撂荒，又解决了土地细碎化与机械化大生产的矛盾。而在西部，土地对于农户来说仍主要具有社会保障功能。加之西部地区存在着大量荒山、荒坡、荒滩、荒漠等，对未利用地产权制度改革滞后导致人们缺乏对四荒地治理和投资的积极性，结果导致土地资源低效率配置，本已稀缺的土地资源变得更为稀缺（严汉平和方芳，2009）。

（三）东西部地方政府在制度创新方面的差距

1. 东西部地区非正式制度和思想观念差别

非正式制度的差异对制度创新具有关键作用。非正式制度差异主要表现为观念、习俗、文化的差异。樊纲（2010）认为，非正式制度的变化更为缓慢，对微观经济主体潜移默化的影响更为持久与深远。其只有与正式制度兼容时才能发挥作用，否则非正式制度也就失效了，甚至产生负面影响，约束正式制度的绩效。窦玲（2010）认为，非正式制度的差异比正式制度差异更大，更难以消除，导致了西部地区无法内生出诱导性制度变迁，而且西部地区非正式制度的长期固化，使西部地区的生产、生活中，经验和习俗成为主要的行为准则，缺乏制度创新的勇气，阻碍了制度创新。

郑耀群和周新生（2008）研究认为，东西部在改革创新的思想观念方面有重大差别。东部地区自古以来就有重商文化和传统，例如浙江在南宋时期的“永嘉学派”，提出农商并重，义利并举。东部强烈的自主创业意识、积极进取精神和敢于冒险的商业文化传统对东部地区民营经济的发展至关重要。而西部受传统农业经济的影响较大，没有经商传统，表现为保守、安于现状、不敢冒险等，市场经济观念很落后。东部地区的非正式制度能很好地和市场经济契合，而中西部地区则只是被动地接受这种市场制度变迁，适应较慢，且常常会有排斥现象。

2. 产权制度环境对制度创新的影响

一个地区非国有经济份额的高低、市场体制建立的快慢直接决定着各经济区域能否尽快形成制度创新环境并促成制度供给的形成（窦玲，2010）。非国有经济发展充分的东部地区，其所具有的制度变迁动力足，遇到的阻力相对较小，改革成本低，制度创新效率高。

西部更为浓厚的计划经济体制色彩和国有经济为主的产权环境，使得西部地区现有的制度安排约束要强于东部，制度变迁动力不足，制度创新迟缓。由于思想过于保守，西部地方政府在非公有制经济发展中未能充分发挥政府制度创新职能，同时西部非公有制企业本身也缺乏制度创新魄力。

西部在地方立法中过多地强调稳定、谨慎，往往以条件不成熟为借口，没有立法的紧迫性和主动性，总处于跟不上、慢一拍的被动状态（窦玲，2004）。

3. 制度创新的财政成本

从公共财政角度来看，制度性公共产品只能由政府提供，需要政府财力的支持，而高昂的制度供给成本给西部政府带来明显的财政压力。由于财政成本约束，西部无论是强制性变迁还是诱致性变迁，都因成本费用过高而动力不足。

（四）结论

东部地区制度创新的“先发优势”使其具有很强的要素聚集能力，为资源的流动、经济的发展提供了良好的外部经济环境，其从率先发展中获得的制度优势比获得政府投资等更有价值，这一点对新疆等西部落后地区具有关键启发意义。

从实践看，西部在产业结构调整、市场经济建设，以及市场竞争力等方面并没有出现很大的突破。西部只有依靠制度创新，才能突破原有的束缚，实现后发赶超。

四、新疆与东部差距产生的经济机理

区域经济非均衡增长具有必然性，是世界各国经济发展必然经历的阶段。经济发展不平衡是世界各国普遍存在的规律，无论是发达国家还是发展中国家，在经济发展过程中，都会出现发展较快与相对落后的地区非均衡性发展格局。区域差距拉开的原因有如下理论解释：

1. 累积因果论

迈达尔（1957）提出的“累积因果论”指出，“市场力的作用倾向于扩大而不是缩小地区间的差别”。他认为，一个地区的发展速度一旦超过了平均发展速度，它的“效率工资”就会趋于下降。这样，与那些发展缓慢的区域相比，它就可以获得累积的竞争优势。累积的因果过程就是通过这种机制起作用的。在市场机制的作用下，不管由于什么原因，一旦地区间发展水平与发展条件出现了差距，条件好而且发展快的地区，就会在发展过程中不断地为自己积累有利因素，从而进一步遏制困难地区的经济发展，使得困难地区不利于发展的因素越积累越多，它的处境也就日益恶化。历史也验证了这一点，“二战”后 12 年（1945 ~ 1957 年），是资本主义世界经济繁荣昌盛的年代。各国都在狂热地追求更高的发展速度，为此不惜把越来越多的人力、物力、财力集中投放到那些经济发达、技术力量集中、基础设施良好，因而可以实现投资少、见效快的地区。其结果是加剧了发达地区与困难地区之间的两极分化。实践证明，资本主义繁荣时期，地区的差别不但不会因市场机制的作用得到某种程度的缓和，反而会愈演愈烈。

2. 在非均衡力和经济一体化作用下的循环累积机制

安虎森和蒋涛（2006）以规模收益递增理论为基础理论，以核心—边缘模型和本地溢出模型为基本模型，讨论了提高区内、区际贸易自由度如何影响要素流动以及经济效率的问题。从整体效率角度考虑，提高区际贸易自由度，可以实现更大空间范围内的产业集中，产业的这种集中可以提高整体经济的效率，这就是“少数人（或少数地区）先富起来”的政策主张的核心。然而，从区域协调发展角度考虑，这种“少数人（或少数地区）先富起来”的政策主张，显然扩大了强势群体和弱势群体之间（或区域之间）的收入差距。如果提高贸易自由度，则资本、劳动力等可流动要素都将从欠发达地区向发达地区流动而不是从发达地区向欠发达地区流动。

安虎森和何文（2012）研究指出了在非均衡力和经济一体化作用下区域差距拉大的循环累积机制。可流动要素不断向聚集力较大区域聚集，这就形成了具有区位优势的地区不断吸引可流动要素的良性循环累积过程，以及具有区位劣势地区不断损失可流动要素的恶性循环累积过程。要实现区域协调发展，必须打破这种循环累积机制。而要打破这种不断积累区域差距的机制，则需要中央政府有序地组织东部地区的产业向中西部地区迁移，提高中西部地区参与全国经济大循环的能力。

Fujita 和 Hu（1999）利用中国 1985 ~ 1994 年的数据实证验证了随着经济一体化和全球化程度的不断加深，中国的区域差异越来越大。姚鹏和孙久文

（2016）研究得出国际贸易一体化引起一国区域发展不平衡。

五、差别化政策的经济解释

区域协调发展是中国区域发展面临的重大问题。缩小区域差距、追求协调发展是我国当前区域发展战略的要求，是实现社会公平和协调发展的内在要求。实行差别化政策既是公平目标的要求，也符合经济发展的规律。

要缩小地区间的差距，切实可行的办法是加强国家干预，通过各种政策手段促使地区经济在国家干预的引导下，有目的地发展。20 世纪 60 年代初，战后资本主义繁荣时期结束，经济发展势头突然减弱，在很大范围内普遍出现了高失业，经济衰退。为适应形式需要，美国政府于 1961 年制定了《区域再开发法》，1965 年又制定了《公共工程与经济开发法》《阿巴拉契亚区域开发法》，其目的都是通过政府的干预，促进落后地区发展经济，逐步走上自我发展的道路。类似地，基于相同目的，日本也于 1962 年制定全国综合开发计划，1965 年又制定了新全国综合开发计划。

邬晓霞和魏后凯（2011）研究认为，市场机制无法缩小区域差距。市场在解决地区就业差距、区域间收入和财富分配不公以及生产和消费的负外部性等问题方面存在明显缺陷。因此，单纯依靠市场力量无法解决区域发展差距问题，必须采取适当的国家干预措施。这里并没有否认市场机制的功能，国家干预只是为了弥补市场机制的内在缺陷，为完善市场机制创造条件。

如果单纯依靠市场的力量坐等发达地区的扩散效应以达到缩小东西部差距的目的，不是期限漫长的问题，而是不可能。因此，在缩小区域差距方面，政府作用，尤其中央政府的主导作用就显得至关重要。有些人明确反对国家调控、区域援助，认为政府干预降低总体效率、导致扭曲等。持效率至上观点的人忽略了两个事实：第一，多目标发展，公平也是发展的要求；第二，东部正是依靠“特区”“特法”等倾斜性政策实现了率先发展，并且这种东部的总体制度优势至今未变。

安虎森和蒋涛（2006）指出，要实现我国区域经济的协调发展，不应实行一体化政策，而应实行差别化政策。尽管保护欠发达地区的产业活动会影响整体的经济效率，但可以缩小地区收入差距。

安虎森和何文（2012）认为，在欠发达地区，应该认清区域一体化和区域协调的本质区别，采取不同政策导向。要实现区域协调发展，必须打破这种不断扩大区域发展差距的循环累积机制。而要打破这种不断积累区域发展差距的机制，不外乎两种途径：一是尽可能减弱区际非均衡力；二是尽可能降低区域一体化程度。

进一步地，刘军辉和安虎森（2016）研究认为，欠发达地区与核心区实行一体化政策和单边保护政策对欠发达地区的影响截然不同，对欠发达地区来讲，实行差别化的政策对自己更有利；欠发达地区政府在制定开放政策时，不仅要实行差异化的开放政策，还应尽可能消除区域内市场分割等，以提高区域内部一体化水平。现实中单边贸易保护政策主要包括税收减免政策、税收返还政策（如出口退税）、对企业补贴政策、土地优惠政策、金融扶植政策等，此外还有压低本币汇率政策。这些政策具有相同的特征，即让利于本地企业，使得本地区对其他地区形成一定的单边贸易保护效果。

因此，缩小区域差距，需要在财政政策、金融信贷政策、产业政策、土地政策、资源政策、人力资本政策等方面，实行东西部梯度的、有差异的政策，切不可过度宣扬经济一体化，实行"一刀切"的政策（安虎森和何文，2012；刘军辉和安虎森，2016）。

从国际、国内理论研究来看，要素趋利性阻碍了资本、技术等因素向落后地区流动，导致欠发达地区在市场经济中处于一种恶性循环劣势，依靠政府援助的外力作用才能获得相对公平的发展。这也是西部大开发、对口援疆、差别化政策的经济理论依据。

第三节 发展阶段和经济增长方式的制约

土地与经济发展阶段、增长方式是什么逻辑关系，需要理论探索，这将为差别化土地政策提供土地经济学理论支持。

一、我国经济增长方式转变现状

近十多年以来，经济增长方式转变一直是我国决策层和理论界十分关注的问题。《中国的奇迹》一书开启了改革开放后中国经济增长模式的探讨，认为中国经济处于"比较优势战略下的发展模式"（林毅夫等，1994、2002）、"低价工业化增长模式"（经济增长前沿课题，2003）、"低价竞争模式"（刘世锦，2005）等，存在"过度工业化"问题（张军，2002）。中国的增长模式仍属"旧型工业化道路"，必须走新型工业化道路（吴敬琏，2006）。关于经济增长方式的转变，我国学术界从不同的角度提出了不同的政策建议。这些建议可以大致归为以下几类：①关于经济体制改革（刘国光等，2001；吴敬琏，2005；贾彧，2006；郭金龙，2000；朱启铭，2006；王一鸣，2007），内容涉及有效的激励机制和约束机制、现行经济体制、企业产权、生产要素产权制度以及环境资源产权制度、市场体系和价格体制改革、企业运行机制改革的问题、金融体制改革等。②关于产业结构转换（刘国光等，2001；吴敬琏，2005；陈保启等，2006）。③关于技术进步（刘国光，2001；郭金龙，2000；吴敬琏，2005），主要方向有如何促进技术进步，从体制改革的角度探讨了如何消除行政化、官本位、等级制度等积习，以及建立现代市场经济体制对技术进步的促进作用。④关于政府职能的转换（吴敬琏，2005；黄晓鹏，2006；龚刚等，2007），主要涉及粗放增长方式的制度根源及改进措施。⑤其他方面影响经济增长方式转变的因素或者政策选择，如信息化与经济增长方式的转变（徐辉等，2003；吴敬琏，2005；刘兴革，2006）、关于循环经济和节能减排（张卓元，2007；张洁等，2007）、关于人力资源开发与经济增长方式（刘国光，2001；杨云，2006）。

研究来自各个角度，本书试图在前人研究的基础上总结归纳对我国经济增长方式转变的认识，并将研究结果纳入土地经济视野，考察土地与经济增长方式的关系及作用。

实际上，转变经济增长方式的问题早在20世纪60年代后期就被中国理论界提出来，从20世纪80年代初起，我国政府就提出了经济增长方式的转换问题。而1987年中共十三大报告更是把这个问题写入了官方文件。正式提出要转变经济增长方式是在1995年9月，中共十四届五中全会通过的“九五”计划，“九五”计划时提出了“从传统的计划经济体制向社会主义市场经济体制转变和从粗放型经济增长方式向集约型经济增长方式转变”两个根本性转变。1997年，中共十五大又明确提出：“转变经济增长方式，改变高投入、低产出，高消耗、低效益的状况。”2000年我国“十五”规划提出，鼓励采用高新技术和先进适用技术改造传统产业，带动产业结构优化升级。2005年10月，“十一五”规划明确提出，必须加快转变经济增长方式，并把这作为“十一五”时期最突出的任务，把大力转变经济增长方式作为制定和实施“十一五”规划要切实解决的一个关键问题。2005年“十一五”规划关于转变经济增长方式的内涵比1995年制定“九五”计划建议时有不少扩展。“九五”计划建议提的是从粗放型经济增长方式向集约型经济增长方式转变，2005年则具体提出要从“高投入、高消耗、高排放、低效率”的粗放型增长方式向“低投入、低消耗、低排放、高效率”的资源节约型增长方式转变。2010年，“十二五”规划建议指出我国发展中不平衡、不协调、不可持续问题依然突出，“十二五”将是解决这些矛盾的攻坚时期。保持经济平稳发展是转变经济增长方式的基础。

从我国首次提出“实现经济增长方式转变”至今，很多年过去了，我国经济增长方式不仅未能实现增长方式上的根本性、全局性转变，反而对粗放型的增长方式产生了比较强烈的路径依赖，经济增长并没有如期望那样沿着技术中性或节约资源和资本的路径发展”。这是为什么呢？

二、经济增长方式长期未有效转变的原因

关于经济增长方式长期没有得到明显转变的原因，本文将其归结为两点：一是我国所处的经济发展阶段的制约；二是体制和机制对粗放型经济增长方式的内生作用。

（一）经济发展阶段的制约

虽然经济增长方式转变一直是我国决策层和理论界十分关注的问题，转变经济增长方式势在必行，但我们也必须清醒地认识到，经济增长方式的转变是有其客观规律的。第一，从近300余年社会经济发展的历史来看，大规模资本投入阶段或资本积累阶段是一个不可逾越的历史阶段；第二，这一阶段的完成需要经过100年左右时间（波特，2002）。因此，几乎任何国家的工业化都经历过粗放型增长的阶段，因为粗放型增长有其历史的理由（金碚，2005）。粗放型增长可以使企业获得成本价格优势，提高其竞争力，并且增加资源供应者的需求来源，因此获得资源供求双方的青睐。

从粗放型增长向集约型增长转变的规律性可以通过经济增长的阶段性反映出来。经济增长的阶段依次表现为要素驱动阶段（劳动密集型产业为主导产业）、投资驱动阶段（资本密集型产业为主导产业）、创新驱动阶段（知识密集型产业是主导产业）、财富驱动阶段（自然产业、精神产业和社会产业为主导产业），大规模资本投入阶段或资本积累阶段是一个不可逾越的历史阶段（波特，2002）。几乎任何国家的工业化都经历过粗放型增长的阶段（金碚，2005）。

从我国经济发展阶段来看，我国东部正处在工业化中后期，北京、上海等个别地区进入后工业化时期，中西部处在中期和初期。全国整体上处于工业化中期阶段（陈佳贵等，2006），正处于“黄金发展期”。经济增长总体上还处于“投资和要素驱动型”阶段，是资源消耗和要素投入强度最大的时期，我们不能脱离发展阶段讨论经济增长方式问题（王一鸣，2007）。对我国这样的发展中国家来说，立刻由粗放型的经济增长过渡到低投入、高效率的集约型的经济增长是不切合实际的。另外，我国正处于“双重转型”时期，面临的是经济体制转变与经济增长方式转变同步进行的问题，转变难度远大于发达市场经济国家。因此，在现阶段我国选择集约化投入型的经济增长方式，更具有客观现实性。

（二）体制对粗放型经济增长方式的内生作用和依赖

虽然经济增长方式粗放与我国工业化发展阶段有关，但即使与相同发展阶段的国家比，我国经济增长方式粗放的特征仍较突出，集约型经济增长方式的推行

步履维艰。透过各种表象，最根本性的原因可能是体制性、机制性障碍。

1. 体制、地方政府行为与经济增长方式

从财政激励和政绩考核机制看，现行的体制不利于经济增长方式转变。1994年“分税制”改革后，由于权责不对等，地方政府普遍面临财政改革带来的巨大财政压力，在这种情况下，加强以GDP为核心的干部考核实际上是地方政府面对财政压力做出的理性反应。而考核体系强化的本质，一方面是压迫下级政府通过“招商引资、各种收费”等途径创造更多的财政收入；另一方面是通过“上级请客，下级埋单”的方式来把开支责任压给低一级政府。根据“官员晋升的锦标竞赛理论”（Edin，2003；Tsui和Wang，2004），中国集权型政治体系倾向于依据地方经济发展绩效来从政治上奖惩地方官员，这就使地方官员有很强的积极性发展经济。

在财政和唯GDP考核机制双重压力体制下，“钱少事繁”，地方政府都成为“饿肚子的李云龙”，“有枪有政策，粮食自己搞”。于是地方有充分的动力和理由，也有能力通过参与经济运行，充当利益主体以追求更多财政收入和GDP增长，以获得晋升机会或者不被降免职，由此形成政府主导下地方政府的激烈竞争，最终达到“经济奇迹”。以至于经济学家张五常认为这是一种非常具有效率的制度，县级竞争制度是中国经济增长的制度推动力。中国“已经形成了中国历史上，甚至人类历史上最好的制度”。不能否认当前这种制度安排给经济发展带来的巨大贡献，但是这种制度安排是否有利于技术创新、是否有利于经济增长方式转变、是否使经济增长沉沦于“粗放式增长”难以自拔，需要探讨。

由于传统体制的影响，我国各级政府对其辖区内各种经济资源，包括公有或私有资源，都具有很强的动员、控制和干预能力。而在政绩考核压力下，政府任期五年一届，每一届政府都要求有明显政绩。地方官员通常不愿意“自己植树，后人乘凉”，为此都追求短期（五年之内）效益最大化，最好是“立竿见影”的经济发展模式①。而外延式的粗放型经济增长最适合地方政府要求。

在现行的财税制度下，发展工业特别是重化工业，能给地方政府带来比发展高新技术产业和第三产业更多的税收和财政收入，而政府通过垄断土地出让市场主导资源配置来实现主导经济发展。因此21世纪初以来，各地方政府纷纷提出“工业立市”口号，以“经营城市”为旗帜、“经营土地”为途径主导和引导区域经济的发展，最终导致“外延式经济扩张”。地方政府主导经济发展是借助垄断土地一级市场来实现的，以高价出让商服用地以获得巨大财政收入，以低价出让工业用地竞争资本，以获得GDP和稳定税收来源。更多的土地使用权意味着

① 我们可以在各种媒体上见到市长或者市委书记惯用的语言：“5年之后，××城市将是××样”，但我们极少听到市委书记们说20年后、50年后，甚至100年后××城市如何。

更多的发展机会。这期间，城市扩张空前迅速和混乱，给经济平稳发展、粮食安全、生态安全造成严重威胁，以至于中央不得不在2003年提出土地参与宏观调控。即便如此，2003年以来，地方政府为追求GDP的高速增长和形象工程，大搞开发区和市政建设，个个都要工业立市，铺摊子，上项目，走向外延式粗放扩张。

因此，在现行体制下，主要是财税体制和干部考核选拔制度下，我国政府每个城市经济体一致在增长方式上偏好粗放式发展，在经济增长途径上追求外延式扩张。而地方政府过多参与和干预经济运行，在经济发展上往往急功近利，急于求成，依靠行政力量推动发展，客观上延缓了增长方式转变进程。

2. 体制、要素价格体系、企业行为与经济增长方式

发达国家经济运行的微观主体是企业，企业的经济增长方式偏好决定一个国家的经济增长方式。在市场经济体制中，发达国家的政府除了公共职能外，能扮演的经济角色有限，政府主要作为公共服务提供者的角色出现，对经济发展的作用形式重在引导，而不是主导。但我国地方政府在传统计划经济惯性和当今财税体制、政绩考核机制下，我国经济发展以县市为单位展开激烈竞争，地方政府利用对规划和资源的控制能力，对规则的制定权深入参与并干预经济运行，作为经济主体参与经济运行的受益特征明显。地方政府类似一个集团企业，地方首脑更像董事长，一方面表现出公共管理者、服务者角色，另一方面又表现出微观利益主体直接受益，与民争利、与企业争利特征。因此，我国地方政府是“半管理者＋半微观经济主体”的混合体①。与发达市场经济国家不同，我国是企业（微观经济主体）和政府（半微观经济主体）对经济增长方式的偏好共同决定了我国经济增长方式的转变导向。

地方政府作为“半个经济主体”，其自身经济行为对经济增长方式转变有决定性影响。不过不管在发达国家还是发展中国家，市场经济中经济活动的微观主体是企业，一国经济宏观层面上经济增长方式的转变最终建立在微观企业经济增长方式改善的基础上。政府作为“半经济主体”对粗放型增长方式的偏好是通过“半个管理者”“环境创造者”的身份来实现的，即政府通过塑造影响企业的“宏观经济环境”，也就是要素价格体系，从而将自己“粗放的偏好”传达给了真正的微观经济主体——企业。

生产要素一般可分三种——劳动、资本和土地，这三种要素如何进行组合则

① 对于中国地方政府所扮演的角色，学术界提出了“投资型政府”“地方法团主义”（Jean Oi）、“地方政府即厂商”（Andrew Walde）、“地方性市场社会主义”（林南）、“村镇政府即公司”和“政府＋谋利集团”等理论或概念（丘海雄）；1994年以来的财政分权式改革调动了地方发展经济的积极性，但也让地方政府成了拥有自身经济利益的主体，具有了独立的行为目标和行为模式（王丹等，2005）。

靠技术。一个企业要获取这三种要素和技术，都要付出一定的成本。一国的最优经济增长方式就取决于这三种要素及技术进步的相对价格。因此，企业究竟应该采用粗放型还是集约型增长方式，关键看要素积累和技术进步的相对价格。企业的选择是在要素价格体系这个宏观经济环境中产生的，企业根据要素价格体系来选择自己的要素和技术组合以实现成本的最小化，而企业选择的要素和技术组合就决定了一个经济的增长方式。因此，传导下来就变成“有什么样的要素价格体系就有什么样的经济增长方式”。如果企业可以低价甚至零价获得自然资源，再加上廉价的劳动力，完全可以以低成本经营，根本没有动力去改进生产技术、提高管理水平。技术的高成本使得在一定时期内“用资源替代技术”成为获得竞争力的理性选择。所以说，在企业采取粗放生产能够获得利润，并且不低于集约生产的情况下，企业没有激励去选择另一种增长方式。

要素价格体系一方面和自然资源禀赋有关系，另一方面和要素定价体制有关系。从要素禀赋结构看，一个国家某种要素越丰裕，它的相对价格就越低；而越稀缺的要素的相对价格就越高。对于整个宏观经济来说，政府可以根据自己的需要调节要素的相对价格。我国的社会主义市场经济体制已经建立，但市场在要素配置中的基础性作用仍然没有完全显现，资源配置仍然在很大程度上受政府决策的影响。而政府追求经济增长速度的各项政策，压低了要素市场价格，使资源环境压力和生产要素升值的内在要求在一定程度上被政府层面挡住，没有通过价格信号传递给市场主体，导致要素价格体系不能反映市场真实供求情况和资源的稀缺程度。特别是由于土地和资源等要素的虚假低成本，鼓励了企业过度投资和扩张，误导了投资和消费，形成高消耗、高污染、低效率的增长方式。因此，我国扭曲的要素价格体系为粗放型经济的发展创造了获利空间，造成了粗放型经济的长期滞存，最近几十年来资本和土地密集型的增长就是我国长期采用低利率、低土地价格、低能源价格、低原材料价格政策的必然结果。

3. 体制、技术创新机制与经济增长方式

技术创新是集约型增长的一个前提条件，但技术创新的持续实现取决于技术创新的机制。目前我国技术创新技术机制存在以下几个问题：

（1）当前体制下地方政府缺乏对技术创新的投入动力。科技投资的见效周期长，在当前财税和政绩考核机制下，地方政府官员出于节约财政支出和快出政绩的考虑，宁愿把资金投向那些能够较快显示其政绩的项目，而不愿投向科技、教育等长效项目。以公共教育支出为例，东亚国家和地区 1960 年公共教育支出占 GNP 的百分比平均为 2.5%，1989 年为 3.7%。而我国 1980 年、1985 年、1990 年、1994 年、1995 年公共教育支出占 GNP 的百分比分别是 2.53%、2.52%、2.48%、2.18%和 2.08%，呈下降趋势。在研究与开发经费支出方面，中国1990年占GNP的比例是0.71%，在1994年和1995年该比例下降到0.5%。地方政府对技术创新的公共投资的缺乏，是科技创新乏力的一个重要原因。

（2）尚未建立起完善的自主创新成本补偿机制和激励机制。与发达国家科技资源已基本市场化相比，我国仍然主要是由政府管控，缺乏转化为现实生产力的运作机制。这样就导致政府和企业微观主体都缺乏转变经济增长方式的压力和动力。短期内企业若选择集约型增长方式，不仅使企业当期成本增高，私人收益降低，而且还会给竞争对手带来外部经济，使其减少的私人收益转化为社会收益。

正是财税和政绩考核为基础的机制使得政府缺乏对技术投资的动力，并且阻碍了科技转化的市场经济体制的转变，没有形成完善的有利于技术转化为生产力的补偿机制。企业自主创新成本高，外部成本得不到补偿，长期预期收益风险大，最终导致企业缺乏自主创新响应。

4. 结论：体制对粗放型经济增长方式的内生与依赖

制度学派对经济增长的观点包括："经济增长的根本原因是制度的变迁，一种提供适当个人刺激的有效产权制度体系是促进经济增长的决定性因素"，"有效率的制度和经济组织是各种生产要素投入增长以及总体经济产出增长的关键"①。根据制度经济学原理，不同的制度结构能够产生不同的激励效应。如果现实中存在某种扭曲的制度结构，使得粗放型经济依然具有很好的生存条件与获利空间，从而继续保持"收益递增"的性质，其结果势必会造成越来越多的微观经济主体加入到粗放型生产的行列。这样就形成了地方政府和企业微观主体共同追求粗放经济增长的潮流，使得经济在增长过程中出现"路径依赖偏差"，最终导致资本密集型和资源密集型生产长期盛行，并且难以转变。

总结下来，我国粗放型增长方式形成和长时间持续的状况是在这样一个体制下形成的：在财税体制和政绩考核机制双重压力下，地方政府成为"半管理者+半经济主体"的混合体，半经济主体角色使它偏好粗放型经济增长方式，为了达到这一目的，其"半管理者"角色发挥了制定规划和要素价格体系的作用，形成了一系列包括低资源价格、低环境成本的政策，并最终将这一信号通过要素价格体系传导给了企业。同样地，以财税制度和政绩考核为基础的体制使得政府缺乏对技术投资的动力，传统计划思维阻碍了技术向生产力转化的市场机制的完善，难以形成有利于技术创新的补偿机制。"低要素价格+高技术成本"使得企业也缺乏技术创新的动力和激励，选择要素投入式增长方式成为潮流，粗放型经济增长方式的"路径依赖"形成，如图2-1所示。

---

① ［美］道格拉斯·C. 诺思. 制度、制度变迁与经济绩效［M］. 杭行译. 上海：上海三联书店，上海人民出版社，1990.

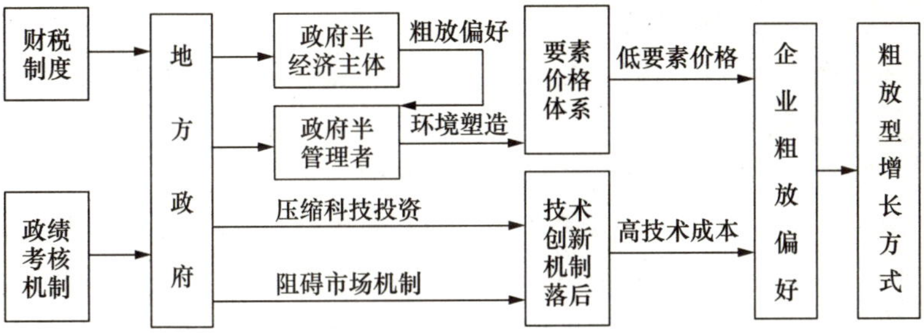

图 2-1　我国粗放型经济增长方式形成机理

虽然实际上中央政府具有转变经济增长方式的“美好意愿”，但为了达到控制地方和刺激经济增长的目的，以财税分权和政绩考核为核心的机制是这一时期的相对最优选择，在这种制度环境下，虽然地方政府也有转变经济增长方式的“美好意愿”，但粗放型经济增长方式是其最终理性选择并最终传导变为企业的理性选择。当某个区域以土地为代表的自然资源被大肆挥霍开始陷入短缺困境之后，资源成本升高，粗放型经济增长的低成本、低效益模式难以满足地方政府追求经济增长的目标，这时地方政府才开始产生产业升级和转变经济增长方式的压力和动力。珠三角地区的“腾笼换鸟”就是这一开端。在路径依赖中，资源越来越稀缺导致要素成本上升是政府唯一不能控制的地方，是一种不得已的动力和压力。由于制度背景下粗放型经济增长的依赖，地方政府和企业都缺乏主动转变经济增长方式的动力，国家战略意义上转变经济增长方式目标陷入困境。

在 20 世纪 60 年代，苏联在与美国的抗衡中也意识到转变经济增长方式的重要性，力求在较短时期内解决这个问题。但由于过度强调政府的作用，强制在某些部门推进技术进步，没有从调整体制入手，缺乏制度性约束和动力机制，直到苏联解体都没有解决这个问题（吴敬琏，2005）。究其原因在于，苏联的计划经济制度无法内生出技术进步，相反只能内生出粗放型经济增长，政府是传统经济增长方式的根源。黄晓鹏（2006）也指出，粗放型增长方式是政府制度安排造成的，因此转换增长方式要求政府改革。因此可以得出这样一个结论，我国的体制可能类似苏联，更容易内生出要素促进型的粗放的经济增长方式，而不是技术促进型增长方式，并最终形成了对粗放经济的路径依赖，表现出“资源诅咒”特征（徐康宁和王剑，2006）。

欲实现集约型增长方式对粗放型增长方式的替代，就要首先破坏粗放型经济赖以生存的环境，创造有利于内生集约式生产方式的体制环境。形成转变经济增长方式的微观基础，每个微观主体开始自觉追逐集约增长、技术型增长的时候，才是真正开始转变的时候。一方面，从中央到地方政府都该加大对技术创新的投入和完善有利于技术创新补偿和转化的机制；另一方面，我们也要考虑到前文所述我国经济发展阶段特征，转变经济增长方式的政策应该考虑各地区经济发展阶段和资源禀赋情况，区别对待。

所以，制约经济增长方式转变最根本的问题有两个：第一是经济发展阶段的客观条件制约，转变经济增长方式会在不同资源禀赋和不同经济发展阶段的区域有不同表现，总的来说需要一个长期过程；第二，决定转变增长方式的关键可能不在于从某个角度或局部看什么是正确的，而在于中央政府出于全局考虑的体制选择，体制深刻影响经济增长方式。体制的优势和弊端可能随时间消长，但却难以转变。

第四节 理论研究的结论

一、新疆总体战略取向

在新疆发展的总体战略上实施多理论综合利用策略，即立足静态比较优势，发挥后发优势，培育动态比较优势，实现竞争优势。

二、区域内部经济一体化和单边保护策略

采取单边保护策略，即在新疆区域内部，尽可能消除区域内市场分割等，打通要素流通渠道，提高区域内部一体化水平。对外要实行差异化的开放政策，适当采取地方保护。单边贸易保护政策主要包括税收减免政策、税收返还政策（如出口退税）、对企业补贴政策、土地优惠政策、金融扶植政策等，此外还有压低本币汇率政策。这些政策的目的是让利于本地企业，使得本地区对其他地区形成一定的单边贸易保护效果。

三、不能脱离发展阶段，盲目促进产业转移和经济增长方式转变

主流经济学研究已明确脱离发展阶段，盲目促进落后地区结构升级和经济增长方式转变是违背客观经济规律的，这为土地经济学提供了重要理论依据。Porter（2003）将经济发展阶段分为要素驱动、投资驱动、创新驱动、财富驱动四个阶段，认为大规模资本投入阶段或资本积累阶段是一个不可逾越的历史阶段；几乎所有国家的工业化都经历过粗放式增长的阶段（金碚，2005）。新疆正处于工业化中期阶段（陈佳贵等，2006），属于“投资和要素驱动型”阶段，是资源

消耗和要素投入强度最大的时期，不能脱离发展阶段讨论经济增长方式问题（王一鸣，2007）。关于土地与经济增长方式转变，应该以改革土地制度（刘守英，2010）或土地集约利用（叶剑平，2011）促进增长方式转变。

本书认为，经济增长方式转变是关乎体制和要素价格体系的系统问题，土地制度对经济增长方式转变的影响不是充分条件，而是必要条件，起到工具性的作用。相比政治经济体制和要素价格体系因素等更为根本性的、深刻的原因，土地政策对经济增长方式转变的作用是非常有限的、非根本性的，主要表现为倒逼作用。但土地政策可以作为产业转移、调整、升级的有效抓手。

第三章　东西部土地与财税政策梯度比较研究

早在 1999 年，曾凡银和冯宗宪在研究外资投资方向时就提出了“政策梯度”概念，但针对区域协调发展正式提出政策梯度概念的是进行空间经济学研究的安虎森，他认为，由于主流经济学缺乏空间维度的缺陷以及把握区域本质方面的局限性，导致其在协调发展机制方面仍存在欠缺，在区际政策上需存在适度的政策梯度（安虎森和徐杨，2011），适度的政策梯度是实现区域协调发展的核心选项（安虎森和李锦，2010），要打破发达地区区位优势的循环累积因果机制，必须设立一定的政策梯度（安虎森和高正伍）。王云平（2008）和张波等（2009）也提出需要考虑欠发达地区与发达地区间的政策梯度，以利于快速推动西部地区工业化进程。

与政策梯度内涵相似但提法不同的是魏后凯和邬晓霞（2010）等的差别化援助政策观点，认为“普惠制”实施效果较差，应该突出和强调公平目标，实行“逆市场调节”，实行差别化的援助政策体系。李娅等（2010）和孙久文（2011）提出，国家的政策仍是促进东部产业向西部转移的关键因素。丰雷（2010）认为，如果仅采用行政手段引导西部大开发，而不依靠市场力量和经济手段，会激励企业“寻租”突破规划管制而不是向中西部转移。可行的办法有：一是充分利用中西部的比较优势；二是适当加大对中西部的政策性投入（如放宽管制等）。

针对产业转移困境和区域援助政策的缺陷，已有研究提出需要以政策梯度、差别化区域政策补充产业梯度的不足，推动产业西移，但缺乏明确的政策梯度构建。四大板块谁更具有政策梯度优势从未有过系统研究，新疆与其他板块的政策梯度比较研究更是空白。

针对此现状，本书将对比分析国家对四大板块和新疆发展战略的层次和着力点，分析差异，找到有利于新疆的政策着力点，同时进行新疆土地、财税等政策与东部之间的对比分析，比较新疆的优惠政策与其他区域政策的落差，为制定更具优势的政策打下基础。

第一节　东部在引进外资过程中的超国民待遇

一、超国民待遇的由来和表现

1979 年，我国通过第一部外商投资企业法律《中外合资经营企业法》，给予了中外合资企业比中资企业更多的优惠，经过几年的实践，1986 年 4 月通过的《外资企业法》、1990 年 4 月修改的《中外合资经营企业法》以及 1991 年 4 月通过的《外商投资企业与外国企业所得税法》等，都给予了外商投资企业更多的优惠，使其在我国国内实际享受了“超国民待遇”。

东部沿海地区获得超常规发展。推动东部发展的因素很多，其中外国直接投资、合资等企业的贡献不可低估。1978 年我国实际利用外资额仅为 2.6 亿美元，到 1996 年增加到 548 亿美元，17 年来全国实际利用外资额累计为 2714 亿美元，年平均增长率为 37% 左右。全球输出到发展中国家的资本有近 1/4 流入中国，使中国成为发展中国家最具吸引力的投资地（李静和李德宽，2001）。

超国民待遇内容涉及土地、税收、金融、进出口权、外汇优惠、海外证券投资、企业设立程序、产品销售、物资供应优惠、进出口优惠、关税优惠、金融管理优惠、外资企业的所有权比例、劳动费用的优惠、优先提供水电等条件等多方面内容（沈伟和汤华东，1997；李高峰，1997；黄克安和张家恩，1999；杨泽伟和苏彩霞，1998；郭友群和于翠萍，1999；李宝林，2001；何东云和陈真宪，2002；高新江，2002）。

二、东部利用超国民待遇吸引外资的制度化安排

李静和李德宽（2001）研究揭示了东部利用超国民待遇吸引外资的制度化安排。东部沿海地区吸引外资实质上是通过一系列权利分配制度化安排进行的，先是制定一系列法律和法规组成的体系，然后划出若干“特殊区域”贯彻实施这些超国民待遇。这些“特殊区域”内操作中含其他地区所没有的诸多特权，形成了一套完整的“特权体系”，使它们能够向潜在投资者提供比内陆地区更多的实质上的优惠措施，“特权体系”使东部沿海地区成为外资主要聚集地。

（一）法律法规体系

我国现行外商投资企业法是由一系列法律和法规组成的体系，它包括《中外合资经营企业法》《中外合作经营企业法》和《外资企业法》三部基本法律，《实

施条例》或《实施细则》，以及一系列与外商投资企业有关的法律、法规和规章。

例如，土地使用费优惠依据《合资法实施条例》及《鼓励外商投资的规定》；企业设立程序优惠根据《中外合资经营企业合营各方出资的若干规定》；金融管理优惠依据《结汇、售汇及付汇管理规定》《关于对外商投资企业实行银行结售汇公告》；外汇管理优惠依据《关于对外商投资企业实行银行结售汇公告》；海外证券投资依据《国务院关于股份有限公司境外募集股份及上市的特别规定》和《关于设立外商投资股份有限公司若干问题的暂行规定》；出资优惠依据我国《公司法》对内资企业实行“实缴资本制”，而对外商投资企业实行“认缴资本制”；合资经营企业依据《中外合资企业合营各方出资若干规定》。

（二）特殊区域设置

（1）经济特区：1980 年有广东的深圳、珠海和汕头及福建厦门 4 个经济特区，1988 年海南从广东省分离出来成为第 5 个经济特区，1990 年以后，上海浦东也享受同深圳一样的优惠政策。

（2）沿海开放城市：1984 年，政府决定开放 14 个沿海城市，包括从辽宁大连到广西北海的几乎所有沿海港口城市。

（3）经济技术开发区：1984～1988 年，在一些开放城市的附近建立了 12 个，1992 年后又设立了 18 个，这 30 个开发区所在地除吉林、黑龙江、湖北、安徽和四川各一个外，其余都是沿海省份。

（4）沿海开放经济区：1985～1988 年，5 个特大型 CEOG 在长江、珠江和黄河三角洲以及福建南部和辽东半岛设立，它们总共覆盖了 260 个县。

（5）保税区：1990～1993 年，政府批准在辽宁、天津、上海、江苏、浙江、福建、山东、河南和广东设立 13 个保税区。

（6）自由贸易区：2013 年 8 月 22 日，设立中国（上海）自由贸易区，成为中国第一个自由贸易区；2014 年 12 月 12 日，设立广东、天津、福建 3 个自由贸易区；2016 年 8 月 31 日，设立辽宁、浙江、河南、湖北、重庆、四川、陕西 7 个自由贸易区。

三、土地使用优惠

根据全国性法规和上海、广东深圳、海南等地方性法规的规定，外商需要使用土地的，可在土地使用费和使用时间上享受优惠。外商投资企业如属技术先进企业和产品出口企业，还可享受更优惠的待遇。同时，地方人民政府还可酌情在一定期限内免收土地使用费。

四、东部吸引外资中的优惠政策

我国对三资企业的优惠条件是相当全面的，在税收政策方面，包括减免税范围内的诸多超国民待遇优惠、减免税起始时间上的优惠、实际可执行有效税率、税前扣除项目和标准方面的超国民待遇（关小虎，2004）。具体如下：

（一）所得税税率

依照现行的“外资企业所得税法”，我国在所得税税率、税收减免、税收返还三个方面对外资企业实行了分地区、有重点、多层次的税收优惠办法，使外资企业所得税的实际负担仅占企业所得额的8%～9%，不足内资企业的1/3。从所得税税率看：①在一般地区，从事港口码头建设的企业，外商投资企业税率为15%，内资企业为33%。②在国家级经济技术开发区，外商投资企业税率为15%，内资企业税率为33%。③在沿海开放经济区、14个沿海开放城市老市区，投资总额超过3000万美元，回收期长的技术、知识密集型企业，从事能源、交通、港口建设的企业，从事国家鼓励项目的企业，外商投资企业税率为15%，低于香港（16.5%）和东南亚各国，内资企业的税率为33%。在该区域内的生产性企业，外商投资企业的税率为24%，内资企业的税率为33%。④在国家旅游度假区，外商投资企业的税率为24%，内资企业的税率为33%。⑤在保税区，生产性外商投资企业的税率为15%，生产性内资企业的税率为33%。尽管近期所得税税率政策有了较大调整，但外商投资企业的税收优惠待遇问题并未得到解决（李宝林，2001）。

（二）所得税减免

从这一点来看，外商投资企业单独享受减免期待遇的项目有：①经营期在10年以上的生产性企业可享受“两免三减”的优惠。②在经济特区从事服务性行业、外商投资超过500万美元、经营期超过10年的企业可享受“一免两减”的优惠。③从事码头建设、经营期在15年以上的合资企业，在沿海经济特区从事机场、铁路、公路等开发项目的企业，可享受“五免五减”的优惠。此外，先进技术企业在“两免三减”后，可延长3年减半征收企业所得税。

《外商投资企业和外国企业所得税法》第七、第八、第九、第十条规定了许多税率优惠与减免税优惠，外商投资企业和外国企业可以视不同情况分别适用30%、24%与15%的所得税税率，并可以有条件地享受减征2年、减半征收3年的所得税减免优惠，三资企业所得税的最高税赋是33%，而我国内资企业所得税则不分地区和行业一律按应纳税所得额的33%征收；实际上，绝大多数三资企业都享受或多或少的减免税优惠，最多可享受“五年免税，五年减半征税”。

（三）再投资退税和亏损结转

对于外商的利润再投资，可退还再投资部分已缴纳所得税40%的税额。经营期在10年以上的生产性投资企业，前2年免征所得税，3年减半征收所得税，如果是高技术企业则可在此基础上再减半。

我国对国有企业没有免税政策，对非国有企业的免税期限一般也只在3年以下，但对外商投资企业的免税期限有些却可长达5~6年，远高于国际和国内标准；外商投资企业在中国境内设立的生产经营机构发生年度亏损，可用下一年度的所得弥补（最长为5年）。

（四）关税优惠

根据《外资企业法实施细则》第五十二、第五十三条，《中外合资经营企业法实施细则》第五十二、第五十三条及《中外合资经营企业法实施条例》第七十一、第七十二条规定，外资企业比国内企业拥有更多的进出口关税优惠。外资企业可依法免税进口生产设备、零部件及包装材料，外商投资者和外来技术人员可以免税进口一定数量的生活用品等。目前我国关税已接近WTO的关锐减让要求（李宝林，2001）。

（五）其他优惠

在税收方面，外资企业还可依法享有免税优惠，如免税进口生产设备、零部件、办公用品，以及为生产出口产品而进口的原材料、辅料、元器件、零部件及包装物品等。而这些优惠条件是国内企业无法享有的。另外还有海关、工商管理及水电通信等基础设施使用等诸多优惠。并且三资企业聘用的都是中青年人，不用承担离退休职工的生活保障（郭友群和于翠萍，1999）。

五、超国民待遇对西部的负面影响

超国民待遇是东西部之间在对外开放程度上的差距表现，使得东部在进出口额、利用外资的规模等方面与西部远远拉开差距（严汉平和方芳，2009），但对西部却有诸多负面影响。

（一）不利于刺激向西部地区的投资

由于外资投资西部的优惠，造成东部内资企业投资西部的歧视，不利于先富裕起来的东部地区带动西部发展。

（二）加大了东西部发展的不平衡

东部沿海地区已经吸引了进入中国的绝大部分外商直接投资，并且在外商直接投资和地区经济增长之间形成了一种区域循环累积因果效应（魏后凯，2002）。研究发现，优惠政策使外商投资的地区结构失衡，并由此导致中西部地区的资本和人才向东部转移，东部沿海和中西部地区经济和社会发展的差距不断拉大（汤小华，1999；吕靖烨，2006；郭友群和于翠萍，1999）。据实证推算，东部发达地区与西部落后地区之间GDP增长率的差异，大约有90%是由外商投资的差异引起的。桑（Sun）的研究也表明，外商直接投资是导致中国改革开放以来东西部地区间经济增长差异和收入不平等的最重要的因素（王琴梅，2006）。

据统计，截止到2003年，中国实际利用的外商直接投资有86%集中在东部11省市，而中部8省只占9.1%，西部12省区市只占4.9%。

中国加入WTO以来，外商直接投资进一步向沿海地区集中，西部地区实际利用外资所占比重在不断下降，2003年比1999年下降了0.6%，而东部却上升了0.3%。截至2006年，地区实际利用外商直接投资额东部9个省市占了投资总额的88.5%，相比之下中西部省份仅占总额的11.5%。东西部的实际国内生产总值最高的和最低的差距也拉大到了10倍。

（三）不利于地区经济的均衡发展，并引起了“回波效应”

由于对外商投资企业的优惠政策向东部沿海地区倾斜，导致外资更多地流向东部，进一步拉大了原有的东西部差距。从倾斜政策的实践看，沿海地区的经济发展对中西部地区的扩散和辐射作用相对较弱，同时又引起了较强的回波效应，即在国家发展经济的过程中，由于发展高度集中在某些地区，经济落后地区的资金、劳动力、人才、资源等生产要素被这些发达地区大量吸走，给落后地区的经济发展造成了不良影响，形成了不仅“孔雀东南飞”，而且“麻雀”也开始东南飞的不利局面（黄克安和张家恩，1999）。

（四）抑制了西部地区企业的发展

东部沿海地区的加工贸易在各种优惠政策的扶植下，迅速发展。然而，由于加工贸易自身具有“两头在外”的特点，而加工贸易享受优惠政策所进口的原材料和零部件，正是西部地区的优势产业所在。沿海地区加工贸易关税流失、原料走私和对西部地区上游企业产业内部纵向分工与产业联动效应差等问题，正是因为未能较好地将利用外资同优化本国产业结构相结合，没有达到在宏观上引导外资服从国家产业布局及技术发展策略的目标。

第二节 东西部财税优惠政策梯度比较

一、新疆西部大开发税收优惠政策概览

我国政府为了解决经济发展过程中出现的区域发展失衡问题，也把区域经济协调发展战略作为政府调控经济发展的主要内容之一，于2000年颁布了《国务院关于实施西部大开发若干政策措施的通知》（国发〔2000〕33号）及《国务院办公厅转发国务院西部开发办关于西部大开发若干政策措施实施意见的通知》（国办发〔2001〕73号），提出了实施西部大开发的战略。

为了具体体现国家对西部地区的重点支持，全面贯彻西部大开发政策的精神，2001 年 12 月 30 日财政部、国家税务总局、海关总署联合下发《关于西部大开发税收优惠政策问题的通知》（财税〔2001〕202 号），明确了从税收优惠角度对西部大开发进行支持的有关政策规定。西部大开发的效果如何，在税收优惠政策执行过程中存在一些什么样的问题，这些均需要进行探讨、研究。

《关于西部大开发税收优惠政策问题的通知》确定的西部大开发的相关税收优惠政策，从原则上主要确定了对符合条件的鼓励类产业、民族自治地区和新办基础设施等企业分别给予 15% 的优惠税率、减免税、“两免三减半” 的企业所得税优惠，以及给予农业特产税、耕地占用税、关税和进口环节增值税等税收优惠（见表 3－1）。

表 3－1　西部大开发税收优惠政策内容

税种	优惠政策的具体内容	优惠形式
企业所得税	①对设在西部地区国家鼓励类产业的内资企业和外商投资企业，在 2001～2010 年，减按 15% 的税率征收企业所得税。②经省级人民政府批准，西部民族自治地方的内资企业可以享受定期减征或免征企业所得税优惠，外商投资企业可以享受减征或免征地方所得税优惠。③对在西部地区新办交通、电力、水利、邮政、广播电视企业，上述项目业务收入占企业总收入 70% 以上的，内资企业自开始生产经营之日起，第一年至第二年免征企业所得税，第三年至第五年减半征收企业所得税；外商投资企业经营期在十年以上的，自获利年度起，第一年至第二年免征企业所得税，第三年至第五年减半征收企业所得税	直接优惠 税率减免 定期减免
农业特产税	对为保护生态环境，退耕还林（生态林在 80% 以上）、草产出的农业特产收入，自取得收入年份起十年内免征农业特产税	直接优惠 定期减免
耕地占用税	对西部地区公路国道、省道建设用地，比照铁路、民航建设用地免征耕地占用税。西部地区公路国道、省道以外其他公路建设用地是否免征耕地占用税，由省、自治区和直辖市人民政府决定	直接优惠 税额减免
关税、进口增值税	对西部地区内资鼓励类产业、外商投资鼓励类产业及优势产业的项目在投资总额内进口的自用设备，除《国内投资项目不予免税的进口商品目录（2000 年修订）》和《外商投资项目不予免税的进口商品目录》所列商品外，免征关税和进口环节增值税	直接优惠 税额减免

为了配合国家西部大开发税收优惠政策的具体贯彻实施，新疆维吾尔自治区人民政府、国家税务局和地方税务局分别颁布了《新疆维吾尔自治区关于西部大开发税收优惠政策有关问题的实施意见》（新政发〔2002〕29 号）、《关于加快自治区纺织业发展有关财税政策的通知》（新政发〔2010〕99 号）、《关于促进我区旅游业发展的财税政策的通知》（新政发〔2010〕116 号）、《关于促进农产品加工业发展有关财税政策的通知》（新政发〔2010〕105 号）、《新疆维吾尔自

治区地方税务局关于西部大开发税收优惠政策有关问题的实施意见》（新地税发〔2002〕103 号）等一系列政策规章，在对国家所提出的西部大开发税收优惠政策内容进一步明确的基础上，又结合新疆实际，具体明确纺织业、旅游业、农产品加工业等行业发展所享受的企业所得税、房产税和城镇土地使用税的税收优惠规定等具体内容（见表 3－2）。

表 3－2 新疆出台西部大开发税收优惠相关政策内容

行业	优惠政策的具体内容	优惠形式
纺织业	①根据国家西部大开发有关规定，自 2011 年起，凡属于鼓励发展产业目录范围内的纺织企业，在享受西部大开发企业所得税优惠税率的基础上，免征 5 年地方分享部分。②对在自治区困难地区新办的属于重点鼓励发展目录范围内的纺织企业，可享受企业所得税“两免三减半”政策，减半征收期间免征地方分享部分。期满后，在政策规定期限内，可以继续享受免征企业所得税地方分享部分或西部大开发税收优惠政策	直接优惠 定期优惠
旅游业	①自 2011 年起，对自治区境内从事 A 级旅游景区景点基础设施建设及在 A 级旅游景区景点从事旅游服务经营的企业，5 年免征企业所得税地方分享部分、自用房房产税和自用土地的城镇土地使用税。②自 2011 年起，对自治区境内的旅行社，5 年免征企业所得税地方分享部分、自用房房产税和自用土地的城镇土地使用税。③自 2011 年起，对自治区境内从事旅游纪念品生产、加工的企业，5 年免征企业所得税地方分享部分、自用房房产税和自用土地的城镇土地使用税。④对在自治区困难地区新办的属于重点鼓励发展产业目录范围内的旅游企业，可享受企业所得税“两免三减半”政策，在 2011～2015 年，减半征收期间免征地方分享部分。期满后，符合西部大开发税收优惠政策规定的企业，可以继续享受国家西部大开发税收政策。⑤自 2011 年起，对自治区境内除市、县地区以外的 A 级景区景点范围内，主要为景区景点服务的宾馆，5 年免征企业所得税地方分享部分、自用房房产税和自用土地的城镇土地使用税	直接优惠 定期优惠 税额减免
农产品加工业	①在新疆投资兴办农业产业化经营的内资企业，龙头企业加工、销售国家规定的农产品，增值税税率按 13% 计征，超过部分由财政予以补贴。销售自产农产品，在自治区境内销售自产农产品的初级加工品，免征增值税。②对符合自治区农产品精深加工范围的企业，免征 5 年企业所得税地方分享部分。对属于国家西部大开发鼓励类产业目录的企业，在享受企业所得税优惠税率的基础上，免征 5 年企业所得税地方分享部分。③根据国家关于“2010 年至 2020 年，在新疆困难地区新办的属于重点鼓励发展产业目录范围内的企业，给予取得第一笔生产经营收入所属年度起企业所得税‘两免三减半’优惠政策”，对在新疆困难地区新办的属于重点鼓励发展产业目录范围内的农产品精深加工企业，可享受企业所得税“两免三减半”政策，减半征收期间免征地方分享部分。期满后，在政策规定时限内，可以继续享受免征企业所得税地方分享部分或国家西部大开发税收政策	直接优惠 税率优惠 定期优惠 税额减免

二、新疆实施西部大开发税收优惠政策的基本情况和效果

据罗红云等（2013）研究，西部大开发税收优惠政策自2001年实施以来，新疆各级税务部门按照国家税务总局和新疆维吾尔自治区人民政府的有关规定，积极落实各项税收优惠政策，维护符合优惠条件的各种纳税人的合法税收权益，有效减轻了企业的税收负担。统计数据显示，新疆1994～2007年税收收入的平均增速为20.38%，其中，2000～2003年税收收入平均增速依次为21.61%、21.41%、11.89%和17.04%，2001年和2002年税收平均增速分别降低了0.2个和4.85个百分点。

据此可以看出，自2001年实施西部大开发税收优惠政策以来，尤其是实施初期，西部大开发税收优惠政策对纳税人税负水平降低的影响很显著，但是后期降低税负的效果则有所弱化；如果从具体税种的收入情况进行分析，则结果更明显。《关于西部大开发税收优惠政策问题的通知》确定的西部大开发的相关税收优惠政策主要涉及的是企业所得税的税收优惠。通过1998～2007年新疆分税种税收收入构成可以看出，2002年企业所得税与外商投资企业和外国企业所得税分别比2001年减少了118813万元和7280万元，降幅高达42.04%和55.28%（见表3－3）；从整体来看，据自治区地税局统计，2001～2009年，新疆地税系统对全区符合西部大开发税收优惠政策的6085家企业，减免各项地方税收79.36亿元，其中减免企业所得税66.63亿元。

表3－3　1998～2007年新疆分税种税收收入构成　　单位：万元

年份	1998	1999	2000	2001	2002	2003	2004	2005	2006	2007
税收收入合计	1122137	1203654	1463790	1777217	1988504	2327294	3086354	3909087	4808074	5928687
增值税	576369	611604	682007	817458	995198	1228753	1617542	2087926	2536650	3201975
消费税	102554	106087	79582	101808	149307	138960	244966	227939	233980	269272
营业税	197674	212007	245386	275276	339325	401059	434262	476634	550500	682275
企业所得税	52870.4	69152	221746	282586	156463	179508	330181	486481	712149	768577
外商企业所得税	3214	3673	4286	13170	5890	7761	14955	20987	49492	38051
个人所得税	50659.9	61169	94956	131576	157495	158631	187113	232807	267780	383128
资源税	27156.4	24191	30595	41143	51408	46364	51931	60811	79541	94741
固定资产投调税	27528.7	21844	6276	4219	－398	295	611	156	98	40
城市维护建设税	45041.4	50787	54004	61061	77668	94986	120099	136697	163846	229298
房产和城市房地产税	26891.5	30735	32150	34155	40525	51751	57907	64176	73100	77995
印花税	3506	3948	4034	5993	6918	9746	10307	13993	19502	24698
城镇土地使用税	4675.5	4337	4394	4483	4257	4815	12408	19032	17301	19461
土地增值税	136.1	134	259	328	273	1606	3082	6311	11501	21688
车船使用税	975.8	1012	952	1175	1385	1209	998	1229	9416	11255

资料来源：1999～2008年《新疆统计年鉴》。

从新疆西部大开发税收优惠政策实施效果来看，实施西部大开发税收优惠后，可以发现新疆经济总量增长较快，总体经济发展态势较好，优惠实施后新疆GDP平均增速比实施前增加了1.89个百分点。但无论是西部大开发优惠实施前的1994～2000年，还是西部大开发优惠实施之后的2001～2008年，新疆的人均GDP平均增速水平均低于全国同期的平均水平。

同时，通过西部大开发前后新疆人均GDP与东部及西部地区某些省份的人均GDP的对比发现，2000年新疆人均GDP值分别是北京、上海、江苏、云南、内蒙古等地人均GDP的30.56%、24.53%、62.66%、154.55%和113.38%。2008年，新疆人均GDP值则分别为北京、上海、江苏、云南、内蒙古等地人均GDP的31.56%、27.20%、50.21%、158.04%和61.75%。但是，这组数据中同处西部地区且同样拥有丰富自然资源的新疆与内蒙古的人均GDP数据的对比，也明显地揭示了在同样处于西部大开发税收优惠的背景下，新疆的经济发展远慢于内蒙古。这也从另一侧面在一定程度上反映出，在西部大开发税收优惠政策实施中，新疆的区位优势未能得到充分体现。

从居民收入角度看，实施西部大开发税收优惠之后，尽管从绝对量上看，在新疆，无论是城镇居民可支配收入还是农民纯收入的绝对额均在递增，但是，若是从相对数据指标来看，新疆居民的收入水平却在下降。2000年，新疆城镇居民年人均可支配收入为5645元，占当年全国城镇居民人均可支配收入的89.88%，在全国31个省份中排名第16位；2008年，新疆城镇居民年人均可支配收入为11432元，占当年全国城镇居民人均可支配收入的72.44%，在全国31个省份中排名第30位。

三、东西部税收优惠总体比较

（一）东西部比较

东部在改革初期对外资普遍实施超国民待遇，土地多存在免费供应，企业所得税普遍采取“五免五减半”，其他还有诸如水电全免，以及其他财政补贴。

2000～2010年，第一次西部大开发时期，国家对西部的税收优惠政策远远无法与东部在20世纪八九十年代普遍的“三免三减半”“五免五减半”政策相比，验证了一些研究所指出的“国家对西部的大开发远不及当初开发东南沿海及经济特区时的政策力度大，落后地区获得的许多优惠是仿照东部的普及，并且西部的总体优惠水平还是低于东部，甚至不及‘振兴东北等老工业基地’的政策含金量高”（李汉文，2011）。

（二）新疆与东部比较

新疆在2010年前，税收政策和其他西部地区差别不大，总体上远远落后于东部早期优惠程度。2010年5月召开的第一次中央新疆座谈会上，中央决定加大对新疆的政策支持力度，对符合条件的企业给予企业所得税“两免三减半”优惠；之后将过去的“两免三减半”政策变为更优惠的“五免”，即5年内免征企业所得税。但优惠门槛过高，仍将使新疆受益企业限于规模较大的国有企业，数量较大急需发展的大量中小企业仍将无法从中获益。

尽管西部开发税收优惠的政策性减免对企业的经济效益产生明显的正效应，但是，也需要看到由于西部大开发税收优惠政策范围及优惠标准的限定，新疆享受西部大开发税收优惠政策主要集中在水电开发、通信、公路、铁路、港口码头、机场等交通基础设施建设、资源开发、高新技术产业、能源产业等行业的规模相对较大的企业上。而许多需要支持的支柱产业不能享受到西部开发税收优惠政策带来的利益，自然也不能很好地支持地方经济的发展。

具体地看，西部大开发税收优惠政策存在以下一些主要问题：

1. 优惠政策趋同，对西部的针对性不强

《关于西部大开发税收优惠政策问题的通知》（财税〔2001〕202号）中规定：对设在西部地区国家鼓励类产业的内资企业和外商投资企业，在2001～2010年，减按15%的税率征收企业所得税。对在西部地区新办交通、电力、水利、邮政、广播电视企业，其主营业务收入占企业总收入70%以上的，可以享受“两免三减半”的企业所得税税收优惠。对西部地区内资鼓励类产业、外商投资鼓励类产业及优势产业的项目在投资总额内进口的自用设备，除《国内投资项目不予免税的进口商品目录（2000年修订）》和《外商投资项目不予免税的进口商品目录》所列商品外，免征关税和进口环节增值税等税收优惠规定，基本上属于对东部早已享受的税收优惠政策的翻版，上述优惠只能拉平东西部地区的税负，作为欠发达的西部地区并没有因此获得更多的税收优惠。而且以所得税为主体的税收优惠政策并不符合作为资源、能源较丰富的省份和以农牧业生产为主的西部地区的特点。西部地区相对来说资源、能源储量丰富，农牧业是其主要的生产方式。因此，要促进西部大开发、大发展，在税收优惠方面应该更多依据西部地区自身的特点来设置，并且应当具有特定的针对性。对于新疆而言，税收优惠政策的制定应当统筹考虑新疆的优势、劣势，能够体现其地域、民族、社会等方面的特殊性。

2. 税收优惠范围狭窄

随着新的法律政策的不断出台，西部地区享受的税收优惠范围在逐渐缩减。如依据《关于西部大开发税收优惠政策问题的通知》（财税〔2001〕202号）中经省级人民政府批准，民族自治地方的内资企业可以定期减征或免征企业所得税，外商投资企业可以减征或免征地方所得税的税收优惠规定，企业所得税的改革已丧失了大部分优惠。新的《企业所得税法》第四条规定企业所得税率为25%，即统一由原先的33%下调到25%，降低了企业所得税税率；第二十七条规定对从事农、林、牧、渔业项目的所得，从事国家重点扶持的公共基础设施项目投资经营的所得，符合条件的技术转让所得等给予了免征、减征企业所得税的优惠；第二十八条对小型微利企业，国家需要重点扶持的高新技术企业给予了企业所得税税率方面的优惠；第二十九条及《关于贯彻落实国务院关于实施企业所得税过渡优惠政策有关问题的通知》（财税〔2008〕21 号），明确了民族自治地方的自治机关对本民族自治地方的企业应缴纳的企业所得税中属于地方分享的部分，可以决定减征或者免征的优惠规定。上述变动使西部地区企业享受的西部大开发所得税优惠大打折扣，致使西部地区无法或较难凭借西部大开发企业所得税优惠吸引更多的投资者进入较为落后的西部进行投资。

除了所得税优惠大打折扣之外，西部地区享受的农业税收优惠也随着国家税收制度的调整而基本丧失。如财税〔2001〕202 号规定，对为保护生态环境，退耕还林（生态林应在80%以上）、还草产出的农业特产收入，自取得收入年份起10 年内免征农业特产税。这一税收优惠随着2005 年国家免征除烟叶等农业特产税之外的农业税而丧失其作用。

上述法律政策的变化，已使西部地区能享受的税收优惠范围逐渐缩减。《关于深入实施西部大开发战略有关税收政策问题的通知》（财税〔2001〕58 号）也在一定程度上体现了这一点。财税〔2001〕58 号提出的深入实施西部大开发战略的税收优惠仅反映在以下三个方面：①对西部地区内资鼓励类产业、外商投资鼓励类产业及优势产业的项目在投资总额内进口的自用设备，在政策规定范围内免征关税；②自2011 年1 月1 日至2020 年12 月31 日，对设在西部地区的鼓励类产业企业减按15%的税率征收企业所得税；③对西部地区2010 年12 月31 日前新办的，根据财税〔2001〕202 号文第二条第三款规定可以享受企业所得税“两免三减半”优惠的交通、电力、水利、邮政、广播电视企业，其享受的企业所得税“两免三减半”优惠可以继续享受到期满为止。较窄的优惠范围，使受益主体的范围有限，其刺激西部地区经济发展的作用也是有限的。

3. 优惠条件门槛高，使新疆受益面小

西部大开发税收优惠政策存在的另一主要问题是优惠条件门槛高，从而使新疆的受益面较小，其政策效果不明显。依据关于西部大开发税收优惠政策问题的通知》（财税〔2001〕202 号）的规定，享受减半征收和“两免三减半”所得税税收优惠的企业必须是设在西部地区国家鼓励类产业的内资企业和外商投资企业，在2001 ~2010 年间，减按15%的税率征收企业所得税。其中，国家鼓励类产业的内外资企业是指以《当前国家重点鼓励发展的产业、产品和技术目录

(2000 年修订)》中规定的产业项目为主营业务，其主营业务收入占企业总收入 70% 以上的企业。国家鼓励类的外商投资企业是指以《外商投资产业指导目录》中规定的鼓励类项目和由国家经济贸易委员会、国家发展计划委员会和对外经济贸易合作部联合发布的《中西部地区外商投资优势产业目录》(第 18 号令)中规定的产业项目为主营业务，其主营业务收入占企业总收入 70% 以上的企业。同时对在西部地区新办交通、电力、水利、邮政、广播电视企业，能够享受“两免三减半”税收优惠的也要满足大致如上的收入条件。据财政部、海关总署、国家税务总局 2011 年 7 月 27 日联合发布《关于深入实施西部大开发战略有关税收政策问题的通知》(财税〔2001〕202) 规定的新西部大开发税收政策第二条显示，对设在西部地区的鼓励类产业企业，将按 15% 的税率征收企业所得税。这类企业仍然是指以《西部地区鼓励类产业目录》中规定的产业项目为主营业务，且主营业务收入占企业收入总额 70% 以上的企业。第三条所提的可以享受企业所得税“两免三减半”优惠直至期满的交通、电力、水利、邮政、广播电视企业，仍被限定为财税〔2001〕202 号第二条第三款规定可以享受企业所得税“两免三减半”优惠的交通、电力、水利、邮政、广播电视企业。

上述政策规定显示，较高的优惠门槛的限制，仍将使新疆受益企业限于规模较大的国有企业，数量较大急需发展的大量中小企业仍将无法从中获益。这一点从新疆能够享受到上述优惠的企业以特变电工、新疆众和、天山股份、八一钢铁等龙头企业为主体就可见一斑。这些企业尽管在创造产值和利税等方面具有优势，但在带动就业等方面却存在明显不足。这一不足需要大量的中小企业去完成。中小企业不仅在带动就业方面具有优势，同时在农产品加工、水利、电力及煤炭等资源的开发利用方面也存在一定的优势。现行优惠政策中诸多门槛的限制使绝大部分急需扶植的中小企业无法享受到上述优惠。这使得中央的税收优惠措施无法发挥其应有的促进新疆经济发展的作用。

4. 优势资源转化方面优惠不明显

从中央 10 年来颁布的针对西部地区的税收优惠措施来看，除少数（农业退耕还林、还草税收优惠）外，大部分优惠措施并没有针对西部自身的特点提出。总体来说，西部大部分地区，尤其是新疆，属于资源、能源储备较丰富的地区，其地理位置、技术水平、人力资源等特点决定了能源资源开采及开发利用、农牧业生产及农牧业产品深加工业等产业成为其主要的生产方式。从目前发展状况分析，在短期内这种生产格局不会发生大的变化。现有的以所得税、关税等为主体的关于西部大开发的税收优惠政策无法使像新疆这样的西部地区的资源能源优势得以充分发挥。目前中央的税收优惠主要受益者是一些国有大型企业。数量众多的在带动就业、农产品加工以及资源的开发利用方面具有优势的中小企业获益较少。这既对发展地方经济产生了影响，又对新疆优势资源的转化形成现实的制约。

因此，意图促进西部地区经济社会发展的税收优惠政策应针对西部地区的特点，发挥西部地区自身的优势。同时在优惠政策的制定中应更加体现优势资源的转化，而不是以开发为主。这样才能保障像新疆这样的西部地区的持续发展。目前为止所制定的促进西部大开发的税收优惠政策在促进西部地区优势资源转化方面的激励效应有限。

第三节　东西部土地优惠政策梯度比较

一、1994～1998年：土地政策和土地管理体制的分水岭

东部率先发展，完成城市低成本扩张依靠的不光是倾斜性的土地优惠政策。东部率先发展，很快完成城市低成本扩张，产生产业集聚效应，进入良性循环积累机制，而西部陷入恶性循环积累机制的影响因素按影响重要性排名包括：第一，历史时期城乡宽松的建设用地供给政策；第二，土地管理部门和机制不健全，土地和环保违法成本低；第三，优惠的土地政策；第四，土地财政补贴。

从上一节中华人民共和国成立和改革开放以来建设用地制度分析我们可以得一个结论：1994～1998年是土地政策和土地管理从鼓励到限制、从宽松到严厉的一个分水岭。因为这期间国家宏观经济改革和土地制度改革，土地管理部门和机制改革都出现了方向性的重大变化，产生了多个节点政策。东部地区利用土地政策优惠获得先发优势，在1994～1998年分水岭前后分阶段呈现不同特点。

（一）1994年国家进行分税制改革的影响

（1）对农村建设用地的影响。在新财税体制下，所有企业的税收都要与中央分享，而且税收系统独立于地方政府，这导致地方政府能够从企业中得到的财政收入大为减少（周飞舟，2006）。乡镇企业收益的主要受益者由地方政府变为中央政府，导致地方政府失去了兴办乡镇企业的积极性。

（2）对城市建设用地的影响。1994年的分税制改革使地方政府丧失了很大的自主权，迫使地方政府更多地运用制度外财政竞争，包括擅自减免税、变相的税收先征后返以及有意放松税收征管力度等，但又由于财力限制，地方政府开始更多地利用土地优惠政策进行引资（郭庆旺和贾俊雪，2006）。

（二）1995年建设用地协议出让政策出台

1995年6月国家土地管理局下发了《协议出让国有土地使用权最低价确定

办法》，城市土地出让开始普遍采取有偿用地。

（三）1997 年耕地保护重大突破

1997 年 3 月，《中华人民共和国刑法》第一次设立了三项土地犯罪条款，即“破坏耕地罪”“非法批地罪”“非法转让土地罪”，这是对耕地保护的重大突破。1997 年中共中央发布《关于进一步加强土地管理　切实保护耕地的通知》，突出了耕地保护，这是涉及国家土地制度的重大转变。

（四）1998 年土地管理法第二次修订

1998 年土地管理法修订有三个重大变化：一是对乡镇企业的限制，二是“保护耕地”上升到基本国策地位，三是开始实施用途管制和审批权上收。

（1）对乡镇企业的限制。1998 年修订的《土地管理法》第四十三条规定：“任何单位和个人进行建设需要使用土地的，都必须依法申请使用国有土地。但本集体经济组织成员使用本集体经济组织土地办企业或建住房除外。”同时，该法第六十三条规定：“集体土地使用权不得出让、转让或出租用于非农业建设。但是符合土地利用总体规划，并依法取得建设用地的企业，因破产、兼并等情形致使土地使用权发生转移的除外。”实际上，因破产、兼并等情形致使土地使用权流转虽被法律许可，但由于缺乏具有可操作性的具体规定，实际上或者无法公开正常进行，或者以违法私自转让等方式进行。

1998 年《土地管理法》虽然留下了三个出口（乡镇企业用地、公共事业用地和住宅用地），但由于 1998 年《土地管理法》开始实施用途管制和审批权上收，农民利用土地办企业更难得到批准，农民盖房的指标也越控越严，以致出现土地农转非进程中的国有化趋势。

至此，乡镇利用农村建设用地办乡镇企业的口子失去了合法出路，实际封死了农村乡镇企业用地的道路。国家开始鼓励集中办园区，走产业集聚的道路。城市占用耕地成本和风险提高，小产权房开始大量兴起。

（2）“保护耕地”上升到基本国策地位。1998 年修订的《土地管理法》首次以立法形式确认了土地基本国策的法律地位，提出“十分珍惜、合理利用土地和切实保护耕地是我国的基本国策”，并且规定了多条办法实现耕地总量动态平衡。耕地保护被提到了一个前所未有的高度。

（3）开始实施用途管制和审批权上收。规定农村村民每户只能有一处宅基地，取消了市县一级人民政府的征地审批权，建设用地审批权限上收，改变了以往“协议征地”形式，基本由政府单方面决定，农民对补偿标准有争议的也由征地方——政府来裁决，且“征地补偿、安置争议不影响征用土地方案的实施”。

（五）1998 年国土资源部成立

实现国土资源统一管理。各种限制耕地占用、宏观调控、违法惩处的政策法规频繁出台。

二、东部在分水岭之前的历史机遇和土地优惠政策

（一）城乡低成本用地的机遇

1. 农村建设用地的无偿或低价使用

20 世纪 70 年代末、80 年代初乡镇企业的兴起，最早使用的是农村原有的存量用房。随着乡镇企业规模的扩张，原有的存量用房便不够用，于是乡镇企业自然而然地使用了更多的农村集体土地。20 世纪 70 年代末、80 年代初的乡镇企业异军突起和农村集体土地流转，远早于相关土地法律法规的颁布和国家土地主管部门的成立。农民自行将本村的农地转用于兴办乡镇企业的时候，既没有专门的土地主管部门也没有相关法律法规对这类行为进行管理（蒋省三和刘守英，2006）。

1980 年，国务院实行划分收支分级包干的分灶吃饭财税体制，1985 年进一步细化，地方政府需要通过发展经济增加税收、扩大财源，在农村，乡镇企业迅速发展。

1982 年以前，生产队办企业只需调整社员的承包地即可，而公社、大队办企业也只需调整生产队的土地，或者吸收生产队若干劳动力，支付少量地上物补偿费，或者承建一些公益项目即可，无须报县审批。

1982 年国务院发布的《村镇建房用地管理条例》只规定农民建住宅和办社队企业的用地限额和报县以上主管机关审批的程序，国务院直管的国家土地管理局则到 1986 年才成立，1988 年底全国才初步建成五级土地管理网络。

1986 年《土地管理法》是在原《国家建设征用土地条例》和《村镇建房用地管理条例》基础上制定，该法对征地、补偿、安置条款的设置也基本与 1982 年《村镇建房用地管理条例》一致。1986 年《土地管理法》首次提出“公共利益的需要”，但未对“公共利益”作明确限定，这为以后集体建设用地逐步、大量转向国有用地打下了基础。

1988 年第一次土地管理法修订的一个重大目标是支持乡镇企业对集体建设用地的使用。修订的《土地管理法》中增加了“国有土地和集体所有的土地的使用权可以依法转让。土地使用权转让的具体办法，由国务院另行规定”的条款。乡镇企业和村办企业可以轻易地、无偿地获得大量农村集体建设用地兴办企业。20 世纪 90 年代初乡镇企业继续保持上升势头。

从农村集体建设用地使用来看，70 年代末至 90 年代初，在大力提倡发展乡镇工业的大政策环境下，乡村建设用地审批权主要在县乡两级，农村集体建设用地的使用还是比较容易的。这时期处于我国国民经济的快速恢复时期，第一轮开

发区热和乡镇企业的繁荣、小城镇化盛行，导致 1981 ~ 1989 年城市建设用地年平均增长率为 8.28%，城市扩张用地一度失调。

东部发达地区和欠发达地区的发达城市在改革初期都经历了大规模的廉价征用农地，低价甚至负地价提供工业用地招商引资的阶段。东部发达地区在早期率先发展中通过“土地换资本，空间换发展”策略获得低成本高速扩张。珠三角地区当初被批判的“村村像城镇，镇镇像农村”，无论合法或者违法的土地非农化，现在都成为了合法的城镇建设用地，完成了低成本扩张和产业集聚，进入良性循环累积机制。

而在环保成本方面，东部早期为人诟病的“村村点火，户户冒烟”虽然有诸如环境生态等弊端，但却利用改革初期宽松的政策环境为城市发展极大降低了土地非农化的成本，为城市的发展打下了良好的规模基础。

在这个时期，西部落后地区因为发展阶段限制，对集体建设用地利用有限。在 1998 年土地非农化成本高企之后，后发展的区域或者之前“听话”的城市遇到了更严的土地管控和环保管控等更高的扩张成本，陷入恶性循环累积机制。这方面案例以珠三角地区最为典型。

据张清勇（2010）调查，在作为对外开放前沿的广东，广州 1979 年最早探索出了“广州出地、港商出资、合作开发、共享收益”的模式，以“地皮”为条件和开发企业合作，以场地使用权作为出资兴办中外合资企业或向中外合资企业收取场地使用费。在东莞，农民自发地利用集体的仓库、影院、村办公室和祠堂、礼堂、食堂来承接来料加工，走出了集体建设用地流转的第一步。当然，这种现象并非东莞独有，改革开放后全国各地兴起的乡镇企业绝大多数都使用了集体土地。

20 世纪 80 年代中期，研究人员在江苏、安徽、广东和江西进行了乡镇企业的联合调查。根据采集到的数据，威廉·博德和朱宁（1989）计算发现，按土地的来源，所有乡镇企业样本中，有 59% 来自社区政府（在获得土地的过程中地方社区政府作为中介，企业使用土地却不支付费用，土地的获得与招收本地居民联系在一起），26% 为购买（包括计入股份之中的土地捐助），12% 是租用，其他的占 3%。而所有样本企业的厂长都把地方社区政府提供的行政保护以及比较容易得到土地作为自己的企业建在当地的主要理由。周其仁等（1987）对 10 省 200 家大型乡镇工业企业的调查也发现，20 世纪 80 年代，乡镇企业多以划拨等形式无偿或以较低代价获得土地①（见表 3 – 4）。

① 案例引自张清勇. 中国农地转用开发问题研究［D］. 中国人民大学博士学位论文，2010.

表 3 -4 10 省 200 家大型乡镇工业企业创办时占地方式、数额和代价

占地方式	数额（亩）	代价（元/亩）
乡、村划拨	10.2	252.04
县和县以上政府征地	6.96	无偿
企业买地	5.39	282.77
社区农民以承包土地入股	0.33	年租金 7.56
企业租赁土地	0.52	年租金 26.17
农民以土地带劳入厂	1.00	无偿
其他	0.57	不详

资料来源：周其仁，邱继成，胡庄君．乡镇企业信用的制度基础——10 省 200 家大型乡镇工业企业调查的政策性分析报告之二（1987）［C］//李国都．发展研究：《发展研究通讯》1986～1989 年集．北京：北京师范学院出版社，1990：482－511.

到 20 世纪 90 年代初，据有关方面测算，农村土地的市场价格约为 3500 元/亩。而利用对 200 家乡镇来工企业的调查，杜鹰（1997）根据用地情况的调查结果指出，每个企业创办时平均占地 24.976 亩，支付的地价仅为 258.8 元/亩，连市价的 1/10 都不到。陈剑波（1997）探讨乡镇企业创办中的“企业—政府”交易，发现所调查的 200 家乡镇企业创办时，所用土地平均为 23.97 亩，其中由乡（镇）、村划拨的有 9.89 亩，占 41.26%；由县和县以上政府征地的有 2.15 亩，占 8.97%；无偿占用、经主管部门批准的有 4.82 亩，占 20.1%。

随着乡镇企业的发展，乡镇企业的用地量也急剧增加。据统计，1978 年乡村工业用地约为 15.7 万公顷，到 1985 年增加到了 56.3 万公顷，比 1978 年扩大了 2.6 倍。1985～1995 年间，乡村集体企业共占用耕地 75.07 万公顷。

东莞的经济在很大程度上依赖于农村集体经济，经济的活力在底层农村。对于由村庄主导的有利于当地经济发展的土地转用和开发模式，地方政府不但没有予以禁止，还在一定程度上给予支持，采取了比较灵活的措施。例如，1990 年国务院 55 号和 56 号令颁布施行后，广东省国土厅 1991 年提出《关于进一步贯彻执行国务院 55 号和 56 号令的报告》，要求“农村集体经济组织、乡（镇）政府（包括管理区）、房地产开发公司以及国营工矿、农林企事业单位均不得直接出让土地使用权”，报请广东省人民政府批准实施。对此，广东省人民政府在《批转省国土厅关于进一步贯彻执行国务院 55 号和 56 号令的报告的通知》中只说“同意省国土厅《关于进一步贯彻执行国务院 55 号和 56 号令的报告》”，请各地“结合本地情况认真执行”。

在东莞，国土局的报告指出，在 1999 年新《土地管理法》实施之前，东莞的农村集体土地转让是按 1988 年《土地管理法》中“国有土地和集体土地使用

权可以依法转让”执行的，且“我市为了适应经济发展需要，在用地管理方面，除了充分利用法律赋予的市级土地用地审批权外，在具体操作中也曾采取了一些比较灵活的措施”。

早期，东莞“在兴办‘三资’企业过程中，一边建厂房，一边办理报建、报批手续，或先建厂房，后补办有关手续”，“目前，为支持地方建设，国土部门采取了变通的手法，鼓励调整、消化现有的闲置土地和尽量使用山坡荒地当作违法用地处理补办手续”。2008 年，东莞市副市长指出，“东莞是改革开放的前沿阵地，是思想解放的先行地区，东莞能够取得今天这样的成绩，离不开全市上下各级部门的积极进取和开拓创新。特别是我市国土部门历来都能紧紧把握国家政策变化趋势，找准政策界限，出台符合东莞实际的具体操作办法，通过一个又一个创新为全市在不同阶段的快速发展提供了良好的保障和服务”。

20 世纪 90 年代中期以后，得益于出口导向战略的实施，沿海地区工业化高歌猛进，中国在短短十多年间成为“世界制造工厂”。工业用地的长期低价供应，是创造这一奇迹的秘密之一。这一期间，地方政府通过控制土地一级市场，将建设用地供应权掌握在自己手中，保证了以非市场价格提供土地，用于工业建设。工业用地得以长期维持低水平。从全国 84 个城市地价变动看，2000 ~ 2010 年，全国综合地价水平、商业地价水平和居住地价水平分别提高了 297%、309% 和 528%，工业地价水平仅提高了 71%。独特的土地制度安排不仅使中国的工业发展避开了土地稀缺的短板，而且还使土地成为招商引资和推动工业发展的工具（刘守英，2013）。

从现在的统计数据来看，2010 年始，北京市对 50 个城中村总计 85.3 平方千米进行改造，相当于北京几千年的老城区面积。深圳市现有建设用地面积 917.77 平方千米，原农村集体经济组织共占用约 390 平方千米，其中仅有 95 平方千米为合法用地。广州市“三旧”用地 494.1 平方千米，其中 356.7 平方千米属于集体建设用地，占“三旧用地”总量的 72.2%。一些城市的小产权房面积已占到其住房面积的近 4 成（刘守英，2013）。广东省佛山市南海区的集体建设用地占到全部建设用地的 71%（刘世锦和刘守英等，2014）。合计珠三角有 60% 的建设用地属于集体建设用地，长三角在 20 世纪 90 年代末的改制中也已有集体土地进入市场（刘守英，2014）。

现在看来，当初的宽松政策和违法用地一方面为东部经济发展做出了历史贡献，另一方面为东部发达地区完成了低成本城市扩张。

2. 城市建设用地的无偿划拨使用

1995 年土地协议出让之前，城市建设用地主要依靠无偿划拨使用。从土地有偿出让制度看，1979 年全国人大通过《中华人民共和国中外合资企业经营法》，1980 年国务院颁布《关于中外合营企业建设用地的暂行规定》，1981 年广东省颁布《深圳经济特区土地管理暂行规定》，深圳特区于 1982 年开始对使用土地的企业收取不同标准的土地使用费，标志着引入市场因素的土地出让方式开始，抚顺、广州等城市从 1984 年起也先后推行这种有偿使用的形式，但直到 1989 年，以有偿方式出让土地仅在我国少数经济发达地区的城市实行。

1984 年开始开放 14 个沿海港口城市，扩大城市权限，允许开办经济开发区，我国开发区建设和房地产发展逐步兴起。20 世纪 80 年代中期，开发区热开始升温，刺激着圈地、炒地、越权批地等行为屡禁不止。我国第一轮城市扩张高峰期，耕地保护和城镇建设用地扩大之间的矛盾不断激化，这时期处于我国国民经济的快速恢复时期，第一轮开发区热和乡镇企业的繁荣、小城镇化盛行，导致 1981 ~ 1988 年城市建设用地年平均增长率为 8.28%，城市扩张用地一度失调。各种开发区面积迅速扩大，城市和交通、工矿用地急剧增加，致使全国耕地面积在“六五”期间与前期相比减少了 2.1%，仅 1985 年耕地就减少 100 多万公顷（1500 多万亩），其中非农占耕地达 32 万公顷（480 多万亩），是历史上最多的一年。

从管理体制看，1980 年由于对包产到户的肯定，我国土地产权制度发生了根本性的变化，土地管理工作被纳入了重要的议事日程，在国家机构里恢复了土地利用局（设在农业部），新增了国土、区划、城乡建设等部门，多部门对土地齐抓共管，土地利用总体规划进入探索期。1982 年 5 月在国家机构改革中，国务院决定在农牧渔业部内设置土地管理局，作为统一管理全国土地的职能机关。由于土地管理法制不健全，部分分管，职责不清，政出多门，城市非农建设乱占滥用土地问题仍然普遍存在。

1986 年成立国家土地管理局，土地进入新的统管时期。但总的来看，这一时期土地管理宽松，缺乏相关土地违法责任的法律。农村以鼓励乡镇企业、无偿使用集体建设用地为主导，城市以鼓励城市建设、无偿划拨用地为主导。

1998 年之前有两个节点事件：一是在农村，因为 1994 年分税制改革，导致地方政府失去了兴办乡镇企业的积极性，开始企业改制，农村乡镇企业用地扩张的高峰开始减退；二是在城市，1995 年 6 月下发了《协议出让国有土地使用权最低价确定办法》，城市土地出让开始普遍采取有偿用地。

改革早期，城市划拨用地、农村办乡镇企业、村办企业，是免费或者低价使用集体建设用地。由于无偿获得，土地的资产资本价值没有充分体现，全国横向比较，大致相同，无所谓优惠不优惠。但是这个时期，西部欠发达地区，基本处在传统农业社会阶段，没有能力去利用这个机遇。

在农村，县委乡镇领导可能会多次找乡村能人谈话，要求办企业，无偿给予土地甚至厂房及其他支持鼓励，有的企业甚至是在村干部处于很被动的状态下硬是由乡镇政府催办、帮办、压着办起来的。乡村办企业，农民犹豫、怀疑、设法拒绝都是常见的。在城市，有的单位在国家无偿划拨了较多用地后，主动要求放弃。这都是历史上真实发生过的故事。对土地缺乏敏感性，从历史纵向比较来看，这种思想状态恰恰说明了改革初期土地政策的优惠性。但是东部地区由于区位优势和国家招商引资倾斜性的政策支持率先发展起来，使得东部地区真正享受到了这一时期的优惠政策。西部地区在当时也同样可以享受土地划拨和自主使用集体建设用地的政策，但由于发展阶段的限制，也没有东部优惠的招商政策，实质上缺乏利用土地政策的机会，也错过了城市低成本扩张的机遇。

（二）东部各地优惠土地政策和地价竞争

改革开放初期，中国大陆地区普遍缺乏发展所需的资金、技术和管理经验，而土地资源相对较为宽裕，在当时财政税收政策余地不大的情况下，土地资源自然成为地方政府可以动用的主要的招商引资手段。为吸引更多、更优质企业入驻当地，各地方政府纷纷推出各种土地优惠政策（徐倩和唐在富，2013）。

优惠政策通常包括两种类别：一种是以提供基础设施、配套服务为主的开发服务政策；另一种是以税收减免、土地低价出让为主的让利政策（罗云辉，2009）。

总之，土地优惠政策在当前及今后一段时期内，仍将对中国大陆地区的经济发展起到积极的促进作用，是政府实现经济社会发展目标的重要政策手段，不可或缺。

1. 个别城市的土地优惠政策

（1）1998 年深圳台商工业园区优惠政策①。①土地低价出让。土地出让价为 30 元/平方米，免市政配套设施费，土地使用费实行最优惠政策，低于 1 元/平方米，并且可予以减免。②土地使用最长期限为 50 年并可转让。③免费“七通”。由市政府免费通路、通水、通电、通邮、通排水、通排污、通气，所有管道接至工业园区边缘。

（2）1992 年浦东优惠政策。对于浦东新区，除了 1990 年中央宣布开发开放浦东时给予浦东享有我国经济技术开发区的全部优惠政策和特区的基本优惠政策的“10 条政策”外，1992 年国务院又给予浦东扩大五类项目的审批权限，增加了五个方面的资金筹措渠道。10 条政策主要涉及新增地方政府财政收入、税收减免、允许外资开办第三产业和开设外资银行、建立上海证券交易所、提供出入境便利等方面。

---

① 深圳市人民政府台湾事务办公室，深圳市龙岗大工业区台商工业园．深圳台商工业园区优惠政策［J］．广东大经贸，1998（6）：54－55.

（3）1999年海南洋浦经济开发区优惠政策①。区内投资者用地只需向管理局土地主管部门登记即可，无须向上报批，无须征一亩补一亩，并提供廉价土地，15年内免收土地使用税，土地使用期限最长为70年，期满后可申请继续使用。

（4）1982年厦门经济特区的优惠政策。每年每平方米土地使用费，最低收取1元，最高收取80元（旅游业）是合适的。在新加坡、马来西亚、斯里兰卡、韩国等地的出口加工区建设初期，曾规定每平方米几角至1元多的土地租金，许多国家和地区则规定为2~3元以上的收费起点。厦门特区的土地使用费以1元为起收点，成为亚洲收费最低廉的地区之一，这对客商来特区投资有较大的吸引力②。

（5）1992年北京延庆县土地优惠政策。1992年8月8日延庆县人民政府制定了关于开发区的具体政策规定，此规定共12条。其中，第二条规定："开发区对土地实行有偿低价使用、共同开发的政策，土地使用权出让期限一般为50年。土地出让金标准根据不同用途及地段条件级差加以分别确定。八达岭经济开发区"生地"出让金每平方米为40~70元；南菜园工业开发区"生地"出让金每平方米为60~80元，完成道路、给水、排水、通信、供电、供暖等基础设施的"熟地"出让金每平方米为140~180元。"第三条规定："对在开发区内办的社会公益事业、科研、基础能源工业，山区贫困乡的自办、联办企业等可适当减收土地出让金。"

（6）2001年延庆县康庄工业开发区优惠政策。①零地价政策：不动产投资额在1000万元以上的高新技术工业企业，享受10亩零地价政策，土地使用权50年；每增加1000万元不动产投资额，奖励10亩土地使用权（不包括向国家缴纳的土地出让金）。②土地使用费：固定资产投资额在1000万元以下的企业，按地段每亩土地使用费1万~3万元。③租赁：租赁闲置厂房每年每平方米15元；土地使用费每年每平方米1元。④买断：买断开发区现成厂房每平方米400~1500元。

2. 长三角开发园区优惠地价竞争

汤小俊（2007）在研究中指出，2000年前后，由于"长三角"地区出现了GDP不断增长，但工业用地价格不断下滑的反常现象，苏州、昆山、萧山等地吸引外资大有赶超上海之势。上海市也在2002年大动作加入低地价竞争的行列，推出了名噪一时的"173计划"，将临近苏南、浙北的上海嘉定、青浦、松江三区共173平方千米的区域划定为降低商务成本试点园区，在园区内设置不同于园区外的各项优惠政策。那段时期，上海郊区工业用地的地价一度每亩压至5万~

① 罗丰．海南洋浦经济开发区优惠政策全国最优［J］．特区展望，2001（4）．

② 方晓丘．厦门经济特区的优惠政策［J］．福建论坛，1982（3）：76－79＋75.

6万元。

罗云辉和林洁（2003）在研究中指出，苏州工业园区开发后的土地市场价格大概是20万元/亩，出让价平均仅8万～12万元/亩，昆山开发区的土地成本前几年平均为12万～13万元/亩，主要通过压低征地补偿费用，目前降至10万元/亩，但平均出让价格低于8万元/亩。这种低于成本出让土地的做法实际上已成为全国各地开发区的通用做法。

高岭夏和曹勇健（2003）在研究中指出，浙江省宁波市下辖县区，一般工业用地评估价为10万元/亩左右，但在招商中对外资项目一般都以3万～5万元/亩或5万～7万元/亩，有的甚至以零地价方式将土地出让给外商。

顾建兵（2003）引用一份权威调研报告指出，苏州各开发区的地价与市场价格严重背离：园区15万元/亩，新区12万元/亩，吴中开发区10万元/亩，在有些县市2万～3万元/亩。而实际的市场价格应该在25万～35万元/亩。

黄征学和刘光成（2004）在研究中指出，对江苏常州市30家乡镇企业的调查结果表明，这30家企业设立之初，有52%的土地是通过乡镇政府部门或村民自治机构的参与获得的，其中包括无偿使用集体所有的土地和低价购入土地使用权两个渠道，政府对新创建的国内企业如此，对国外的投资企业提供的优惠更多，这一点从各地的开发区对企业定位提供的优惠条件就可以看出来。

曹宏苓（2008）在研究中指出，珠江三角洲土地价格是25万元/亩，而苏南某些地方的土地价格只有5万元/亩，无锡甚至已降到2万～3万元/亩。就是上海一些郊区也拿出了5万～6万元/亩的低价。成熟的开发区用于基础设施的投入和土地出让金应在15万元/亩的水平。这样做，长三角地方政府每亩要倒贴近10万元。

3. 京津冀

据报道，2012年河北省廊坊市的工业用地开发成本大约为每亩150万元，但当地工业用地的实际出让价格是平均每亩25万元左右。

4. 西部其他省份

黄征学和刘光成（2004）在研究中指出，南宁经济技术开发区在《工业项目用地土地出让金优惠办法》中就提出："对国际、国内知名的大企业或经济效益及社会效益好的项目……特别好的项目，经特殊审批后，可享受零地价。"

毛丰付和袭文龙（2013）指出，2012年三星公司落户西安，除了土地和建筑无偿提供外，还包括基础设施、生活设施等配套项目运行的补贴。

三、东部在分水岭之后的财政补贴竞争优势

以1998年为界，该年国土资源部成立，实现国土资源统一管理。经过1998

年土地管理法修订后，严格限制城乡建设用地增量，严格保护耕地政策导向日益严厉。之后有几个管理政策变化的节点。2004年土地作为中央政府调控经济的重要手段被确定下来，国家开始实施土地参与宏观调控，以及商业用地招拍挂政策。2006年开始实施工业用地招拍挂，并出台工业用地最低出让价格限制。2006年9月，国务院149次常务会议明确提出全国耕地面积不少于18亿亩的“红线”目标。

2006年以来，虽然工业用地也需要采用招拍挂出让，但是由于历史上一直低价和现实中招商引资的需要，工业地价一直处于比较低的水平，很多地方工业地价水平都低于农地征用费用，东部不少地区甚至出现零地价、负地价（黄小虎，2004）。

（一）工业用地协议出让和招拍挂政策后的补贴策略

1994年的分税制改革使地方政府丧失了很大的自主权，迫使地方政府开始更多地利用土地优惠政策进行引资（郭庆旺和贾俊雪，2006），土地成为了地方政府争夺外资的关键性工具（Oman，2000）。于是，在“招商引资高于一切”的口号下，出现了“优惠政策跟着土地走”的现象。招商引资的优惠政策除了廉价土地，还有宽松的环境政策与劳动管制在内的优惠政策包（颜燕和刘涛等，2013）。

截至2012年10月，中国大陆地区共有132个国家级经济技术开发区、14个边境经济合作区。此外，还有高新技术产业开发区、出口加工区、保税区等。不仅区域之间展开激烈竞争，而且区域内部不同招商地之间也进行竞争。工业用地价格也一降再降，零地价、负地价屡见不鲜（黄小虎，2004；张清勇，2010；徐倩和唐在富，2013）。2004年以前，中国最发达的长三角地区还普遍实行零地价和各种投资准入等行政优惠政策安排（周黎安，2004）。

从全国84个城市地价变动看，2000～2010年，全国综合地价水平、商业地价水平和居住地价水平分别提高了297%、309%和528%，工业地价水平仅提高了71%（刘守英，2013）。

2006年以后，国家出台了《全国工业用地出让最低价标准》，为什么还会出现低地价、零地价，甚至负地价呢?

陶然等（2007）首先指出了其中“横向补贴”秘诀：地方政府一方面通过低工业地价招商引资，获得长期GDP收益；另一方面通过商业用地招拍挂出让得到的高价土地出让金，来补贴工业用地的地价亏空，同时获得地方政府的财政收入。土地财政成为地方“第二财政”，很多地方比重高达50%（刘守英和蒋省三，2005；周飞舟，2006）。

李克军（2015）在《县委书记们的主政谋略》中谈到县委书记的灵活变通能力时表示，地方普遍存在面对国家政策对投资商进行灵活的土地和税收减免，及财政补贴的案例①。可以看到，经过地方县委书记“灵活处理”后，开发商实际免费拿到土地之外还可能得到其他财政补贴。

（二）东部强大的财政补贴能力

下面来考察，在工业最低价格标准出台后，东部因为先发优势而具有的强大财政补贴能力。

工业用地的协议出让价格往往远低于成本，甚至出现零地价或负地价。这就需要政府用财政收入或经营性用地收入予以补贴。张清勇（2010）在他的博士论文里指出，各地命名“工业用地成本调节资金”“‘以商补工’土地专项资金”或“工业用地地价成本调节资金”来实现商业用地对工业用地的补贴。

张清勇（2011）研究发现，东、中、西部工业用地价格在区域分布上呈现出十分反常的状况。2006 年国土资源部工业地价评估及分析研讨会上披露的资料显示，根据对全国 23 个重点城市 124 个新增工业用地项目的调查，东、中、西部城市开发区新增工业用地的平均价格为 310 元/平方米、383 元/平方米和 330 元/平方米，而对应的新增工业用地的成本平均分别为 463 元/平方米、325 元/平方米和 268 元/平方米（见表 3 -5）。

从中可以看出，东部地区开发区的新增工业用地每平方米要补贴 280 元，中部和西部则为每平方米 61 元和 3 元；东部地区对开发区新增工业用地的补贴最多，中部次之，西部最少。

东部的财政补贴能力有多强大呢？2007 年审计署调查上海、北京、天津、重庆、哈尔滨、合肥、济南、长沙、广州、南宁和成都 11 个市 2004 ~2006 年国有土地使用权出让金的征收、管理、使用及相关政策执行情况，发现天津、长沙、南宁、成都、哈尔滨、上海、合肥、广州和济南 9 个城市违规减免、变相减

① 2004 年，李克军在阿城市（县级市）（今阿城区）任市委书记期间，曾经和一家大型乳业集团洽谈投资，对方提出，除了在征地、税收上给予优惠外，还需政府补贴 2000 万元设备购置款，如果条件满足，愿意在阿城市投资建厂。为了可预期的经济收益和整个县的经济发展，李克军和几大班子反复协商后，最终还是咬牙答应了这家企业的要求。谈及最后妥协的原因，李克军说得实在：“不给他就不来。来了之后会带来收益，不给就上别的地方了。”这种妥协虽是为了当地的经济发展，但的确客观上违背了国家关于招商引资不得有过度优惠政策的规定。国家有两条高压线：一是不能以各种方式白送土地，即减免土地出让金；二是对于要在当地投资的企业，不能减免或返税。但在实际施政中，尤其是中西部等欠发达地区，所有招商引资项目在这两条上都有突破，土地出让金有的全免，有的减半，税收一般是免二减三，即免除二年，减半收取税收三年。当然，各地的县委书记们不会明目张胆地违反政策，而是会另辟蹊径，灵活变通地达到自己的目的。以土地出让金为例，既然政策规定不许减免，那县委书记就采取先收后返的方式，即按照规定走招拍挂程序，将出让的地块拍卖给投资企业后，企业依规支付政府相应的土地出让金，无论这个钱是企业真的自己掏，还是政府私下借钱给企业让它交，但这个钱必须要在账上体现出来。随后，政府再通过财政办法，以支持工业发展基金的名义，将这笔钱返还给企业。实际上，相当于企业免费获得了这块土地。税收也是同理，先收再返。甚至有时地方为了争取企业在当地落户，不仅减免土地出让金和税收，还会补贴几千万元的固定资产投资款。

表3-5 东、中、西部工业用地的平均交易价格和平均成本①

地区	新增工业用地的平均交易价格	新增工业用地的平均成本
东部	310 元/平方米	463 元/平方米
中部	383 元/平方米	325 元/平方米
西部	330 元/平方米	268 元/平方米

资料来源：《工业地价评估及分析研讨会总结分析报告》，国土资源部，2006 年 9 月。转引自乔富华．工业用地价格的区域差异对区域经济发展的影响［C］//张丽君，刘云喜．中国民族地区经济社会发展与公共管理研究生论文集，北京：中央民族大学出版社，2008：449-457.

免出让金 47.88 亿元，其中以先征后返、为用地单位缴纳出让金以及降低地价出让等方式变相减免出让金 25.34 亿元，个别城市还为招商引资向企业“零地价”出让工业用地。

杨刚强和张建清等（2012）研究得出，2010 年全国土地出让成交总价款 2.7 万亿元，同比增加 70.4%，其中，约有 2/3 的土地出让收入来源于东部地区。

骆祖春和高波等（2011）研究发现，杭州市商业用地、居住用地和工业用地价格分别为 22636 元/平方米、21526 元/平方米和 483 元/平方米，商业用地和工业用地价格相差 40~44 倍。商业地价远高于工业地价的情况，全国类似，而在 2009 年，杭州的土地出让金总额超过 1200 亿元。

东部的财政补贴也突出地体现在广东的产业转移政策中，延续至今。

2005 年，广东省政府出台了《关于我省山区及东西两翼与珠江三角洲联手推进产业转移的意见》，构建了发达地区与欠发达地区合作推进产业转移的模式。这种合作模式的具体做法是：以地级市为单位，粤东、粤西、粤北的各地级市政府与珠三角地方政府之间通过“两两合作”的形式，在落后地区共同建立产业园区来推动产业转移；转入地方负责提供工业园区的建设用地，转出地方负责园区的规划、投资、开发和招商引资等工作；双方议定，通过地价优惠、税收减免、补贴等方式引导珠三角合作地级市的劳动密集型企业向指定园区转移，并按约定比例分享园区内企业缴纳的流转税和所得税中的地方留成部分②。

随后，广东省有关部门相继出台了《广东省产业转移工业园认定办法》《关于支持产业转移工业园用地若干意见》《广东省产业转移工业园外部基础设施省财政补助资金使用管理办法》等一系列配套文件来推动产业转移。

2008 年以来，广东省先后又出台了《关于推进产业转移和劳动力转移的决

① 引用自张清勇．中国农地转用开发问题研究［D］．中国人民大学博士学位论文，2010.

② 见赵祥，郭惠武．产业扩散过程中地方政府合作的博弈分析——以广东省产业转移园建设为例［C］．市场经济与转型升级——2011 年广东经济学会年会论文集，2011.

定》等七个文件，2008～2012年省财政投资400亿元用于实施产业和劳动力的“双转移”战略。金融危机发生后，广东省政府决定从2009年起4年内每年安排5亿元产业转移专项奖励资金，用于奖励向山区及东西两翼转移的珠三角地区企业和建设示范产业转移园区。

2010年11月，广东省政府出台了《关于进一步推进产业转移工作的若干意见》，加大对产业转移园区的招商引资、基础设施建设、用地等方面的支持力度。2013年《中共广东省委广东省人民政府关于进一步促进粤东、粤西、粤北地区振兴发展的决定》规定，省财政在2013～2017年间共投入资金135亿元，对产业转移园进行分类扶持。

在两地政府的共同协商下，各合作园区出台了相应的优惠政策，吸引企业向指定园区转移。承接产业转移的地区对省级产业转移工业园实行“零收费区”政策，对入园企业不再征收任何地方性收费。在用地、用电、用水等方面也给予优惠。省里要求东西两翼和粤北山区工业园区内的电价比珠江三角洲地区每度低0.1元。

如广州（梅州）产业转移园对转入园区的企业实行财政补贴，规定当年应征且入库税金总额在50万元以上（含50万元），200万元以下（不含200万元）的，市财政安排给企业必要数额的专向性扶持资金；当年应征且入库税金总额200万元以上（含200万元）的，市财政安排给企业特别数额的专向性扶持资金[①]。深圳（汕尾）产业转移园则除了对转入园区的企业给予水、电、用地等优惠以外，还对符合规定的企业给予财政奖励和融资支持，如企业投产第一年度缴纳增值税和企业所得税（地方所得部分）在50万元（含50万元）以上、200万元以下的，按其缴纳增值税和企业所得税20%给予奖励；企业投产第一年度缴纳增值税和企业所得税200万元（含200万元）以上、500万元以下的，按30%给予奖励[②]等。截至2013年11月，已经通过广东省政府批准认定的产业转移园区达到36个，每一个欠发达地区地级市至少有一个；36个产业转移工业园累计入园项目3851个，总投资额11529.4亿元。

四、东西部土地政策优惠程度总体比较

土地优惠政策的比较应该以2006年“工业用地招拍挂”和“工业用地出让最低价格标准”出台为界限。

东部早期的城市扩展利用了四个历史机遇：一是在农村，20世纪90年代中期以前鼓励乡镇企业时期，乡镇企业可免费用地或低价用地政策；二是在城市，

① 关于印发广州（梅州）产业转移工业园鼓励外来投资优惠办法的通知［EB/OL］．梅州市人民政府网，2013－12－31.

② 深圳市产业转移工业园招商引资主要优惠政策［N］．深圳特区报，2011－10－13.

八九十年代可以得到无偿划拨用地和后来的协议低价工业用地；三是国家早期对经济特区、沿海开放城市等给予的特殊优惠政策甚至超国民待遇；四是1998年以前，国土管理机构和机制不健全，相关法律欠缺，惩治不严，土地违法成本低。这个阶段，一方面为了经济发展目标的实现，另一方面为了鼓励改革创新，容错试错，地方政府和中央政府“睁一只眼，闭一只眼”。这个阶段无法可依、有法不依、执法不严情况普遍，出现了大量的个人和地方政府违法用地，后来这些违法用地在法不责众的现实下，变成了事实的城市建设用地（包括后来的小产权房）。

东部发达地区在改革初期都经历了大规模的无偿、低价，甚至负地价提供工业用地招商引资的阶段。其早期为人诟病的“村村点火，户户冒烟”虽然有诸如环境生态等弊端，但却利用改革初期宽松的政策环境为城市发展极大降低了土地非农化的成本，东部由此完成了城市扩张，为城市和产业的发展打下了良好的规模基础，具备了产业集聚效益和产业黏性。

东部发达地区在早期成功地通过“土地换资本，空间换发展”策略获得低成本高速扩张，后发展的西部地区错过了早期的历史机遇。当处于工业化初级阶段的西部地区开始工业化和城市化发展时，却先后遇到了“全世界最严格的耕地保护”“工业用地招拍挂”“工业用地出让最低价格标准”，面临高昂的城市扩张成本和违法成本。

2006年之后，在统一的工业用地最低价标准背景下，东部的土地应该比西部获得成本更高，但实际上，东部由于先发优势具备了强大的财政补贴优势。研究发现：东部地区对开发区新增工业用地的补贴最多，中部次之，西部最少，经过补贴后东部土地价格可能低于西部。2006年国土资源部工业地价评估及分析研讨会上披露的资料显示，根据对全国23个重点城市123个工业园区的调查，东部地区园区工业用地的平均交易价格为310元/平方米，低于中部（383元/平方米）和西部地区（330元/平方米）。东部利用先发优势轻易打破了竞争过程的公平，导致竞争结果的不公平。

可以看出，2000年开始实施的西部大开发优惠政策，土地政策的优惠幅度并不显著，远远无法和东部在改革初期无偿或低价使用集体建设用地、城市无偿划拨或低价出让的历史机遇相比，也无法和改革初期深圳等特区及沿海开放城市的优惠政策相比，财税政策的优惠也远远无法和东部早期的超国民待遇相比。既有的土地政策优惠程度不显著，且门槛较高。

可喜的是，2010年新疆工作座谈会以后，中央给予新疆的优惠政策有了明显改观，财税政策很多方面接近甚至超过了东部早期的超国民待遇（当前新疆承接产业转移的优惠政策多处使用“三免五免”，甚至“五免五减半”）。土地方面，对新疆的总量控制、土地财税，以及土地供给、审批、监管等各个方面和环节，都显示出了显著的优惠，对产业的支持还有多方面的财政补贴。

综上所述，从改革以来纵向比较看，同样在工业初级阶段，东部享受的土地优惠政策比当前西部所享受的具有更严厉限制的优惠政策显著优越，甚至可说是天壤之别。从当前横向比较看，2000 年后西部大开发对西部土地优惠程度有限，且有很多附加条件，享受门槛高。2006 年实行工业用地出让最低价标准后，虽然工业用地出让最低标准规定东部工业用地地价比西部普遍要高，但是东部率先发展而拥有了现有优势，具有更优越的财政补贴优势，私下补贴之后土地成本与西部相比可能更低。

2010 年新疆座谈会后对新疆给予了特殊优惠政策，确实显示了中央对新疆的特殊支持。横向比较可能在全国最有优势，但与 20 世纪八九十年代东部享受的历史性政策机遇还是难以相比。

第四节　西部大开发以来新疆土地优惠政策概览

2010 年第一次新疆工作座谈会后，新疆土地政策确实显示出了相对于全国其他区域的显著政策梯度。而且新疆的土地差别化政策重点引导产业园区和产业项目向戈壁荒滩“进军”，发挥新疆未利用土地资源多的优势，使产业项目、工业项目不与绿洲争地、不与农牧民争地、不与现代城镇化发展建设争地，体现了切实保护耕地的原则和国家提倡的“充分利用戈壁荒滩就是对耕地、林地、草地最大的保护”这一理念。

一、西部大开发以来新疆土地优惠政策概览

1.《新疆维吾尔自治区招商引资若干政策规定》(2000)（以下简称《规定》）

（1）区外投资者在新疆兴办生产性企业，自生产经营之日起，5 年内免征企业所得税、车船使用税和房产税，期满后在一定期限内，减按 15% 的税率征收企业所得税；建设期内免征土地使用税。

（2）区外投资企业，经自治区人民政府批准，兴建新疆基础设施、生态环境建设和高新技术项目，自生产经营之日起，8 年内免征企业所得税、车船使用税、房产税和土地使用税，期满后，在一定期限内，减按 15% 的税率征收企业所得税；建设期内免征土地使用税。

（3）区外投资者按租赁方式取得土地使用权，经营期在 20 年以上的，自企

业取得使用权之日起，前5年免缴土地租金（土地有偿使用费），在国家、自治区划定的贫困县内投资的，免缴10年土地租金（土地有偿使用费）。

（4）区外投资者以出让方式取得国有土地使用权，经营期在20年以上的，可免缴25%土地出让金；经营期在30年以上的，免缴30%。使用城镇规划区外的非宜农荒地、荒山的，及自治区划定的贫困县投资的，免缴40%的土地出让金。

（5）区外投资者从事水利、能源、交通、环境保护、生态建设、小城镇建设、城市市政建设等基础设施项目的建设用地、公益性事业用地，以及国家和省、市、区认定的高新技术项目用地可按行政划拨的方式取得土地使用权。以出让方式获得土地使用权的，在缴纳全部出让金后，可以依法转让、出租和抵押；以行政划拨方式获得国有土地使用权的，在补缴土地出让金后，也可以依法转让、出租和抵押。获得土地使用权的投资者，还可以以土地使用权作价入股（扣除政策优惠部分），创办新企业。

2.《新疆维吾尔自治区招商引资若干政策规定实施细则》(2000)

（1）第十六条：区外投资者来新疆开发国有“四荒”（荒山、荒地、荒滩、荒坡）进行种树种草等生态建设的，实行谁种树种草、谁经营、谁拥有土地使用权和林草所有权的政策。开发国有“四荒”的区外投资者，应按依法批准的县级土地利用总体规划和有关规定，在进行可行性研究后，确定开发方案，向当地县级以上人民政府国土资源行政主管部门提出开发申请，由县级以上人民政府按规定的批准权限批准。经批准的，区外投资者依法取得土地开发许可证，项目完工后，申请土地开发验收，凭土地开发验收手续办理土地使用证，取得土地使用权。区外投资者可凭土地开发许可证和区外投资企业享受优惠政策证书等手续向有关部门申请办理免征地方税费和减免土地使用费，凭土地使用证和区外投资企业享受优惠政策证书等手续办理减免土地出让金。

（2）第十八条：《规定》第十一条，区外投资者以租赁方式取得土地使用权的，须依照国家及自治区的有关规定，签订土地使用权租赁合同，土地租金（土地有偿使用费）的免缴，可按《规定》第十一条第一款的优惠在合同中约定。需审核批准的，由县级以上人民政府按规定的批准权限审核批准。

区外投资者以出让方式取得土地使用权的，须依照国家及自治区的有关规定，签订土地使用权出让合同，土地使用权出让金的免缴，可按《规定》第十一条第二款的优惠在合同中约定。需审核批准的，由县级以上人民政府按规定的批准权限审核批准。

区外投资者在签订用地合同时尚未取得区外投资企业享受优惠政策证书，而需先行办理土地划拨、租赁、出让等手续并享受优惠的，可在合同中先行约定享受优惠政策部分收费的暂缓缴纳条款，经国土资源行政主管部门同意并办理有关收费的缓缴手续，待正式取得区外投资企业享受优惠政策证书时再办理减免手续，并领取土地使用证。

（3）第十九条：区外投资者从事《规定》第十二条第一款所列项目和经国家科技行政主管部门认定的高新技术项目，可向县级以上人民政府国土资源行政主管部门申请，经按批准权限批准后，可按行政划拨方式取得土地使用权。

3.《新疆维吾尔自治区鼓励外商投资若干政策规定》（2000）（新疆维吾尔自治区第九届人民政府第50次主席办公会议讨论通过）

（1）外商投资企业自有自用房产，自生产、经营之月起，免征城市房地产税5年，自第6年至第10年减半征收城市房地产税。从事房地产开发经营的外商投资企业，自建成投产之月起，在开发经营期前5年，暂缓征收土地增值税。

（2）外商投资企业自领取工商营业执照之月起，免征车船使用牌照税、屠宰税10年。

（3）外商投资企业从事水利、能源、交通、小城镇等基础设施项目的建设用地和公益事业用地，可按行政划拨方式取得国有土地使用权。

（4）外商投资企业可以按租赁方式取得国有土地使用权（房地产开发除外）。经营期在20年以上的，自企业取得土地使用权之日起，免缴5年土地租金（土地使用费）。对本规定重点鼓励的产业，第6年至第10年免缴50%的土地租金（土地使用费）。

（5）外商投资企业以出让方式取得国有土地使用权，经营期在20年以上的，免缴25%的土地使用权出让金。经营期在30年以上的，免缴30%的土地使用权出让金。其中使用城镇规划区外的非宜农荒地、荒山的，免缴40%的土地使用权出让金。

（6）外商投资企业从事本规定重点鼓励的产业，采取出让方式取得国有土地使用权，并且经营期在30年以上的，免缴30%的土地使用权出让金，其余土地使用权出让金可实行挂账，自生产、经营之月起5年内分期付清。

（7）对中外合资、合作经营企业，中方可将土地资产折价作为国家股投入。

（8）从事本规定重点鼓励产业的外商投资企业，使用的土地可按当地地价的低限予以出让或收取土地租金（土地使用费）。

（9）外商投资企业以出让方式取得国有土地使用权的，在缴纳全部土地使用权出让金后，可以依法转让、出租或抵押；以行政划拨方式取得国有土地使用权的，在补办出让手续、补缴出让金后，也可依法转让、出租或抵押。外商投资企业以出让或租赁方式取得国有土地使用权的，出让或者租赁期限届满后需继续使用土地的，经依法批准后可以续期使用土地。以出让方式取得土地使用权的外商投资企业，不再缴纳场地使用费。

4.《新疆生产建设兵团招商引资若干优惠政策》的通知（新兵办发〔2001〕35号）

（1）对投资者来兵团开发“四荒”（荒山、荒地、荒滩、荒坡）种草种树的，免缴土地出让金并拥有所植草木的所有权和经营权，土地使用权50～70年不变，可以继承和有偿转让，期满后还可申请续期。

（2）投资者以租赁方式取得国有土地使用权，经营期在20年以上的，自企业取得使用权之日起，前5年免缴土地租赁金；对兵团重点扶持的产业，在免缴5年土地租赁金的基础上，第6～10年免缴50%土地租赁金；在国家、自治区划定的贫困县境内的兵团团场和兵团划定的贫困团场投资的，免缴10年土地租赁金。投资者以出让方式取得国有土地使用权，经营期在10年以上的，出让金免缴10%，经营期在20年以上的，出让金免缴20%，经营期在30年以上的，出让金免缴30%；使用城镇（包括团部所在地）规划区外的非宜农荒地、荒山的，以及在国家、自治区划定的贫困县境内的兵团团场和兵团划定的贫困团场投资的，免缴40%的土地出让金；根据投资项目具体情况，还可适当优惠。经营期限在10年以上、投资额在100万元以上的项目，国有土地有偿使用费在评估的基础上，用于农业综合开发和基础设施项目的用地优惠20%，用于其他项目的优惠10%。对以出让方式取得土地使用权一次性缴纳土地出让金的，收取费用可优惠5%～10%；一次性缴纳有困难的，可商定年限分期缴纳。

（3）投资者从事水利、能源、交通、环境保护、生态建设、小城镇建设、城市市政建设等基础设施项目的建设用地，文化教育、医疗卫生等公益性事业用地，以及国家和省、区（市）、兵团认定的高新技术项目用地，均可按行政划拨的方式取得土地使用权。以出让方式获得国有土地使用权的，在缴纳全部出让金后，可以依法转让、出租、抵押；以行政划拨方式获得国有土地使用权的，在补缴土地出让金后，也可以依法转让、出租、抵押。以出让方式获得土地使用权的投资者，还可以国有土地使用权评估的价值作价入股（扣除政策优惠部分），创办新企业。

（4）兵团企业以土地作价入股与外来投资者新办的合资、联营企业，经营期在15年以上，前2年兵团方免分红利，第3～5年减半分红，第6年开始按合同分红。

（5）区外企业收购兵团亏损、关、停企业，其用地可以出让方式处置；以出让方式处置的，出让金除上缴部分外，其余可全部用于安置职工，上缴部分可分期缴纳。区外企业收购兵团破产企业的，应以拍卖方式取得土地使用权。土地出让金全部用于安置破产企业职工。

（6）区外投资者与兵团企业合作，组建股份制公司及企业集团的，土地资产的处置按备案后土地使用权价格的20%上缴财务，专项用于补充国有企业的资本金或支持国有企业进行技术改造，其余80%返还企业，作为国家对企业的资本金投入。

5.《关于西部大开发税收优惠政策有关问题的实施意见》（新政发〔2002〕29号）

（1）区外投资企业（区外独资企业以及区外投资者出资额达到25%以上，经营期10年以上的合资、购并、参股企业，或承包、租赁在5年以上的企业，下同）在新疆新办的生产性企业，自生产经营之日起，5年内免征企业所得税、车船使用税和房产税，期满后在2010年内，减按15%的税率征收企业所得税；建设期内免征土地使用税。

其中，凡在和田、喀什、克州以及国家和自治区划定的贫困县（包括兵团贫困团场）投资兴办企业，免征企业所得税8年，期满后在2010年内，减按15%的税率征收企业所得税。新办非生产性企业，自经营之日起，3年内免征企业所得税，期满后减半征收企业所得税3年。

（2）外商投资企业投资于生态环境建设、科技教育和旅游的企业，在10年内免征城市房地产税。

6.《新疆维吾尔自治区关于西部大开发土地使用和矿产资源优惠政策的实施意见》（新政发〔2002〕82号）

（1）执行耕地占补平衡制度，实现耕地总量动态平衡。国家和自治区批准的基础设施建设项目占用耕地的，其耕地开垦费均按自治区规定标准的下限收取。建设项目使用城市规划区外国有未利用土地的，可以依法以最低价出让，也可以以土地作价入股。在自治区土地利用总体规划划定的可垦区域内进行土地综合开发的，从受益年度起5年内可免缴土地使用费。

（2）以租赁方式取得国有土地使用权、经营期在20年以上的，自取得使用权之日起，前5年免缴土地租金，其中从事国家和自治区重点鼓励类产业（另行制定）的，第6年至第10年免缴50%的土地租金。在国家和自治区确定的扶贫工作重点县、重点乡投资的，免缴10年土地租金。

（3）以出让方式取得国有土地使用权、经营期在20年以上的，免缴25%的土地出让金；经营期在30年以上的，免缴30%的土地出让金，其中在国家和自治区确定的扶贫工作重点县、重点乡投资的，免缴40%的土地出让金；使用城镇规划区以外的非宜农荒山、荒地的，免缴50%的土地出让金。以出让方式取得土地使用权的，不再缴纳场地使用费。

以出让方式或租赁方式取得国有土地使用权的，出让或租赁期满后需继续使用土地的，经依法批准后还可以续期使用该土地；以出让方式取得土地使用权的，在缴纳全部出让金并达到出让合同约定的投资额和开发要求后，可以依法转让、出租和抵押；以划拨方式取得土地使用权的，在补办出让手续、补缴土地出让金后，也可以依法转让、出租和抵押；以有偿方式取得土地使用权的，可以以土地使用权作价入股（扣除政策优惠部分），创办新企业。

（4）提高建设用地审批效率。建设项目占用农用地，或征用集体土地需报国务院批准的，在用地报批阶段，自治区国土资源管理部门主要审查是否符合土地利用总体规划与计划、耕地占补能否平衡、征地补偿安置能否落实，报批材料根据审查内容应尽可能简化。按规定可由自治区人民政府批准的用地，继续由自治区国土资源管理部门审批。建设项目征地补偿安置要符合《土地管理法》等法律法规的规定，杜绝各种搭车收费，切实保护好农民的利益。

对国家和自治区重点建设项目用地的指标要予以保障，在新增建设用地指标不够时，可以酌情使用周转指标、折抵指标以及其他政策性指标。

属下列情况之一的，可以依法调整土地利用总体规划：建设用地未列入土地利用总体规划，但该建设项目符合《土地管理法》第二十六条规定的单独选址条件的建设项目；在土地利用总体规划文本中已载明，但由于选址未定而未具体落实到规划图上，或规划图上已预留为建设用地，但规划文本中没有载明的建设项目。

对于工期较紧的国家投资建设的基础设施项目，其中影响工期的单体控制性工程用地，依法应由自治区人民政府批准农用地转用、土地征用的，经自治区国土资源管理部门同意后，可以先行用地动工建设，在规定期限内完成用地报批手续。

（5）进一步规范土地市场，充分发挥市场配置土地资源的基础性作用。建设项目用地除法律规定可以采用划拨方式提供用地外，其他建设项目应依法有偿使用国有土地，采取出让、租赁等方式提供。

各类经营性用地必须依法实行招标、拍卖、挂牌等方式出让使用权，并要加强管理，规范运作。确定招标标底、拍卖起价等应集体决策，严格遵守有关程序规定。经营性用地因故确实不能招标拍卖的，可以采取协议方式出让，但必须在协议前进行评估，协议价格集体决策，协议结果向社会公开。

7.《关于进一步完善和落实国土资源优惠政策促进自治区经济社会可持续发展意见的通知》（新政办发〔2004〕9号）

（1）关于农牧民开展民俗旅游项目和发展服务业用地优惠政策。①对农牧民在自己承包的果园、林地、草地或者宅基地上进行的农家风情和民俗旅游项目用地，要在统一规划的基础上，按照临时用地对待和管理，前2年免缴临时用地管理费，需要继续使用的，减缴一半的临时用地管理费。②农牧民个人在国道、省道和县（乡）道路两旁按规划投资投劳从事餐饮服务业和其他服务业的，其用地可以按照临时用地对待和管理，前2年免缴临时用地管理费，需要继续使用的，减缴一半的临时用地管理费。

（2）关于企业改制用地优惠政策。①对一般性竞争行业，坚持以出让、租赁等方式配置土地。非国有资本购买、兼并原国有企业时，采取分割出让与企业净负债额相当的土地转为出让土地，参与企业整体拍卖和兼并，剩余土地，购买方或兼并方有优先受让权和承租权。国有企业改制为有限责任公司、股份有限公司、股份合作制企业及组建企业集团的，原企业划拨的土地使用权按照不同土地用途性质评估价格的20%～40%上缴财政后，取得出让的土地使用权。对破产企业，其原划拨土地使用权变现收益，优先用于职工安置。②本企业使用现有的原划拨土地转产从事其他生产项目的，只要有利于搞活企业，有利于安置职工就业，可继续保留原划拨的土地使用权，不按改变用途对待。属于房地产开发的，要按照国家有关经营性用地的规定进行招标、拍卖和挂牌出让。

（3）关于转制科研机构用地优惠政策。转制科研机构原使用的划拨土地，用途符合法定的划拨用地范围的，可继续以划拨方式使用。不符合法定划拨用地范围的，可采取国家作价出资（入股）方式处置，也可享受国有企业改制用地优惠政策。

（4）关于招商引资项目利用国有未利用土地优惠政策。①对国内外、区内外各种所有制企业利用城镇规划区以外的国有未利用土地资源，其中以租赁方式取得土地使用权的，前5年免缴土地租金，后5年减缴一半的土地租金；在国家和自治区确定的扶贫开发工作重点县、重点乡投资的，10年免缴全部土地租金。利用国有未利用的戈壁、荒滩、荒地从事有益于经济发展和生态环境改善的农业综合开发的，从受益年度起5年内可免缴土地使用费。②以协议出让方式取得土地使用权的，根据投资者的经营期和投资区域，按照《自治区关于西部大开发土地使用和矿产资源优惠政策的实施意见》（新政发〔2002〕82号）的规定，最高减缴50%的土地出让金。经自治区人民政府批准，可以享受土地使用权作价入股、挂账经营、缓期或分期缴纳以及出让金先上缴市、县（市）财政，后由政府以基础设施建设投入的形式退还企业的先交后返等优惠政策。在国家和自治区确定的扶贫开发工作重点县、重点乡投资的，10年免缴土地出让金。

（5）关于“新增建设用地土地有偿使用费”优惠政策。①今后“新增建设用地土地有偿使用费”应当由当地政府缴纳，严禁各地将此项费用转嫁给土地使用者。②凡是以出让方式供地的，可以从土地出让金中扣缴“新增建设用地土地有偿使用费”，不再另行收取。③依法应由自治区人民政府审批的建设项目用地，其中以划拨方式取得土地使用权的，不再收取“新增建设用地土地有偿使用费”。

（6）关于征地补偿优惠政策。①国家和自治区重点项目，征地补偿费按法律规定的低限标准补偿。各地、州、市和县（市）招商引资的重要项目，需征用耕地的，可由当地政府出资征地，由企业使用，以吸引企业在当地落户。②对牧民承包的荒漠性天然草场，建设项目使用时，按末等草场的下限适当给予补偿，以不降低牧民原收入水平和生活条件为原则。能调整草场放牧的，可以不予补偿。③依法应由自治区人民政府审批的建设项目用地，确需占用国有次生林地的，不收取土地补偿费。④严格执行土地分类体系标准，切实降低用地成本。

各地区必须严格依照土地利用现状调查和初始土地登记确定荒山、荒地等国有未利用地的范围、界限和面积等，未经法定程序，不得将耕地、林地、草地等优地、好地调整为劣地、荒地，也不得将荒山、荒地等国有未利用地调整为耕地、草地等地类。对未承包给牧民或难以放牧的荒漠草地，建设项目使用时，按未利用地对待，免缴土地补偿安置费用。建设项目使用耕地、林地、草地等涉及的耕地、林地、草地等的补偿安置费用和青苗、地面附着物补偿费用，由国土资源部门统一收取后，返还原土地所有者或使用者，用于解决今后的生产和生活，其他部门一律不得再收取补偿安置等费用，坚决杜绝重复收费、增加用地单位负担行为的发生。

（7）各地必须按照国家规定，执行统一的自治区国土资源优惠政策。不得各行其是，层层出台优惠政策。各地出台的国土资源优惠政策与自治区国土资源优惠政策不一致的，必须予以清理和废止。

8.《新疆维吾尔自治区关于加快自治区纺织业发展有关财税政策的通知》（新政发〔2010〕99号）

为鼓励纺织企业实现产业整合和优势资源的合理利用，自2011年至2015年，对自治区境内规模以上现有和新成立的纺织企业免征5年房产税和自用土地的城镇土地使用税。

9.《关于促进新疆农产品加工业发展有关财税政策的通知》（新政发〔2010〕105号）

（1）对所有农产品加工企业免征5年房产税。

（2）对符合自治区农产品精深加工范围的企业，免征5年自用土地城镇土地使用税。

10.《新疆维吾尔自治区人民政府关于促进新疆旅游业发展的财税政策的通知》（新政发〔2010〕116号）

（1）自2011年起，对自治区境内从事A级旅游景区景点基础设施建设及在

A 级旅游景区景点从事旅游服务经营的企业，5 年免征企业所得税地方分享部分、自用房房产税和自用土地的城镇土地使用税。

（2）自 2011 年起，对自治区境内的旅行社，5 年免征企业所得税地方分享部分、自用房房产税和自用土地的城镇土地使用税。

（3）自 2011 年起，对自治区境内从事旅游纪念品生产、加工的企业，5 年免征企业所得税地方分享部分、自用房房产税和自用土地的城镇土地使用税。

对上述（1）、（2）、（3）项，符合西部大开发税收优惠政策规定的企业，可在享受企业所得税优惠税率的基础上，免征企业所得税地方分享部分。

（4）对在自治区困难地区新办的属于重点鼓励发展产业目录范围内的旅游企业，可享受企业所得税“两免三减半”政策，在 2011 ~ 2015 年，减半征收期间免征地方分享部分。期满后，符合西部大开发税收优惠政策规定的企业，可以继续享受国家西部大开发税收政策。

（5）自 2011 年起，对自治区境内除市、县地区以外的 A 级景区景点范围内，主要为景区景点服务的宾馆，5 年免征企业所得税地方分享部分、自用房房产税和自用土地的城镇土地使用税。

11.《关于促进我区出口生产企业发展的税收政策的通知》（新政发〔2010〕117 号）

2011 ~ 2020 年，对新办企业出口额占销售总额的比例超过 50%（含 50%）、现有企业出口额占销售总额的比例超过 70%（含 70%）的出口生产企业，免征企业所得税地方分享部分、自用房产税、自用土地城镇土地使用税，但累计享受不超过 5 年。

12.《关于新疆维吾尔自治区土地出让收入和新增建设用地土地有偿使用费政策问题的通知》（财综〔2011〕57 号）

根据《中共中央国务院关于推进新疆跨越式发展和长治久安的意见》（中发〔2010〕9 号）的规定，为确保有关土地政策落实到位，促进新疆优势产业和经济发展，现就有关事项通知如下：

（1）在你区对口支援受援地区城镇建设用地范围外，使用戈壁荒滩建设产业聚集园区、引进产业项目的，对于取得新增建设用地的市县人民政府（包括团场），一律免收新增建设用地土地有偿使用费。

（2）在你区对口支援受援地区城镇建设用地范围外，使用戈壁荒滩建设产业聚集园区、引进产业项目的，获得国有土地使用权的单位和个人免缴土地出让价款。

（3）在你区城镇建设用地范围内使用国有未利用地的工业项目，工业用地出让最低价可按所在地土地等别相对应《全国工业土地出让最低价标准》的

50%执行。

（4）根据对口支援新疆的工作安排，上述土地优惠政策执行至2020年12月31日。

13.《关于减免土地出让金和新增建设用地土地有偿使用费有关问题的通知》（新政办发〔2011〕115号）

（1）在对口支援受援地区城镇建设用地外，使用戈壁荒滩（林地、草地除外）建设产业聚集园区、引进产业项目和实施安居富民定居兴牧、保障性住房、公共基础设施等民生工程的，对取得新增建设用地的县（市）人民政府一律免收新增建设用地土地有偿使用费。

（2）在对口支援受援地区城镇建设用地范围外，使用戈壁荒滩（林地、草地除外）建设产业聚集园区、引进产业项目的，获得国有土地使用权的单位和个人可免交土地出让金。

（3）在城镇建设用地范围内使用国有未利用地的工业项目，工业用地出让最低价可按所在地土地等别相对应《全国工业用地出让最低价标准》的50%执行。

（4）乌鲁木齐市、克拉玛依市享受对口支援受援地区新增建设用地土地有偿使用费和土地出让金优惠政策。

14.《关于减免土地出让金和新增建设用地土地有偿使用费有关问题的通知》（新国土资发〔2013〕40号）

在城镇建设用地范围外使用戈壁荒滩设立的开发区（园区）和符合单独选址条件的工业项目，可享受新增建设用地土地有偿使用费减免政策。

二、2010年后喀什和霍尔果斯两个特区土地优惠政策概览

1.《国务院关于支持喀什霍尔果斯经济开发区建设的若干意见》（国发〔2011〕33号）

（1）国家在编制土地利用年度计划时，对新疆维吾尔自治区和新疆生产建设兵团用地计划指标给予适当倾斜。自治区和兵团可根据建设需求和进度安排，单列经济开发区用地计划指标，保障经济开发区建设。使用戈壁荒滩开发建设经济开发区、引进产业项目的，免缴土地出让收入和新增建设用地土地有偿使用费。

（2）对有利于经济开发区发展的疆内重大基础设施建设，中央投资加大支持力度。积极推动中吉乌、中巴铁路建设；加快改善口岸查验设施条件；加快边境口岸铁路、公路建设；支持伊宁、喀什机场进一步完善机场设施。

（3）适时开放伊宁机场口岸和霍尔果斯铁路口岸。支持和鼓励中外航空企

业开通喀什机场直达周边国家主要城市的国际航线，在伊宁机场航空口岸设立后适时开通相关国际航线。在霍尔果斯口岸和喀什机场口岸符合规定条件的前提下，适时研究批准其办理口岸签证业务。

2.《关于加快喀什、霍尔果斯经济开发区建设的实施意见》(新政发〔2012〕48号)

国土资源部门要落实两个经济开发区用地计划指标倾斜政策，根据建设需求和进度安排，单列两个经济开发区用地计划指标，保障两个经济开发区建设；落实对使用戈壁荒滩开发建设两个经济开发区、引进产业项目的，免交土地出让收入和新增建设用地土地有偿使用费的政策。

3.《关于在喀什、霍尔果斯经济开发区试行特别机制和特殊政策的意见》的通知（新党办发〔2014〕10号）

（1）试行商业用地弹性出让。两个经济开发区新增商业用地可分别设定10年、20年、30年、40年的出让年限，出让价格按照相应年限通过评估确定。出让年限届满，经出让人认定企业经营状况良好、土地出让合同履行到位、符合产业导向等条件的，可直接以协议方式续期，续期后的土地使用期限与原来出让年限合计不超过40年。

（2）推行项目用地带方案出让。允许两个经济开发区内的商业、工业及重大功能性项目等用地实行带方案出让。在土地利用总体规划确定的范围内，各区管委会可按照项目用地的总需求，以建设用地分批次方式报批用地，按照规划和项目实施情况依法有序供地。加强土地出让后的后续监管，促进项目功能真正落地。

（3）允许两个经济开发区的土地使用权依法转让、出租和抵押，或者作为合资、合作的条件。

三、2010年后“两区两带”代表性县市土地优惠政策概览

（一）天山北坡《伊犁哈萨克自治州招商引资优惠政策》(试行)

（1）凡利用荒山、荒地等国有未利用地进行旅游开发的项目，经批准符合旅游发展规划，投资额达到1000万元人民币，并具有相当规模的，前5年免缴土地出让金，第6年至第10年免缴50%的土地出让金。

（2）凡以租赁方式取得国有土地使用权的工业项目、旅游基础设施建设项目，自取得土地使用权之日起，前5年免缴土地租金，第6年至第10年免缴50%的土地租金。在国家和自治区确定的扶贫工作重点县、重点乡投资的，前10年免缴租金。

（3）凡以出让方式取得国有土地使用权的工业项目、旅游基础设施建设项

目，根据投资者的经营期、投资区域，最高可以减缴50%的土地出让金。经自治州人民政府同意，报经自治区人民政府批准，可以享受土地使用权作价入股、挂账经营、缓期交纳、先交后返等优惠政策。

（4）投资额达到1000万元人民币以上，技术先进的工业项目，经批准后，可以以土地使用权作价入股的方式，使投资者取得土地使用权，也可以采取先征后返或前5年保留划拨的方式取得土地使用权。

（5）投资从事城市基础设施建设或公益设施建设项目，可以通过划拨供地方式取得土地使用权。

（6）对一般性竞争行业，坚持以出让、租赁方式配置土地。非国有资本购买、兼并原国有企业时，采取分割出让与企业净负债额相当的土地转为出让土地的方式，参与企业整体拍卖和兼并，剩余土地，购买方或兼并方优先享受受让权和承租权；国有企业改制为有限责任公司、股份有限公司、股份合作制企业及组建企业集团的，原企业划拨的土地使用权按评估价的20%交财政，其余80%企业留用。对破产企业，其原划拨土地使用权变现收益，优先返还企业用于职工安置，其剩余部分由当地政府调剂使用。

（7）企业使用现有土地转产搞其他生产经营的，只要有利于搞活企业，有利于安置职工就业，可继续保留原无偿划拨的用地使用权，不按改变用途对待。

（二）天山南坡《阿克苏纺织工业城（开发区）招商引资优惠政策》（试行）

（1）凡在纺织工业城（开发区）内新建纺织项目，项目建设用地按照国家工业用地优惠政策执行，地方留成部分由地方财政列支全额返还，用于支持企业发展建设。

（2）凡在纺织工业城（开发区）内投资兴建与纺织项目相配套的基础设施建设项目（如纺织工业城热电联产、物流园区等项目），免收项目建设用地土地出让金。

（3）凡在纺织工业城（开发区）内投资新建投资额大、科技含量高、就业人数多、对经济带动作用强的重大项目，结合企业实际，可以优惠批准一定数量的房地产开发建设用地，用于企业员工的住房建设。

（三）南疆三地州

1.《喀什经济开发区招商引资优惠政策》（喀经开发〔2012〕10号）

（1）对在开发区内新办的旅游文化产业，从事A级旅游景区景点基础设施建设及从事旅游服务经营的企业，从事旅游纪念品生产、加工的企业，旅行社，5年免征自用房产税和自用土地的城镇土地使用税。

（2）投资者在开发区范围内投资建厂、新办企业需使用土地的，需与开发区管委会签订《喀什经济开发区投资合同》。开发区规划土地建设局依据《喀什经济开发区投资合同》确定项目用地选址并以招标、拍卖、挂牌等方式出让土地使用权。以公开出让方式取得土地使用权的，在缴纳全部土地出让金并达到《喀什经济开发区投资合同》约定的投资金额和开发要求并经管委会批准后，可以依法转让、出租和抵押；对投资规模大、科技含量高、对本地经济拉动作用强的项目用地实行“一事一议”。

2.《喀什经济开发区总部经济大楼招商引资优惠政策》

土地获得方式。总部经济大楼土地采取国有土地使用权招拍挂方式出让。2012 年土地公开出让起始价为 50 万元人民币/亩，2013 年确定的土地公开出让起始价为 100 万元人民币/亩。自 2014 年始，土地价格按市场拍卖地价执行。具体可按以下两种方式获得建设用地：一是企业直接通过国有土地使用权招拍挂方式取得；二是喀什市城投公司以土地使用权作价入股，即由喀什市城投公司通过招拍挂取得土地，以土地使用权作价入股方式与开发商合作投资，按所占注册资金比例分配股份，分享利益。

3.《喀什经济开发区农副产品加工类企业投资优惠政策》

（1）投资者在开发区范围内新办农副产品深加工企业需使用土地的，以招标、拍卖、挂牌等公开出让方式取得土地使用权，在缴纳全部出让金并达到《喀什经济开发区投资合同》约定的投资金额和开发要求并经开发区管委会批准后，可以依法转让、出租和抵押；对投资规模大、科技含量高、对本地经济拉动作用强的项目用地实行“一事一议”。

（2）对所有农产品加工企业免征 5 年房产税。

（3）对符合自治区农产品精深加工范围的企业，免征 5 年自用土地城镇土地使用税。

4.《喀什经济开发区旅游企业投资优惠政策》

（1）自 2011 年 1 月 1 日至 2020 年 12 月 31 日，对在喀什经济开发区（以下简称开发区）内新办的以下旅游文化产业，自设立年度起，5 年免征自用房产税和自用土地的城镇土地使用税：①开发区内从事 A 级旅游景区景点基础设施建设（主要开发建设）及在 A 级旅游景区景点从事旅游服务经营的企业；②在开发区设立注册登记、缴纳税收的旅行社；③开发区内从事旅游纪念品生产、加工的企业。

（2）投资者在开发区范围内新办旅游类企业需使用土地的，以招标、拍卖、挂牌等公开出让方式取得土地使用权，在缴纳全部出让金并达到《喀什经济开发区投资合同》约定的投资金额和开发要求并经开发区管理委员会批准后，可以依法转让、出租和抵押；对投资规模大、科技含量高、对本地经济拉动作用强的项目用地实行“一事一议”。

5.《克州产业发展差别化政策的通知》（克政办发〔2012〕17号）

（1）在进出口贸易加工业产业发展方面，享有下列差别化政策：2011～2020年对新办企业出口额占销售总额的比例超过50%（含50%，下同）、现有企业出口额占销售总额的比例超过70%（含70%，下同）的出口生产企业，享受5年免征企业所得税地方分享部分，免征使用房产税和自用土地城镇土地使用税。

（2）在纺织业产业发展方面，享有下列差别化政策：自2011年至2015年，对规模以上现有和新成立的纺织企业免征5年房产税和自用土地的城镇土地使用税。

（3）在农产品加工业产业发展方面，享有下列差别化政策：对所有农产品加工企业免征5年房产税。对符合自治区农产品精深加工范围的企业，免征5年自用土地城镇土地使用税。投资开发国有“四荒”（荒山、荒地、荒滩、荒坡）进行种树种草等生态建设的，实行“谁种树种草，谁经营，谁拥有土地使用权和林草所有权”的政策。投资者可凭土地开发许可证和投资企业享受优惠政策证书等手续向有关部门申请办理免征地方税费、减免土地使用费和减免土地出让金。

（4）在房地产业产业发展方面，享有下列差别化政策：投资房地产开发、市场开发项目，通过招标、拍卖、挂牌出让等方式，依法取得土地使用权，在缴纳规定的出让金后，可以依法转让和抵押。获得土地使用权的投资者，还可以土地使用权作价入股（扣除优惠部分）创办新企业。

（5）在旅游业产业发展方面，享有下列差别化政策：对从事境内旅游景区景点基础设施建设，以及从事旅游服务经营的企业、旅行社和旅游纪念品生产加工等相关企业，5年免征企业所得税地方分享部分、自用房产税、自用土地城镇土地使用税。自2011年起，对克州境内除市、县城区以外的A级景点范围内，主要为景点景区服务的宾馆，5年免征企业所得税地方分享部分、自用房产税和自用土地城镇土地使用税。

（四）沿边高寒地区《塔城市加快推进旅游业发展实施意见》（试行）

（1）自2011年起，对塔城市辖区内从事A级旅游景区景点基础设施建设及在A级景区景点从事旅游服务经营的企业，5年免征企业所得税地方分享部分、自用房房产税和自用土地的城镇土地使用税。

（2）自2011年起，对塔城市辖区内从事旅游纪念品生产、加工的企业，5年免征企业所得税地方分享部分、自用房房产税和自用土地的城镇土地使用税。

（3）自2011年起，对塔城市辖区内的旅行社，5年免征企业所得税地方分享部分、自用房房产税和自用土地的城镇土地使用税。

（4）制定灵活的土地政策。对旅游企业一次性支付土地出让金有困难的，经批准可采取一次性核定、分步支付的方式。鼓励租用农村集体土地、水面进行旅游景点开发，租金可以逐年支付。允许单位和个人以旅游资源入股开发旅游景点。增加旅游业发展用地，支持利用荒山、荒地、荒滩等开发旅游项目，支持企事业单位利用存量房产、土地资源兴办旅游业。

四、新疆优惠土地政策落地难的问题

虽然2010年第一次新疆工作座谈会和2014年第二次新疆工作座谈会后，新疆获得了相对于全国都比较优惠的土地政策，但由于当前新疆维稳形势、财力限制、财税管理体制、环境管制等因素，导致优惠政策难以落地。例如：在伊宁市和霍尔果斯经济特区，政府征迁工作和乡村干部维稳工作变得难以平衡，在稳定压倒一切的前提下，征地工作难以进展，工业用地供地受阻；由于税收体制的条块化管理，导致税收优惠政策（如税收减免、退税等）兑现周期延长（甚至长达一年之久），长期难以落实；由于市政规划和财力限制，导致难以供应熟地，供给土地出现在农田中间，周边缺乏基础设施；由于缺乏排污基础设施，导致环保部门介入管制；因征地而导致的绿化林木移植需要向环保部门缴纳较高额度的费用，地方财政几乎无力负担。

在同样的大体制背景下，区域或者城市的竞争优势取决于改革魄力下实施特殊优惠政策营造的小环境，这也是广州、深圳在改革开放以来始终领天下先的秘诀，新疆由于观念、财力、发展阶段、维稳形势等多方面限制，导致优惠政策难以落地，最终形成营造发展小环境方面的诸多先天性和后天性不足。

第四章　土地要素弹性和贡献对差别化土地政策的启示

第一节　问题提出的背景

一、生产要素理论对土地参与宏观调控的理论和实践价值

生产要素理论是土地政策参与宏观调控的基础理论之一，土地要素是我国当前由“马尔萨斯增长”向“索洛增长”过渡阶段不可忽视的生产要素。自2003年土地政策参与宏观调控至今，经过近年的尝试和探索，已逐步形成了一个完整的土地政策调控体系，但在国内缺乏研究基础和国外缺乏理论与实践借鉴的背景下，相关研究很多未及深入甚至未涉及，导致政策的出台由于缺乏理论指导和实证定量研究的有力支持而严重影响到其前瞻性和准确性，可能陷入“面多加水，水多加面”，反复尝试，难得其要的尴尬，宏观调控的有效性还存在较大争议。总量调控、结构调控、区域协调都急需来自土地与宏观经济关系方面新的理论发现，急需更系统深入的实证定量研究为土地政策的科学性、前瞻性、准确性提供更直接有力的依据。

一方面，理论指导实践，理论研究必须走在前面，但我们不得不面对的事实是：无论马克思主义经济学还是西方经济学，都没有明确将土地政策列为宏观调控手段，国外也鲜有实践。无法找到现成理论依据和实际经验借鉴，因此必须结合中国实际，进行理论的创新。另一方面，我国幅员辽阔，各地资源禀赋差异巨大，经济发展水平、城市化水平等千差万别，又面临国家“鼓励东部地区率先发展，推进西部大开发，振兴东北老工业基地，促进中部地区崛起”等区域总体发展战略，实行“一刀切”的土地政策势必不能符合各地实际情况，以致失之毫

厘，谬以千里。无论是总量调控、结构调控，还是区域协调调控，要制定科学的土地政策，除了正确的理论指导外，还必须有科学准确的实证研究支持。

有关土地要素贡献的研究中，生产要素理论与中国实践的结合对宏观调控具有重大理论参考价值；土地资源配置对其他生产要素的带动效应及匹配合理性研究对引导要素流动具有参考价值，不同阶段、不同区域要素弹性和贡献的差异对制定差别性土地政策具有直接指导意义，土地弹性和土地依赖问题的研究与经济增长方式的转变关系密切。土地政策参与宏观调控作为国家一个重大战略举措，急需来自土地要素弹性和贡献方面研究的指导和借鉴。对“土地资源配置效应和土地要素贡献”的研究作为土地参与宏观调控研究中的一个重要内容，其理论研究的创新和发现、实证定量研究的系统和深入，无疑具有重大理论指导意义和实践参考价值。

从实证研究价值来看，按照生产要素理论，资本、土地、劳动相结合，才能进行生产。而土地是一切生产活动的载体的功能在发展中国家快速的城市和经济扩张过程中体现得尤其充分。如果能控制土地的供应，就可以控制投资的规模和速度；如果控制了土地利用的结构，就可以实现产业结构的调整。可以通过控制建设用地供应总量、结构和节奏来调控生产要素的总供给。而且由于土地的有限性和不可再生性，使得土地“闸门”比其他“闸门”更为有效，中央政府可以依据土地市场中各要素的配置效率，以及土地要素对经济增长的贡献来调节经济建设中土地要素的投入数量与时间，以达到对过冷或过热的宏观经济“加油”或“点刹车”的目的。从这点来看，土地要素贡献的定量实证研究是实现决策科学性的关键。

二、相关理论和实证研究存在一些缺陷和不足

笔者整理相关文献后发现，关于土地贡献的研究在理论和实证研究方面都存在一些明显缺陷或不足：

1. 理论研究存在的问题：对土地弹性、贡献与经济发展阶段、经济增长方式的关系认识不清

基于国外大量理论研究和国内少量实证研究，我们常会得出一个“先入为主”的结论：工业化程度越高，土地弹性越弱，土地贡献越小；到后工业化阶段，土地弹性和贡献都将不显著。即随着工业化进程的演变，土地的作用将逐渐不显著，经济发展阶段和土地弹性表现为一个简单的“抛物线”关系。但是这个在国外适用的理论和经验认识与我国现实及目前大部分实证研究不相符。原因是：①大部分实证研究表明，到目前为止，东部发达地区虽然整体进入工业化后期，但土地弹性和贡献依旧显著；②从直观经验来看，发达地区地方政府为了

GDP政绩拼命扩地，顶风而上，屡禁屡犯，表现出严重的土地依赖，说明土地弹性和贡献依旧显著（如果土地弹性不显著，增加土地带来的贡献就会不显著，地方政府势必失去扩地冲动）。

所以，我们需要思考中国土地利用情况和国外理论是否有不相符情况，是否有其他决定因素或者更本质原因。土地弹性能反映土地要素在促进经济增长的潜力和效率上的能力，弹性高的要素体现了经济增长未来发展的方向和趋势，把握好土地弹性的变化规律和趋势对于经济增长现在、未来的发展有非常重要的作用。目前相关研究对土地贡献和弹性缺乏统一和深入的认识，这就会影响我们充分认识土地在经济增长中的绩效、特征与可持续性，不能充分解释、预测经济增长的方式、水平与建设用地扩张的关系。如果不能做到深入探究土地弹性与经济增长阶段、经济增长方式的关系，也就难以从理论上认清土地依赖与经济增长的关系，难以从土地角度深入分析经济增长方式转变的出路。因此，土地经济学界有必要对土地弹性和经济发展阶段、经济增长方式的关系做进一步研究。

2. 实证研究存在的问题：缺乏深化细化，缺乏对“拐点”的把握

土地弹性描述的是经济增长变量对土地要素变量增加的敏感程度，表征经济对土地的依赖。土地对经济增长的弹性分析能反映土地要素在促进经济增长的潜力和效率上的能力，贡献弹性高的要素体现了经济增长未来发展的方向和趋势。但是我们至今缺乏对土地弹性的深入研究，缺乏对“度”、对“拐点”的把握。

从目前有限研究成果来看，我们无法总结出东部经济发达地区的土地弹性和贡献是否出现了转折点，无法得知北京、上海等进入后工业化时期的城市的土地依赖是否不显著，我们甚至无法在“到底是东部土地弹性和贡献大，还是西部弹性和贡献大”这一比较简单问题上得到“比较一致和自信的结论”①。这些关于“度”或者“拐点”的研究对宏观调控总量调控、结构调控、区域协调无疑具有重要的指导参考价值，研究的缺乏严重影响到政策建议的前瞻性和准确性，势必导致政策的出台由于缺乏定量的支持，陷入“面多加水，水多加面”，反复尝试，不得其要的尴尬中。

① 有研究认为，东部地区非农建设用地对GDP增长的贡献率大于中西部地区，分别是中部地区的1.25倍和西部地区的1.39倍，贡献率由东向西递减（1989~2001年）。有研究认为，中部贡献率最大（17.66%），其次西部（7.54%），最后东部（4.10%），中部是东部的4.31倍（1997~2004年），其他研究结果不再列举。

第二节　土地要素弹性与发展阶段、经济增长方式关系的研究

一、土地要素弹性和贡献的探讨

决定经济增长的因素包括社会生产劳动过程中的资本、劳动、土地和技术等要素。这些要素投入数量的多少、质量的高低以及生产率水平对经济的发展起着至关重要的作用。依据公式：

土地贡献率 = 土地要素投入增长的百分比 × 土地弹性系数 ÷ 经济增长的百分比

我们可以总结出：土地贡献率大小取决于土地要素投入增长率和土地要素弹性系数的大小。增长率表征要素增长数量，土地要素增长率高则土地贡献率就会上升；土地弹性系数表征要素增长质量，土地弹性越高则土地要素贡献可能越大。土地增长率可以比较明确地度量，但是土地的弹性却难以准确把握，目前也缺乏这方面研究。生产函数中土地弹性系数的变化和哪些因素有关系？在经济发展的不同阶段有什么不同表现？在不同的区域有什么不同表现？土地弹性和贡献的变化与工业化发展阶段是否有内在联系？和经济增长方式、经济结构有什么内在联系？对这些问题的回答都涉及我们在经济发展的不同阶段和不同区域采取什么样的土地政策和经济政策。在目前宏观调控需求下，研究尚未及深入，也从未有系统研究，结论尚不清楚，这也正是本书一个研究价值点。本章将致力于对这些问题的回答。

二、土地要素贡献和弹性内涵

能否科学、客观地对建设用地贡献率进行测度，并对管理决策起到科学的辅助支持，还需要我们对土地弹性和贡献率相关概念与具体测算方法有较为清晰的认识。

1. 土地贡献率的概念

要素贡献率是反映各要素对经济增长作用大小的一项综合指标，指某一因素的贡献量（增量或增长速度）与总贡献量（总增量或增长速度）之比乘以100%，表示该因素的增长量（速度）占总增长量（速度）的比重。

增长率，即增长速度，是反映某一现象在一段时间的增长程度和相对数，在

研究中一般采用年平均增长率来描述，年均增长率可用水平法计算，以产出为例：

$$y = \left(\sqrt[n]{\frac{Y_n}{Y_0}} - 1\right) \times 100\% \quad (4-1)$$

其中，y 表示产出年均增长率，Y_0 表示基期的产出，Y_n 表示计算期第 n 年的产出。依此公式可求出资本、劳动、建设用地投入年平均增长率，分别用 k、l、n 表示。

在加入土地要素的生产函数模型中：

$$Y = AK^{\alpha}L^{\beta}N^{\gamma} \quad (4-2)$$

其中，Y 代表经济产出，K 表示资本存量，L 表示劳动力，N 代表土地；α、β、γ 分别为资本、劳动和土地的产出弹性，则资本、劳动、建设用地投入量对经济增长的贡献率可分别表示为 E_k、E_l、E_n，计算公式分别为：

$$E_k = \alpha k / y \times 100\% \quad (4-3)$$

$$E_l = \beta l / y \times 100\% \quad (4-4)$$

$$E_n = \gamma n / y \times 100\% \quad (4-5)$$

2. 土地弹性的内涵

要素产出弹性是指在技术水平不变的条件下，其他投入量不变，某种要素投入的相对变动引起总产出的相对变动。不同要素产出弹性的大小表示不同要素投入对经济增长的边际影响与贡献差异，高要素弹性体现了经济增长未来发展的方向和趋势，体现了不同区域经济增长方式的差别。大量研究通过估计总量生产函数中要素产出弹性来分析经济增长的绩效、特征与可持续性。

而土地弹性描述的是经济增长变量对土地要素变量增加的敏感程度，反映土地要素在促进经济增长的潜力和效率上的能力。因此，在进行建设用地贡献率和弹性分析的时候，把握好两者之间的异同，尤其是把握好土地弹性的变化规律和趋势可以帮助我们充分认识经济增长的绩效、特征与可持续性，有助于充分解释、预测经济增长的方式、水平与建设用地扩张的关系，提出更具科学性、前瞻性的建议。

从规模报酬情况来看，α、β、γ 分别表示资本、劳动、土地的弹性，则 $\alpha + \beta + \gamma$ 反映了规模报酬水平，是资本、劳动及建设用地要素投入的规模经济报酬指标。当 $\alpha + \beta + \gamma = 1$ 时，表明该经济系统生产规模报酬不变；当 $\alpha + \beta + \gamma > 1$ 时，表明该经济系统生产规模报酬递增；当 $\alpha + \beta + \gamma < 1$ 时，表明该经济系统生产规模报酬递减（喻燕，2010）。

从要素替代弹性来看，替代弹性的经济学意义是指在保持一定的总产出情况下，各种生产要素之间相互替代的难易程度。根据各生产要素之间的关系和基本假设，有：

$\frac{\alpha+\beta}{\gamma}>1$，表示资金和劳动力替代土地要素是容易的，反之亦然；

$\frac{\alpha+\gamma}{\beta}>1$，表示资金和土地替代劳动力要素是容易的，反之亦然；

$\frac{\beta+\gamma}{\alpha}>1$，表示劳动力和土地替代资金要素是容易的，反之亦然。

3. 弹性测定的方法

根据有关参考文献，关于确定资本和劳动产出弹性系数的方法主要有三种：经验估计法、比值法、回归法。回归法应是最理想的方法，但有时由于数据无法满足计量模型的假定，会得到不符合经济含义的要素弹性系数，比如在用就业人员数作为劳动投入量时，当劳动投入量增长较为缓慢甚至出现负增长时，就有可能出现劳动产出弹性系数为负值，此时只能采用比值法（何锦义，2006）。我国1997～1999年有些省份第二、第三产业就业人数就出现负增长。

此外，要素弹性系数的求解还存在区间选择的问题，是分阶段使用不同的产出弹性系数，还是在全部研究时间段使用统一的产出弹性系数，可能导致差异很大的结果。一般来看，为了通过相关的统计检验，提倡加长样本时间以增加样本数。因此，当选用回归法进行估计时，可将历史资料划分为两个时间段。本章研究全样本时间为1989～2009年，但根据经济发展和土地供给特点，将数据分为两个时段——1992～2000年和2001～2009年，分阶段进行回归分析来求解各时间段资本、劳动、土地的弹性和贡献。

三、土地要素贡献与经济发展阶段、经济增长方式关系

1. 模型引入和介绍

生产函数是西方计量经济学中研究资本、土地、劳动、技术等要素与经济产出之间技术关系的最为常见的函数。常见的生产函数模型有四种：柯布—道格拉斯（C－D）生产函数模型、不变替代弹性生产函数模型（CES）、变替代弹性生产函数模型（VES）、超越对数生产函数模型。生产函数模型的发展是一个继承和发扬的过程，也可以说是一种一脉相承的改进和创新，它们之间没有必然的界限，参数的估算和模型的改进使其相互之间可以变换，但又各有特点、各有所长。

目前较为常用的生产函数主要有C－D生产函数和超越对数生产函数两种。后者的优点是放宽了产出弹性固定和技术中性的假设，但它有一个缺点是估计中容易产生多重共线性，且不方便进行产出分解。Romer（2001）指出，索洛增长模型几乎是所有有关经济增长分析的研究起点。尽管国内外经济理论界认为C－

D生产函数“是一种‘专横’的简单化”，提出不少批评，但是却无法否认它在分析各要素对经济增长的贡献方面的明确简捷。一方面，C－D函数的理论基础是明确的，是一个对整体经济高度概括的计量模型；另一方面，许多权威机构（例如美国、日本等发达国家）现在仍然在“顽固”地采用C－D函数测算要素贡献率，实践说明C－D生产函数的公信度和权威性是其他任何类似模型难以取代的。而Wu（2003）与Chow和Lin（2002）等的研究结果发现，C－D生产函数能够较好地描述中国经济增长。鉴于此，本章采用生产函数进行土地要素对经济增长贡献的分析。

如本书第二章所述，虽然在古典经济学中，土地曾被称作“财富之母”，是独立的生产要素，但是在现代西方主流经济学的生产函数模型中并没有土地要素一席之地，因为主流经济学对土地特性作出以下假设：①土地与资本、劳动可以相互替代，土地可视为资本的一种；②技术进步可以抵消土地总量固定不变对经济增长的制约作用。另外，如果将土地看作是劳动和资本之外的独立生产要素，在进行经济分析和处理的时候，会使原本复杂的收入分配理论与完全竞争理论更加复杂，却又无助于我们对经济的理解，既然如此，将土地视为资本而不是单独分析就是一种好的处理方法了（Scitovsky，1971）。

由于一个国家的土地面积总量一般是保持不变的，变化的仅仅在于土地的利用效率，而土地利用效率的提高又可以归并到技术进步中去，因此在一般宏观经济增长模型中不存在土地利用面积随时间而变化的问题，也就不会将土地作为一个变量纳入其中。西方学者的上述结论是基于对已高度城市化和工业化的成熟市场经济国家的研究而得出的，对于正处在快速工业化和城市化过程中的中国并不适用。当今中国正处在由马尔萨斯增长向索洛增长转变的阶段①，正处于工业化和城市化的高速发展期，表现出典型的发展中国家的二元经济以及转轨国家的过渡经济的特点。一方面，土地利用结构变化大而快，1981～2009年，中国的城市建设用地面积由7438平方千米增加到38107平方千米，扩张了3.58倍，是1981年的5.12倍，年均增长6.01%；从我国各城市建成区面积的变化情况来看，1984～2004年的21年间，北京建成区面积增长223%，上海增长331%，杭州增长395%。因此，城市建成区面积的扩大在我国改革开放之后尚处于粗放式增长的阶段是吸纳资本和劳动力的重要因素，因而可能是促进我国城市经济增长的重要因素之一。另一方面，土地制度变迁迅速而剧烈，极大地提高了土地资源配置效率，保障了宏观经济的稳定增长。因此抛去农业经济，对城市经济而言，城市第二、第三产业经济总量的增长与城市的规模，即城市建成区面积的大小密

① Ngai L. R. Barriers and the Transition to Modern Growth [J]. Journal of Monetary Economics, 2004, 51 (7): 1353－1383.

切相关。另外，当前阶段，我国第二、第三产业产值总和已占到宏观经济总量的80%以上，研究城市建设用地面积对第二、第三产业增长的贡献可在很大程度上代表土地对宏观经济的贡献。我国城市化和工业化正在加速实现，土地要素对经济增长做出了具有中国特色的显著贡献，土地要素应该被纳入以C－D生产函数为基础的分析框架中。

虽然国内主流经济学主要沿袭国外主流经济学观点看待土地，但2004年土地参与宏观调控后，国内土地经济学界却作了尝试，试图将土地要素对经济增长的贡献通过生产函数剥离出来。为了将土地要素引入索洛模型，有学者首先从理论上尝试放宽土地供给固定不变的假设对索洛模型进行扩展①，即将土地要素从资本中分离出来，作为单独要素加入索洛模型，并从理论上分析出加入土地的索洛模型仍然存在平衡增长路径，为在土地经济学领域研究土地要素贡献打下了理论基础。

引入土地要素的扩展的索洛模型有4个假设条件：①生产函数包含资本、劳动、土地和技术4个要素；②生产函数是规模报酬不变的；③技术进步是劳动增进型的；④土地要素是可变的，并且与技术、劳动一样是外生的（丰雷等，2008）。

基于传统的C－D生产函数，用Y代表实际产出或以不变价格计算的GDP，K表示资本存量，L表示劳动力，并将固定不变土地要素加进去，构造如下生产函数模型：

$$Y = AK^{\alpha}L^{\beta}N^{\gamma} \tag{4-6}$$

其中，α、β、γ分别为资本、劳动和土地的产出弹性，A表示技术水平。产出变化率可表示为：

$$\frac{\Delta Y}{Y} = \frac{\Delta A}{A} + \alpha\frac{\Delta K}{K} + \beta\frac{\Delta L}{L} + \gamma\frac{\Delta N}{N} \tag{4-7}$$

其中，ΔY、ΔA、ΔK、ΔL、ΔN分别表示产出、技术、资本、劳动、土地变化。

新古典经济学家在研究经济增长时，考虑最多的是资本和劳动两个生产要素，以及技术进步、制度变迁等因素，忽视了土地的作用。原因是他们认为土地的供给是缺乏弹性的，其供给弹性等于零。Evans（2004）认为，这个理念主要是基于19世纪大卫·李嘉图的假设，李嘉图认为土地供给是固定不变的。从一个经济体的土地总量上看，这个假设显然是比较贴近现实的；但这个假设忽视了虽然土地总量不变，土地利用的结构却是可以变化的，而且这种由农业用地向建

① 详细证明过程可参见：丰雷，魏丽，蒋妍．论土地要素对中国经济增长的贡献［J］．中国土地科学，2008（12）．

设用地的转变对于中国这样处于快速工业化和城市化的国家尤为重要①。

因此现代主流经济学假定土地要素固定不变，从而由于土地数量是固定的，所以土地的增长为零，即 $\Delta N=0$，则土地对产出增长的贡献为零。如果我们放宽土地数量固定的假设，先不考虑农业部门和农业用地，仅考虑非农业部门和城市建设用地的变化，则可以用生产函数式（4－6）考察土地要素对经济增长的贡献。式（4－6）取自然对数得到：

$$\ln Y_t = C_t + \alpha \ln K_t + \beta \ln L_t + \gamma \ln N_t + \mu_t \tag{4-8}$$

其中，Y 为第二、第三产业的增加值，A 代表技术进步，K 代表资本存量，L 代表第二、第三产业从业人数，N 代表城市建设用地面积，μ 表示随机误差，t 表示时间，三个待估参数 α、β、γ 分别表示资本存量、劳动、土地对总产出的弹性。假定生产函数是规模报酬不变的，即 $\alpha+\beta+\gamma=1$。

2. 数据预处理

本章欲以 30 个省份（为保持数据连续性，将重庆与四川合并）数据为基础，进行 5 类实证研究：第一，对我国工业化排名前 13 位省份的土地要素弹性、贡献的变化做专门实证研究；第二，基于地理区位（东、中、西）、城市化水平、工业化水平角度对我国土地要素贡献进行系统研究；第三，实证监测我国东部发达地区的土地要素贡献是否已经不显著，或者已到了开始不显著的转折点；第四，对“三高”（工业化水平、城市化水平、第三产业产值占 GDP 比重同高）城市——北京的土地贡献实证；第五，基于空间计量方法的我国土地要素贡献研究。本章进行前四项实证，第五章进行空间计量实证研究。

因此，样本数据是基于 30 省份，21 年时间序列（因为海南 1989 年建省，所以样本时间选择 1989～2009 年），这样就形成全国 N＝30（横截面数）和 t＝21（时间序列数）的全样本面板数据。因为 1992 年邓小平南方谈话推动了市场经济的大步发展，促进了土地市场资源配置作用的发挥，也推动了东部沿海地区新发展，而 2000 年之后国家相继实施了西部大开发、东北振兴、中部崛起等区域发展战略，2001 年加入世贸组织，2004 年又开始实施土地政策参与宏观调控，一系列战略举措和机遇逐步形成了国家在区域经济发展和土地供给方面的新态势，所以又准备 1992～2000 年和 2001～2009 年两个阶段的全样本数据以备比较。其中：

（1）Gdp（经济增长）为各省份第二、第三产业产值增加数（亿元）。1993～2004 年第二、第三产业增加值数据来自中经统计网，1989～1992 年增加值以及 2005～2009 年增加值根据《中国统计年鉴》提供的各省份第二、第三产业环

① 中国土地矿产法律事务中心．土地政策参与宏观调控探索［M］．北京：地质出版社，2007.

比指数计算，都折算为2000年不变价。

（2）Inv（资本）数据为各省份资本存量（亿元）。1989～2005年资本存量数据来自复旦大学张军等估算数据①。固定资产投资数据来自中经统计网。2006～2009年各省资本存量根据（张军和吴桂英，2004）提供方法推算［$K_t=(1-\delta)K_{t-1}+I_t$，折旧率$\delta=0.96$，I为固定资产投资额］。西藏缺乏2006～2009年固定资产投资环比指数，为趋势估算值。

（3）Lab（劳动）为各省份年底第二、第三产业人口数（万人）。1990～2009年数据来自中经统计网和《中国统计年鉴》，1989年数据为根据趋势估算值。

（4）Land（土地）为各省份城市建设用地面积（平方千米）。1989～1995年数据来自《中国城市统计年鉴》，1996～2005年数据来自《中国城市建设统计年报》，2006～2009年数据来自《中国城市建设统计年鉴》。

3. 关于土地弹性和贡献的实证

为了研究土地弹性和贡献，根据上述工业化阶段研究成果，我们选取在2004年达到工业化中期及之后的前13位省份，将研究时期定位在1989～2009年，形成一个13个横截面、21年时间序列的面板数据。其中，2004年处于后工业化阶段的有上海、北京（共2个），处于工业化后期的有天津、广东、浙江、江苏（共4个），处于工业化中期的有山东、辽宁、福建、山西、河北、吉林、黑龙江（共7个）②。

这样选取的优点是，选取工业化发展程度最高的省份，1989年时这13省市绝大部分处于工业化初期，到2009年时基本处于工业化后期及以后。对这些发展最快省份分不同时段做计量分析，这样就可以观测同一样本在不同工业化阶段的土地弹性变化，更具有可比性。从区域分布看，这13个省份主要位于我国东部。

（1）基于经济发展阶段的假说提出。

从国外理论研究发现：经济发展具有阶段性特征，不同发展阶段所依赖的资源和要素的类型存在差别，经济增长的源泉也不同③。从传统经济迈向现代经

① 在数据资料方面得到了复旦大学中国经济研究中心的“中国经济发展分地区电子数据库”提供的便利与帮助，表示感谢。

② 本章关于工业化水平的判断来自中国社会科学院陈佳贵等《中国地区工业化进程的综合评价和特征分析》（2005）研究成果。我国2004年工业化排名和工业化指数为：上海（100）、北京（100）、天津（94）、广东（77）、浙江（75）、江苏（73）、山东（51）、辽宁（49）、福建（47）、山西（44）、吉林（40）、黑龙江（36）、河北（34）、内蒙古（33）、宁夏（32）、湖北（31）、重庆（28）、陕西（28）、青海（22）、新疆（22）、云南（22）、湖南（22）、河南（22）、甘肃（20）、江西（19）、安徽（19）、四川（18）、海南（17）、广西（13）、贵州（11）、西藏（0）。

③ H. 钱纳里等．工业化和经济增长的比较研究［M］．上海：上海三联书店，1991.

济、从工业化初级阶段过渡到工业化高级阶段、后工业化，由于技术进步的贡献率上升、资本对土地的替代作用等原因，土地对经济增长的贡献逐渐减小①。土地经济重要性的下降是经济现代化的必然②，土地资源对经济增长的限制能被技术所替代。在前工业化社会，马尔萨斯技术处于主导地位，但随着科学技术的进步，索洛技术会逐渐取代马尔萨斯技术，并且这样的转变是建立在先进技术及其所需要的制度结构和意识形态都发生相应变化的基础之上的（Hansen 和 Prescott，1998），而目前的中国正处在马尔萨斯技术向索洛技术转变的阶段③。

国内学者研究发现：土地要素对经济增长的高贡献率（20% ~30%）作为我国经济特定发展时期的特殊现象，不可能长期持续。随着我国城市化和工业化的逐步实现，土地要素对于经济增长的贡献率将不断降低，经济增长方式终将实现由马尔萨斯增长向索洛增长的转变（李名峰，2010）；现有研究忽视了建设用地扩张对经济增长的贡献与经济增长方式对建设用地扩张影响之间的联系，未能充分解释、预测经济增长与建设用地扩张的关系（姜海等，2009）。经实证研究发现，建设用地的产出弹性系数在初级产品阶段地区为 0.376，在工业化阶段地区为 0.068，在发达经济阶段地区只有 0.066，且未通过显著性检验。因此，经济发展水平越高，建设用地扩张对经济增长的作用越不明显（姜海等，2009）。

基于国外和国内现有的理论和实证研究，我们可以得出一个比较直观的、先入为主的结论：随着工业化阶段的演变，土地的作用将逐渐变弱，经济发展阶段和土地弹性表现为一个简单的抛物线关系，如图 4 -1 所示。

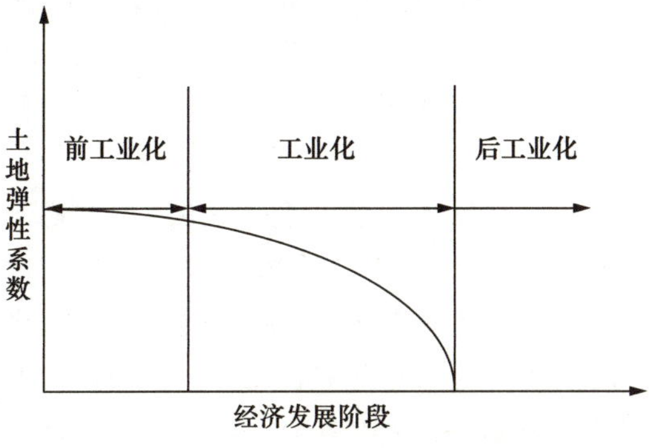

图 4 -1 现有研究中的土地弹性与经济发展阶段关系

---

① ［美］T. W. 舒尔茨. 报酬递增的源泉［M］. 姚志勇等译. 北京：北京大学出版社，2001.

② ［美］舒尔茨. 报酬递增的源泉［M］. 北京：北京大学出版社，2001.

③ Ngai L. R. Barriers and the Transition to Modern Growth［J］. Journal of Monetary Economics，2004，51（7）.

从国外理论研究和少数实证研究我们可以针对土地弹性和经济发展阶段的关系提出如下假说：

假说一：工业化程度越高，土地弹性越弱，土地贡献越小。到后工业化阶段，土地弹性和贡献都将不显著。

（2）基于经济增长方式的假说提出。

假说一符合国外理论研究以及少量国内实证研究，但和大部分实证研究以及我国现实不相符。第一，大部分实证研究表明到目前为止，东部发达地区土地弹性和贡献显著（虽然这类研究存在一些差异）；第二，从直观经验来看，发达地区地方政府为了 GDP 政绩拼命扩地，不惜顶风而上，屡禁屡犯，表现出严重的土地依赖，说明土地弹性和贡献依旧显著（如果土地弹性不显著，增加建设用地带来的贡献就会不显著，地方政府可能就不会有如此强的扩地冲动）。所以我们需要思考中国的土地和宏观经济关系与国外理论是否有不相符情况，是否有其他决定因素或者更本质原因。

土地要素弹性描述的是经济增长变量对土地要素变量增加的敏感程度，通俗表达为："土地要素的投入增加 1%，导致经济增长的百分比。"这样就可以作出如下总结和推测：生产函数中的土地弹性的本质是体现新增建设用地对经济增长总量的影响强弱。这就需要同时考虑新增建设用地和存量建设用地对经济增长影响的比较优势。这种比较优势取决于经济增长方式。当经济增长表现为外延增长的时候，新增建设用地对 GDP 贡献占比较优势，土地呈现高弹性，当经济增长表现为内涵式增长的时候，存量建设用地对 GDP 贡献占比较优势，土地要素弹性变弱或者不显著。当内涵式增长使得新增建设用地创造的 GDP 相对于存量用地上创造的 GDP 比较处于劣势的时候，土地弹性就会出现转折点。具体解释如下：

首先是以经济增长方式为前提，在外延式经济增长方式下，整个经济系统生产率提高困难，存量用地对经济增长贡献很小，经济增长主要来源于新增的土地和其他要素的投入，而不是经济系统整体生产率的提高，因此土地要素变化对经济增长有显著影响。而新增建设用地贡献的优势程度又取决于新增建设用地效率（地均产出）、经济总量的基数。同一个 GDP 总量基数水平下，新增单位土地的地均产出越高，土地弹性，亦即"土地要素的投入增加 1%，导致经济总量增加的百分比"也会越大。但是当后期随着经济总量基数的增大，同样高的新增地均产出下，土地弹性就会变小（好比同样的 GDP 增量下，发达国家的增长率反而低于发展中国家）。因此在工业化初期，土地非农收益相对于农业收益以及极低的经济总量就显得"增长趋势"明显，因此土地弹性势必会高，同样的土地产出水平下，随着时间推移，经济总量基数增大（分母变大），土地弹性也会逐渐下降。

当经济增长方式转变为内涵增长方式，整个经济系统，也即大量存量土地之上的生产率大幅提高，那么新增土地之上经济增量相对于全部土地上的经济增量就会显得微乎其微，土地弹性也会变得微乎其微，以致不显著（这时候土地弹性的变化开始符合国外理论研究关于“土地对经济增长的弹性随着工业化阶段逐渐减小”的结论）。

可以做出这样一个总结：土地弹性与经济增长方式、新增用地产出效率（地均产值）、经济总量基数三个因素存在本质因果关系，和经济发展阶段的关系特征只是一种现象。我国的经济增长特征表现为三个特点：一是土地制度支持下的外延式增长；二是在资本密集，以及在资本体现式技术、制度变迁等因素影响下，新增建设用地效率（地均产出）在不断升高[①]，是一种逐渐高效的外延式增长（本书第三章第四节已有描述统计分析）；三是随着工业化和城市化推进，经济总量基数不断扩大。外延式增长决定了新增建设用地对经济增长弹性将长期显著，直到经济增长方式转变才会面临消失。地均产出的增加会导致土地弹性增加，经济总量基数的增加又会导致土地弹性减少，三个因素决定我国建设用地弹性将不会随着工业化推进而“抛物线”式地简单消失。

国外研究理论认为，随着工业化阶段的演进而降低的土地弹性和贡献，以及对土地的依赖减弱只是现象而非本质。国外得出上述结论可能是因为伴随着工业化阶段的演进，其由技术进步（包括中性技术进步和资本体现式技术进步）创造的生产率也在不断提高，其经济增长方式更多表现为内涵式增长，因此被误解为土地弹性和经济发展阶段存在对应因果关系。

因此我们推测，在外延式增长方式下，土地弹性变化可能呈现为一个类似环境库兹涅茨曲线的倒U形增长曲线，而随着外延式增长向内涵式增长的转变，土地弹性会表现为迅速下降的“抛物线”形式。因为我国当前经济增长方式主要表现为外延式增长，因此推测我国未来土地弹性的变化可能如图4－2所示：预计土地弹性在工业化初期比较高，但随着用地效率提高，之后可能会出现类似环境库兹涅茨曲线的倒U形增长阶段，随着经济总量基数增大，曲线右半部分下降可能较快，显得陡峭（a到b这一部分），之后，随着内涵式经济增长方式的到来，土地弹性可能会呈现出陡峭的抛物线形式，会迅速下降至不显著。在倒U形部分，如果期间出现土地利用粗放（地均产出波动——分子变化）或者经济过热过冷（经济总量基数的突变——分母变化），则会出现塌陷或上翘（如图4－2虚线所示）。

① 可以比较在工业化后期引进500强企业与工业化初期引进一个造纸厂在造成单位新增土地产出上的巨大差异。

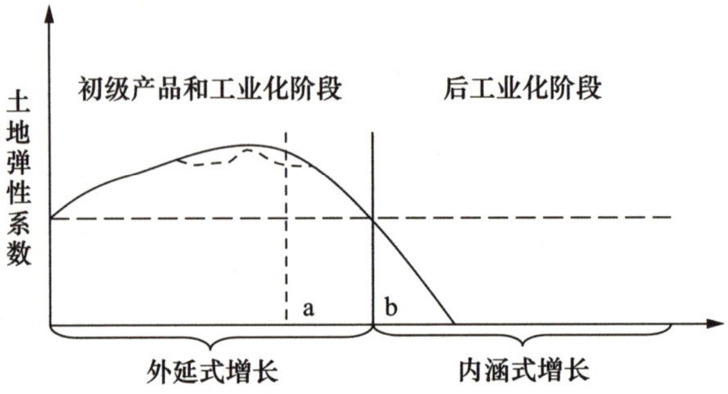

图 4-2　土地弹性与经济增长方式

如果长期不能转变经济增长方式，存量建设用地上生产率提高缓慢，新增建设用地创造的产值仍占总产值主导地位，则经济增长会长期依赖土地要素和其他要素的投入，库兹涅茨曲线的倒 U 形部分就会延长，甚至到后工业化阶段。

而理想状态应该是工业化阶段演进伴随着经济增长方式的演变，到后工业化阶段，由于内涵式增长已处于绝对主导地位，新增建设用地对经济总量增加影响甚微，土地要素弹性和贡献表现不显著，如图 4-3 所示。

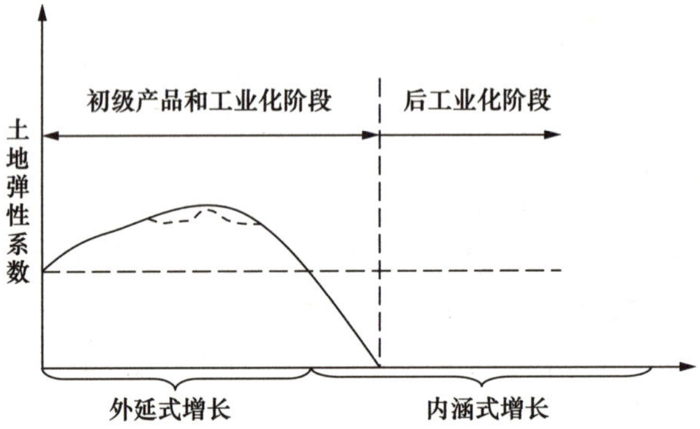

图 4-3　理想状态下的土地弹性与经济发展阶段、经济增长方式关系

基于我们对土地弹性与经济增长方式、新增建设用地产出效率、经济总量基数三个因素关系的猜想，我们提出假说二和假说三：

假说二：在外延式增长方式下，新增土地产出效率越高，土地弹性越大。

假说三：在外延式增长方式下，土地弹性在工业化初期阶段较高，之后随着地均产出效率的提高会有一个类似环境库兹涅茨曲线的倒 U 形增长阶段，然后随着外延式增长向内涵式增长的过渡，土地弹性会呈现出“抛物线”形式而迅速走向不显著。在倒 U 形增长部分，如果期间出现土地利用粗放（土地利用效率波动）或者经济过热过冷（经济总量基数的突变），则会出现波动。

（3）关于实证的解释。

表 4 -1 和图 4 -4 是我国工业化排名前 13 省份在多个阶段的土地弹性和贡献。其中，Gdp 表示第二、第三产业增加值，Inv 表示资本存量，Lab 表示第二、第三产业增加劳动人数，Land 表示第二、第三产业增加建设用地①。

表 4 -1 工业化排名前 13 省份土地弹性与贡献实证结果

年份	年均增长率				弹性系数			贡献率		
	Gdp	Inv	Lab	Land	Inv	Lab	Land	Inv	Lab	Land
1989 ~ 1993	14.07	12.04	3.16	7.35	0.8888	0.4558	0.1931	78.91	10.62	10.47
1989 ~ 1994	14.80	13.10	4.48	7.31	0.9041	0.3174	0.1789	81.27	9.76	8.97
1989 ~ 1995	14.77	13.89	4.38	7.06	0.8286	0.3599	0.2332	78.12	10.70	11.18
1989 ~ 1996	14.46	14.22	3.89	6.71	0.7788	0.4029	0.2678	76.70	10.85	12.45
1990 ~ 1997	15.62	14.95	3.83	6.33	0.7968	0.3463	0.2795	79.37	8.84	11.79
1991 ~ 1998	14.58	15.08	1.56	4.07	0.8264	0.1933	0.1707	92.60	2.24	5.16
1992 ~ 1999	14.10	15.76	1.74	4.63	未通过	—	—	—	—	—
1993 ~ 2000	12.93	15.19	1.36	3.98	0.8002	0.1996	0.1508	93.31	2.08	4.61
1994 ~ 2001	11.95	14.45	0.25	4.30	0.7787	0.2453	0.1341	94.63	0.52	4.85
1995 ~ 2002	11.61	13.73	0.27	4.86	0.7920	0.2227	0.1379	93.71	0.52	5.78
1996 ~ 2003	11.82	13.48	0.95	5.56	0.8072	0.1691	0.1451	91.84	1.36	6.81
1997 ~ 2001	10.96	13.16	0.98	4.56	0.76182	0.1380	0.122	93.55	1.26	5.19
1998 ~ 2005	12.59	13.85	3.75	7.50	未通过	—	—	—	—	—
1999 ~ 2006	13.22	14.24	4.70	7.96	0.8258	0.1398	0.0865	89.73	5.01	5.25
2000 ~ 2007	13.74	14.69	5.50	8.12	0.3896	0.4242	0.2425	57.09	23.27	19.64
2001 ~ 2005	13.83	14.72	6.02	9.13	0.8230	0.1147	0.0710	90.05	5.13	4.82
2001 ~ 2008	13.88	15.02	5.87	7.33	0.7766	0.1300	0.1517	86.15	5.64	8.21
2002 ~ 2009	13.76	15.68	6.05	6.60	0.6687	0.3346	0.1478	77.75	15.01	7.23
2003 ~ 2009	13.71	15.88	6.08	6.10	0.6632	0.3329	0.1639	77.69	14.93	7.38
2004 ~ 2009	13.47	16.02	5.91	5.33	0.6171	0.3797	0.2218	74.26	16.86	8.88
2005 ~ 2009	13.31	15.91	5.58	4.91	0.5716	0.3366	0.3931	70.48	14.56	14.96
1989 ~ 1999	13.52	14.18	2.15	5.25	0.8208	0.2099	0.2317	87.47	3.39	9.14
2001 ~ 2009	13.57	15.31	5.80	7.00	0.6998	0.2090	0.1991	80.44	9.10	10.46

① 这四个指标应用于全书。

研究对象为我国工业化发展最快的前13省份；研究时期为1989～2009年。1989年时13省份中绝大多数都处于工业化初期，2004年时半数都达到了工业化中期及以后，2009年据预测多数达到了工业化后期，少数达到后工业化时期。样本划分为多个小阶段，这样既可以保证样本观测量，又可以观测我国工业化发展最快省份从工业化初级阶段向后工业化阶段发展过程中土地产出弹性系数以及贡献的变化。

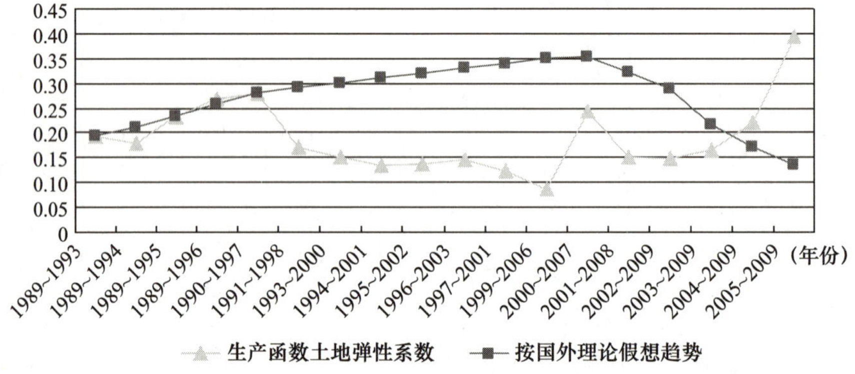

图4－4　13省份土地弹性实证结果①

划分时期：共划分为24个时期，分别是1989～1993年、1989～1994年、1989～1995年、1989～1996年、1990～1997年、1991～1998年、1992～1999年、1993～2000年、1994～2001年、1995～2002年、1996～2000年、1996～2003年、1997～2001年、1998～2005年、1999～2006年、2000～2007年、2001～2008年、2001～2008年、2002～2009年、2003～2009年、2004～2009年、2005～2009年22个较短时期以及1989～1999年、2001～2009年两个较长时期。

其中，1989～1993年、1989～1994年、1989～1995年三个较短时期，以及1996～2000年、2001～2005年、2003～2009年、2004～2009年、2005～2009年五个较短时期，面板数据时间都是5～7年，是为了比较密集地捕捉工业化初期、中期和后期土地弹性系数变化，虽然时间比较短，但都通过统计检验且都比较显著，1989～1996年、1990～1997年、1991～1998年、1992～1999年、1993～2000年、1994～2001年、1995～2002年、1996～2003年、1997～2001年、1998～2005

① 13省份是上海（100）、北京（100）、天津（94）、广东（77）、浙江（75）、江苏（73）、山东（51）、辽宁（49）、福建（47）、山西（44）、吉林（40）、黑龙江（36）、河北（34）。括号中是2004年各省市工业化指数。

年、1999 ~ 2006 年、2000 ~ 2007 年、2001 ~ 2008 年、2002 ~ 2009 年共 14 个时期，每个时期为 8 年，逐年后推，以捕捉随着时间后移土地弹性和贡献的变化。因为 1992 年邓小平南方谈话后，市场经济和土地有偿使用得到大力发展，经济增长和土地供给变化都比较剧烈，每期 8 年可以保证较高的样本量，结果发现绝大多数都通过了统计检验，且都比较显著。但 1996 ~ 2000 年、1992 ~ 1999 年、1998 ~ 2005 年、1997 ~ 2004 年四个时期未通过统计检验（其中 1997 ~ 2004 年期用 1997 ~ 2001 年期代替了），可能是由于期间数据变化比较剧烈[①]，使得数据内部规律性受到干扰。但通过生产函数测算的土地弹性系数是多年的平均值，因此这几个时段的放弃并不影响我们观测这 21 年工业化发展过程中土地弹性和贡献的变化。

1989 ~ 1999 年以及 2001 ~ 2009 年两个时期的观测因为 1989 ~ 1999 年是国家重点发展东部沿海区域时期，2000 年后国家相继提出西部大开发、东北振兴、中部崛起等区域发展战略，又遇到 2003 年加入 WTO，这两个阶段是国家实施区域经济战略的重要时期，也是邓小平在 20 世纪 80 年代初期提出“两个大局”战略思想的实施和转变过程。观测这两个阶段的贡献具有比较的重要意义。

通过实证我们发现：1989 ~ 1993 年和 1989 ~ 1994 年两个时期，13 个省份整体处于工业化初期和中期阶段，土地弹性确实比较高，达到 0.19，但是从 21 年发展趋势来看，这时期土地弹性并非最高，并非假说一中抛物线的最高点。在 1995 ~ 1997 年土地弹性出现显著升高，1990 ~ 1997 年达到 0.27，之后土地弹性出现逐期下降，到 2007 年开始又出现显著升高，以致 2004 ~ 2009 年土地弹性再次超过 1989 ~ 1993 年，达到 0.22，2005 ~ 2009 年土地弹性甚至超过历史最高点达到 0.39，而这个时期正是 13 个省份整体进入工业化后期和后工业化阶段。

（4）对假说的检验。

1）对假说一的检验。通过实证发现，土地弹性并没有随着经济发展阶段的演进逐渐变弱至不显著，没有呈现“随着工业化进展土地弹性逐渐减弱到不显著”的状态，而是从工业化初期到工业化后期形成了一个升高、降低又升高的曲线，因此假说一“抛物线设想不成立”。可以肯定的是，经济发展阶段并不必然决定土地弹性走向，土地的弹性和经济发展的阶段没有直接必然联系。

2）对假说二的检验。考察图 4 - 5 和图 4 - 6 所示 13 个省份新增地均产出效率（各年第二、第三产业新增产值/各年新增城市建设用地）与产值增长弹性（各年第二、第三产业产值增长率/各年城市建设用地增长率）之间的关系，

---

① 比如 1996 ~ 1999 年是城市建成区面积增长最少时期，变化非常小，尤其在 1999 年。而 1997 年遇到亚洲金融危机，之后采取扩张性政策。2000 ~ 2003 年是第三轮城市扩张热，到 2004 年由于宏观调控，土地供给又突然紧缩。

发现1997～2000年和2006～2009年是我国新增地均产出最高的两个时期。1990～1995年和2001～2004年是产值较低两个时期，2001～2004年地均产值稍高于1990～1995年时期。但是考察图4－6中土地产值增长弹性（第二、第三产业产值年增长率/城市建设用地年增长率），发现1990～1995年土地产值增长弹性反而高于2001～2004年时期，2006～2009年地均产值远高于1990～1995年期，但是其产值增长弹性却只略高于1990～1995年，这充分显示了后期较大的经济总量基数对增长弹性的冲抵作用。所以新增建设用地地均产值是一种绝对产出效率，清晰显示了纵向的土地集约利用水平，而“产值增长弹性”却是一种相对产出效率，更能揭示经济总量基数不断增大对地均产值和“土地产出弹性系数”（生产函数计算的土地弹性）的综合影响。因此我们用产值弹性系数（第二、第三产业产值年增长率/城市建设用地年增长率）这个相对指标作为假说二中的“土地产出效率”①。

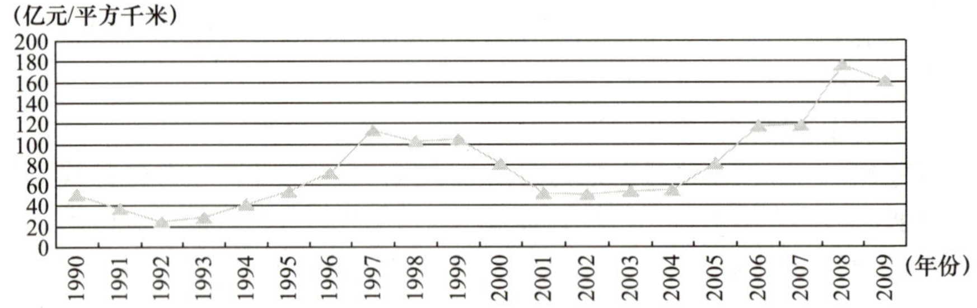

图4－5　工业化排名前13省份新增建设用地地均GDP

注：GDP是2000年不变价。

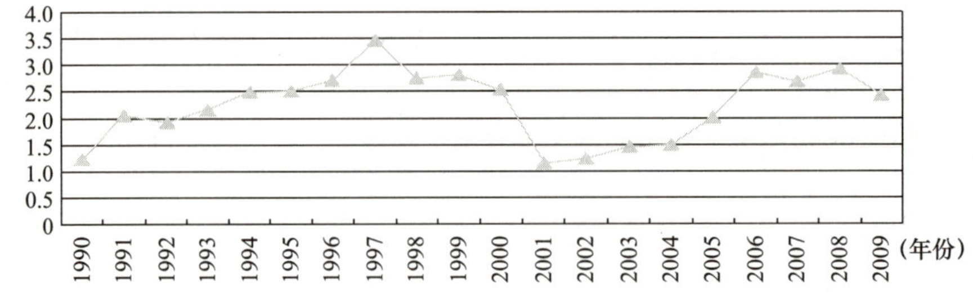

图4－6　工业化排名前13省份产值增长弹性

① 图4－12和图4－13中GDP是假设所有新增GDP都由新增土地创造。虽然我国经济增长方式主要表现为外延增长特征，实际上外延增长与内涵增长总是并存，新增的GDP是存量土地与增量土地共同作用所致，而且存量土地上新增产值对总产出的影响会有波动，因此图4－12和图4－13可以结合观察作为土地弹性系数的（由生产函数计算的土地弹性）趋势参考，但并不代表完全真实的新增土地对GDP影响。

如图 4 -6 所示，1997 年、1998 年、1999 年产值增长弹性最大，1996 年和 2000 年较大，根据产值增长弹性（第二、第三产业产值年增长率/城市建设用地年增长率）推测 1996 ~2000 年土地弹性系数（由生产函数计算的土地弹性）会最大，工业化初期阶段 1989 ~1993 年、1989 ~1994 年、1989 ~1995 年、1989 ~1996 年会较高并逐期升高，1990 ~1997 年土地产出弹性系数弹性应该仅次于 1996 ~2000 年期。但实证发现，1996 ~2000 年未通过统计检验，1990 ~2007 年土地产出弹性最高，符合假说二。

图 4 -6 中，2001 ~2004 年产值弹性最低，2005 年产值弹性处于中位，相近于 1993 年值，因此推测 2001 ~2005 年土地产出弹性系数最低。实证发现，2001 ~2005 年土地产出弹性确实最低，符合假说二。

图 4 -6 中，2006 ~2009 年产值弹性又升高，几乎只低于 1997 年、1998 年、1999 年这三年，因此推测 2004 ~2009 年、2005 ~2009 年土地弹性系数会升高，稍高于 1989 ~1996 年，接近于 1990 ~2007 年。但实际发现 2005 ~2009 年土地弹性达到 0.39，远超 1990 ~1997 年期，这与推测有点差距，但是 2004 ~2009 年实证结果接近 1989 ~1996 年，基本符合假说二。

从 1989 ~1999 年和 2001 ~2009 年这两个较长时期来看，1989 ~1999 年土地弹性为 0.23，高于 2001 ~2009 年的 0.19，也与根据假说二得到的推测符合。

所以，13 省份 21 年期从工业化初期到工业化后期的土地要素弹性实证结果基本证实假说二：在外延式增长方式下，新增土地产出效率越高，土地产出弹性越大。

3）对假说三的检验。从图 4 -4 可以总结出如下特征：

土地弹性在工业化初期阶段确实比较高。1989 ~1993 年为起始，1989 ~1995 年、1989 ~1996 年、1990 ~1997 年三个时期出现了显著的上升，这与我们在假说三中“土地弹性在工业化初期阶段较高”的假说相符。

1997 年之后开始下降，直到 2007 年开始出现弹性上升，2004 ~2009 年恢复到大致与工业化初期相当水平。2004 ~2009 年整体进入工业化后期和后工业化时期，土地弹性并没有下降至不显著甚至消失，而是恢复甚至超过历史最高水平。土地弹性系数变化并没有呈想象中那样随着工业化阶段上升而逐渐下降至消失的抛物线形式，而是经历了一个“上升—下降—又上升”的过程。中间的下陷可能与 2000 ~2003 年第三轮以“大学城”“开发区”为特征的城市扩张热导致土地利用粗放以及亚洲金融危机之后的扩张性政策、2004 年土地宏观调控有关。整个过程基本符合假说三。

而理想的过程应该如图 4 -4 中的假说趋势线，随着工业化进展，土地弹性先升后降，到 2009 年时 13 个省份整体处于工业化后期，土地弹性应该很小或者不显著。这可以理解为我国外延式增长特征一直持续到了工业化后期依然未变，经济增长依然保持对土地的强依赖性。

个别实证与预期和推测不符合，可能与样本期内经济过热与土地供给突然扩张和突然收缩有关。

（5）实证的结论。

通过对假说一、假说二、假说三的验证，基本证实了之前的预测。所以得出如下关于土地弹性变化的结论：生产函数中的土地弹性的本质是体现新增建设用地对经济增长总量的影响强弱。这就需要同时考虑新增建设用地和存量建设用地对经济增长影响的比较优势。这种比较优势取决于经济增长方式。当经济增长表现为外延增长的时候，新增建设用地对 GDP 贡献占比较优势，因此土地呈现高弹性，当经济增长表现为内涵式增长的时候，存量建设用地对 GDP 贡献占比较优势，土地要素弹性变弱或者不显著。当内涵式增长使得新增建设用地创造的 GDP 相对于存量用地上创造的 GDP 比较处于劣势的时候，土地弹性就会出现转折点。土地弹性与经济增长方式、新增用地地均产出效率、经济总量基数三个因素存在本质因果关系，和经济发展阶段的关系特征只是一种现象。

4. 对土地要素弹性和贡献的继续讨论

土地弹性反映的是土地要素在促进经济增长的潜力和效率上的能力，弹性高的要素体现了经济增长未来发展的方向和趋势。大量研究通过估计总量生产函数中要素产出弹性来分析经济增长的绩效、特征与可持续性。所以有必要继续探讨土地弹性的变化与经济发展、土地供给之间的关系。

从图 4 -7 来看，土地要素弹性与土地要素贡献表现出了一致的趋势，土地弹性越大，土地贡献越大。

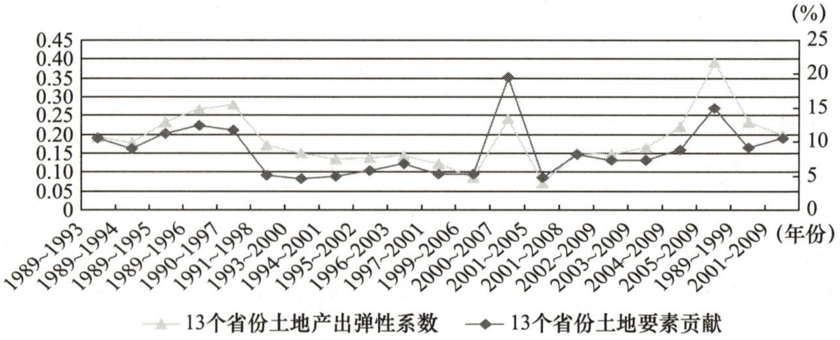

图 4 -7 土地要素弹性与土地要素贡献的关系

从图4－8来看，土地增长率与土地弹性表现出比较相反的趋势，在大部分时期内，土地增长率越高，土地弹性反而有相反的变低，说明在土地增长显著的时期，存在土地过度供应，土地利用效率低下导致新增用地地均产出降低，继而导致新增土地产出弹性系数下降现象。

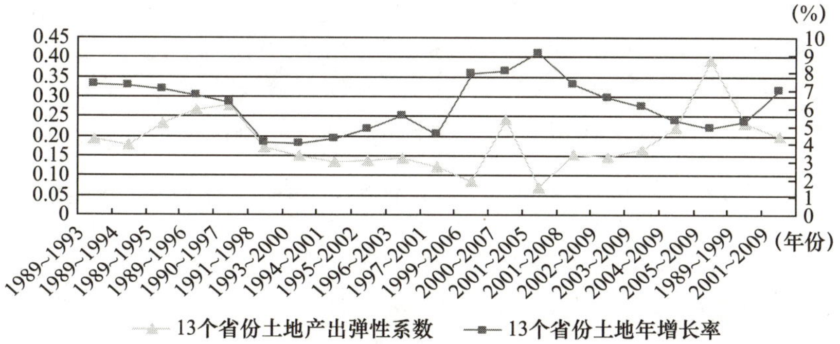

图4－8　土地要素弹性与土地年均增长率

图4－9显示了多年来资本、劳动、土地三要素弹性变化趋势，发现资本弹性占绝对优势，总体在0.6～0.8，次之是劳动弹性，总体在0.2～0.3，最后是土地弹性，在0.2左右，总体偏下。

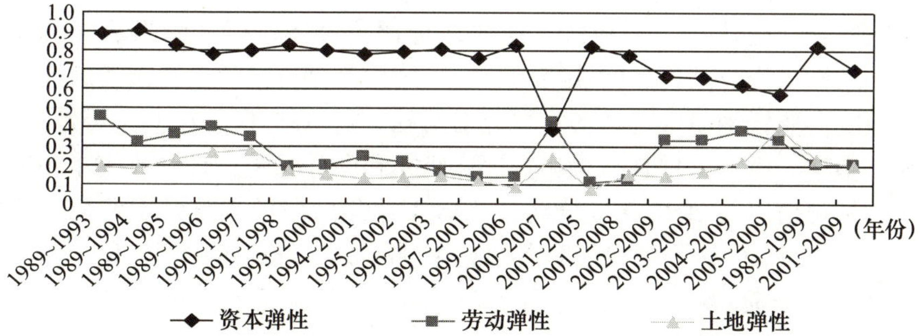

图4－9　工业化排名前13省份各年期资本、劳动、土地要素弹性趋势

图4－10显示了多年来资本、劳动、土地三要素贡献率变化趋势。发现1989年以来，资本贡献一直处于绝对优势地位，主要在70%～80%，这和其他以资本、劳动为生产要素的主流经济学研究以及土地经济学研究结果比较一致。个别时期劳动贡献过低，属于异常现象，一个原因是我国劳动力存在比较严重过剩，劳动贡献不够突出，另一个原因是20世纪90年代初期到2000年第二、第三产业从业人数增长缓慢，甚至出现负增长，导致统计结果的劳动贡献过小。

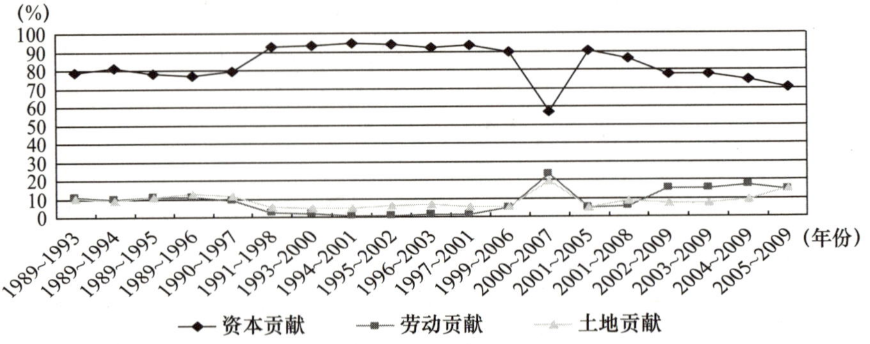

图4-10　工业化排名前13省份各年期资本、劳动、土地要素贡献趋势

第三节　基于经济发展阶段的实证

经济发展阶段有若干种分法①，最常见是依据钱纳里标准为基础划分的工业化阶段。中国社会科学院副院长陈佳贵任组长的中国社科院“中国工业化进程”研究课题组对中国工业化进程进行了综合评价分析，他们基于经典工业化理论，结合中国实际，构建出一套地区工业化综合评价体系，研究结果从经济发展水平、工业结构、产业结构、就业结构、空间结构等多方面评价我国各地区工业化水平。研究参照钱纳里等（1989）的划分方法，将我国工业化过程大致分为工业化初期、中期、后期，并且结合相关理论研究和国际经验估计计算出了不同工业化阶段的标志值以及2004年中国各省市区工业化阶段的划分及工业化指数（见表4-2）。他们对中国经济发展阶段的总体判断是：2005年中国整体上进入了工业化中期的后半阶段，预计最晚到2021年中国将实现工业化。结合陈佳贵等《中国地区工业化进程的综合评价和特征分析》一文，总结出我国工业化进程如表4-3所示。

根据表4-3所示我国工业化进程，构造三组数据。第一组：1989~2009年，在这一阶段我国经历了工业化初期前半阶段到工业化后期后半阶段的历程。第二组：1992~2000年，工业化初期阶段，随着1992年邓小平南方谈话，中国开始进入市场经济发展新时期，土地资源有偿配置大步推进。第三组：2001~2009

① 波特划分为要素驱动阶段、投资驱动阶段、创新驱动阶段、财富驱动阶段；P. Smauelson划分为起飞前的阶段、早期经济增长阶段和现代经济增长阶段等。

年，工业化中期阶段，2000 年开始西部大开发，之后陆续推出东北振兴和中部崛起，2001 年中国加入世界贸易组织，2003 年开始土地招拍挂市场化配置，2004 年土地参与宏观调控，2006 年工业用地开始执行招拍挂且工业用地最低价标准出台。

表 4－2 2004 年中国 31 省份工业化阶段的划分及工业化指数

工业化阶段		31 省份
后工业化阶段		上海（100）、北京（100）
工业化后期	后半阶段	天津（94）
	前半阶段	广东（77）、浙江（75）、江苏（73）
工业化中期	后半阶段	山东（51）
	前半阶段	辽宁（49）、福建（47）、山西（44）、吉林（40）、黑龙江（36）、河北（34）
工业化初期	后半阶段	内蒙古（33）、宁夏（32）、湖北（31）、重庆（28）、陕西（28）、青海（22）、新疆（22）、云南（22）、湖南（22）、河南（22）、甘肃（20）、江西（19）、安徽（19）、四川（18）、海南（17）
	前半阶段	广西（13）、贵州（11）
前工业化期		西藏（0）

资料来源：陈佳贵等．中国地区工业化进程的综合评价和特征分析［J］．经济研究，2006（6）．

表 4－3 我国工业化进程

年份 地区	1995	2000	2002	2004	2005
全国	工业化初期 后半阶段	工业化初期 后半阶段	工业化中期 前半阶段	工业化中期 前半阶段	工业化中期 后半阶段

资料来源：陈佳贵等．中国地区工业化进程的综合评价和特征分析［J］．经济研究，2006（6）；陈佳贵等．中国工业化进程报告——1995～2005 年中国省域工业化水平评价与研究［M］．北京：社会科学文献出版社，2007.

实证结果如表 4－4、图 4－11、图 4－12、图 4－13 所示，1989～2009 年，我国建设用地要素贡献是 8.04%，1992～2000 年我国建设用地要素贡献是 5.11%，2001～2009 年建设用地贡献是 15.42%。2000 年之后，也就是工业化中期阶段的土地贡献远大于之前工业化初期阶段。这是因为 2000 年之后土地年均增长率和土地弹性都高于之前。

表 4-4 我国工业化初期和中期土地要素贡献

	年均增长率				弹性系数			贡献率		
	Gdp	Inv	Lab	Land	Inv	Lab	Land	Inv	Lab	Land
全样本时期（1989～2009年）	13.18	14.19	3.97	5.88	0.8187	0.1704	0.1829	86.90	5.06	8.04
工业化初期（1992～2000年）	13.55	14.17	2.9	5.17	0.8599	0.1528	0.1316	91.56	3.33	5.11
工业化中期（2001～2009年）	13.71	16.42	5.57	6.28	0.5549	0.3337	0.3184	70.25	14.33	15.42

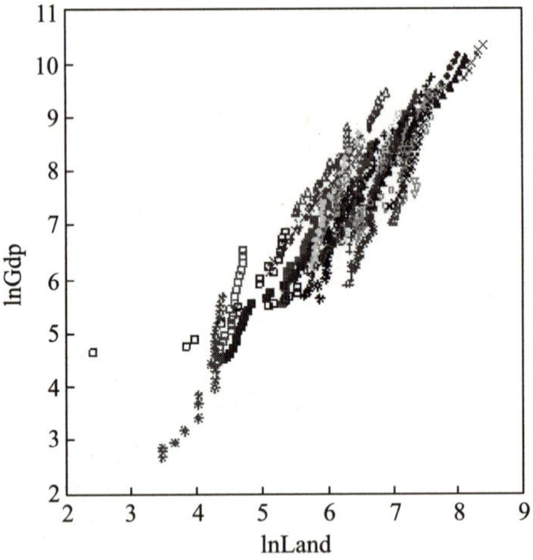

图 4-11 1989～2009 年全国散点图

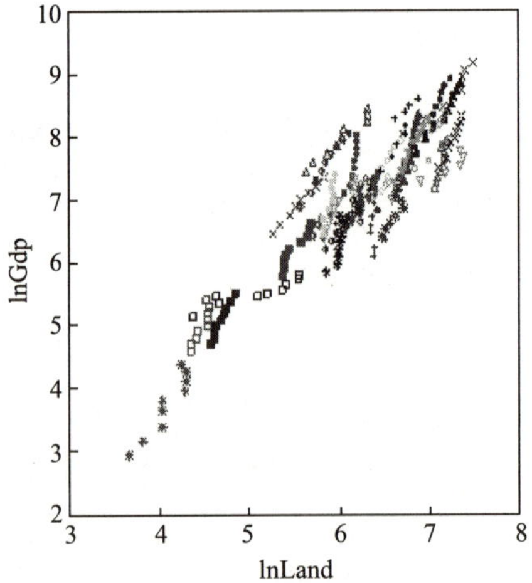

图 4-12 1992～2000 年全国散点图

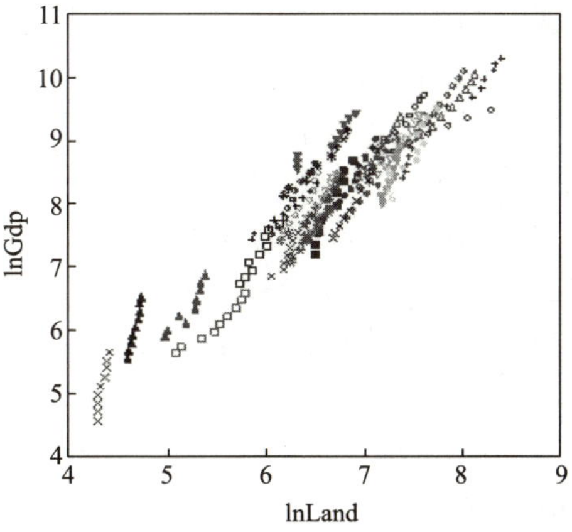

图 4－13　2001～2009 年全国散点图

第四节　土地与经济发展阶段、增长方式的理论关系

一、土地弹性、土地依赖与经济增长方式转变

前文通过生产函数实证研究我们发现，虽然我国工业化排名前 13 省份已经进入工业化后期阶段，按国外理论和经验，土地要素弹性应该出现变小的趋势，但是我国土地要素弹性却表现出不一样的趋势，土地要素弹性依然强劲，甚至有上升趋势，即使工业化和城市化最发达的上海、广东等省份（北京除外）依然表现为高的土地弹性和贡献，本书认为这和经济增长方式有紧密关系。中央政府早在 1995 年就正式提出了转变增长方式的战略目标，但到目前为止，转变的成效并不显著，其原因复杂多样，但有一个关键点不能忽视，我国快速、粗放的经济增长是以土地要素大量廉价投入为支撑的，土地的大量投入是靠我国现行土地制度，主要是建设用地制度支持的。

本节结合我国土地利用和经济增长方式转变情况，探讨土地与经济增长方式的关系，并对高土地弹性和经济增长方式难以转变的现实做出解释。

（一）土地利用对转变经济增长方式的影响

资本、劳动、土地是三大生产要素，但土地与其他两个要素不同的特殊之处在于：①土地是其他要素和一切经济活动的载体；②资本和劳动是可再生资源，土地是不可再生资源。因为土地是载体，所以土地在各种资源配置中起到特殊的

“龙头”的作用，这就是“筑巢引凤”的由来。在主流经济学界，我国经济增长是以资本要素大量投入为主要源泉的，这种资本的大量引进和投入实际主要来自廉价土地的“龙头”作用。我国改革开放以来每一轮的经济过热和资本产出效率下降都归因于大量廉价土地的投入（这也是我国不同于其他国家，要采用土地政策参与宏观调控的一个主因），土地的粗放利用也常被视为粗放式经济增长方式的最显著标志。据统计，我国固定资产投资变化趋势与建设占用耕地的变化趋势基本一致。在一定的程度上，我国粗放式增长的投资驱动力是建立在土地低价格基础上的。

因为我国是政府主导的城市化、工业化，政府垄断土地出让一级市场，非市场化划拨的方式，压缩经营性用地供应以抬高土地出让价格，低价出让工业用地的策略扭曲了土地要素价格。作为划拨土地拥有者的企业缺乏土地集约利用的市场动力；为了利润的最大化，作为划拨土地拥有者的企业也不愿意增加成本来提高土地利用效率；划拨土地的无限期使用使得划拨土地的拥有者将土地视为私人财产，宁愿大量闲置土地也不愿被别人集约利用。因此，划拨土地的大量存在是中国土地利用效率低下的重要原因。大量的廉价供应工业用地带来了资本的盲目增长，导致资本产出效率低下（尹峰，2008），是用地粗放的另一个原因。

我国落后地区普遍面临资本稀缺、土地丰裕现状，但一旦招商引资经济发展起来后，因为土地的不可再生性，资本稀缺逐渐缓解，土地要素这个“巢”却迅速显现出稀缺，并很快面临达到极限。当土地稀缺导致土地增量扩张受限时，土地集约利用成为唯一出路。随着经济发展，土地稀缺，土地价格迅速攀升，高的土地价格直接推动了土地的集约利用，虽然高地价一向被视为高房价的罪魁祸首，但不得不面对高土地要素价格推动土地集约利用，也推动经济集约发展这个现实。地价越高，政府和企业追求土地集约利用的动力越大，土地越集约，对高地价的消化能力越强。土地集约利用的刚性指标，比如建设用地容积率、工业项目投资强度等，推动了其他要素的集约使用，可以实现单位用地“投入—产出”效益的最大化，从纵向的空间发展上缓解土地稀缺问题。在用地面积受到严格控制的情况下，企业只能从科技创新、技术进步以及管理完善等方面寻求新的经济增长点，这就推动了经济增长方式的转变。同时，土地资源的集约利用可有效节约土地，为城乡建设提供一定量的建设用地，有利于促进新兴产业的发展、产业结构的调整和实现经济增长方式的转变。因此，土地集约利用是经济增长方式转变、实现集约型经济增长的重要途径。

（二）土地依赖的形成

如上文所述，以财税分权和政绩考核为根源的体制安排是我国前一阶段经济增长的动力，但也是经济增长质量低下、经济增长方式长期难以转变，甚至陷入粗放增长路径依赖的制度根源。这种经济增长对粗放经济增长方式的路径依赖突出地表现在了对土地的路径依赖上。我们可以从相关研究和事实中找到大量的踪迹。

1994 年以来的财政分权式改革调动了地方发展经济的积极性，但也让地方政府成了拥有自身经济利益的主体，具有了独立的行为目标和行为模式（王丹等，2005）；中央对地方的政绩考察严重依赖于经济指标，地方官员极力通过经济指标来显示政绩（周业安，2002；Li 和 Zhou，2004）；现行“淘汰制”的干部晋升制度诱使政府官员去关注短暂任期内的“政绩工程”，强化了对辖区内计划外财政收入或其他资源的攫取（周雪光，2005）；自 20 世纪 90 年代以后，由于财政体制、政绩考核制度、土地使用制度等的变化导致地方政府对土地收入的倚重，乃至政府行为的巨大转变（陶然等，2007；曹广忠等，2007）；地方政府压低土地价格以招商引资（北京大学中国经济研究中心宏观组，2004；郭庆旺和贾俊雪，2006）；地方政府的工作重心在 20 世纪 90 年代中期以后从经营企业转向了经营城市（周黎安，2008）；财政激励的变化使地方政府从抓工业化转向了抓以大规模征地为特征的城市化（Kung 等，待刊出）。地方政府官员扮演了“土地开发商”的角色并对城市空间扩张产生重大影响（Lichtenberg 和 Ding，2009）；地方政府控制地区经济的方式由“抓住办企业的权利”转向“抓住土地开发权”来控制和经营地区经济（曹正汉等，2009）；中国当前发展阶段中以地方政府提供低价土地、补贴性基础设施乃至放松劳工、环境保护标准吸引制造业的地区“竞次性”发展模式，不具备经济、社会发展乃至环境保护上的可持续性（陶然等，2009）。地方政府通过房地产土地的出让获得城市化的资金，土地价格居高不下（经济增长前沿课题组，2003）；现行征地制度将失地农民抛向了市场，农民不能享受经济增长带来的福利（相天东，2008）。中央将全国的土地通过省、市、县层层承包出去，土地的使用权落在县的手上，在中国激烈的地区竞争中，土地使用达到了最高的经济效率，这是人类历史上最精彩的分成制度（张五常，2009）。

财税分权和政绩考核机制使得地方政府面临两个直接压力：第一，获得财政收入维持运转；第二，获得 GDP 增长保证晋升优势或者不被降职。地方政府支配土地资源的目标具有双重性，即任期内的财政收入最大化和政绩显示最大化，因此形成了对土地的财政依赖和 GDP 依赖。

首先，地方政府对土地的财政依赖。世界银行报告数据显示，发达国家省级政府财政支出占各级政府支出总额的平均比重只有 30% 左右，发展中国家的平均比重为 14%，经济转型国家为 26%，美国不到 50%，而我国的这一比重 10 多年来一直维持在近 70%（黄佩华，2005）。按照张军（2007）的研究，“2002 年地方政府负担了全部预算支出的70%，但在全部预算收入中的比例大约只有45%，而且财政分税制的改革并没有给地方政府提供更多的融资选择机会”。如此一来，地方政府的理性选择就是加强土地控制，用土地出让金收益弥补基础设施投资缺口和中央政府公共设施转移支付不足，于是成就了中国特色的土地财政。

其次，地方政府对土地的GDP依赖。在由计划经济转为向市场经济转变的渐进过程中，中央逐渐将经济管理权限下放到地方政府，从而使地方政府拥有了更多的经济决策能力，并在大的经济背景中成为相对独立的投资主体和经济利益主体。随着20世纪90年代中期后乡镇企业改制的进行，地方对经济的控制从“控制企业”转向了“控制土地”。于是各城市纷纷提出“工业立市”，到20世纪90年代后期，“经营城市”在中国成了一股热潮，到了21世纪初，“经营城市”热进一步“发烧”，同时开始向“土地经营”侧重。经营城市在实际操作过程中很大程度上变成了经营土地，变成了大规模征地、大拆大建（张清勇，2010）。“工业立市”“经营城市”和“外延式扩张”，使得城市经济发展形成了严重土地依赖，越是发达城市、发达地区，其土地增值空间越大，土地渴求和依赖越严重①。

通过垄断土地一级市场，“抓住土地开发权”，争相“招商引资”，甚至不惜采取“竞次式”发展，形成政府主导的工业化和城市化模式。正因为通过土地的控制实现政府主导经济发展，才能最快、最有效地实现地方政府在短期内获得巨大财政收入和GDP的愿望。2004年以来控制地根的宏观调控，2009年以来的土地问责制，都使许多城市面临着最大的土地指标约束问题，高速发展中的发达城市痛苦不已，纷纷指责指标分配的“计划性思维”缺陷。

正如前文所述，正是在当前财税和政绩考核双重影响下，地方政府控制了要素价格体系。其对土地要素价格的控制是通过我国特殊的非市场化征地制度和对土地一级市场的垄断来实现的。相对于“旧城改造”基础上的内涵式增长，当前的“逐渐高效的外延式增长”就是一种“低投入，高产出”，是地方政府的理性选择。在当前财税体制和政绩考核机制，以及低价征地模式下，地方政府已经形成对这种经济增长方式的严重依赖，如果财税分权机制不变，征地成本依然低于旧城改造，这种外延式的发展就会继续保持强大的吸引力。而这种内涵技术的

---

① 由严重违规的“开发区热”可见城市发展对土地扩张的严重依赖和顽强争取。2004年底国土部清理出各类开发区6866个，其中5601个开发区都是市、县、乡政府和各级部门设立的（违规率81.58%）。经过清理整顿，核减了约4800个，占原有总数的70.1%，压缩的规划面积占原有规划面积的64.5%。其实，大多数被核减掉的开发区只是摘掉了“开发区”的名称，多数转变成“城镇工业功能区”或“城镇工业集中区”，原有开发区功能几乎没有任何改变。一些较发达县市的大部分乡镇都设有“城镇工业功能区”或“开发区”。

土地密集型增长将继续表现出高的土地弹性和土地依赖性。

虽然在一定经济发展时期和阶段，依赖土地的城市发展行为具有一定的合理性和必然性，但在目前土地、财政、政绩评价等制度环境下，由于地方激烈竞争的原因，以致达到“竞次式”竞争，无疑严重扭曲了土地要素的价格，虽然带来了短期效益，但长远来看却陷入对土地的路径依赖，不利于经济增长方式的转变。而市场机制下的土地资源配置才有利于体现土地资源的稀缺性和真实价值，在高的土地成本的制约下，城市的无序扩张会自然停止，城市被迫进行产业升级。

（三）土地依赖的制度背景及其对转变经济增长方式的影响

从生产函数中土地弹性的内涵分析，高的土地弹性本身意味着高的土地依赖。我国城市经济外延式扩张和越发达地区土地需求越强烈的现实印证了生产函数中的高土地弹性，高土地弹性也从理论上揭示了为何在工业化后期阶段土地弹性依然强劲及可能的变化趋势。降低土地弹性，降低土地依赖，根源是降低对新增建设用地的依赖。这就在土地利用上给我们一个政策启示：土地要素价格的扭曲使得新增建设用地被轻易获得，粗放经济增长方式得以土地为支撑。如果提高新增建设用地成本，提高土地要素价格，迫使城市挖掘存量建设用地潜力，对新增建设用地的依赖也会降低，土地要素弹性和贡献也会随之降低。

从宏观调控目标来看，要逐步地推进经济增长方式的改变，一个重要突破口就在于控制土地“闸门”，提高土地要素价格，以土地的集约利用促进其他要素的集约利用。但事实上做到这一点似乎很难，依然和制度背景有关系。

高地价、高房价使市民难以承受，征地拆迁中农民利益难保障。高房价广受诟病，但是房价却似乎越调越高；中央不断针对土地上访发文指示，但因土地而起的群体事件愈演愈烈；虽然中央希望“新农村建设，城乡统筹”改善城乡二元结构，结果却演变成新一轮“圈地运动”，“被上楼”，使农民处境更差。这背后有其制度根源。

土地制度改革，资源价格改革，技术创新体制改革，改革的实施需要高成本。而财税体制和政绩考核机制是中央在当前时期的相对“最优”选择，这是最根本的制度根源。而地方政府的行为选择是在中央制定的财税体制、政绩考核体制下经过经济利益和政治依赖综合考量的“理性人”选择，这种选择对所有地方政府是一种共同选择，是最大的潮流或者说合力。违背这个大体制背景下“合力”所做的努力都会有限，会很累，因为结局总是“上有政策，下有对策”。

当经济水平、经济结构和科技水平处在一定阶段的时候，为了之后一个阶段较快的发展，中央政府在制定发展策略的时候，往往会做出一种阶段性的选择，牺牲某一部分群体或者某些阶层的利益来制定发展战略，并辅以相应体制和机制。好比农产品剪刀差，是一定阶段的国家选择。这种选择可能出于不得已，也可能因为享受到了便捷，存在长期依赖的惯性，但确实存在严重的不公。这种选择虽然会带来较快和较大的增长，但是往往不可预期的是，本来是阶段性策略，但最终往往形成路径依赖，到真正想改变的时候难度就很大，变成长期性的无奈现实。这可能是我国经济增长方式难转变的根源。

改变经济增长方式，本质地讲，可能不在于地方树立正确的经济增长观，或者科学的发展观。通常地，观念不是改变的，而是塑造的，什么样的政治经济体制塑造什么样的经济社会环境，进而塑造观念。改变经济增长方式本质需要改变的不是地方的发展观，而是中央的发展观，中央需要向有利于经济增长方式转变的方向来改变体制和机制。然后在一定的制度环境下，地方政府和企业微观主体的经济行为自然会向集约式增长方式靠拢。当然这种转变应该在合适的发展阶段，确定适合的经济增长方式目标的基础之上。

二、为什么土地依赖难以减弱

（一）土地要素性贡献和财政性贡献的区分

当前进行贡献实证研究的方法主要是按照新古典经济学生产要素理论，将土地作为一种生产要素，按照生产要素理论加入到扩张的索洛模型中，以剥离土地要素对经济增长的贡献。本书认为，当前研究常常忽略了土地影响经济增长的方式，这可能导致对两个问题的忽视：一是在土地要素投入后的配置效应和土地利用效率与土地要素贡献的关系问题；二是因为对影响方式和传导机制的忽视可能导致对土地贡献的认识有遗漏。

本书认为土地影响经济增长的机制有两种：一是生产活动传导，即土地作为一种生产要素直接投入生产，并与其他要素结合而对经济增长产生影响。根据贡献来源，本书称之为生产要素贡献，简称要素性贡献。二是财政传导渠道，即土地出让金收入以财政支出的路径影响经济。因为土地出让金可以以财政支出为固定资产投资形式在当年或次年迅速地体现在 GDP 的增长中，根据贡献来源，本书将这种贡献称为财政性贡献。这部分贡献从 GDP 统计角度看，是直接体现的一种贡献；但是按一般经济学原理，土地出让金是作为资本要素的投入长期地对经济做出贡献，这样看就是土地出让金的一种间接贡献。

因此，土地贡献分为生产要素性贡献和财政性贡献，土地依赖分为财政依赖和 GDP 依赖（生产要素依赖）。我国现阶段绝大多数地区，土地依赖和财政依赖都很明显，对于北京这样工业化、城市化以及“三产”都很发达的 GDP 大城市，经济增长主要来自存量土地实体经济的发展，土地的 GDP 依赖（生产要素依赖）会减弱，但因为地价因素以及我国特殊土地制度的支持，地方政府对土地的财政依赖依然会很强，并且，只要这种获取土地财政的制度可能性存在，地方政府的土地财政热情就难以消减。

财政性贡献主要表现为土地出让金对财政和 GDP 的直接刺激，这在我国现阶段城市化上升阶段大量高价出让土地时期表现比较显著。土地对经济的财政性贡献是通过固定资产投资体现的土地出让金收入，是一次性的、即期的，与生俱来带有“杀鸡取卵”的特征，缺乏可持续性。但是中国的工业化和城市化是伴随城市扩张，依赖土地财政，尤其是土地出让金贡献才得以顺利进行的，这是我国土地公有制和特殊征地制度的产物。从来没有国家的土地像我国现在这样被用得“如此灵巧”，土地财政为经济增长做出了中国特色的突出贡献，也因多种问题被诟病。

土地的要素性贡献是源于土地要素的投入，以及土地的配置带来了资本、技术、劳动等其他要素的投入，进而带来经济增长。土地的要素性贡献具有可持续性，因此更需要关注土地的要素性贡献，关注土地利用效率，把注意力更多地投入到对“土地要素投入如何与技术、资本、劳动等其他要素最优匹配”的研究中。

关于土地的财政性贡献，在主流经济学研究中是在生产函数中作为资本要素投入的结果计入资本贡献的，但从经济增长的统计指标 GDP 出发，从 GDP 来源分析，本书认为以土地出让金为主的那部分固定资产投资对经济增长的贡献应归功于土地。作为土地经济学的分析，我们最终须将土地财政的贡献还原给其载体“土地”。①

据统计，自 1994 年我国实行分税制后，地方政府的财政收入和财政支出严重不对称，一方面，地方财政收入占整个财政收入的比重从 1993 年的 78% 下降到 2004 年的 42.7%，而另一方面，地方政府的财政支出占整个财政支出的比重却一直在 70% 左右。预算内收入甚至难以满足地方政府正常运转，更难提发展经济。大量研究表明，20 世纪 90 年代以来，我国城市化和工业化是经济增长的双引擎，城市化和工业化通过城市扩张实现，城市基础设施主要依靠土地出让金和土地抵押融资，土地抵押融资主要靠后期土地出让金偿还。一方面，土地财政对政府运转的财政支持、土地出让金和土地抵押融资对城市扩张的支持起到举足轻重的作用。因此，对地方政府而言，预算内收入只能满足吃饭财政，地方政府财政支出和拉动经济增长的最为重要的手段是依靠土地收入。

因为土地财政的直接收入中以土地出让金为主，其他直接税费很少，且统计困难，所以我们重点分析土地出让金对经济增长所起的作用。那么土地出让金与经济增长是什么关系呢？土地出让金是否直接计入 GDP 呢？

---

① 与主流经济学不同，土地经济学作为一个分支，有必要在主流经济学理论和方法的框架内，服从一般经济研究方法和规律，并将土地要素的影响尽量剥离出来。

国家统计局副局长许宪春指出："土地出让是一种土地使用权交易，交易其本身都不是生产活动，因而也就没有增加值产生，对 GDP 没有贡献。""从资金来源看，土地出让金不是生产活动的成果，所以不能计算到 GDP 中去。利用土地出让金搞城市建设、修马路、盖楼房、建公园，这些活动属于生产活动，由生产活动创造的增加值是要计算到 GDP 中的"①。因此，按我国 GDP 统计方法，土地出让金不能直接计入 GDP 体现对经济增长的贡献。

但本书认为，这只是基于统计方法或者规则的一种遗漏，实际上土地出让金主要以基础设施和其他公共投资形式投入了生产活动，然后被统计部门计入 GDP 增长了。没有土地，何来的这些固定资产投资呢？土地出让金对 GDP 的贡献因为我国 GDP 统计方法的限制，没有直接与"生产活动"挂钩而被忽略或者说排挤了。好比对一个参赛的选手，拳击比赛的规则和散打比赛的规则将可能会产生很大差别。

王小鲁（2014）认为，现行的各国国民经济核算体系中，并不承认土地资本化过程中产生的溢价是新形成的价值，而只作为资产交易中的市场价格变动处理。在处理普通的资产交易过程中的价格变动时，资产溢价不作为产出来处理是对的。在我国的国民经济核算中，土地溢价也不计入 GDP 和国民收入。这符合国际惯例。但这样处理也带来了一些突出的矛盾。因为当一个经济体处在迅速城镇化和生产方式急速转轨的过程中时，土地资本化的确会带来大量新的收益。这些收益实际上并不产生于交易过程之中，因此也不能简单地把土地交易过程看作创造价值的生产过程。但当我们把视野从个别土地交易这个微观过程转向整个城镇化过程时，就会发现这些新涌现的土地价值在城镇化之前并不存在，而是产生于城镇化过程之中，源于城镇化中资源重新配置带来的生产率大幅度提高。这可以看作城镇化的溢出效应，是一个把城市创造的价值向外扩散，并分配给土地要素的过程。简单把土地交易中的溢价解释为仅仅是财产形态的转换，是脱离实际的。举一个极端的例子，假设某人几年前以低价得到了 1 公顷土地，今年以市场价格卖出，获利 1 亿元。我们在进行年度收入统计时，他当年的年收入是零而不是 1 亿元。这是因为在理论上，这 1 亿元获利只是他原有财产的形态变动而已（由地产形态转化为现金形态），并不是他的当年收入。这 1 亿元收入又是真实存在的。这显然带来了理论和实践的巨大冲突。当中国各级政府在 2013 年分享了 4.1 万亿元土地出让收入的时候，这笔收入也是真实存在的，实际也是中国快速城市化过程中资源重新配置带来的巨大收益。当国民经济核算将这 4.1 万亿元收入从 GDP 中剔除时，实际上造成了收入和财富核算的遗漏。

① 许宪春．支出法国内生产总值的构成指标与有关统计指标之间的相互关系［J］．经济改革与发展，1998（7）．

因此，本书在传统认识的基础上，把土地贡献分为要素性贡献和财政性贡献。财政性贡献主要来源于以土地为载体直接获得的巨额土地出让金以基础设施投资形式计入了 GDP 增长，是一种即时性的贡献，因为这个贡献在形式上是以财政支出形式实现，所以本书称之为财政性贡献①。而土地作为要素直接投入生产，与其他要素结合共同促进的 GDP 增长可视为要素性贡献。

“土地财政”“土地出让金”有重重弊端需要纠正，但却成为当前阶段中央政府和地方政府在“财税体制—政绩考核机制—经济发展目标”共同作用下达成的默契。原因在于“土地财政”确实为经济增长做出了巨大的、具有中国特色的贡献。

（二）土地 GDP 依赖和土地财政依赖的形成

如上文所述，以财税分权和政绩考核为根源的体制安排是我国前一阶段经济增长的动力，但也是经济增长质量低下、经济增长方式长期难以转变，甚至陷入“粗放增长路径依赖”的制度根源。这种经济增长对粗放经济增长方式的路径依赖突出地表现在了对土地的路径依赖上。我们可以从相关研究和事实中找到大量的踪迹。

1994 年以来的财政分权式改单调动了地方发展经济的积极性，但也让地方政府成了拥有自身经济利益的主体，具有了独立的行为目标和行为模式（王丹等，2005）；中央对地方的政绩考察严重依赖于经济指标，地方官员极力通过经济指标来显示政绩（周业安，2002；Li 和 Zhou，2004）；现行“淘汰制”的干部晋升制度诱使政府官员去关注短暂任期内的“政绩工程”，强化了对辖区内计划外财政收入或其他资源的攫取（周雪光，2005）；自 20 世纪 90 年代以后，财政体制、政绩考核制度、土地使用制度等的变化导致地方政府对土地收入的倚重，乃至政府行为的巨大转变（陶然等，2007；曹广忠等，2007）；地方政府压低土地价格以招商引资（北京大学中国经济研究中心宏观组，2004；郭庆旺、贾俊雪，2006）；地方政府的工作重心在 20 世纪 90 年代中期以后从经营企业转向了经营城市（周黎安，2008）；财政激励的变化使地方政府从抓工业化转向了抓以大规模征地为特征的城市化（Kung 等，待刊出）。地方政府官员扮演了“土地开发商”的角色并对城市空间扩张产生重大影响（Lichtenberg 和 Ding，2009）；地方政府控制地区经济的方式由“抓住办企业的权利”转向“抓住土地开发权”来控制和经营地区经济（曹正汉等，2009）；中国当前发展阶段中以地方政府提供低价土地、补贴性基础设施乃至放松劳工、环境保护标准吸引制造业的地区“竞次性”发展模式，不具备经济、社会发展乃至环境保护上的可持续性（陶然

① 如果将土地出让金对 GDP 的贡献与土地要素在生产函数表现出的要素贡献分开统计会有重复嫌疑，本书重在认识上对土地出让金的贡献做新的阐述和解释。

等，2009）。地方政府通过房地产土地的出让获得城市化的资金，土地价格居高不下（经济增长前沿课题组，2003）；现行征地制度将失地农民抛向了市场，农民不能享受经济增长带来的福利（相天东，2008）。中央将全国的土地通过省、市、县层层承包出去，土地的使用权落在县的手上，在中国激烈的地区竞争中，土地使用达到了最高的经济效率，这是人类历史上最精彩的分成制度（张五常，2009）。

财税分权和政绩考核机制使得地方政府面临两个直接压力：第一，获得财政收入维持运转；第二，获得 GDP 增长保证晋升优势或者不被降职。地方政府支配土地资源的目标具有双重性，即任期内的财政收入最大化和政绩显示最大化。因此形成了对土地的财政依赖和 GDP 依赖。

首先，地方政府对土地的财政依赖。世界银行报告数据显示，发达国家省级政府财政支出占各级政府支出总额的平均比重只有 30% 左右，发展中国家的平均比重为 14%，经济转型国家为 26%，美国不到 50%，而我国的这一比重 10 多年来一直维持在近 70%（黄佩华，2005）。按照张军（2007）研究，“2002 年地方政府负担了全部预算支出的 70%，但在全部预算收入中的比例大约只有 45%，而且财政分税制的改革并没有给地方政府提供更多的融资选择机会”。如此一来，地方政府的理性选择就是加强土地控制，用土地出让金收益弥补基础设施投资缺口和中央政府公共设施转移支付不足，于是成就了“中国特色”的“土地财政”。

其次，地方政府对土地的 GDP 依赖。在由计划经济转为向市场经济转变的渐进过程中，中央逐渐将经济管理权限下放到地方政府，从而使地方政府拥有了更多的经济决策能力，并在大的经济背景中成为相对独立的投资主体和经济利益主体。随着 20 世纪 90 年代中期后乡镇企业改制的进行，地方对经济的控制从“控制企业”转向了“控制土地”。于是各城市纷纷提出“工业立市”，到 20 世纪 90 年代后期，“经营城市”在中国成了一股热潮，到了 21 世纪初，“经营城市”热进一步“发烧”，同时开始向“土地经营”侧重。经营城市在实际操作过程中很大程度上变成了经营土地，变成了大规模征地、大拆大建（张清勇，2010）。“工业立市”“经营城市”和“外延式扩张”，使得城市经济发展形成了严重土地依赖，越是发达城市、发达地区，其土地增值空间大，土地渴求和依赖越严重①。

通过垄断土地一级市场，“抓住土地开发权”，争相“招商引资”，甚至不惜

① 由严重违规的“开发区热”可见城市发展对土地扩张的严重依赖和顽强争取。2004 年底国土部清理出各类开发区 6866 个，其中 5601 个开发区都是市、县、乡政府和各级部门设立的（违规率 81.58%）。经过清理整顿，核减了约 4800 个，占原有总数的 70.1%，压缩的规划面积占原有规划面积的 64.5%。其实，大多数被核减掉的开发区只是摘掉了“开发区”的名称，多数转变成“城镇工业功能区”或“城镇工业集中区”，原有开发区功能几乎没有任何改变。一些较发达县市的大部分乡镇都设有“城镇工业功能区”或“开发区”。

采取“竞次式”发展，形成政府主导的工业化和城市化模式。正因为通过土地的控制实现政府主导经济发展，才能最快、最有效地实现地方政府在短期内获得巨大财政收入和 GDP 的愿望。2004 年以来控制地根的宏观调控，2009 年以来的土地问责制，都使许多城市面临的最大的土地指标约束问题，高速发展中的发达城市痛苦不已，纷纷指责指标分配的“计划性思维”缺陷。

正如前文所述，正是在当前财税和政绩考核双重影响下，地方政府控制了要素价格体系。其对土地要素价格的控制是通过我国特殊的非市场化征地制度和对土地一级市场的垄断来实现的。相对于“旧城改造”基础上的内涵式增长，当前的“逐渐高效的外延式增长”就是一种“低投入，高产出”，是地方政府的理性选择。在当前财税体制和政绩考核机制，以及低价征地模式下，地方政府已经形成对这种经济增长方式严重依赖，如果财税分权机制不变，征地成本依然低于旧城改造，这种外延式的发展就会继续保持强大的吸引力。而这种内涵技术的土地密集型增长将继续表现出高的土地弹性和土地依赖性。

虽然在一定经济发展时期和阶段，依赖土地的城市发展行为具有一定的合理性和必然性，但在目前土地、财政、政绩评价等制度环境下，由于地方激烈竞争的原因，以致达到“竞次式”竞争，无疑严重扭曲了土地要素的价格，虽然带来了短期效益，但长远来看却陷入对土地的路径依赖，不利于经济增长方式的转变。而市场机制下的土地资源配置才有利于体现土地资源的稀缺性和真实价值，在高的土地成本的制约下，城市的无序扩张会自然停止，城市被迫进行产业升级。

第五节　东、中、西部土地要素贡献的差异研究

土地要素弹性和贡献研究可为我国宏观调控和区域协调发展中差别化土地政策制定提供科学支持，而当前数量有限的相关研究倾向于使用最小二乘法，基于全国性的时间序列数据会掩盖区域间差异，致使回归结果出现偏误（吴玉鸣和徐建华，2004）。空间数据普遍存在空间自相关性和依赖性特征，使得传统计量分析中相互独立的基本假设不再符合空间分析基础，各区域间数据与时间序列对应的空间相关（李序颖和顾岚，2004），此时，借助空间计量方法对土地要素弹性和贡献进行剥离，十分必要。

如何配置土地资源？一些研究者认为，比较优势能更好地提高土地利用社会福利水平，如吴郁玲等（2006）发现中西部开发区的比较优势高于东部地区；张

俊峰等（2015）根据土地要素贡献率等的计算，提出武汉市差别化土地利用模式。持绝对优势配置土地的研究者认为，建设用地应根据土地利用的空间发展潜力和土地要素投入的空间效率差异等进行合理配置。丰雷（2010）提出，必须考虑绝对优势，同时适当加大对落后地区的政策投入。而陆铭（2011）认为，应实现建设用地使用权的跨区域再配置。但上述研究较少将土地要素弹性和贡献与土地资源配置相结合，对土地要素投入对经济增长的长期影响研究不足。

从研究方法看，基本使用加入了土地要素的 C－D 生产函数模型和扩展的索洛模型，部分学者也使用线性模型和超越对数生产函数模型等。多采用时间序列数据，但时间序列数据难以有效控制因样本数量少而带来的估计误差。此外，目前国内空间计量经济学在应用中偏重于截面数据，但截面数据易忽略时空演变情境下各变量之间相关性。再则，空间计量对观测值数量也有一定要求，一般要求在 100 个以上估计结果比较有效（Hsiao C.，2014），30 个省份截面数据达不到有效估计要求。而空间面板模型则较好弥补了以上缺陷：能更好估算各变量间空间相关关系，并能充分体现出变量个体差异。由于增加了数据维度，也解决了截面数据模型中对观测值较高要求。有鉴于此，书中拟采用空间面板模型进行分析。

一、数据来源与研究方法

（一）基本投入—产出模型

扩展的 C－D 生产函数被认为是分析土地要素与经济增长间关系的标准模型：

$$Y_{it}=f(Inv_{it},\ Lab_{it},\ Land_{it},\ \varepsilon_{it}) \tag{4-9}$$

其中，Y 为第 t 年 i 地区第二、第三产业增加值，Inv、Lab 和 Land 分别表征资本、劳动力和土地投入，ε_{it}为误差项。对式（4－9）两边均取对数值：

$$\ln Y_{it}=\beta_1\ln Inv_{it}+\beta_2\ln Lab_{it}+\beta_3\ln Land_{it}+\varepsilon_{it} \tag{4-10}$$

为进一步测度各要素变化对地区经济增长变化的影响程度，对式（4－9）两端对时间 t 同时求导，获得 GDP 增长方程：

$$\frac{\Delta Y_{it}}{Y_{it}}=\beta_1\frac{\Delta Inv_{it}}{Inv_{it}}+\beta_2\frac{\Delta Lab_{it}}{Lab_{it}}+\beta_3\frac{\Delta Land_{it}}{Land_{it}}+\varepsilon_{it} \tag{4-11}$$

其中，$\frac{\Delta Y_{it}}{Y_{it}}$、$\frac{\Delta Inv_{it}}{Inv_{it}}$、$\frac{\Delta Land_{it}}{Land_{it}}$和$\frac{\Delta Lab_{it}}{Lab_{it}}$为相应变量第 t 年增长率。$\beta_1$、$\beta_2$、$\beta_3$为待估参数，分别表示 Inv、Lab 和 Land 三个变量对总产出的弹性。$\beta_1\frac{\Delta Inv_{it}}{Inv_{it}}$、$\beta_2\frac{\Delta Lab_{it}}{Lab_{it}}$、$\beta_3\frac{\Delta Land_{it}}{Land_{it}}$分别为第 t 年相应要素对 GDP 增长的贡献份额，用贡献份

额再分别除以$\frac{\Delta Y_{it}}{Y_{it}}$即可得各要素对经济增长贡献率。

该模型能很好识别每个投入要素的边际影响，并根据不同影响的估计系数将要素投入变化分解成不同变量对经济增长的贡献率。这种方法隐含所有要素投入在任何时点都是固定和独立的。但经济增长的变化并非独立，一个地区的经济发展对相邻地区或要素投入会产生空间溢出效应①。因此，需采取空间计量模型进行分析。

（二）空间回归模型

空间回归模型能较好地阐释社会经济要素投入的空间溢出效应②。首先构建面板空间计量模型：

$$\ln Y_{it} = \beta_1 \ln Inv_{it} + \beta_2 \ln Lab_{it} + \beta_3 \ln Land_{it} + \lambda \cdot W \cdot Y_{it} + \varepsilon_{it} \quad (4-12)$$

较之式（4－10），式（4－12）增加了表征空间溢出效应项 $\lambda \cdot W \cdot Y_{it}$。$\lambda$ 为空间滞后系数。W 是$(N\times T)\times(N\times T)$空间权重矩阵，以此衡量第 i 个省份经济增长受相邻地区影响。该矩阵的非对角线元素为 0，对角线上元素由相邻地区权重构成。对 W 的选择主要根据地理区位确定相邻地区。距离越远，相互间要素流动及溢出效应越低。具体以两两省会城市间里程距离倒数函数为权重值。式（4－13）为根据里程距离倒数函数设定的权重矩阵：

$$w_{ij} = c_{ij}/c_i, c_{ij} = \frac{1}{d_{ij}}, c_i = \sum_{j=1}^{N} c_{ij} \quad (4-13)$$

其中，d_{ij}为用 ARGIS10. 2 计算的省会间直线距离。

（三）数据来源

选取 1994～2014 年 30 个省、自治区和直辖市相关数据作为样本。Y 值为 1994～2014 年第二、第三产业 GDP 增加值，并折算为 2000 年为基期的不变价，单位为亿元。各省 Inv（资本存量，亿元）则通过永续盘存法运用固定资产投资额近似计算资本存量③。劳动力投入为各省第二、第三产业就业人口总数，单位为万人。土地投入是各省城市建设用地总面积（平方千米）。在具体计算时，将重庆合并至四川进行分析。最终形成东部 N = 12（横截面数）和 t = 20（时间序列数），中部 N = 9 和 t = 20，西部 N = 9 和 t = 20 的三个子样本数据。数据来自 1994～2014 年《中国统计年鉴》和《中国城市建设统计年鉴》等。所有数据均以对数形式进入模型分析。

① Wooldridge J. M. Econometric Analysis of Cross Section and Panel Data [M]. MIT Press, 2010.

② Anselin L. Spatial Econometrics: Methods and Models [M]. Springer Science & Business Media, 2013.

③ 张军，吴桂英，张吉鹏. 中国省际物质资本存量估算：1952－2000 [J]. 经济研究，2004 (10): 35－44.

二、空间相关性检验

（一）全域相关性检验

首先用 Moran's I 对 Y 值与土地要素投入的空间相关性进行检验。由表 4－5 可见，各省份之间经济增长和土地要素投入存在空间相关性。但相关性 2012 年之后皆呈下降趋势。这可能和经济增速放缓有关。各地区之间因产业竞争引致经济空间溢出效应降低；而房地产市场低迷、地价的降低导致土地财政依赖度降低（李永友，2014），对周边土地扩张的影响也降低。

表 4－5　空间相关性检验

年份	Gdp 相关性检验	Land 相关性检验
	Moran's I	Moran's I
1994	0.092*** (0.001)	0.041*** (0.001)
1996	0.107*** (0.003)	0.133*** (0.001)
1998	0.206*** (0.000)	0.149*** (0.000)
2000	0.278*** (0.000)	0.185*** (0.004)
2002	0.306*** (0.000)	0.192*** (0.000)
2004	0.293*** (0.001)	0.201*** (0.007)
2006	0.447*** (0.008)	0.298*** (0.003)
2008	0.643*** (0.032)	0.596*** (0.000)
2010	0.712*** (0.013)	0.653*** (0.001)
2012	0.624*** (0.009)	0.549*** (0.002)
2014	0.443*** (0.000)	0.416*** (0.001)

注：*、**及***分别表示在10%、5%及1%水平上显著，括号内为对应的 p 值。

（二）局部空间自相关检验

全域 Moran's I 可反映整体性变化趋势。而若要深入获知空间属性特征在局部地区所呈现的不同分布模式，则需要借助局部 Moran's I 和局部指数（LISA）及莫兰散点图（MSP）。LISA 能确知聚居区在空间的分布位置，以及每个空间单元属性值与其邻近区域属性值的相似程度，能更直接获知区域间局部空间相依性及异质性特征（Anselin，2003）。

图 4－14 所示是 2010 年各省份第二、第三产业产值的 Moran 散点图①。纵轴表示邻近省市第二、第三产业产值加权平均值分布，横轴表示 2010 年各省份第二、第三产业 GDP 分布，其中全国第二、第三产业 GDP 的 Moran's I 为 0. 2937。从 Moran 散点图分析，大部分省份位于一、三象限。其中高 GDP 聚集地区多为我国东部省份，含少量中部省份，低 GDP 聚集区多为西部省份（见表 4－6），说明经济增长具有显著的聚集性。

图 4－15 所示是 2010 年各省份城市建设用地 Moran 散点图。全国第二、第三产业用地的 Moran 指数为 0. 2191，表示存在正的空间相关性。横轴表示 2010

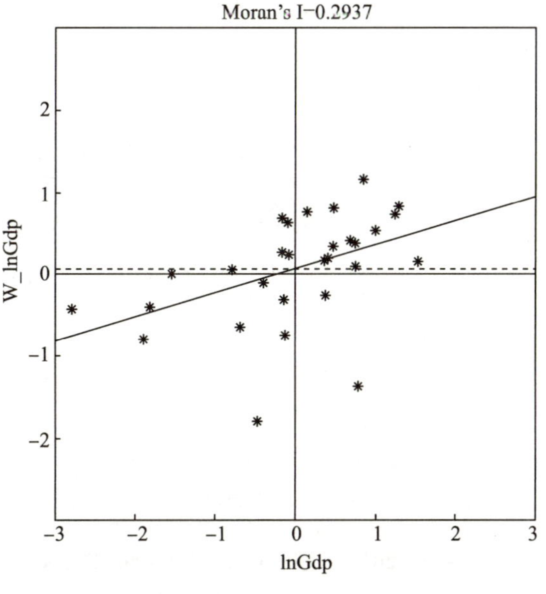

图 4－14　2010 年 GDP 的 Moran 散点图

① 文中仅以 2010 年进行分析。通过对其他年度的空间相关性分析，发现局部空间相关性变化亦不大，篇幅所限不尽列举。备索。

表 4 -6　2010 年各省 GDP 的 Moran 指数聚类结果

聚集类型	省份
H - H	北京、广东、上海、江苏、浙江、福建、山东、河南、湖北、辽宁、河北、湖南、安徽
L - H	吉林、贵州、江西、山西、天津
L - L	广西、海南、甘肃、新疆、内蒙古、西藏、青海、云南、陕西、宁夏
H - L	四川、黑龙江

年各省份第二、第三产业用地分布，纵轴表示邻近省市第二、第三产业用地加权平均值的分布。从 Moran 散点图分析，依然是大部分省份位于第一象限和第三象限，表明建设用地的扩张有极强的空间溢出效应，会吸引相邻地区土地的开发利用，反之亦然。按四种聚集类型区分如表 4 -7 所示，H - H 聚集仍多集中在东部和中部地区，L - L 聚集类型则多为西部省份。

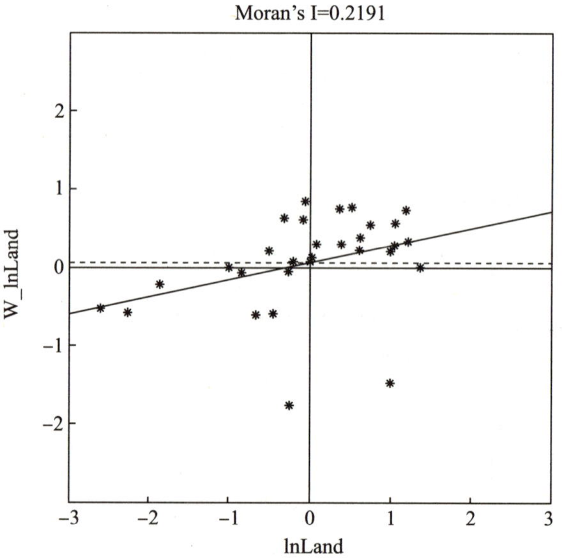

图 4 -15　2010 年基于 Land 的 Moran 散点图

大部分省份城市建设用地（Land）局部自相关不显著。通过 1% 显著性检验的有安徽、海南、四川；在 5% 水平上通过显著检验的有新疆、山东、江西。空间相关性的存在说明了借助空间面板模型对土地要素贡献进行剥离研究的必要性。

表 4－7　2010 年各省份建设用地 Moran 指数聚类结果

聚集类型	省份
H－H	广东、江苏、浙江、山东、河北、安徽、湖北、湖南、山西、辽宁、黑龙江、吉林、广西、内蒙古、河南
L－H	北京、上海、福建、天津、江西
L－L	贵州、西藏、海南、甘肃、新疆、青海、陕西、云南、宁夏
H－L	四川

三、空间回归分析

对三大经济带子样本进行空间回归分析①。结果显示，三大区域建设用地规模、资本存量、劳动力供给对经济增长呈正向影响（见表 4－8）。土地要素弹性中部地区最高（见表 4－9），即三大地区中，中部地区经济增长对土地要素投入依赖性更显著。中部地区推进的以工业带动商业服务业和其他产业发展的模式，引致大量建设用地投入到工业生产和基础设施建设当中，因此吸纳劳动力也较多。由此，中部地区劳动力要素弹性也最高（0.297），中部地区通过土地扩张战略促进工业化和城市化。东部地区经济增长趋于"经济服务业化"②，传统的依赖土地扩张吸纳工业和就业，推动地区经济增长的模式已逐步消失。但整体而言，土地要素投入对各地区经济增长的影响仍十分显著。

表 4－8　1994～2014 年三大地区子样本估计结果

	东部	中部	西部
Inv	18.182*** (0.514)	20.857*** (0.515)	7.915*** (0.409)
Lab	4.985*** (0.215)	7.986*** (0.297)	3.176*** (0.21)
Land	5.325*** (0.282)	9.464*** (0.491)	3.156*** (0.342)

① 空间回归模型一种是加上空间滞后变量的空间滞后模型（SLM），另一种是处理误差项的空间误差模型（SEM）。本书使用空间误差模型未完全通过检验，因此，主要选择空间滞后模型（SLM）进行分析。

② 中国经济增长前沿课题组．中国经济长期增长路径、效率与潜在增长水平［J］．经济研究，2012（11）：4－17.

续表

	东部	中部	西部
ρ	7.0223 *** (0.132)	5.661 *** (0.192)	5.006 *** (0.230)
Adj R^2	0.946	0.942	0.924
Log - likelihood	-23.244	41.038	-82.608

注：*、**及***分别表示在10%、5%及1%水平上显著，括号内为t统计量。

表4-9　1994~2014年三大地区土地要素贡献率

	年均增长率				弹性系数			贡献率		
	Gdp	Inv	Lab	Land	Inv	Lab	Land	Inv	Lab	Land
东部	13.661	14.693	3.962	7.022	0.514	0.215	0.232	75.292	8.501	16.212
中部	12.312	14.113	3.372	4.343	0.5154	0.297	0.491	69.912	9.613	20.484
西部	12.791	12.732	5.131	5.674	0.406	0.211	0.342	63.251	13.173	23.582

土地要素贡献率西部地区最高，东部地区最低。一方面反映了我国西部大开发对建设用地需求的快速增长；另一方面是由于西部地区铁路、公路、水利等基础设施建设的投入需占用大量的土地，最终提高了对西部地区经济增长的贡献率。土地财政对西部地区经济增长和城镇化产生了积极影响①。

根据INV对经济增长贡献率看，东部地区和中部地区接近，但东部地区投资效率并不比工业化、城市化滞后地区好多少，说明东部地区经济增长方式仍缺乏创新投资。蔡昉（2013）认为②，随着“刘易斯拐点”的到来，资本报酬递减现象开始出现，靠大规模政府主导型投资以保持经济增长速度的方式，不再具有可持续性。东部地区唯需通过技术进步和体制创新提高投资效率和效益。中部地区则应避免东部地区投资依赖模式，提高土地集约利用率，防止高地价对实业发展的挤出效应。

四、结论

（1）从弹性和贡献绝对值看，空间计量方法测算的土地弹性和贡献都远高于基于普通最小二乘法测算的结果，说明传统计量方法由于忽视了空间相关性的存在可能导致土地要素投入的产出弹性和贡献被低估。

---

① 李永友．房价上涨的需求驱动和涟漪效应［J］．经济学（季刊），2014，13（2）：443-464.

② 蔡昉．中国经济增长如何转向全要素生产率驱动型［J］．中国社会科学，2013（1）：56-71.

（2）我国东、中、西部土地要素产出弹性和贡献的绝对值都较高，这在理论与实践中都能找到支持性证据：研究表明，1978～2012年，固定资本存量增长贡献率为39.5%，说明我国经济增长方式是典型的投资拉动型，而各种形式的投资最终都必须与土地要素的配置结合起来；即使在现阶段生产方式转型的宏观经济背景下，各地政府仍为刺激GDP增长而争相将土地纳入到市场流通之中，有些地方甚至以零地价、低税率或财政补贴等方式招商引资。这是因为，以技术进步和制度变迁为标志的内涵式发展短期内难以奏效，地方政府短期还是想通过外延式扩张，最大化满足其经济和政治收益。这是否可以证明，在经济增长方式未获根本转变的情况下，未来较长时间内，东、中、西部都会保持对土地要素的较高需求？

五、政策建议

（1）在较低土地产出弹性和贡献率情形下，地方政府盲目扩大城市规模或粗放式地将土地纳入到市场交易中，是一种高成本恶性增长手段，无论是对经济增长质量还是中央对经济增长新常态要求，都是一种短视行为。与之相对，如果存在较高的土地产出弹性和贡献率，那么，扩大城市规模和将土地纳入到市场之中，则具有一定的经济合理性。东部地区在土地要素的供给上有必要在合理范围内继续扩大城市和城市群规模，发挥人口和经济集聚效应。

（2）从东、中、西部土地弹性和贡献对比看，应更多支持中西部地区建设用地需求。相对于中西部地区，东部地区应提高土地要素价格，强迫其向集约型增长方式转变。东部地区由于区位优势、财政补贴优势、土地级差收益高的优势，在计划指标之外更易获得城乡建设用地置换的机会，从而在招商引资、城市扩张中继续保持领先优势，这和转变经济增长方式、缩小东西部差距的要求不符。所以本书的建议是应合理支持东部发达地区建设用地扩张。但是东部地区城市扩张要付出更高代价，要能够弥补农村建设用地退出成本。无论东、中、西部，对发达区域和大城市应提高土地要素价格，增大城市扩张成本，促进产业升级和经济增长方式转变；对落后区域应该有鼓励倾斜性政策，有利于区域均衡发展和提高当地人民生活水平。

第五章　新疆产业空间布局、承接行业选择、承载力

第一节　西部大开发实施以来新疆产业结构现状

产业结构作为一定地区范围内整体经济系统中各产业之间的比例关系及其相互之间的技术联系，既表现为产业与产业之间的关系，也表现为产业内部各行业发展的比例关系和技术关系。

从新疆就业的三大产业构成来看，西部大开发实施后新疆的产业结构在逐步趋向合理，第一产业的比重逐步降低、第二产业相对稳定、第三产业比重有所提高（见表5－1）。第一产业比重由2000年的57.7%下降到2008年的49.7%，第三产业比重由2000年的28.5%提高到2008的36.1%。从国内生产总值的三大产业构成来看，西部大开发实施后，新疆国内生产总值的三大产业构成也逐步趋于合理。第一产业的比重也呈现逐步降低的趋势，但是与全国平均水平相比，其比重仍然偏高；第二产业的比重上升明显，2008年比2000年增长了10.3个百分点；第三产业比重则一定程度上表现出下降的状况，这与全国第三产业比重始终保持上升走势的状况有一定的差别（见表5－1）。这与西部大开发税收优惠政策的特定指向性有着明显的关系，同时这也从另一方面反映了新疆经济发展过程中，经济内在的相互联系和融合性还不够、产业链之间的联系还不够深入、居民收入水平还不够高，这些都制约着第三产业的发展。

从产业内部行业结构关系来看，西部大开发政策实施后，新疆各个产业均不同程度地有了快速的发展。2000年，新疆第一、第二、第三产业生产总值分别为288.18亿元、537.58亿元和537.80亿元，2008年则分别增加至691.10亿元、2086.74亿元和1425.57亿元，分别是2000年的2.4倍、3.88倍和2.65倍。

表5－1　西部大开发前后新疆与全国三次产业构成对比　　单位：%

指　标	新疆		全国	
	2000 年	2008 年	2000 年	2008 年
就业	—	—	—	—
第一产业	57.7	49.7	50	39.6
第二产业	13.8	14.2	22.5	27.2
第三产业	28.5	36.1	27.5	33.2
国内生产总值	—	—	—	—
第一产业	21.1	16.4	15.1	11.3
第二产业	39.4	49.7	45.9	48.6
第三产业	39.5	33.9	39	40.1

资料来源：根据《中国统计年鉴》（2009）和《新疆统计年鉴》（2009）计算整理得出。

但是，需要认识到西部大开发税收优惠的指向性使新疆经济结构更具有明显的资源开发性特征，经济增长的龙头是工业，经济增长的支柱是矿产品采掘业。新疆经济的结构性矛盾比较突出，表现在：重工业比重高、轻工业比重低；矿业开采业比重高、产品深加工行业比重低；资源性产业比重高、其他行业比重低。2000 年数据显示，整个重工业的增加值占新疆全部 GDP 的 57.27%，占全部工业总产值的 73.58%；而轻工业增加值占新疆 GDP 的 20.58%，占全部工业总产值的 26.42%。2008 年数据表明，整个重工业的增加值占新疆全部 GDP 的 37.93%，占全部工业的 89.03%；而轻工业（18 个子行业）增加值仅占新疆 GDP 的 4.67%。这说明在工业领域中，上游重工业是形成经济总量的主要力量，而下游加工业十分薄弱。

在重工业中，资源开采与加工业又占绝对优势。其中仅采掘业、矿产品加工业两大行业增加值就占到新疆 GDP 的 34.1%，占全部工业 GDP 的 80.04%。其中石油开采和石油加工两个子行业又是重工业的主体，石油行业增加值合计占全疆 GDP 的 26.52%（占全部工业的 62.27%），说明新疆经济发展极度不平衡，GDP 主要集中于个别行业。

第二节　新疆承接产业转移的现状

一、新疆总体经济快速发展

2000 年后，随着西部大开发的深入，新疆经济发展开始逐渐加快。2003 年，新疆进入快速发展时期。2003~2008年，新疆地区生产总值年均增速为11.3%，第二产业增加值年均增速为14.85%，占新疆地区生产总值的比例从38.1%上升到49.5%；2009~2011年，新疆地区生产总值年均增速为11.3%，第二产业增加值年均增速为15.77%，占新疆地区生产总值的比例从45.1%上升为48.8%。相比西部大开发之前，新疆工业化进程明显加快（见表5-2）。

表5-2 新疆2000~2011年经济发展情况

年份	新疆地区生产总值年均增速（%）	第二产业增加值年均增速（%）	三次产业比例
2000~2002	8.4	7.26	21.1∶39.4∶39.5（2000年） 18.9∶37.4∶43.7（2002年）
2003~2008	11.3	14.85	21.9∶38.1∶40.0（2003年） 16.5∶49.5∶34.0（2008年）
2009~2011	11.3	15.77	17.8∶45.1∶37.1（2009年） 17.2∶48.8∶34.0（2011年）

资料来源：《新疆统计年鉴》（2012）。

二、资源型、重化工业成为新疆产业承接主力

与2007年相比，2011年新疆煤炭开采和洗选业，石油加工、炼焦及核燃料加工业，化学原料及化学制品制造业，化学纤维制造业，非金属矿物制品业，黑色金属冶炼及压延加工业，有色金属冶炼及压延加工业，电气机械及器材制造业以及电力、热力的生产和供应业9个行业工业总产值占全国的比重上升，一定程度上说明这些行业存在相对产业转移①。尤其是化学纤维制造业占全国的比重由0.69%上升至1.61%，比重提高了1.3倍。如表5-3所示。

2011年，从新疆工业行业看，石油和天然气开采业（22.95%）与石油加工、炼焦及核燃料加工业（23.4%）两个行业的产值占新疆工业总产值的46.35%。可见，新疆工业对石油工业的依赖性非常强。与2007年相比，2009年除石油和天然气开采业、纺织业和有色金属冶炼及压延加工业所占比重有所下降外，其他行业均有所上升。其间，新疆纺织业受创最重，产值低于百亿元；而煤

① 关于产业转移的度量一直是产业转移问题研究中的难点，因为企业的产业转移数据难以获取；如果用区域产业规模发生变化的数据来分析产业转移的规模，由于很难判断产业规模扩大是产业转移的结果还是本地产业发展的结果，因此也不是很准确。尽管如此，本书为了反映新疆承接产业转移的大致情况，还是采用区域产值占全国的比重变化情况来说明承接产业的情况。这种方法计算的是相对产业转移。

表5-3 2007年、2009年和2011年新疆产值百亿元的行业产值占全国该行业产值比重

行业	2007年			2009年			2011年		
	工业总产值（亿元）		新疆占全国比重（%）	工业总产值（亿元）		新疆占全国比重（%）	工业总产值（亿元）		新疆占全国比重（%）
	全国	新疆		全国	新疆		全国	新疆	
煤炭开采和洗选业*	9201.83	54.25	0.59	16404.27	133.33	0.81	28919.81	189.12	0.65
石油和天然气开采业	8300.05	1122.89	13.53	7517.54	855.42	11.38	12888.76	1541.24	11.96
黑色金属矿采选业	2130.61	36.65	1.72	3802.45	54.97	1.45	7904.3	104.30	1.32
农副食品加工	17496.08	125.49	0.72	27961.03	176.71	0.63	44126.1	274.03	0.62
食品制造业	6070.96	54.49	0.90	9219.24	90.49	0.98	14046.96	109.48	0.78
纺织业	18733.31	134.40	0.72	22971.38	77.56	0.34	32652.99	121.11	0.37
石油加工、炼焦及核燃料加工业*	17850.88	724.55	4.06	21492.59	859.80	4.00	36889.17	1572.00	4.26
化学原料及化学制品制造业*	26798.8	135.83	0.51	36908.63	243.63	0.66	60825.06	457.73	0.75
化学纤维制造业*	4120.8	28.55	0.69	3828.32	70.01	1.83	6673.67	107.38	1.61
非金属矿物制品业*	15559.44	85.10	0.55	24843.9	153.62	0.62	40180.26	271.41	0.68
黑色金属冶炼及压延加工业*	33703.01	235.42	0.70	42636.15	381.12	0.89	64066.98	679.79	1.06
有色金属冶炼及压延加工业*	18031.88	43.03	0.24	20567.21	33.67	0.16	35906.82	130.41	0.36
电气机械及器材制造业*	24019.07	72.68	0.30	33757.99	189.68	0.56	51426.42	214.19	0.42
电力、热力的生产和供应业*	26462.65	180.84	0.68	33435.1	282.45	0.84	47352.67	459.36	0.97

注：①行业选择以2011年行业总产值超过百亿元为标准；②工业总产值以当年价格计算；③*表示总产值占全国的比重2011年比2007年上升的行业。

资料来源：《中国统计年鉴》(2008，2010，2012)、《新疆统计年鉴》(2008，2010，2012)。

炭开采和洗选业、非金属矿物制品业和电气机械及器材制造业发展较快，产值超过百亿元。与2009年相比，2011年除纺织业重返百亿元“俱乐部”之外，黑色金属矿采选业、食品制造业、化学纤维制造业、有色金属冶炼及压延加工业也进入百亿元“俱乐部”。从行业产值所占比重变化来看，石油和天然气开采业，黑色金属矿采选业，石油加工、炼焦及核燃料加工业，化学原料及化学制品制造业，非金属矿物制品业，黑色金属冶炼及压延加工业和有色金属冶炼及压延加工业比重上升，其他行业比重有所下降。与2007年相比，2011年，新疆存在相对产业转移的9个行业产值比重都明显上升，使新疆重化工业特征更加明显。具体如表5－4所示。

表5－4　2007年、2009年和2011年新疆产值百亿元的行业产值及其占全疆工业的比重

行业	2007年		2009年		2011年	
	工业总产值（万元）	占新疆工业比重（%）	工业总产值（万元）	占新疆工业比重（%）	工业总产值（万元）	占新疆工业比重（%）
煤炭开采和洗选业	542505.5	1.65	1333269.7	3.41	1891207.7	2.82
石油和天然气开采业	11228896	34.06	8554229.4	21.90	15412392	22.95
黑色金属矿采选业	366534.8	1.11	549739.2	1.41	1043029.9	1.55
农副食品加工业	1254868.2	3.81	1767111.2	4.52	2740306.4	4.08
食品制造业	544893.3	1.65	904873.2	2.32	1094834.1	1.63
纺织业	1343950.6	4.08	775562.4	1.99	1211101	1.80
石油加工、炼焦及核燃料加工业	7245490.6	21.98	8597993.8	22.02	15720006	23.40
化学原料及化学制品制造业	1358330	4.12	2436269.9	6.24	4577273.6	6.81
化学纤维制造业	285494.4	0.87	700098.6	1.79	1073793	1.60
非金属矿物制品业	850989.5	2.58	1536165.4	3.93	2714085.5	4.04
黑色金属冶炼及压延加工业	2354188.7	7.14	3811228.7	9.76	6797932	10.12
有色金属冶炼及压延加工业	430252.6	1.31	336675	0.86	1304065.1	1.94
电气机械及器材制造业	726755.7	2.20	1896813.1	4.86	2141944.3	3.19
电力、热力的生产和供应业	1808364.5	5.49	2824490.1	7.23	4593579.5	6.84

注：①行业选择以2011年行业总产值超过百亿元为标准；②工业总产值以当年价格计算。

资料来源：《新疆统计年鉴》（2008，2010，2012）。

三、新疆产业承接规模不断扩大

新疆承接产业转移主要通过招商引资、参加国际国内展会、对口援疆和外商直接投资等途径。

（1）招商引资规模不断扩大。2010 年，新疆引进区外到位资金（不含石油）1247.61 亿元，占全社会固定资产投资的 35.3%。2012 年，新疆实现招商引资区外到位资金 2763.5 亿元，比 2011 年增长 40.82%，完成全年目标任务（2510 亿元）110.1%（见表 5－5）。另外，中央石油企业到位资金 507.09 亿元。区外到位资金（不含石油）中，外省到位资金 2201.87 亿元，增长 38.89%，占区外到位资金的 79.68%；其他中央（含部委）企业到位资金 536.61 亿元，增长 50.13%，占区外到位资金的 19.42%；实际利用外资（2012 年 1～11 月数据）39647 万美元，增长 30.75%，占区外到位资金的 0.9%。

表 5－5　新疆 2010～2012 年区外到位资金情况

年份	区外到位资金（亿元）	比上年增长（%）
2010	1247.61	28.46
2011	1962.43	57.30
2012	2763.50	40.82

注：区外到位资金不含石油部分。

资料来源：①2012 年数据来源于中国新闻网；②2011 年数据为计算得出；③《新疆统计年鉴》（2012）。

2012 年，外省到位资金排名前七位的地区是昌吉州、乌鲁木齐市、伊犁州、巴州、克拉玛依市、喀什地区、阿克苏地区；外省到位资金与 2011 年相比增幅较大的地区是哈密地区、博州；引进民营企业数量较多的地区是塔城地区、吐鲁番地区；引进大企业、大集团数量较多的地区是阿勒泰地区、克州、和田地区。

从投资主体的经济类型看，新疆招商引资国有经济投资项目 532 个，国有投资到位资金 1558.72 亿元，增长 18.95%。新疆招商引资民间投资项目 2066 个，增长 4.72%，占区外项目总数的 78.99%，民间投资到位资金 1686.85 亿元，增长 47.88%，增速高于国有投资到位资金 28.92 个百分点。招商引资国有、民间、外商投资到位资金占区外到位资金总额比重分别由 2011 年的 53.03%、46.17% 和 0.8% 调整为 47.66%、51.58% 和 0.76%，国有经济投资到位资金比重下降，民间投资到位资金比重快速上升，并首次突破总量的一半，占据半壁江山，显示民间资本日趋活跃，投资领域进一步拓展。

从投资的行业来看，新疆主要投资于农副产品深加工、能源矿产开发和建筑建材等。其中，农副产品深加工以新疆当地特色农产品为主；能源开发以煤炭、石油、天然气和风能开发为主；建筑建材行业以基地建设、基础设施建设、公共设施建设为主。

在2012年新疆招商引资在建项目总数中，北疆地区有1225个，占46.83%；南疆地区有1202个，占45.95%，比2011年提高6.21个百分点；其他地区占7.22%。南疆地区在建项目的增加，得益于中央以及自治区加大对南疆政策、资金的支持力度，得益于喀什经济开发区的优惠政策和当地对招商引资的重视。从到位资金来看，北疆地区占到位资金的64.12%；南疆地区占新疆到位资金的27.52%；其他地区占8.36%①。国家和自治区将进一步加大对南疆地区，特别是南疆三地州的投入，从政策、资金、项目审批、基础设施建设，以及面向中亚、西亚大通道建设等方面给予特殊优惠。

（2）积极参加国内国际会展和产业对接活动，获得喜人成果。通过参加疆内外大型会展招商已成为新疆引资的重要途径。第一届亚欧博览会项目履约率达到70.79%，第二届亚欧博览会集中签订合同项目170个，签约总金额2068.53亿元，比首届亚欧博览会集中签约增长11.78%，内联合作取得丰硕成果。

（3）对口援疆促进产业转移。2010年以来，19省市对口援疆的力度不断加大。2012年，新疆招商引资到位资金的2763.5亿元中，引进对口援疆19省市到位民营资金1492.77亿元，增长37.31%，占外省到位资金总额的比重为67.8%，对招商引资外省到位资金增长的贡献率为65.79%，拉动外省到位资金增长25.59个百分点。其中，山东、浙江、江苏、河南、福建、上海、北京、广东8个对口援疆省市进入外省到位资金前十名②。

新疆2011年产业转移系列对接活动也取得丰硕成果。一是新疆人民政府与中国石油和化学工业联合会等国家9个协会（联合会）签署战略合作协议，明确了相关合作内容，建立了合作机制，指导新疆做好承接产业转移工作；二是新疆维吾尔自治区园区领导小组办公室与19个对口援疆省市前方指挥部签署园区建设合作协议，明确了重点建设的援疆产业园区，为承接援疆省市产业转移打造重要载体和有效平台；三是新疆经信委与北京、上海、天津、广东、山东、江苏、浙江7省市经信委签署产业转移合作协议；四是各地在对接活动中现场签约200个重大项目，涉及煤电煤化工、有色、化工、纺织等15个行业，协议投资5812亿元。目前，有关协会（联合会）正在积极落实合作协议内容，组织多批行业重点企业到新疆开展投资考察，在举办的有关专业论坛和各类交流活动上介绍新

① 2010年新疆数据来源于《新疆统计年鉴》（2011）；2012年新疆数据来源于新疆区外招商民间资本首超国资　到位资金3550亿［EB/OL］．亚心网，http：//www.iyaxin.com，2013－01－25.

② 新疆引进对口援疆省市资金近1500亿［EB/OL］．中国新闻网，2013－01－28.

疆经济社会发展情况和国家支持新疆的有关政策，吸引内地企业到新疆发展；19个援疆省市按照园区建设合作协议内容和要求，加紧开展援疆产业合作园的基础设施建设，争取产业转移项目早日入园；在对接活动现场签约的200个重大项目大部分已开工建设。19省市还制定了一些鼓励本省市产业转移的政策。如上海提出，企业到新疆投资可提供200万~300万元或投资额20%的补助；广东建设一批规模化的厂房，广东企业来疆投资可免房租，同时还有300亿元的信贷支持。

在产业政策方面，中央在做好统筹规划和综合协调的基础上，适当放宽在新疆具备资源优势、在本地区和周边地区有市场需求的部分行业准入限制。在新疆率先进行资源税费改革，将原油、天然气资源税由从量计征改为从价计征，以及对新疆困难地区符合条件的企业给予企业所得税"两免三减半"优惠等。这些强有力的政策支持使得民间资本通过对口援疆流向新疆。

（4）利用外商投资规模不断扩大。近年来新疆利用外资的规模不断扩大。中外合作企业和外资企业投资明显减少，而外商投资股份制企业投资增长迅速。截至2010年底，新疆外商投资股份制企业投资9153万美元，增长627.58%。实际利用外资中，中外合资企业增长迅速，实际利用外资7991万美元，增长105.42%①。如表5-6所示。

表5-6 2010年新疆新批外商投资及实际利用外资情况

	项目（个）	金额（万美元）	同比增长（%）	实际利用外资（万美元）	同比增长（%）
新批外商投资	59	30091	10.07	—	—
中外合资企业	28	8988	1.34	7991	105.42
中外合作企业	3	2880	-58.59	752	-69.18
外资企业	28	9070	-69.68	14571	1.55
外商投资股份制	—	9153	627.58	428	-52.02

资料来源：《新疆统计年鉴》(2011)。

"十一五"期间新疆实际利用外资年平均增长率37.86%。2012年，新疆实际利用外商直接投资快速增长。截至2012年前5个月，新疆实际利用外商直接投资达23041万美元，增长5.62%。新疆外商投资企业进出口合计35518万美元，比上年增长29.88%。其中，出口17872万美元，增长17.06%；进口17645

① 2012年数据来源于"新疆"2012上半年区外到位资金增势明显［EB/OL］. 天山网，http://www.tianshannet.com，2012-07-18；2010年数据来源于《新疆统计年鉴》(2011)。

万美元，增长46.08%。

从各国家和地区外商投资的排名情况看，2010年，中国香港特别行政区投资项目28个，合同金额19091万美元，实际利用外资12683万美元，远超其他地区，排名第一。除此以外，投资超过100万美元的国家和地区还有6个，分别为英属维尔京群岛、哈萨克斯坦、澳大利亚、中国澳门特别行政区、加拿大和土耳其。

表5-7　2010年外商投资中各国家和地区排名

排名	国家和地区	投资项目（个）	合同金额（万美元）	排名	国家和地区	投资项目（个）	合同金额（万美元）
1	中国香港	28	19091	8	吉尔吉斯斯坦	4	95
2	英属维尔京群岛	2	2263	9	乌兹别克斯坦	3	43
3	哈萨克斯坦	8	1114	10	韩国	4	30
4	澳大利亚	1	670	11	比利时	1	24
5	中国澳门	2	145	12	美国	1	12
6	加拿大	1	135	13	俄罗斯	1	4
7	土耳其	2	129	14	马来西亚	1	4

资料来源：《新疆统计年鉴》（2011）。

随着招商引资和利用外商投资规模的不断扩大以及对口援疆、区域合作的深入开展，新疆与外部地区的经济联系将日趋紧密，对国内外产业转移的承接规模将越来越大，产业转移对经济发展的带动作用也将越来越强。

第三节　新疆承接转移产业的空间布局

一、产业空间布局的总体构想

根据新疆未来“两带两区”（天山北坡经济带、天山南坡产业带、沿边高寒地区和南疆三地州集中连片贫困地区）的区域发展格局，设计承接产业落地、优化新疆产业布局的方案。从宏观、中观、微观三个层面，构建“产业带”—“城市—产业集聚区”—“重点产业园区（国家级园区）”的空间格局。具体包括4个产业带，即天山北坡产业带、天山南坡产业带、北疆北部沿边产业带和南疆三地州产业带；15个城市—产业集聚区；19个重点产业园区（国家级产业园区）。

下面分别对这4个产业带、15个城市—产业集聚区和19个重点产业园区的区域范围、产业的主要目标取向以及承接产业转移的重点进行分析。

（一）4个产业带

根据新疆区域发展格局，结合新疆产业布局的现状和未来发展趋势，通过承接产业转移、突出区域产业发展重点，优化产业空间布局。构建四大产业带，即天山北坡产业带、天山南坡产业带、北疆北部沿边产业带和南疆三地州产业带（见表5－8）。

表5－8　新疆四大产业带承接产业转移的重点和布局目标取向

产业带	区域范围	产业布局的主要目标取向	承接产业转移的重点
天山北坡产业带	东起哈密西至伊宁	主要是构建以创新网络为纽带的产业集群；实现企业整合和产业集聚	矿产资源精深加工、现代装备制造业、新能源、现代煤化工、石油天然气产业、无机盐化工、纺织工业、绿色食品加工、旅游业、现代物流业等
天山南坡产业带	东起库尔勒西至阿克苏	主要是实现企业整合和产业集聚	石油天然气产业、现代煤化工、纺织、农副产品精深加工等
北疆北部沿边产业带	以塔城和阿勒泰、北屯等沿边城市为节点	主要是实现资源节约和环境保护	绿色农牧产品加工、水电风电业、轻纺、建材、机械组装出口、特色旅游商品加工业、矿产资源精深加工、旅游业等
南疆三地州产业带	以喀什、阿图什、和田等城市为节点	主要是实现资源节约和环境保护	特色林果产品深加工、民族特色产品加工业、风能太阳能发电、生物技术、出口机电产品配套组装加工、现代物流业、旅游业等

（1）天山北坡产业带。天山北坡产业带东起哈密西至伊宁，应以乌昌经济区为核心，以城镇组群和区域中心城市为支撑，形成产业分工合理、联动发展的格局，进一步增强对全疆乃至西部地区的辐射带动作用。该经济带未来承接产业转移的重点是：矿产资源精深加工、现代装备制造业、新能源、现代煤化工、石油天然气产业、无机盐化工、纺织工业、绿色食品加工、旅游业、现代物流业等。

（2）天山南坡产业带。天山南坡产业带东起库尔勒西至阿克苏，应做大做强石油天然气、煤化工、纺织、农副产品精深加工等特色优势产业支持重点园区和重点企业发展，注重创品牌和市场网络建设，加快形成特色产业集群，建成国家重要的石油天然气化工基地、农产品精深加工基地、纺织工业基地，着力增强对南疆乃至全疆经济的辐射带动作用。该产业带未来承接产业转移的重点是：石油天然气产业、现代煤化工、纺织、农副产品精深加工等。

（3）北疆北部沿边产业带。北疆北部沿边产业带以塔城和阿勒泰、北屯等沿边城市为节点，充分发挥丰富的天然草场资源、矿产资源和口岸优势，大力发展以生态旅游业、矿业开发和边境贸易为主的特色优势产业，着力建设全疆重要的绿色农牧产品基地、特色产品生产加工出口基地。该产业带未来承接产业转移的重点是：绿色农牧产品加工、水电风电业、轻纺、建材、机械组装出口、特色旅游商品加工业、矿产资源精深加工、旅游业等。

（4）南疆三地州产业带。南疆三地州产业带以喀什、阿图什、和田等城市为节点，主动吸引和承接面向周边国家的机械组装加工产业和商贸物流业，建成全疆重要的特色林果产品生产加工基地、外向型农业基地，以及面向中亚、南亚的民族特色产品生产加工基地和物流中心。该产业带未来承接产业转移的重点是：特色林果产品深加工、民族特色产品加工业、风能太阳能发电、生物技术、出口机电产品配套组装加工、现代物流业、旅游业等。

（二）15个“城市—产业集聚区”

城市是承接产业转移的空间载体，产业集聚区的形成和发展是与城市发展相辅相成的。新疆承接产业转移的中观布局则是在结合城镇化战略和城镇体系基础上，形成的15个重要的“城市—产业集聚区”（见表5－9）。

表5－9　新疆承接产业转移的15个“城市—产业集聚区”的范围和区域中心

产业带	城市—产业集聚区	范围	区域中心
天山北坡产业带	吐鲁番产业集聚区	以吐鲁番市为中心，辐射鄯善县城、托克逊县城等	吐鲁番市
	哈密产业集聚区	以哈密市为中心，辐射伊吾县城	哈密市
	乌昌产业集聚区	乌鲁木齐、昌吉市、阜康市、呼图壁县（城）、五家渠市	乌鲁木齐市
	石河子—玛纳斯—沙湾产业集聚区	石河子市、沙湾县（城）、玛纳斯县（城）	石河子市
	奎屯—克拉玛依—乌苏产业集聚区	奎屯市、克拉玛依市、乌苏市	克拉玛依市
	博乐—阿拉山口—精河产业集聚区	精河县、博乐市、阿拉山口口岸	博乐市
	伊宁—霍尔果斯产业集聚区	伊宁市、霍城县、霍尔果斯口岸	伊宁市
天山南坡产业带	库尔勒—轮台产业集聚区	库尔勒市、轮台县（城）	库尔勒市
	阿克苏—阿拉尔产业集聚区	阿克苏市、阿拉尔市	阿克苏市
	库车产业集聚区	库车县（城）	库车县城
北疆北部沿边产业带	塔城—额敏产业集聚区	塔城市、额敏县（城）、巴克图口岸	塔城市
	阿勒泰—北屯产业集聚区	阿勒泰市、北屯市	阿勒泰市

续表

产业带	城市—产业集聚区	范围	区域中心
南疆三地州产业带	喀什—阿图什产业集聚区	喀什市、阿图什市	喀什市
	和田—洛浦—墨玉产业集聚区	和田市、和田县（城）、墨玉县（城）、洛浦县（县城）	和田市
	麦盖提—莎车—泽普—叶城产业集聚区	麦盖提县（城）、莎车县（城）、泽普县（城）、叶城县（城）	莎车县城

（三）19 个国家级产业园区

截至 2012 年 9 月，新疆国家级经济技术开发区、高新区、边境经济合作区、出口加工区和综合保税区等各类产业园区共 19 家。另外，新疆还设立有 50 家自治区级园区，全疆各类园区共计 69 家。各级各类园区是新疆承接产业转移、促进产业集聚、吸纳劳动就业、带动城镇化和增强区域竞争力的重要载体和地州市经济的重要增长点。因此，明确各个开发区承接产业转移的重点，既有利于促进园区的发展，也有利于形成突出优势、各具特色、错位发展的产业集聚区，从而优化产业布局、避免产能过剩和恶性竞争，促进区域协调发展。

产业园区的打造具有产业聚集和辐射效应、集工业化和城镇化功能为一体的作用。新疆在承接产业转移过程中，应利用产业园区的打造，将相关产业集聚到一起，形成完备的产业链。通过产业园区内统一规划、建设、管理，园区内水、电、路、污水处理共享，来降低产品成本，提高产业竞争力。

新疆 19 个各类国家级园区承接产业转移的重点见表 5－10。

表 5－10　新疆各类国家级园区承接产业转移的重点

序号	各类国家级开发区	所属地州市（兵团）	承接产业转移的重点方向
1	乌鲁木齐经济技术开发区（头屯河区）	乌鲁木齐市	风电装备制造、机械设备制造、软件信息产业、家具制造、新型建材、化工塑料、食品饮料、现代医药、现代物流
2	石河子经济技术开发区	石河子市（兵团）	纺织、食品、现代农用装备、化工、新材料、新能源、现代物流
3	乌鲁木齐高新技术产业开发区（新市区）	乌鲁木齐市	现代装备制造业、生物医药、电子信息、现代服务业
4	乌鲁木齐出口加工区	乌鲁木齐市	国外进口原材料的保税加工、国内采购原材料的加工出口

续表

序号	各类国家级开发区	所属地州市（兵团）	承接产业转移的重点方向
5	伊宁边境经济合作区	伊犁州	纺织、农副产品深加工业（生物制药业）、机械装备制造业、家具及小家电
6	博乐边境经济合作区	博州	农副产品加工及出口、商贸物流
7	塔城边境经济合作区	塔城地区	农副产品加工及出口、商贸物流
8	中哈霍尔果斯国际边境合作中心	伊犁州	进出口贸易、出口产品加工、边境商贸旅游、现代服务业
9	新疆昌吉高新技术产业园区	昌吉州	先进装备制造及服务业、新能源新材料、生物科技
10	吉木乃边境经济合作区	阿勒泰地区	油气资源深加工、境内外能源深加工、出口加工、国际商贸物流
11	阿拉山口综合保税区	博州	铁路物流、口岸物流、保税物流、保税加工、保税贸易、综合服务、加工制造、仓储物流、贸易市场和生产性服务
12	库尔勒经济技术开发区	巴州	石油化工、化纤、轻纺、石油勘探辅助设备制造与维修、新型建材、农副产品加工
13	奎屯—独山子经济技术开发区	奎屯市—克拉玛依市	石油天然气化工、现代煤化工、纺织、冶金、仓储物流
14	喀什经济开发区	喀什地区	农产品深加工、纺织、建材、冶金、机械组装加工、旅游、文化、民族特色产品加工、商贸物流、旅游业
15	霍尔果斯经济开发区	伊犁州	进口资源加工、机械组装、商贸物流、农产品深加工、建材、高新技术产业、绿色和有机食品出口加工
16	阿拉尔经济技术开发区	阿克苏地区（兵团）	农副产品深加工、棉纺产业
17	五家渠经济技术开发区	昌吉州（兵团）	农副产品加工、煤电煤化工
18	乌鲁木齐甘泉堡经济技术开发区	乌鲁木齐市	新能源、新材料、煤化工、高新技术产业、装备制造业、机电工业、精细化工业
19	准东经济技术开发区	昌吉州	煤电、煤电冶炼、煤化工、煤制气、煤制油、新兴建材、物流业、服务业

国家级园区要注重低碳绿色循环发展，构建和完善园区循环经济产业链，促进资源高效利用，减少污染排放。构建园区循环化改造的总体框架。循环经济从区域范围看，分为社会大循环、园区中循环和企业小循环。社会大循环是中循环的宏观环境，企业小循环是园区中循环的微观基础。园区的循环化改造和循环经济发展离不开社会大循环，因为园区不仅需要从生态环境中获取原生资源（如矿产资源、水资源和农业资源等），需要基础设施体系（如污水处理设施、中水回用管网、垃圾处理设施等）和循环经济管理体系（如机构、制度等）的支撑，而且园区的资源再生利用产业也需要从社会消费体系和园区之外的企业回收废弃物（如煤矸石、废钢、废铁、废纸、废塑料、秸秆等）。因此，可以构建由生态环境体系、循环经济产业体系、社会消费体系、基础设施建设体系和循环经济管理体系五大体系构成的园区循环化改造的总体框架，而且此框架中大循环、中循环和小循环相互联系，中观层面的园区循环成为连接社会大循环和企业小循环的桥梁和纽带。具体见图 5－1。

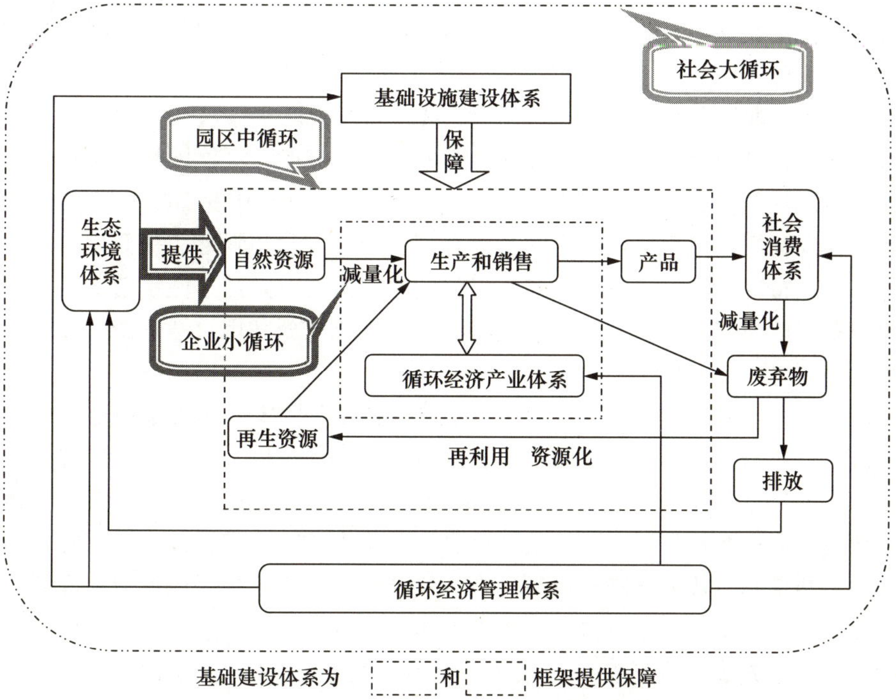

图 5－1 产业园区循环化改造的总体框架

二、不同区域承接产业转移落地的方案

各个区域的资源环境承载力、产业基础、创新能力、产业链和产业结构等情况都有差异，因此对于不同的区域，需要对承接产业转移的产业布局的目标取向进行界定，在前面承接产业转移空间布局设计的基础上，本部分以四大产业带为空间维度，提出了三种更具体的承接产业转移的落地方案。

（一）以资源节约和环境保护为主要目标的承接产业落地的空间布局

在国家主体功能区规划中，新疆有三个国家重点生态功能区，分别是：①阿尔泰山地森林草原生态功能区，包括阿勒泰地区的六县一市和兵团所属团场，主要生态功能是涵养水源。②塔里木河荒漠化防治生态功能区，涵盖了南疆三地州的绝大多数县市和兵团所属团场，主要生态功能是保持水土和防风固沙。③阿尔金草原荒漠化防治生态功能区，包括巴州的且末县、若羌县和兵团所属团场，主要生态功能是防风固沙。这三个国家重点生态功能区涵盖了沿边高寒地区和南疆三地州的大部分区域，北疆北部沿边产业带和南疆三地州产业带分别位于这两个区域。因此，在承接产业转移、进行落地产业空间布局时，这些地区要更加注重资源节约和环境保护。

在承接产业转移和产业空间布局上，要围绕生态功能定位，立足资源环境承载力，适度开发利用区域特色资源优势，发展适宜产业，严格限制大规模、高强度、集中连片的工业化和城镇化开发。坚持“在保护中开发和在开发中保护”，在充分开发利用特色优势资源的同时，合理控制开发利用强度，提升生态产品生产力。工业布局在考虑资源特点和优势的同时，向工业园区、城镇地区集中以及点状分布在矿产资源区。农牧业和旅游业布局既要充分利用自然资源，又要有效保护生态环境。

（二）以企业整合和产业集聚为出发点的承接产业落地的空间布局

矿产资源精深加工、装备制造业、新材料、新能源以及农副产品精深加工等产业的发展和结构优化，需要依托大企业、大集团以及国内外500强企业的带动，从而形成产业集群。天山北坡产业带和天山南坡产业带，具有丰富的矿产资源和发展装备制造业的基础和优势，在承接产业转移过程中，应该以企业整合和产业集聚为出发点，进行承接产业落地的布局。运用财政、金融支持政策对市场潜力大、技术先进、市场竞争力较强、具有品牌价值的企业进行重点扶持和培育，尤其对高新技术企业和企业的自主创新活动给予重点扶持。鼓励和推进企业进行重组，提高产业的集中度，促进产业集群的形成。

（三）以创新网络为纽带的承接产业落地的空间布局

依托现有的优势产业、创新基础、技术人才、产业链，以引进、吸收和提高

创新能力为动力，延伸产业链，构建企业之间的技术经济联系。天山北坡产业带是新疆经济最发达的区域，具有良好的产业基础、创新基础以及技术人才优势，已经初步形成了煤电煤化工、石油化工、专用设备制造、新材料、新能源、纺织、农副产品加工、生物制药等产业集群。该产业带在承接产业转移中，应以承接先进制造业或者先进制造业的产业链环节为重点，一方面发挥延伸产业链、优化产业结构、实现主导产业转换升级的目的，如延伸煤电煤化工、石油化工、新材料（电解铝等）和新能源（光伏产业）的产业链，促进产业集群进一步发展；另一方面起到沟通和链接产业链的功能，进而起到优化产业结构的目的，如大力发展煤炭开采及加工、石油开采及加工、农牧业机械等专用设备制造业，从而将资源开采（采掘业）和机械设备（制造业）连接起来，逐渐改变新疆经济发展对资源开采的过度依赖，形成煤炭煤化工产业、石油工业、化学工业、特色农业等多条产业链，促进新疆产业结构的转型与升级。

第四节　新疆承接产业转移的行业选择

一、行业选择方法评述

（一）承接产业转移的行业选择方法

我国目前产业转移的方法主要有：动态集聚指数和静态集聚指数法①，投入产业法②，区位商法，赫芬达尔指数、区位商与产业绝对份额综合法③，产业增加值比重法④，产业梯度系数法⑤。

（1）静态集聚指数和动态集聚指数法。该方法是贺清云和蒋菁等（2010）在测算产业转移行业选择时提出的。静态集聚指数法就是某地区某一个产业占该地区工业总产值的比重与该产业全国内产值占全国增加值的比重之比，简而言之就是区位商。动态集聚指数通过某地区某产业在（0～t）时间内增长速度占全国

① 贺清云，蒋菁，何海兵．中国中部地区承接产业转移的行业选择［J］．经济地理，2010（6）：961－964.

② 刘红光．区域间产业转移定量测度研究［J］．中国工业经济，2011（6）：79－87.

③ 张公嵬，梁琦．产业转移与资源的空间配置效应研究［J］．产业经济评论，2010（9）：23－34.

④ 冯根福，刘志勇，蒋文定．我国东中西部地区间工业产业转移的趋势、特征及形成原因分析［J］．当代经济科学，2010（2）：1－10.

⑤ 龚晓菊，刘祥东．产业区域梯度转移及行业选择［J］．产业经济研究（双月刊），2012（4）：89－94.

该行业在（0～t）时间内的平均增长速度之比来测算。$D_{ij}(0\sim t)=\dfrac{b_{ij}(0\sim t)}{\sum_{j=0}^{n}b_{ij}(0\sim t)}$，其中，$D_{ij}(0\sim t)$为动态集聚指数；$b_{ij}(0\sim t)$表示 j 地区 i 产业在（0～t）时间内的增长速度；$\sum_{j=0}^{n}b_{ij}(0\sim t)$ 表示 i 产业在（0～t）时间内全国平均增长速度，j=1，2，3，…，n，如果 $\sum_{j=0}^{n}b_{ij}(0\sim t)>0$，则表示该行业在全国范围内是扩张性的产业，若小于 0 则表示该产业在全国范围内是收缩性的产业。若在（0～t）时间内，动态集聚指数大于 1，i 产业的全国平均增长速度同时大于 0，则表示该产业不断向 j 地区集聚。当全国平均增长速度大于 0，而 $0<D_{ij}(0\sim t)<1$ 时，表明该产业是相对向外转移的。当两者符号相反时，表明该产业是向外扩散的。

（2）投入产出法。该方法是根据各省份的投入产出表对各省份的产业转移进行测算。根据产业转移的广义含义采用公式：

$$\Delta X'=\begin{pmatrix}\Delta X'_{11} & \Delta X'_{12}\\ \Delta X'_{21} & \Delta X'_{22}\end{pmatrix}=\begin{pmatrix}X_{11}^{t+1'}-X_{11}^{t'} & X_{12}^{t+1'}-X_{12}^{t'}\\ X_{21}^{t+1'}-X_{21}^{t'} & X_{22}^{t+1'}-X_{22}^{t'}\end{pmatrix}$$

ΔX_{ij}（$i\neq j$）表示 t 和 t+1 时期内，j 地区向 i 地区发生的产业转移量。采用投入产出法可以测算出各区域每个生产环节进行的产业转移，但受制于收集数据的问题，此方法并不适合定量测算新疆的产业转移。

（3）SP 指数。该方法是通过行业的空间集中度①来测算产业转移的情况。其计算公式为：

$$SP^k=c\sum_i\sum_j v_i^k v_j^k\delta_{ij}\quad(0<SP<1)$$

其中，$v_i^k=E_i^k\Big/\sum_k E_i^k$，$E_i^k$ 为地区 i 行业 k 的工业产值，v_i^k 为地区 i 行业 k 的产业集中率；δ_{ij}为两个省会之间的距离；c 通常取 0.5。该指数很好地避开了赫芬达尔指数和空间基尼系数中的距离问题。SP 越大表示某行业在空间上越呈扩散趋势。

（4）产业梯度系数法。戴宏伟（2006）认为，产业梯度是由于不同国家资源禀赋不同、技术水平不同和产业分工不同而形成的产业结构水平阶梯状差距。产业梯度系数②就是用区位商和比较劳动生产率的乘积来测算产业梯度。其计算公式为：

---

① 范建勇．长三角一体化、地区专业化与制造业空间转移［J］，管理世界，2004（11）：77－96.

② 龚晓菊，刘祥东．产业区域梯度转移及行业选择［J］．产业经济研究，2012（4）：89－94.

$IGC_{ij} = LQ_{ij} \cdot CPOR_{ij}$

其中，LQ_{ij}表示区位商，$CPOR_{ij}$表示比较劳动生产率。$LQ_{ij}=\frac{E_{ij}/E_i}{Y_{ij}/Y_j}$，$CPOR_{ij}=\frac{E_{ij}/E_i}{L_{ij}/L_j}$，分子表示某一地区 j 产业的工业生产总值占全国 j 产业生产总值的比重，分母表示某一地区 j 产业的从业人员占全国 j 产业从业人员的比重。梯度系数大于 1 表示某产业在该地区有比较优势，是相对较专业化的部门。

（二）行业选择方法的评析

以上几种承接产业转移的行业选择方法是我国学者在研究我国区际产业转移的过程中总结得出的，对测算全国区际间产业转移具有重要意义。投入产出法通过投入产出表可以测算出每个生产环节的转移量，但是由于受到数据收集的限制和考虑到新疆现实的发展情况，该方法不适合测算目前新疆的产业转移情况。SP 指数虽然克服了赫芬达尔指数的缺陷，但是同样受到收集数据的限制，本书不采用该方法来测算产业转移。产业梯度系数通过工业产值来测算产业转移，鉴于数据的可得性，本书采用产业梯度系数法对新疆未来承接产业转移的行业做出选择。

二、新疆承接产业转移的行业测算和选择

（一）新疆各产业梯度系数及优势产业分析

经测算，新疆工业产业梯度系数如表 5－11 所示。

表 5－11 新疆工业产业梯度系数

行业	2009 年			2011 年		
	区位商	CPOR	产业梯度系数	区位商	CPOR	产业梯度系数
电力、热力的生产和供应业	1.1577	0.4608	0.5334	1.2175	0.4576	0.5571
电气机械及器材制造业	0.5328	3.3547	1.7873	0.5210	2.8582	1.4890
纺织服装、鞋、帽制造业	0.0190	0.5198	0.0099	0.0238	0.8035	0.0191
纺织业	0.4627	0.5044	0.2334	0.4726	0.5538	0.2617
非金属矿采选业	0.3815	0.5114	0.1951	0.6043	0.7358	0.4446
黑色金属矿采选业	1.9811	0.9032	1.7894	1.6624	0.9481	1.5762
化学纤维制造业	2.5061	0.9244	2.3166	2.0212	0.8092	1.6356
化学原料及化学制品制造业	0.9046	0.7215	0.6527	0.9727	0.7086	0.6893
交通运输设备制造业	0.0227	0.3443	0.0078	0.0151	0.3320	0.0050

续表

行业	2009年			2011年		
	区位商	CPOR	产业梯度系数	区位商	CPOR	产业梯度系数
金属制品业	0.4105	1.3104	0.5379	0.3139	1.0242	0.3215
煤炭开采和洗选业	1.1138	0.7512	0.8367	0.7628	0.5669	0.4325
农副食品加工业	0.8661	0.8435	0.7305	0.7629	0.8083	0.6166
石油和天然气开采业	15.5937	1.0867	16.9462	15.0302	1.1121	16.7152
石油加工、炼焦及核燃料加工业	5.4822	0.8859	4.8564	5.3532	0.9395	5.0291
食品制造业	1.3451	0.9981	1.3425	1.0332	0.7165	0.7403
通信设备、计算机及其他电子设备制造业	0.0392	0.6334	0.0249	0.0378	0.6159	0.0233
烟草制品业	0.5810	0.9436	0.5482	0.5587	0.9849	0.5503
医药制造业	0.1409	0.5157	0.0727	0.1123	0.4697	0.0528
仪器仪表及文化、办公用机械制造业	0.0324	1.3292	0.0430	0.0170	1.6799	0.0285
饮料制造业	0.8826	0.7232	0.6383	0.7995	0.7376	0.5897
有色金属矿采选业	1.4558	0.6994	1.0182	1.5305	0.6773	1.0366
有色金属冶炼及压延加工业	0.2243	0.5385	0.1208	0.4392	0.6803	0.2988
造纸及纸制品业	0.2396	0.4524	0.1084	0.1815	0.4077	0.0740
非金属矿物制品业	0.8474	0.7967	0.6751	0.8508	0.7579	0.6448
黑色金属冶炼及压延加工业	1.2250	1.0937	1.3398	1.3674	0.9815	1.3421
通用设备制造业	0.0517	0.4834	0.0250	0.0368	0.6580	0.0242
专用设备制造业	0.1279	0.6011	0.0769	0.1363	0.7020	0.0957

资料来源：2010年、2011年《中国工业统计年鉴》和《新疆统计年鉴》。

在选取的27个行业中，产业梯度系数大于10的行业有石油和天然气开采业（2009年为16.9462，2011年为16.7152）；产业梯度系数介于1和6之间的有七个行业。

2011年，电气机械及器材制造业、黑色金属矿采选业、化学纤维制造业、石油和天然气开采业、食品制造业的产业梯度系数相比于2009年略有下降。其中，食品制造业下降的幅度最大，由1.3425下降到0.7403，下降了0.6022，表明食品制造业在新疆已经失去了优势地位。

从计算的结果来看，新疆的优势产业主要集中在一些制造业和资源型产业，包括：化学纤维制造业、黑色金属矿采选业、黑色金属冶炼及压延加工业、电气机械及器材制造业等行业（见表5－12）。

表5－12 由产业梯度系数反映的新疆优势产业

优势产业		电气机械及器材制造业	黑色金属矿采选业	化学纤维制造业	石油和天然气开采业	石油加工、炼焦及核燃料加工业	食品制造业	有色金属矿采选业	黑色金属冶炼及压延加工业
梯度系数	2009年	1.7873	1.7894	2.3166	16.9462	4.8564	1.3425	1.5305	1.3398
	2011年	1.4890	1.5762	1.6356	16.7152	5.0291	0.7403	1.0366	1.3421

（二）新疆承接产业转移的行业选择

新疆在选择承接产业转移的行业时，应该根据自身的因素进行全面的衡量。第一，从产业梯度系数来看，新疆在承接产业转移时应该利用现在的优势产业，这些行业在承接产业转移过程中应起到“支撑”作用。第二，依据新疆“十二五”规划，新疆是我国重要的能源储备省份，对未来产业的发展要求应该适合新疆自身的经济发展特色，合理地承接产业转移。第三，根据《产业转移指导目录（2012年本）》，为新疆重点承接的产业做参考。第四，根据新疆主体功能区规划，在未来承接产业转移的过程中，应该重点引进资源消耗低、环境污染少、科技含量高的产业。依据以上原则，新疆未来重点承接的行业如表5－13所示。

表5－13 新疆重点承接的行业选择

产业	具体分行业
资源型产业	石油和天然气开采业，石油、炼焦及核燃料加工业
	煤化工、煤炭资源的开采业
	特色非金属矿深加工
战略新兴产业	多种语言开发软件业
	铝电子材料产业、膜材料、无机纳米及功能性材料、有机硅和新型复合材料
	生物农药及生物防治，民族医药，人工种植、养殖中药材及深加工

续表

产业	具体分行业
制造业	石油天然气钻采设备制造业、石油化工成套设备制造业
	农业生产机械、采棉机等农用机械制造，先进纺织、建材机械及零部件制造
	食品安全监测设备制造业
纺织业	优质棉纱、棉布及棉纺织品
	羊绒、亚麻、罗布麻等特色纺织
	民族服饰、手工编毯、服装及家用纺织
现代服务业	现代物流、金融保险业、商业服务业、文化体育业、商贸服务业
现代农牧业	干果及红枣、番茄红素、葡萄酒、制糖、果蔬罐头

1. 资源型产业

第一，石油和天然气开采业、石油加工及核燃料加工业。从产业梯度系数来看，2011 年这两个产业的梯度系数分别为 16. 7152、5. 0291，在新疆产业中属于占主导优势的产业。新疆是我国重要的石油和天然气储备大省，分别占全国陆上总储量的 30% 和 34%，目前新疆已经初步形成了以这两个行业为主导的产业格局。在未来承接的石油和天然气产业中，以乌鲁木齐、独山子和克拉玛依为主要承接载体，拓展石油加工的产业链，形成以乌鲁木齐为中心的石化产业集群，使新疆的能源优势更大限度地转化为经济优势，实现经济的跨越式发展。

第二，煤化工产业。以库拜、吐哈、伊犁和准东煤田为载体积极承接煤化工产业。新疆的煤炭资源占我国煤炭资源的 40%，在未来承接产业转移的过程中，新疆应该以大型煤田为依托，延长煤炭资源的产业链，积极主动承接现代煤化工产业，使大量的煤炭资源优势转化成为新疆特色的经济优势。

第三，资源开采业。积极承接资源开采业，加大对阿尔泰山—准格尔、天山等地带的稀有资源的开采和勘查。引进先进的资源勘探技术，加大对南疆煤炭资源的开采，积极承接铜、镍、黄金、铅锌等重要有色金属和钾盐、石材等特色非金属矿深加工产业，形成我国重要的资源开采和深加工基地。

2. 战略新兴产业

积极承接新材料、新能源、生物医药等战略新兴产业。战略新兴产业在国民经济发展中具有重要地位，是新一轮经济增长的制高点。结合新疆的风能、电能，积极承接风能和电能机器零部件制造产业，加快核心技术的研制，形成新能源产业链。电子信息业应该积极主动承接面向中亚等国的多语种服务外包业务、多种语言开发软件业。新材料产业应该重点引进以铝资源为基础的高纯度铝、电子铝箔等铝电子材料产业，膜材料、无机纳米及功能性材料；承接以石油、天然气和煤炭为基础的高型分子材料、有机硅和新型复合材料产业；引进生物医药技术，加大研发投入，承接生物农药及生物防治产业，民族医药业，人工种植、养殖中药材及深加工业。

3. 制造业

从产业梯度系数来看，新疆的制造业中仅有电气机械及器材制造业和化学纤维制造业大于 1，其他的制造业产业梯度系数很小。这表明，从总体上看新疆的制造业并不属于优势产业。在承接产业转移的过程中，应积极引进先进制造业进而为新兴工业化的发展提供强有力的保障。主要承接的行业有大型石油天然气钻采设备制造业，石油化工成套设备制造业，大型农业生产机械、采棉机等农用机械制造业，先进纺织、建材机械及零部件制造业，食品安全监测设备制造业。

4. 纺织业

新疆不仅是我国重要的商品棉基地，而且也是我国长绒棉和细绒棉的生产基地。在未来承接产业转移过程中，应发展具有民族特色的棉纺织业，加快延长棉花产业链，加快建成我国纺织工业基地。主要的承接行业有优质棉纱、棉布及棉纺织品业，羊绒、亚麻、罗布麻等特色纺织业，民族服饰、手工编毯业，服装及家用纺织业。

5. 现代服务业

现代服务业是实现“三化”的重要保障。现代服务业主要包括生产性服务业和消费性服务业两种。其中，生产性服务业有金融保险业和商业服务业及现代物流业；消费性服务业主要包括文化体育产业、商贸服务业、房地产业等。应该按照“发挥优势、服务全局、突出重点、创新发展”的原则，加快现代服务业的引进。

6. 现代农牧业

加大对农业技术的投入，拓宽、延伸农产品产业链，扩大农业生产规模，推进农业机械现代化进程是提高农业综合生产能力的重要途径。通过产业引进进一步提升农机装备水平、农作物优质高产种子繁育水平，完善畜禽、林果业良种苗木繁育体系。加大引进新疆特色林果及特色农产品（干果及红枣、番茄红素、葡萄酒、制糖等）加工工业。建设成现代复合型的农牧业体系。

（三）其他研究结果

另外，高云虹和王美昌（2012）运用 2010 年中西部各省份的行业数据，通过产业梯度系数评价出各个省份的优势产业。其中，新疆的优势产业有：石油和天然气开采业、黑色金属矿采选业、有色金属矿采选业、石油加工业及炼焦加工业、化学纤维制造业、黑色金属冶炼及压延加工业、电力热力的生产和供应业。

新疆拥有丰富的能源、金属资源，在机械制造业、专用设备装备制造业和能源化工业方面具有良好基础，应重点承接能源化工、专用设备和重型机械产业，同时由于其丰富的劳动力资源优势和沿边的地缘优势，还应重点承接纺织服装、食品加工、轻工制品、化学纤维等制造业。同时，结合我国工信部发布的《产业转移指导目录（2012 年本)》，新疆在未来应重点承接的产业如表 5－14 所示。

表 5－14　新疆未来承接的重点产业

具备的优势	根据优势可承接的重点产业
资源优势	现代煤化工、葡萄酒及其他优质果酒、石油化工成套设备、番茄红素、有色金属矿、焦化副产品深加工、风电设备
劳动力优势	食品加工、轻工制品、先进纺织业、干果及红枣加工、农用薄膜、防渗膜、纺织服装、文化用品、手工编织毯
区位优势	少数民族特需品、民族乐器及其零件、民族服饰、方便面、天然香料及化妆品、新疆地区特色产品加工机械
政策优势	有机硅、三聚氰胺、聚甲醛、聚乙烯醇、生物可降解塑料等新兴环保包装材料及制品、石灰深加工制品、废钢加工（不含炼钢）、电解铝
市场优势	大中型客车、载货汽车、信息服务类产品、多语种软件、石油化工成套设备、大型石油天然气钻采设备

资料来源：高云虹，王美昌．中西部地区产业承接的重点行业选择［J］．经济问题探索，2012（5）：131－136.

第五节　新疆承接产业转移的承载力分析

一、研究方法介绍及指标体系构建

（一）研究方法介绍

本节采用因子分析法对新疆各地州市的产业承接能力进行分析。因子分析的出发点是原始变量的相关矩阵，其主要是利用降维的思想，根据相关性大小把原始变量分组，使得同组内的变量之间相关性较高，而不同组的变量间的相关性较低，从研究原始变量相关矩阵内部的依赖关系出发，把一些具有错综复杂关系的变量归结为少数几个综合因子的一种多变量统计分析方法，用较少的因子反映原始数据的大部分信息。本节运用因子分析法，可以找出影响新疆承接产业转移能力的主要因素，以及它们的权重。

（二）指标体系设立原则

为更科学和更合理、客观地反映新疆各区域产业承载能力，在构建指标体系时，应遵循以下原则：

1. 科学性原则

科学性是指在选择指标时要符合客观实际，所选的指标要反映出问题的本质和内在规律，要有科学依据。

2. 系统性原则

把影响产业承接能力的多个因素纳入模型，在设立指标时，必须从系统性出发，从不同角度和不同层次对问题进行分析，使所有要素相互联系，构成统一的整体。

3. 易取性原则

为使各指标能被更有效地测度，所选指标应该能在研究者的能力范围内收集到足够的统计数据，如果数据不易收集，指标的科学性和系统性也毫无意义。

4. 可比性原则

在统计各地区指标时，各指标的口径应该统一，而且根据可比性的要求还应该使各指标在时间序列上具有可比性。这样各地区之间的数据才能进行比较，使最后的结果更有科学性。

（三）新疆承接产业转移承载力的指标体系的构建

所谓产业承接能力，是指一个国家或地区在一定时期和一定技术组织条件下所拥有的，进而提升其产业结构、促进区域经济发展的能力，由产业吸引力、支撑力和发展力三部分构成。其中，产业吸引力是由承接地区自然资源禀赋、成本优势、市场规模与潜力、集聚效应和优惠政策等共同形成的吸引区外产业落地的能力，其大小决定了转移产业进入承接地的意愿；产业支撑力是指支撑落地产业得以存续的能力，包括承接地的交通基础设施、信息化水平、政府公共服务等软硬环境因素，其大小关系到落地产业生根存续的问题；产业发展力是指存续产业与本地原有产业基础融为一体且形成区域优势突出的产业链，使本地产业规模不断扩大、结构不断完善的融合提升能力，主要包括技术创新、金融支持和制度环境，它反映了存续产业持续发展壮大的可能性。结合指标设计的科学性原则、系统性原则、易取性原则和可比性原则等，构建产业承接能力的综合评价指标体系如表 5 – 15 所示。

表 5-15 指标的选取

一级指标	二级指标	指标标识
经济发展水平	人均 GDP	X_1
	财政收入	X_2
	人均固定资产投入	X_3
	地区生产总值	X_4
	年末金融机构存款余额	X_5
产业基础	企业数量	X_6
	第二、第三产业增加值占 GDP 的比重	X_7
	开发区数量	X_8
	规模以上企业增加值	X_9
区位交通	地区货物周转量	X_{10}
	公路里程	X_{11}
	邮电业务量	X_{12}
市场吸引力	人均工资	X_{13}
	人口规模	X_{14}
	农村居民家庭人均纯收入	X_{15}
	社会消费品零售总额	X_{16}
	进出口外贸总额	X_{17}
辅助支撑	城镇化率	X_{18}
	每千人卫生技术人员数	X_{19}
	每千人医疗机构床位数	X_{20}
	社会固定资产的资产总额	X_{21}
	每十万人高校平均在校生数	X_{22}

二、新疆各地州市承接产业转移能力的实证及结果分析

（一）新疆各地州市承接产业转移能力的实证分析

1. 初次提取公因子

初次运用因子分析法对所选数据进行 Bartlett 球形度和 KMO 检验，近似卡方值、自由度均在合理范围内。运用 SPSS19.0 计算各相关矩阵的特征值和贡献率，按累计方差贡献率大于 85% 来提取公因子，对因子矩阵进行旋转，将各个因子的特征值与公因子的总特征值的比值作为权重进行加权计算。其各项数据如表 5-16所示。

表 5－16　新疆各地州市各项指标数据

	经济发展水平	产业基础	区位交通	市场吸引力	辅助支撑
乌鲁木齐市	2.8497	1.4863	－1.0243	3.4515	6.0736
克拉玛依市	3.2208	0.1486	－1.0039	1.4389	－0.2977
昌吉州	0.7554	2.3511	2.0558	0.2171	－0.2861
巴州	1.9274	0.0100	0.1977	0.1910	－0.4641
博州	－1.7444	－0.9044	－0.7790	－0.3492	－1.1267
吐鲁番地区	－1.2902	－0.6432	－0.6480	－1.0549	－1.6190
阿克苏地区	－0.5777	－0.1441	1.5782	0.3473	－0.7532
哈密地区	0.0021	－1.1532	－0.1455	－0.8278	－0.8028
伊犁州	0.9228	0.05245	－1.0361	0.8586	0.9094
喀什地区	－1.1750	－0.0782	1.4621	－1.0405	－0.0689
克州	－2.5353	－1.3970	－1.2893	－1.7190	－0.3525
和田地区	－2.3556	－0.2004	0.9573	－1.5130	－1.2119

注：伊犁州分为阿勒泰地区、塔城地区和伊宁市，由于数据收集问题，本文直接选取伊犁州的数据。

2. 综合提取公因子

通过对原始数据的初次提取公因子，通过统计软件得出了新疆 12 个地州市的各个小项的综合得分。但是这些得分并不能说明各个地州市整体的情况，还需要进一步对以上数据再次提取公因子，进而得出可以反映出新疆 12 个地州市产业承接能力的确切数据。

在表 5－15 的基础上，本节继续运用因子分析法，对以上五个指标进行提取，以期得到最终的新疆各地州市产业承接能力的数据。运用因子分析法对以上数据进行 Bartlett 球形度和 KMO 检验，根据 Kaiser 标准，KMO 检验超过 0.6，近似卡方值和自由度检验，Sig. ＝0.000＜0.05，适合做因子分析。其结果如表 5－17 所示。

表 5－17　Bartlett 球形度和 KMO 检验

	取样足够的 KMO 度量	0.606
Bartlett 球形度检验	近似卡方	33.37
	df	10
	Sig.	0.000

从表5－18可以看出，整体的方差解释得比较好。得出的主因子可以解释约60.703%，因此提取出来的方差得到最终的指数，可以比较全面地反映出新疆各地州市产业承接能力的差异。

表5－18　解释的总方差

成分	初始特征值			提取平方和载入	
	合计	方差的百分比（%）	累计百分比（%）	合计	方差的百分比（%）
1	3.035	60.703	60.703	3.035	60.703
2	1.291	25.82	86.524	1.291	25.82
3	0.432	8.646	95.17	—	—
4	0.175	3.499	98.669	—	—
5	0.067	1.331	100	—	—

从表5－19可以看出，在五个因子中第三项区位交通和第四项市场吸引力和整体的相关性较好，贡献率也比较大。这就表明在承接产业转移过程中，承接地的区位交通和市场吸引力是影响承接能力的关键因素。在未来的承接产业转移的过程中，新疆要想吸引更多的产业落地必须要建设好自己的交通，提高自己的市场吸引力，这样才能吸引更多的东部企业。

除区位交通和市场吸引力以外，产业基础也是贡献率比较大的因子。这就表明在产业承接的过程中，产业基础也是十分重要的因素之一。强大的产业基础是关系区域经济发展的重要环节，新疆各地州市要想吸引更多的企业，就必须在产业基础上有所发展。

表5－19　公因子方差

	初始	提取
经济发展水平	1	0.771
产业基础	1	0.901
区位交通	1	0.95
市场吸引力	1	0.947
辅助支撑	1	0.756

从表5－20相关系数矩阵列表中可知，在本节所选取的产业承接能力指标体系中，这五个方面是有相关性的。尤其是经济发展水平和市场吸引力，两者的相关系数达到0.856，这表明了一个地区的市场能力越强，对企业的吸引力就越大，

进而促进地区的经济发展。同样，产业基础和市场吸引力也呈现正相关性，这说明一个地区的产业基础越好，对企业的吸引力越大强，更有利于其他地区的产业向该地区转移，企业的转移更多是围绕一个地区的配套企业能力的高低所进行的。

表5－20 相关矩阵

		经济发展水平	产业基础	区位交通	市场吸引力	辅助支撑
相关	经济发展水平	1	0.59	－0.186	0.856	0.562
	产业基础	0.59	1	0.348	0.643	0.531
	区位交通	－0.186	0.348	1	－0.246	－0.287
	市场吸引力	0.856	0.643	－0.246	1	0.813
	辅助支撑	0.562	0.531	－0.287	0.813	1

（二）结果分析

（1）从表5－21中可以看出，在所选取的指标体系下，新疆整体的产业承接能力不强，仅有乌鲁木齐市、克拉玛依市、昌吉州、伊犁州和巴州为正，大部分的承接能力为负。这说明新疆大部分地区经济发展比较落后，产业基础薄弱，交通不发达，市场吸引力欠缺。

表5－21 新疆各地州市产业承接能力指数

地州市排名	最终得分
乌鲁木齐市	7.085209
克拉玛依市	2.326272
昌吉州	2.081434
伊犁州	1.538811
巴州	0.93554
阿克苏地区	－0.34177
哈密地区	－1.56434
喀什地区	－1.09396
博州	－2.2983
吐鲁番地区	－2.5155
和田地区	－2.66304
克州	－3.49036

（2）从产业基础得分来看，昌吉州、乌鲁木齐和克拉玛依位居前三。乌鲁木齐是新疆的首府城市，是新疆天山北坡经济带的发展中心，开发区数量是新疆最多的，规模以上企业的产业也是最高的。昌吉州是距离乌鲁木齐最近的一个地州，产业基础较好，在政府主导模式下，引进了一大批新兴产业，新建的国家级高新技术产业园区为承接产业转移奠定了良好的基础。克拉玛依排名第三，克拉玛依是传统的石油型城市，2010 年克拉玛依的第二、第三产业占 GDP 比重 99.8%以上，工业基础较好，产业规模效益良好。另外，伊犁州的产业基础条件相对也比较好，企业数量仅次于乌鲁木齐和克拉玛依达到 357 家，规模以上企业的产值为 242 亿元，规模优势明显。而其他地州的产业基础能力相对较差，如果能在未来的产业转移的浪潮中吸引东部地区产业落户，必须重视工业基础能力的培养。

（3）从市场吸引力得分来看，排在前三位的是乌鲁木齐、克拉玛依和伊犁州。乌鲁木齐作为新疆的首府城市，商品零售业比较发达，经济开发度较高，市场的吸引能力远高于其他地州市。这表明，目前乌鲁木齐在承接产业转移中已经占据了优势位置。克拉玛依排在第二位，克拉玛依的产业结构单一，人口数量偏少，进出口贸易远少于乌鲁木齐。这就要求克拉玛依在未来承接产业转移过程中，在加大石油开采的同时，延伸产业链，提升产业的吸引能力。而其他的地州市场吸引能力得分较低，尤其是南疆三地州地区得分为负，说明新疆整体的市场吸引力还有待提高。

（4）从区位交通得分来看，昌吉州得分最高，为 2.056，克州得分最低，为 -1.2893，相差较大。这可以从侧面反映出新疆各地州市的交通发展差距较大，经济联系程度较低。新疆要想加快整体承接产业转移的能力，必须从全局出发，加快基础设施建设，尤其是交通的发展。

（5）从辅助支撑得分来看，乌鲁木齐得分最高，为 6.0736，远高于其他的地州市，这与乌鲁木齐的经济发展水平高、产业基础好是紧密联系在一起的。加上乌鲁木齐为新疆政治中心和文化中心，使得乌鲁木齐的辅助支撑能力相当高。

（6）从经济发展水平得分来看，除了克拉玛依和乌鲁木齐的得分尚可以外，其他地州市的得分都比较低。这表明新疆整体的经济发展水平比较低，各地州市经济发展持续能力比较弱。在未来的工作中，新疆各地州市必须做大做强核心产业，加强各地州市之间的联系，积极承接东部的产业，实现经济的快速发展。

第六节　新疆17个产业升级方向和产业链延伸目标

“十三五”时期，新疆将以优势资源产业为基础，推进传统产业转型升级，加快建设制造强省，实施《中国制造2025》，培育战略新兴产业和生产性服务业，加快产业链环节向中高端迈进，构建新疆产业新体系。

一、优势资源产业转型升级方向

进一步发挥资源、能源优势，落实差别化产业政策，稳步推进石油和天然气工业、煤炭煤化工产业、电力工业发展，引导和支持能源密集、资本密集、技术密集、高附加值、产业链长的项目和企业落地新疆，把资源优势最大限度地转化为产业优势。

1. 石油和化学工业

落实国家“一带一路”倡议，统筹“两种资源、两个市场”，依托现有产业基础，利用好石油、天然气、煤炭和盐四大优势资源，最大限度延伸烯烃、芳烃、天然气、煤炭精深加工和盐五条产业链，提升新疆石油和化学工业的整体发展水平。突出优势和特色，进一步增强独（山子）—奎（屯）—克（拉玛依）、乌鲁木齐、塔河炼化一体化基地的综合实力，集中力量建设好南疆天然气综合利用基地，大准东、伊犁、库（车）—拜（城）煤化工基地，吐（鲁番）—罗（布泊）无机盐化工基地，尽快形成现代规模的石化和煤化工产业集群。以科技创新和体制创新为驱动力，以优化石化产业、提升传统化工、发展化工新材料为发展方向，以原料路线多元化、产品结构高端化、节能环保生态化为发展路径，全面推动新疆石油和化学工业的稳步、持续发展。

（1）石油天然气勘探开发：推进三大盆地油气资源的勘探开发，不断提高油气资源的探明、可采储量，为区内原油、天然气稳产和增产提供资源保证；采用先进技术提高油、气采收率及油气伴生资源的综合利用率；加强生产安全保障技术和环保技术的开发和应用；提倡油气资源供给向多元化方向发展。鼓励非常规油气资源的勘探和开发利用，重点推进煤层气的勘探和开发利用。

（2）原油炼制：加大结构调整力度，完善二次加工综合配套能力，全面提高油品质量，以适应国家清洁燃料（国V）的要求；调整炼厂二次加工结构，优化上下游产品和原料配给，为下游有机化工和合成材料的发展提供更加丰富的原料，提高现有炼厂的效益；强化特色，增强企业技术研发能力，有效化解原油重质化、劣质化问题，推进石化产业技术革新。规范、整合地方炼化企业，依托现有石化基地适度增加原油加工量。

(3) 石油化工：以目前已经形成的独—奎—克、乌鲁木齐、库车—塔河三大基地为基础，以天山北麓和南麓沿线布局的一批自治区级重点石化园区为主，重点推进一批与大型石化相关的深加工项目，将石化产业链向下游延伸，带动地方石化下游深加工产业及产品的发展，形成区域性的石化下游产业网络。支持石油化工和煤化工产业耦合发展，提高区内优势资源的利用率和效益。

(4) 盐化工和无机盐化工：盐化工和无机盐化工总的发展方向是在现有规模总量的基础上，积极调整产业结构，对大宗初级产品实行总量控制；鼓励延伸发展下游产品，提高产品附加值，拓宽产品领域，积极适应下游产业发展的需求；推进循环经济和清洁化生产，鼓励采用各项先进节能技术改造现有装备，加快淘汰落后产能，实现可持续发展。氯碱化工重点向绿色建材方向发展，强化自主创新和技术进步，开发精细化、专业化和系列化的聚氯乙烯产品；不断开发高附加值耗碱（如黏胶纤维）、耗氯产品，进一步加快无汞触媒研发。无机盐化工重点发展钾盐、硝酸盐和硼化工特色产业；鼓励硫化碱产业向下游延伸，发展高端染料产品，提高产品附加值。

(5) 精细化工和专用化学品：依据疆内经济发展水平和产业特色，重点发展油田化学品、食品添加剂、饲料添加剂、塑料加工助剂、橡胶加工助剂、胶粘剂、水处理剂、染料颜料、皮革化学品、混凝土外加剂、水煤浆添加剂、农药、选矿药剂等专用化学品，以发展用户群集合的思路，创造几个新疆专用化学品的品牌。

(6) 化肥：重点发展钾肥、可溶性腐植酸复合肥、缓释尿基复合肥、硼镁肥等。

2. 煤炭煤化工产业

按照“安全、绿色、集约、高效”的发展原则，以煤炭资源的高效、合理开发利用为核心，以推进煤炭绿色安全生产和清洁高效利用为主攻方向，加大煤炭资源勘探开发力度，全面提高新疆煤炭资源的本地转化率。结合“疆电外送”“西气东输”“疆煤外运”等重大工程项目，大力推进煤矿安全绿色开采，建设大型现代化煤矿，改造现有中小型煤矿，关停一批技术水平低、存在安全隐患的小煤矿。依托煤炭资源，扎实推进节能减排，采用先进的大型煤气化和化工合成技术装备，大力推进产业结构和布局优化，坚持示范先行、量水而行、适度发展的原则，积极推动已取得国家路条的煤制天然气示范项目建设，力争在“十三五”期间建成投产，重点建设大型煤制烯烃、煤制乙二醇、煤制芳烃项目，推进煤制油试点项目建设，构建现代煤化工产业体系。

依托准东、吐哈、伊犁、库拜四大煤田，建设国家第 14 个大型煤炭基地。准东煤田以发展“疆电外送”、煤炭深加工项目为主，参与“疆煤外运”；吐哈煤田以“疆煤外运”和“疆电外送”为主，适度发展煤炭分质利用项目；伊犁煤田以发展煤化工示范项目、煤电为主，实施煤炭就地加工转化；库拜煤田主要以满足南疆四地州生产、生活用煤为主。加快构建以煤炭深加工为核心的循环经济产业链，重点打造准东、伊犁河谷、吐哈、库拜、和克五大煤化工基地。

有序推进煤制气、煤制油示范工程，重点发展煤制化工材料（煤制烯烃、煤制芳烃、煤制乙二醇、煤制 1，4 - 丁二醇等）和煤炭分级分质综合利用。加强煤化工项目建设经济性分析，合理规划布局，优化产业链设计，推进煤化工产业链延伸（主要包括烯烃后加工、精对苯二甲酸、聚酯、煤焦油深加工、煤油气共炼等项目）。

3. 电力工业

坚持统一规划，优化电力布局，实现电网电源协调发展，充分发挥新疆风光资源、煤炭资源、水能资源等优势，加大开发力度，逐步提高可再生能源在整个能源结构中的比例，促进节能减排和能源结构调整。推进“电化新疆”政策，加大消纳富余电力。实施以电代煤、以电代油、以电代气工程项目，积极推进电力需求侧管理。加快 750 千伏骨干电网建设，继续巩固全区 220 千伏网架结构，建设结构合理、可靠灵活的配电网络体系，构筑开放、公平的电网市场，实现能源资源利用最优化，为新型工业化提供基础保障。大力推进“疆电外送”工程，实现新疆能源资源优势在全国范围内的配置。

结合电网条件及电力市场需求，重点建设达坂城、百里风区等百万千瓦级风电基地和哈密、阿勒泰千万千瓦级风电基地，促进洁净能源大规模开发和外送。结合区内能源密集型产业发展需求，重点建设大容量、高参数、节能、环保煤电机组。建设一批有调节能力的大中型水电站。积极推进阜康、哈密、阿克陶抽水蓄能电站建设。加快哈密、吐鲁番、博州、南疆四地州等区域太阳能资源开发，形成光伏发电“四大集群、两大基地”，积极推进光热电项目试点，有序发展分布式发电项目。

二、劳动密集型产业链延伸

充分利用特色农林牧资源优势，大力支持纺织服装、特色轻工业等劳动密集型产业，扩大就业，满足居民消费需求。

1. 轻工业

依托新疆丰富的农林牧业资源优势和向西开放的区位优势，坚持以市场为导向、以促进就业和加快农产品转化为目标、以品牌和诚信体系建设为重点，尽快形成一批布局合理、产业联动的特色产业集群和"小巨人"企业，塑造新疆轻工业竞争新优势。积极发展绿色食品工业，改造提升传统轻工业，扶持发展小家电及电子产品出口加工业，充分挖掘新疆特色文化，大力发展民族工艺品和旅游纪念品。引导食品加工企业加强产品的精深加工，增强产业联动能力。支持就业容量大的小微企业、专业合作组织及个体工商户为主的轻工产业发展，夯实轻工业"惠及民生、活跃市场"的产业基础作用。

北疆围绕农牧业资源优势，推动建设农副产品和畜产品精深加工区，加快形成食糖、粮油、番茄制品、畜禽、民族刺绣、香精香料等优势产业集群；南疆推动建设特色林果产品精深加工区，加快形成以林果加工为主，葡萄酒、清真食品、手工羊毛地毯、艾德莱斯丝绸、民族医药等特色优势产业集群。

2. 纺织服装业

按照"布局合理、分工协作"的原则，统筹规划发展纺织服装产业，重点发展投资少、见效快、就业容量大的服装服饰、家纺、针织、产业用纺织品、地毯等终端消费品行业。适度扩大棉纺产能，逐步完善织造、印染等产业链中间环节，配套发展研发设计、营销策划、现代物流等生产性服务业，加快建设专业市场。严格执行国家行业准入条件，审慎发展印染业，适度发展黏胶产业，延伸发展精对苯二甲酸（PTA）、乙二醇、己内酰胺等合成石化原料及纤维产业。积极培育特色产业和中小企业，大力发展民族服装服饰、手工地毯、刺绣等特色产业。有效承接东中部产业转移，重点吸引优势品牌企业、全产业链龙头企业入疆发展。大力开拓国内市场，积极拓展国际市场。

以"三城七园一中心"纺织服装工业基地建设为重点，加快实施"纺织服装产业促进就业行动计划"、自治区《发展纺织服装产业带动就业规划纲要（2014－2023年）》，积极采用国际先进的工艺技术装备，确保新疆纺织服装产业高质量、高水平发展。重点支持库尔勒纺织服装城、阿克苏、石河子及阿拉尔经济技术开发区等园区打造综合性纺织服装产业基地；大力扶持南疆地区发展服装服饰、针织、地毯产业园区或产业集群建设。加快园区配套基础设施建设，全面提升产业承载能力，实施最严格的资源环境保护措施，印染污水集中处理，推进纺织服装产业绿色环保可持续发展。

三、培育战略新兴产业

以抢占产业竞争制高点为目标，以"政策引导、创新驱动、优势优先、引领发展"为原则，把加快培育和发展战略性新兴产业放在推进新疆新型工业化发展的突出位置。重点培育和发展先进装备、新兴能源、新材料、生物和医药、新一代信息技术、节能环保、清洁能源汽车产业。

1. 先进装备制造业

紧抓《中国制造2025》机遇，大力实施《中国制造2025新疆行动方案》，立足新疆实际，突出发展新能源装备、输变电装备、农牧机械及农副产品加工装备，加快发展汽车工业、石油及化工装备、工程及建筑机械、矿山机械装备、通用机械，积极发展仪器仪表、节能环保及安全生产装备、轨道交通装备、纺织服装机械。围绕重点产业，推广应用及开发产业链发展急需的核心零部件、关键基础材料和先进制造工艺，不断强化“四基”能力建设，力争在与整机配套零部件产业化方面有新的突破。以创新驱动为主攻方向，加快新一代信息技术与装备制造业深度融合，积极发展智能装备，推进装备制造业智能化制造试点示范。加快绿色制造步伐，提升基地集聚效应，着力构建优势特色明显、具有一定与整机配套能力相适应的现代装备制造产业体系。

围绕“丝绸之路经济带”核心区建设，发挥装备制造业支撑自治区优势资源的基础作用，基本形成风电装备、输变电装备、光伏发电装备、农牧机械、石油及化工装备、矿山机械装备、工程及建筑机械、汽车八大产业集群，建成乌鲁木齐—昌吉地区装备制造业综合制造和出口基地，努力建设哈密、克拉玛依、库尔勒、石河子、阿克苏装备制造业基地，积极推动建设伊犁、喀什装备制造业制造和出口基地，着力打造哈密—吐鲁番—乌鲁木齐—昌吉—石河子—奎独乌—克拉玛依—伊犁的天山北坡装备制造业产业带和库尔勒—阿克苏—喀什的天山南麓装备制造业产业带。

2. 新兴能源产业

加大对风能、太阳能（光伏、光热）新兴能源的开发力度，逐步提高新兴能源在整个能源结构中的比例，促进能源结构调整。结合电网条件及电力市场需求，加快疆内风能与太阳能利用技术研发、装备制造、系统集成、工程建设、运行维护等产业链技术服务体系。稳步推进电采暖试点。

围绕哈密、阿勒泰、达坂城、百里风区、准东等地风力资源及哈密、吐鲁番、南疆四地州、阿勒泰等地太阳能资源，建设大型风电、太阳能（光伏、光热）电站，推动哈密、吐鲁番、巴州、阿克苏、喀什等区域大型光伏综合示范应用基地建设。

3. 新材料产业

坚持“节约集约、清洁绿色”的发展理念，加强资源合理配置，延伸产业链，重点发展稀有及有色金属新材料、电子新材料、化工新材料、无机非金属新材料、复合新材料等领域的关键核心技术研发和重大项目产业化。促进军民共用新材料在研究、开发等环节的有机衔接，加快军民共用新材料产业化、规模化发展。

4. 生物和医药产业

依托新疆丰富的药用植物、动物资源优势，生物医药重点发展地产中药民族药创新药、生物制品、中药材精深加工。生物制造重点推进医药中间体、生物基材料、棉秆资源生物深加工、传统酿造食品生物技术深加工产业化示范。大力推进生物环保和生物技术创新平台建设。鼓励发展民族医药及关联产业，积极发展维药、哈药、蒙药，推动医药智能制造新模式，提高中药、民族药生产过程的智能化水平，打造一批具有品牌优势的特色产业群。

以乌昌地区、和田地区、喀什地区、伊犁州直园区为重点，培育发展现代中药、特色民族药、生物制药、生物制品、动物用生物制品、生物农药、生物肥料等产业。加大力度建设生物医药孵化器，建设乌鲁木齐高新区生物医药产业集聚区。

5. 电子信息产业

依托区位、气候、能源优势，建设“丝绸之路经济带”核心区云计算数据中心，实现“五大中心”基础数据资源的集中存储和共享。以克拉玛依云计算产业园和乌鲁木齐云计算产业园为核心，双核驱动打造天山北坡数据中心产业带。以乌鲁木齐、喀什特区、霍尔果斯特区为核心，建设面向中西亚国际市场的电子信息产业出口集聚区，推进软件和信息技术服务外包产业发展。重点推进多语种嵌入式软件出口基地、多语种自主知识产权软件产业基地等建设项目，全面推进新疆信息服务业快速发展。以推进智能制造为主攻方向，大力发展铝电子材料、蓝宝石材料和面向行业应用电子产品，将新疆建设成为国家基础电子材料示范基地和我国电子信息产品向西出口的中转集散地与加工基地。

6. 节能环保产业

围绕市场应用广、节能减排潜力大、需求拉动效应明显的重点领域，加快相关技术装备的研发、推广和产业化，带动节能环保产业发展水平全面提升。以锅炉窑炉、电机系统、余热余压利用等为重点领域，以装备制造、石油化工及下游精细化工产业、农副产品精深加工产业、新型建材产业等为重点行业，通过重大技术和装备产业化示范、规模化应用等，实施重大节能技术与装备产业化工程。加快资源循环利用产业发展，提高资源产出率。重点提高矿产与农林废物资源的综合利用水平，加强固体废物综合利用，积极开展再制造业，提高再生资源利用能力。积极推广环保技术和装备，有效提升污水、垃圾处理和大气污染控制水平，推动危险废物与土壤污染治理进程。推广节能环保产品，扩大市场消费需求，积极发展节能服务、产业废物循环利用、城镇污水垃圾、脱硫脱硝等节能环保服务业。

7. 清洁能源汽车及储能产业

推动开发生产混合动力汽车、纯电动汽车、燃料电池汽车、太阳能汽车和储能产业。整车制造重点推进中重型 LNG 燃料汽车、CNG 城市客车及乘用车。关键零部件制造重点发展轻量化技术与产品、LNG 储罐、LNG 汽化器、控制器以及大容量电池、超级电容器、电池板等相关零部件。配套设施重点发展充电桩、充电站和清洁燃料加注站等充电充气技术与设备，加快发展车网融合技术，实施清洁能源汽车推广计划。依托新疆电力优势，培育发展储能产业，推动新一代储能技术产业化。到 2020 年，试点城镇的新能源汽车推广应用达到一定规模，在新增或更新车辆中的新能源汽车比例不低于 50%，公共机构购买的新能源汽车占当年配备更新车辆总量的比例不低于 30%。新能源汽车充电基础设施建设实现网络化。形成具有市场竞争力的整车生产和关键零部件制造能力，带动电机、电池、电控、充电设施及汽车服务业等相关产业的发展。

四、传统产业改造提升方向

积极适应新常态，坚持绿色化和智能化发展，加快推进钢铁、有色金属、建材和化学工业转型升级，继续发挥传统产业稳增长的重要支撑作用。

1. 钢铁产业

按照“淘汰落后、兼并重组、绿色发展”的原则，严格控制钢铁新增产能，坚决淘汰落后产能；进一步优化钢铁产业布局，支持优势企业兼并重组，引导中小型钢铁企业转型转产，扎实推进节能减排，不断提升钢铁企业产品质量、技术装备水平和市场竞争力。进一步加大对矿山勘探、开发的投入，加大黑色金属采选力度，提高资源保障能力，合理配置疆内铁矿资源开发，加大境外矿产资源合作开发利用，建立健全铁矿石资源战略保障体系。全面推进钢材品种、质量和标准的提升，加大高强钢筋的推广应用，加大技术创新，鼓励企业挖潜改造、提质增效、延伸产业链，促进产品转型升级，加速产品从普通钢向合金钢、新型铸管等新材料方向发展。推进行业先进产能向周边国家有序转移，开展国际产业合作。

乌昌地区总量控制在 1000 万吨，提升两化融合水平，建设钢铁智能制造示范工厂；北疆主要布局在伊犁地区，加快大企业对区域内行业整合力度，以生产长材、型材为主，“立足伊犁、放眼中亚”，实施“铁矿进口、钢材出口”两头在外的发展战略，总量控制在 400 万吨；南疆以建筑用钢为主，积极向特钢发展，以满足区域和南亚消费市场需求为目标，严格控制新增产能，总量控制在 400 万吨；东疆哈密、吐鲁番地区开发延伸矿产资源的球团、铁精粉以及铁合金等产品，延伸产业链。

2. 有色金属业

围绕特色资源开发利用，以产业聚集发展为重点，以地质勘探和采选冶炼及深加工、进口矿产品加工等为主要方向，积极开展国际产能合作，建设伊犁、昌吉、哈密、阿勒泰等进口矿产品加工产业集聚区，有色金属制品出口加工产业集聚区，加快境外资源基地建设，充分发挥区位优势，提高资源保障能力，全面提升产业发展质量和效益。

按照分散采选、集中冶炼原则，适度控制冶炼规模，引导延伸下游相关产业，推进铝、铜、镍、铍、铅锌、黄金向下游延伸发展，推动有色金属深加工业稳步壮大。加速发展稀有金属材料、光电功能材料、轻质高性能合金材料等。推动高纯金属及合金材料的应用，全面提升有色金属深加工水平，做大做强、做专做精。积极发展煤—电—铝及深加工产业模式，以区内电解铝产业为基础，加快铝加工产业发展。大力发展圆锭（棒）、扁锭、线杆、民用板带用铸轧卷坯、压铸铝合金锭等初级加工产品；积极发展一般建筑和工业用铝管棒型材，铝线杆和线缆加工，轧制铝板带、铝箔；鼓励开展高精度板带材、高性能工业型材的技术开发、技术集成和工程化应用；进一步壮大特色铝电子材料产业，包括蓝宝石晶体及上游高纯氧化铝、下游晶片加工产品，电极箔及下游电解电容器产品。最终逐步形成铝加工初级、中级产品再向下延伸加工制造终端产品的格局。

3. 建材产业

按照“创新优化、提质增效、绿色发展、开放共享”的总体思路，着力改造提升传统产业，强化节能减排与资源综合利用，大力发展绿色建材、新兴建材产业，推动传统建材产品向建材精深加工产品等价值链高端方向发展。重点发展专用特种水泥、高性能混凝土、高强钢筋、预拌砂浆、轻质高强自保温墙体材料、装配式建筑部品、高效阻燃保温材料、新型复合材料、金属化学建材、节能门窗、高品质建筑陶瓷、环保型装饰装修材料等新型建材，做大做强石材产业，做精做优非金属矿深加工业，加快推进绿色建材产业示范基地和建材出口加工产业集聚区建设。

五、生产性服务业发展方向

大力发展面向工业的先进生产性服务业，推动现代物流业、科技服务业向专业化发展，引领产业实现价值链高端化延伸，进一步提升工业整体素质和竞争力，推动制造业由生产型向生产服务型转变，有效激发内需潜力、创造新供给、带动扩大社会就业、持续改善人民生活。

1. 现代物流业

联合内地省份及中亚、欧洲相关物流企业，建设贯通欧亚的现代物流体系，依托乌鲁木齐、哈密、喀什、伊宁、奎—独—乌等区域中心城市、产业集聚区、货物集散地、交通枢纽等，重点建设多式联运物流枢纽和一批物流节点、物流园区、配送中心，打造现代物流产业集群。在乌鲁木齐、喀什等地建设特色商品和专业交易市场，形成辐射周边的现代商贸物流中心。

增强物流一体化运作、网络化经营能力，提高供应链管理水平，形成一批具有国际竞争力的大型综合物流企业集团和物流服务品牌。合理布局物流园区、物流中心节点服务体系，加快发展多式联运、甩挂运输、共同配送等现代物流模式，物流集聚发展效应进一步显现。进一步提高物流企业配送的信息化、智能化、精准化水平，重点推进云计算、物联网、北斗导航及地理信息等技术在物流智能化管理方面的应用。

加快建设中欧班列集结中心、进出口货物分拨中心和乌鲁木齐内陆港基础设施。在稳定开行中亚货运班列的基础上，开行土耳其、伊朗、格鲁吉亚、俄罗斯货运班列，实现多点多线、常态化、市场化运行。从国家战略出发，统筹优化中欧班列，实现中欧班列在新疆集结、编组；建立中欧班列信息平台；以中欧班列集结中心建设为平台，加大招商引资力度，加快国家产能合作步伐，吸引中东部地区产业向新疆转移。

2. 科技服务业

积极发展技术研发、工业设计、产品检测检验、创业孵化、知识产权、科技咨询、科技金融等服务机构，提高产业发展保障能力。积极推进输变电、风电光伏、煤电煤化工、棉花毛绒和新材料等检验检测技术与国际接轨，建设西部领先的检验检测技术服务平台。整合创新创业服务资源，支持建设“创业苗圃＋孵化器＋加速器”的创业孵化服务链条，为培育新兴产业提供源头支撑。推进面向产业集群和中小微企业服务的专业化科技公共服务平台建设。大力发展风险投资、技术转让、管理和战略咨询、法律、会计、评估、策划等社会中介服务，推动中介服务产品和方式创新，促进先进科技与产业深度融合。

第六章　差别化土地政策框架

近年来，政界与学界已经形成共识，我国幅员辽阔，不同区域的资源禀赋、发展阶段、产业以及城乡实际情况千差万别，与之对应的当前土地管理存在的一个突出问题在于土地政策普适性较强而差异性不足，另外还有土地政策理论研究滞后于经济社会发展需要、试点经验总结提升和应用推广不够等问题，这种现状不利于土地参与宏观调控，不利于发挥区域资源禀赋优势，需要抓紧进行理论研究，总结提升各地经验，并上升到国家政策层面，为各区域协调发展制定差别化的土地政策。

从国土资源管理体制看，在中央集权式管理模式下，容易出现决策不科学等问题。“一刀切”式的管理成为进一步深化经济体制改革、转变经济发展方式的阻碍，实施土地政策的区域差别化是发展趋势，是我国土地利用战略转变的方向。国土资源管理机制必须克服管理的盲目性，立足于差别化土地政策，从指令性、粗放、定性为主的管理向指导性、精细化、定量为主的管理转变。

第一节　文献综述

一、差别化内涵

差别化的、因地制宜的管理思想事实上在我国土地资源管理工作中早有体现，比如早期对经济特区和开发区的特殊供地政策，制定新增建设用地有偿使用费和工业用地控制指标，国家产业用地目录的制定、主体功能区的划分、基本农田的划定、基本农田异地代保，以及 2006 年在制定工业用地出让标准时对东、中、西地区进行等别调整等，都考虑了地区差异和经济发展差距，但提出系统性的差别化土地政策研究是 2010 年之后的事。

最早提出差别化土地政策理念是在2008年，曾培炎副总理指出，要健全和完善国土规划体系、研究主体功能区分类管理的土地政策。杨伟民（2008）指出，要树立人、地挂钩的理念，实行差别化的土地利用政策。许根林和施祖麟（2008）针对主体功能区建设提出差别化土地利用政策。

关于差别化土地利用政策的内涵目前尚没有统一定义，不同层面有不同理解。国土资源部（2012）指出，差别化土地管理是指针对各地发展阶段以及不同资源禀赋，制定并实施有差别的利用和管理政策，引导土地资源实现更合理利用。学者从区域、发展阶段、资源禀赋、产业结构、主体功能区、民资地区、革命老区、人口资源等多个角度的差异化对差别化土地管理内涵做出了差别性的解读（童彤，2012；欧胜彬和农丰收等，2014；林超和张占录，2015；毛良祥，2016；张清军，2016）。

林超和张占录（2015）从管理角度提出差别化土地管理内涵是指在现有土地管理制度框架下，通过政策、经济、技术等手段，为提高土地资源配置效率，满足市场主体差异化需求，推动土地节约集约利用，实现土地资源参与宏观经济调控等多目标而实施的精细化管理。差别化土地管理是一种管理思维和模式的转变，它贯穿于土地管理的各个环节、领域，需要系统、完整的政策体系来实现。毛良祥（2016）认为，差别化土地政策是土地管理精细化的具体体现，是综合运用的规划、计划、审批、供应、价格、税费、标准、监管、立法等土地组合政策工具。

冯培丽和杨柳等（2010）指出，土地政策差别化就是土地政策本地化。国际经验表明，发达国家土地政策大都是地方政策。杨遴杰（2012）指出，差别化土地管理实质是资源的使用者利用自身掌握的各种资源做出对自己最有利的资源利用方式。一语虽短，却分别从差别化土地政策的内容与管理目标两个方面道出了本质问题。

二、差别化研究进展

从差别化土地政策内容方面看，有差别化土地整理政策（罗明和王军，2001）、差别化地价政策（王博，2009）、差别化的土地利用政策（蔡玉梅和郑伟元，2011）、差别化土地政策促进区域协调发展的机制与对策研究（杨刚强和张建清等，2012）、未利用地差别化政策研究（李倩，2010；杨璐和唐正国等，2012；郑娟尔，2012；司慧娟，2013）、建设用地总量的区域差别化配置研究（刘琼和欧名豪等，2013）、土地利用分区征地补偿安置的差别化研究（张步雄，2014；奉婷和张凤荣等，2014）、建设用地集约利用（孔伟和郭杰等，2014）、旅游业差别化政策研究（王爱民与姚丽，2014）、实行建设用地总量控制与差别化的管理政策（李宁和陈利根，2016）、差别化土地政策的作用方式和传导机制研究（毛良祥，2016）、城市建设用地差别化配置的路径分析（钟国辉，2016）、适合矿业特点的差别化土地政策研究（毛良祥和岳永兵，2016）。这些研究都是从国土资源管理的某一个环节或角度探讨了差别化管理的做法，也有学者对差别化土地政策框架进行了有益的探索（林超和张占录，2015；郭冬艳和毛良祥，2015）。

从差别化管理实施角度方面看，许根林等（2008）、胡存智（2011）等则是以主体功能区划为背景，探讨差别化土地政策的差别和建议。田春华（2009）提出从计划指标分解和指标计划执行考核两方面理解所谓的“差别化”。汪秋泽（2009）、《土地利用年度计划差别化管理研究》课题组（2010）、钟合（2012）等提出土地利用计划差别化管理。童彤（2012）提出针对各地发展阶段以及不同资源禀赋，制定并实施有差别的利用和管理政策。欧胜彬和农丰收等（2014）通过新增建设用地指标的“差别化管理”来加以调整，以提高土地资源配置效率。李鑫等（2011）提出了“总量控制＋差别化调控”的建设用地差别化管理模式。蔡玉梅（2010）与马永欢（2013）等探讨了将差别化管理应用于节约集约用地的方式和手段。何佳等（2009）与杨刚强（2012）等探索实施差别化土地政策促进区域协调发展。杨刚强和张建清（2012）、文兰娇和张安录（2013）进行了对建设用地总量控制与差别化管理政策这种转变方式的研究。周广明（2012）则是从具体五个方面研究建设用地批后差别化管理问题。张俊峰和张安录等（2016）研究了差别化土地用途管制，弥补主体功能区规划“过粗”和土地用途管制“过细”的缺陷。

在差别化土地管理依据方面，夏燕榕（2009）从新增建设用地经济效率的角度出发编制了差别化的用地计划；刘传明等（2010）和柯新利等（2014）针对不同区域土地利用效率的差异，提出了针对性的效率改进和土地优化配置；文兰娇和张安录（2013）基于土地资源诅咒程度的空间差异性，提出了差别化管理政策建议；也有学者把土地要素对经济增长弹性和贡献的差异作为差别化政策参考的依据（姜海和夏燕榕等，2009；叶剑平和马长发等，2011）。

三、述评

从主体功能区首先提出差别化政策，2010年国土资源部正式提出差别化管理以来，有关差别化的研究经历了从政策指令，到理念，到实践探索，到理论升华，再到实证研究支持这样一个过程。从研究内容看，经历了从零星差别化管理角度的研究到建立差别化土地管理框架这样一个过程。

从研究地域来看，对西部和西北的差别化研究集中在未利用地政策研究，对东部的研究集中在土地集约利用视角，从行业来看，旅游业和矿业用地的差别化政策受关注较多。

从各地差别化研究实践看，国土资源部网站、各地方网站、国土资源报提供了数以千计的报告案例，从有关差别化土地政策研究数量来看，不到100篇，研究数量和质量都比较欠缺。从有关政策来看，差别化政策依然更多停留在政府指令口号方面，说明土地政策理论研究滞后于经济社会发展的实践需要、试点经验总结提升和应用推广不够等问题较为突出，实践到理论的升华、实践到政策的提升还有一些距离。

从汇报案例的地域来看，来自东部发达地区的报告案例更多，来自西部的案例较少，而且多是在文件报告里提出要贯彻“差别化的要求”“抓住差别化的机遇”这样一些口号，缺乏具体措施，说明西部欠发达地区在改革创新的超前思维、胆量方面和东部有明显差距。

值得一提的是，在西部差别化政策的研究中，关于未利用地差别化政策研究有了比较清楚的政策需求和设计（李倩，2010；杨璐和唐正国等，2012；郑娟尔，2012；司慧娟，2013）。

从产业用地差别化和行业用地差别化的研究看，只有矿业用地差别化政策受到较多关注，对旅游业差别化的研究只有一篇理念性地提及，土地政策如何配合产业转移的研究是空白。可以看出，关于差别化土地政策的研究由于数量和质量有限，必然导致很多研究角度无法涉及，或研究不深入，缺乏理论启示和实践借鉴的价值。

在当前西部进行激烈招商引资竞争、承接产业转移这样一个背景下，土地政策如何从产业转移的特征和规律入手，找到差别化点，更好地为产业转入服务，有待深入研究，也具有重要的理论和实践价值。

第二节 差别化土地政策的理论基础

一、帕累托最优原理

帕累托最优（Pareto Optimality），也称为帕累托效率（Pareto Efficiency），是指资源分配的一种理想状态，即假定固有的一群人和可分配的资源，从一种分配状态到另一种状态的变化中，在没有使任何人境况变坏的前提下，使得至少一个人变得更好。帕累托最优状态就是不可能再有更多的帕累托改进的余地。换句话说，帕累托改进是达到帕累托最优的路径和方法。帕累托最优是公平与效率的“理想王国”。

根据庇古的《福利经济学》，单位资源在两点间移动的边际社会产量增加值大于或等于移动成本时，国民收入就会增加，当增加值最大时，单位资源在两点间达到最优配置。在建设用地指标分配过程中，如果在某一城市或产业的用地状况没有变坏的前提下，至少使另一城市或产业的用地状况变得更好，就可以提高土地资源配置效率，实现“帕累托改进”，实行新增建设用地指标的差别化管理，促使用地指标从边际产出效率比较低的城市流向边际产出效率比较高的城市。这样，实行建设用地差别化管理后的社会总福利就具有明显的比较优势。

二、累积因果论

迈达尔（1957）提出的“累积因果论”指出，“市场力的作用倾向于扩大而不是缩小地区间的差别”。他认为，一个地区的发展速度一旦超过了平均发展速度，它的“效率工资”就会趋于下降。这样，与那些发展缓慢的区域相比，它就可以获得累积的竞争优势。累积的因果过程就是通过这种机制起作用的。在市场机制的作用下，不管由于什么原因，一旦地区间发展水平与发展条件出现了差距，条件好而且发展快的地区，就会在发展过程中不断地为自己积累有利因素，从而进一步遏制困难地区的经济发展，使得困难地区不利于发展的因素越积累越多，它的处境也就日益恶化。历史实践也证明，资本主义繁荣时期，地区的差别不但不会因市场机制的作用得到某种程度的缓和，反而会愈演愈烈。

迈达尔的“累积因果论”给我们的启示主要在于“市场力的作用倾向于扩大而不是缩小地区间的差别”，需要政策的力量推动产业转移。

三、循环累积机制

安虎森和何文（2012）研究指出了在非均衡力和经济一体化作用下区域差距拉大的循环累积机制。可流动要素不断向聚集力较大区域聚集，这就形成了具有区位优势的地区不断吸引可流动要素的良性循环累积过程，以及具有区位劣势的地区不断损失可流动要素的恶性循环累积过程。要实现区域协调发展，必须打破这种循环累积机制。要打破这种不断积累区域发展差距的机制，不外乎两种途径：一是尽可能减弱区际非均衡力，二是尽可能降低区域一体化程度。需要中央政府有序地组织东部地区的产业向中西部地区迁移，提高中西部地区参与全国经济大循环的能力。

刘军辉和安虎森（2016）进一步研究认为，欠发达地区与核心区实行一体化政策和单边保护政策对欠发达地区影响截然不同，对欠发达地区来讲，实行差别化的政策对自己更有利；欠发达地区政府在制定开放政策时，不仅要实行差异化的开放政策，还应尽可能消除区域内市场分割等，以提高区域内部一体化水平。现实中单边贸易保护政策主要包括税收减免政策、税收返还政策（如出口退税）、对企业补贴政策、土地优惠政策、金融扶植政策等，此外还有压低本币汇率政策。

四、木桶理论

木桶原理是指一个木桶装水的容量是由那块最短的木板来决定的。如果是一个组织，那么这个组织的能力就由各个要素中最差的那个因素来决定。一个国家好比一个大木桶，整个国家的综合国力是由各个地区的发展水平综合决定的。而西部就是那块最短的木板。国家的综合发展水平不仅取决于发达地区或者某几个大城市的水平，更取决于最落后地区的发展。西部作为我国那块最短的木板，就要利用好西部地区的土地资源，就需要国家土地政策向西部有所倾斜（李震，2004）。

五、反木桶原理

反木桶原理是指，当木桶倾向最长的一块木板时，这块木板决定了木桶的容水量，在一个组织里，最有优势的资源或者人才决定着整个组织的竞争水平。应用到区域发展中，最有优势的长板就是地方的资源禀赋，应用到土地政策方面，最好的政策是结合了资源禀赋的差别化的土地政策。比如在云南出台差别化的旅游产业用地政策，在贵州省出台低丘缓坡开发利用政策，在青海探讨盐田建设用地政策，在新疆出台差别化的未利用地政策、矿业用地政策，在西部结合产业转移进行差别化土地政策研究，都是在发挥长板效应。

六、公平理论

根据罗尔斯的公平理论，起点公平将影响到规则公平（过程公平），最终影响结果公平。因为在起点上居于优势地位的竞争主体在很大程度上影响甚至决定竞争过程中的规则，其目的是在竞争过程中也保持竞争优势，这种形态的竞争常常“貌似公平，实质上却不公平”，最终导致非公平的竞争结果。这一点准确地表现在我国东、西部对城市建设用地的竞争中。

根据公平理论则可以得到可能的解释：竞争起点不公平将持续影响过程不公平，并导致结果不公平。东、西部城市发展竞争中，如果在竞争起点上存在明显的“资源占有量的非合理差异”并进一步引起竞争力差异，在随之而来的过程中，这种“不公平效应”将会被持续放大，必然会导致“不公平的结果”。而这一“不公平的结果”进而又会在新的一轮竞争中成为新的“不公平的竞争起点”，进入下一轮不公平竞争的循环。

公平理论的启示在于：①基于差别原则，对落后地区实行差别化土地优惠政策。②基于机会的公正平等原则，维护过程实际公平。区域和城市竞争中的竞争起点不公平是一个既成事实，我们所应做的是基于“在与正义的储存原则一致的情况下，适合于最少受惠者的最大利益（差别原则）”，并遵循“依系于在机会公正平等的条件下职务和地位向所有人开放（机会的公正平等原则）”①，提供尽可能完善的差别化的土地、户籍、财税、金融等制度政策，以矫正各区域和城市主体之间在竞争起点上的各种“资源占有量”的非合理差异导致的持续影响，以程序的公正尽可能地引向资源配置的结果公平。

第三节　土地政策促进产业转移和升级的传导机制

产业发展与差别化土地政策是互动服务的关系，土地服务于产业，产业提升土地价值。

土地是产业发展的载体、最基本生产要素，土地要素配置的结构和效率，影响着区域产业结构的优化布局和区域经济的分工协作与协调发展。产业发展是土地利用的目的，产业发展和升级过程中，将创造出巨大的规模集聚效应，最大限度地提升土地的使用强度和使用效率。产业发展要能够满足土地集约节约利用、生态环保的要求。差别化土地政策要能够满足产业发展和升级的要求。

差别化土地政策对产业的影响路径是按不同供地方式、供地规模、供地结构，供地次序、税收标准、市场配置机制等内容，从土地投入程度、土地利用效益、土地利用程度、土地环境效益等方面，构建产业用地控制指标，实行门槛准入政策，规范管理政策、低效产业用地退出机制和用地供后监管的机制，促进产业结构的优化调整。

土地政策对产业结构升级的影响路径主要有两条：

第一，通过影响城市的土地使用结构和土地使用成本直接促进相关产业的发展升级。首先，在工业化初期，在劳动力成本低廉、创新研发投入较少的环境下，制造业企业得到了快速发展。同时，在以 GDP 增长为政绩的指导下，地方政府通过土地优惠政策进行招商引资，廉价的劳动力和地租使得制造业产业快速

① ［美］罗尔斯．正义论［M］．北京：中国社会科学出版社，1988：10－23.

发展，劳动力从农村流入城市，城镇化水平迅速提高。其次，由于城市土地产权明晰、流动性好，随着工业化的发展，土地价格不断上涨，出让收益低的制造业用地转为收益高的商业服务用地，第三产业发展快于第二产业。最后，在后工业化时期，随着土地市场机制的完善和房地产行业的发展，城市用地流向商品住房，第三产业的规模空前庞大。

第二，通过增加土地税收性收益加强了地方政府的财力，地方政府再通过财政投入的分配引导优势产业的发展，间接促进产业结构趋于合理。一方面，通过税收优惠和财政补贴改变扶持产业的比价关系，提高产品的潜在需求，引导该产业内企业扩大投资。另一方面，税收优惠和财政补贴会通过收入效应和替代效应对所扶持产业的产品消费产生影响。收入效应是指税收优惠和财政补贴变相增加了消费者的实际购买力，使得消费者预算外移，增加产品需求。替代效应是指税收优惠和财政补贴改变了产品的相对价格，从而改变消费者偏好。收入效应和替代效应将会影响各产业的产品产量，促进被扶持产业的发展，从而优化产业结构。

第四节　土地政策促进产业转移的思维问题

一、土地管理体制过强计划思维对差别化的根本性影响

改革开放前我国一直处于集中计划管理时期，对所有的资源分配实行统一的计划管理，对土地资源管理亦是如此，这种集中式的行政资源管理模式，在工业化起步阶段，经济发展水平比较低的国家，具有行政的高效性，可以集中力量办大事，在经济发展水平低、发展方式和用地方式都比较单一的情况下，土地政策与经济社会发展矛盾不突出。

但同时，计划思维“一刀切”的模式在一定程度上掩盖了区域自然资源差异性和市场微观主体需求的差异性。随着经济高速发展，土地的经济作用日渐突出，各地区经济发展水平、产业结构、发展定位呈现出多种层次，土地资源异质性差异、资产资本特性都开始充分发挥作用，原来计划思维较强的土地资源管理政策与方式的局限性暴露出来，统一计划管理模式配置资源成本巨大，经济主体积极性不高，社会经济容易起落，表现在土地管理领域就是土地城市化速度超过人口城市化速度、违法土地利用面积大、监督管理行政成本高、土地利用效率低、耕地流失迅速等问题。

相对其他领域，我国土地管理体制遗留了较多计划经济思维，存在行政审批色彩浓、审批层级高、审批权力集中、审批事项重复繁杂及各级政府部门权责不匹配等问题。与实际情况比较，“一刀切”的情况存在较多，存在一些明显的缺陷，举例说明：

第一，用地指标通过规划总控和计划层层分配，供给和需求产生了脱节。规划和计划的修编者受政府领导主观因素影响很大，难以对各地区的区域条件、空间结构、产业结构等影响因素进行动态考虑。因此，新增建设用地指标管理明显缺乏科学性。最终导致一边是大量土地批而未用，另一边是普遍的土地未批先用的情形；一方面人多地少、资源紧张，另一方面大量土地闲置。

第二，在征地和出让问题上，征地时是垄断的计划经济，卖地时是垄断的市场经济，制造了大量的经济与社会矛盾。

第三，2006 年工业地价最低出让价格看似兼顾了各地经济水平，给予了差别化的价格，但在实际中各行政区高低错配，与实际不相符的地方很多。如果按市场配置，土地价格在同一行政区域内，甚至一条马路对面都可能有明显差别。假设发改委按行政区域规定全国每个区域的最低白菜价格，那么将有很大工作量，而且在空间上和行业上存在很多和市场需求不符合的地方，显示出计划思维的负面作用。

土地管理很多方面显示出较强的计划思维，资源配置效率低。政策在现实中也遇到很多和实际不相符的地方，多年得不到解决，出现了很多经济社会矛盾。下面叫苦不迭，上面视若无睹。上有政策，下有对策；政策越复杂，对策越高明，上下合力被削弱。问题的根源还是在于计划思维较强，本来该用在宏观领域的思维用到了微观领域，指令代替了指导，计划代替了市场，本来应该由看不见的手自动调节的领域被计划过多参与了，费力而效果不好。

哈耶克认为，从上至下地搞计划是基于一种“建构理性”，认为人（至少计划者）是全知全能的，能洞悉社会的方方面面，以为通过理性可对人类事物进行全能的设计和计划。但是“理性”的计划无法适应个体不同的消费偏好，无法创造动态均衡的市场竞争所产生的创新激励，在社会福利的效用增益方面更是乏善可陈。最后，计划者不仅无法带来资源的合理利用，反而会形成错配，乃至形成粗陋的管理和单调的产品，要求社会和个体来适应。这是所有的计划经济都是短缺经济的原因，也是我国计划经济时期人民普遍只有黑、灰、蓝色的衣服可穿的原因（杨遴杰，2012）。

政策差别化的极致是与微观主体需求追求一致或接近的。制定差别化政策能更好兼顾各地具体情况，效果必有改进。但差别化的政策是从管理思维根本上找到差别，还是在微观领域部分地努力，也值得思考。

二、地方政府激励机制与科学发展的背离

当前各地方政府在财税体制和晋升机制激励下，展开了激烈的GDP竞争，表现在各地招商引资竞争，国家虽然有宏观调控、行业调控，从环境管制、产业限制禁止目录、土地价格等方面提出了制约，但是各地争相盲目引资、产业结构重复、产业低端扩张的现象难以制止，产生了土地粗放利用、环境破坏、产能过剩、供需不匹配等诸多问题，违背了科学发展原则。但是当前地方政府管理下，地方博弈的结果是最终陷入“囚徒困境”，个人理性导致集体非理性，这种状态似乎难以扭转。

三、政策之间的配套难，承接产业转移合力缺乏系统性

（一）政出多门，政策制定难、实施难、监管难

我国目前的土地政策制定仍然是按领域由与土地相关的各中央部委进行决策和管理的。在这种决策体制下，一方面，部门之间政策容易形成职能交叉和政策“打架”；另一方面，部门之间协作推动某项土地政策，往往存在着沟通协调难的问题。政出多门，导致政策迟迟难以出台，出台之后实施难、监督难等问题。

（二）承接产业转移的政策碎片化，合力缺乏系统性

土地优惠政策和其他财税、金融、产业补贴政策由中央、部委、省市多层面出台，政出多门，政策的制定明显缺乏国家层面的顶层设计，缺乏一个提纲挈领式的政策框架，逻辑上显得有些散乱，缺乏系统性。

最终把土地政策、财税政策、财政补贴等多种优惠政策统筹起来形成合力的是地方政府出台的招商引资优惠政策。在我国目前“条块分割”的行政管理体制下，各项政策汇合到招商引资优惠政策的时候，政策的“碎片化”导致招商引资的“整体优势”和“集聚效应”大打折扣，土地政策与货币政策、财税政策等配套不协调导致政策合力难以得到充分发挥。

第五节　新疆差别化土地政策框架

差异化管理本质上是一种系统、多元思维，它强调经济、环境、市场主体等差异性元素、多种因素、多环节互相渗透影响。

现有的各地实践展现出许多不同的差别化管理需求，学者专家从土地利用计划管理、供地方式、批后监管等多方面探讨了差别化土地管理问题，各地也有很

多经验实践。但是在实际工作中，单个土地政策难以真正实现总量控制和差别化的目标，对土地的配置方式能否完全切合实际需求，仍然在很大程度上依赖于相互政策之间的协调与统一。

但现有的差别化土地管理政策都是在国土管理领域的某几个环节或领域上进行尝试，还没有形成系统的理论和思路，缺乏一个提纲挈领式的框架体系，导致当前的差别化政策都是片面的、不完整的、不可推广的地方政策，许多鲜活的地方经验难以上升到理论和政策层面。土地的差别化管理仅仅停留在探索阶段，还未形成一个统一、科学的政策标准，理论探讨逻辑上显得有些散乱，措施上难免遗漏，难以形成系统合力，这不利于更深层次的立法和全面管理。有必要建立差别化土地政策框架。

一、基于土地管理逻辑环节的框架

我国土地管理部门的逻辑环节，是从最初的土地利用总体规划入手，对未来时段和区域内土地数量和空间分布进行规划，再具体到规划期内每一年土地利用计划指标的预测与分配，然后地方政府开始进行报批，土地部门要审核用地是否符合相关规划，接下来进入审批环节、供地环节，最后由土地管理部门对土地使用情况进行后期评价与监管。评价结果将直接影响下一年的土地利用年度计划指标分配和下一轮土地利用总体规划。从土地管理逻辑环节出发构建土地政策框架，可以保证差别化土地管理政策的系统性、完整性，避免出现政策遗漏对土地利用管理造成的不便与混乱。

（一）差别化土地利用总体规划

土地利用总体规划是在一定区域内对土地的开发、利用、治理、保护在空间上、时间上所做的总体安排和布局，是对土地利用的最高约束。土地利用总体规划是土地管理工作的“龙头”，也是土地利用和管理的依据。

应当按照国家主体功能区规划要求，按照优化开发区、重点开发区、限制开发区和禁止开发区区域发展要求，编制新疆土地利用总体规划，按照新疆“两带两区”① 土地资源禀赋、国民经济发展规划、区域土地利用特点制定宏观性规划，只需把握住耕地保护这个红线，对于具体土地利用行为不宜规划过细，因为国家与具体的用地单位之间信息链过长，容易造成信息不对称，所以应当将土地资源配置的主动性下移。

对于新疆要加强自治区各级土地利用总体规划的修编和实施，增强对土地资源开发利用的调控能力。科学编制用地计划，合理安排用地指标。

---

① 新疆“两带两区”指的是天山北坡经济带、天山南坡产业带、沿边高寒地区和南疆三地州集中连片贫困地区。

（二）差别化土地利用年度计划管理

土地利用年度计划首先应当做好与土地利用总体规划的衔接，在指标预测、分解时，不仅要考虑地区 GDP，还应综合考虑地区土地资源条件、土地利用现状、补充耕地潜力、计划指标落实情况，实施计划指标奖惩机制；对于新疆“两带两区”，计划指标要与产业转移和基础设施建设相适应，合理安排新增建设用地计划指标，适当加大增减挂钩指标，支持开展工矿废弃地复垦和戈壁沙漠未利用地利用，对于天山北坡经济相对发达地区，要适当提高土地集约利用要求，在产业供地选择上要严格一些，对于生态保护、水源涵养、基本农田保护等限制和禁止开发地区应当试点土地发展权转移交易，可以允许土地利用计划指标跨省交易，由经济发达城市向新疆购买，不仅可以充分发挥市场对土地资源的配置作用，还可以利用政府间的财政转移支付实现发达地区对落后地区的带动作用，促使发达地区主动、自愿地贯彻落实两个大局思想。

全疆 14 个地州市无一例外地提出了建设用地指标不能满足当前发展用地需求问题，普遍反映建设用地供需矛盾突出。解决措施：一是结合各地发展实际，科学合理、统筹安排现有土地利用计划指标。用地指标分配遵循“保重点、保民生、保稳定”的原则，全力保障国家、自治区重点基础设施建设项目和重大民生工程用地指标。二是各地州市使用完土地利用年度计划指标后，仍不能满足当地重点建设项目用地需要的，由各地州市人民政府（行政公署）向自治区人民政府申请追加土地利用年度计划指标，并说明项目的基本情况和用地方案，经自治区人民政府批准后给予适度增加。

重点保障国家和自治区重点水利骨干工程、综合交通运输体系、电网工程、重点生态流域环境保护工程、安居富民和定居兴牧民生工程以及科技教育文化事业建设的用地需要，保障自治区加快以喀什、霍尔果斯两个特殊经济开发区为重点的产业园区建设用地需求和乌鲁木齐综合交通枢纽建设用地。

加强宏观调控，实施土地利用计划指标差别化管理，对喀什、霍尔果斯两个经济开发区用地计划指标实行单列，实行建设用地审批和供地率挂钩，完善土地市场监测监管系统和城市地价监测系统。

（三）差别化土地审批管理

首先，应当区分项目类型，对于国家、省部级计划指标保证的重点项目例如大型公路、铁路、石油天然气管道等工程，由于这些项目一般级别高、投资大，一旦获得批准，建设单位急于开工、赶进度、赶预算，如果按照一般项目土地审批流程往往造成土地未批先用、边批边用等违法违规土地利用行为。所以应当改进重点工程项目土地审批流程，将土地预审前置，拓宽先行用地政策适用范围。其次，区分项目用地类型，例如新疆未利用土地潜力巨大，应当鼓励使用未利用地，简化未利用地审批流程，减少报件，提高未利用地审批效率。

土地审批管理环节差别化土地审批要注意两点：第一，要区分项目类型，对于交通、能源、水利等国家或省重大项目，应简化土地审批流程，将土地预审前置，允许先用地再正式审批；第二，要区分项目区位及占地类型，对天山北坡经济相对发达地区，严格审批项目建设占用农用地，对于南北疆贫困地区，应当鼓励使用未利用土地开发指标。

国家土地调控政策出台实施后，对项目用地审批标准要求越来越高，时间也越来越长。审批完各项手续后，企业拿到土地最快也要半年左右。而新疆由于气候原因，年均施工期短，这种土地审批制度的设定，不仅延长了用地的周期，而且会使很多项目赶不上当年的施工周期。

国土资源部应进一步加强土地利用总体规划引导，保证建设项目及时用地，对新疆发展中的用地问题，在严格保护耕地、节约集约用地的前提下，在用地计划指标上实行单列，继续实施“快速审批通道”等措施；尤其是新疆工作座谈会召开以来，积极拓展服务途径，提升服务水平，切实利用好国家给予新疆的土地资源差别化管理政策，落实好重大项目用地和对口支援项目建设用地报批“绿色通道”、一对一服务等措施，快审快报，主动提供优质服务。对地下水治理、盐碱地治理、地质勘查、防沙治沙绿色生态工程给予差别化土地审批；对重点项目和民生工程项目进行认真梳理，从规划布局、用地指标、供地时序等方面做出安排。继续建立审批“绿色通道”，提高审批效率。

（四）差别化土地供应方式管理

差别化产业供地管理通过调整产业结构、提高产业用地绩效，实现产业结构优化、土地节约集约利用和经济结构转型升级，可从两方面探索与创新供地模式。一是产业用地准入管理模式。制定产业进入门槛，对不符合产业供地标准的，限制或禁止供地；对符合产业供地标准的，根据产业用地效率，确定产业用地优先序，即用地效率高，优先供地，提高土地供应效率。二是产业用地退出管理模式。对已供应的产业用地，实施监督检查，定期评估用地绩效，对违法违规用地实行产业用地退出政策；对用地效率不高、达不到行业标准的产业，督促用地单位限期整改，拒绝整改或整改不合格的实施产业用地退出，鼓励和引导用地效率不高的产业转型升级。通过对未来产业供地结构调控和对已有产业用地整改两方面构建产业供地差别化管理模式，优化产业结构，提高产业用地效率（张俊峰和张安录等，2016）。

在土地供应方式管理环节，严格执行国家相关产业政策，优先安排社会民生、扶贫开发、战略性新兴产业以及国家扶持的健康和养老服务业、文化产业、旅游业、生产性服务业发展用地。优先安排新型城镇化，对口援疆、“丝绸之路经济带”，扶贫攻坚等战略实施用地。对于节能环保、新一代信息技术、生物、高端装备制造、新能源、新材料和新能源汽车等战略性新兴产业要在用地政策上予以倾斜。对于高污染、高能耗、效益低的产业不予供地。对于南北疆民族贫困地区，鼓励放宽用地条件，在规模、出让地价等方面予以政策倾斜，鼓励利用戈壁荒滩等未利用地。

一方面，按照企业生命周期确定土地出让年限，实行工业用地出让弹性年期制或租赁制，既有利于降低企业拿地成本，也有利于工业用地的及时退出和产业更新换代，同时增强产业园区对土地利用的掌控能力。“根据大样本调查，绝大多数企业的生命周期在 20 年以内。建议将一般产业项目用地出让年期设为 20 年。同时，待首期出让年限届满后，经对合同履约情况进行评估，再采取有偿续期或收回土地使用权的办法。另一方面，土地供应方式要与产业发展目标紧密结合，支持符合产业导向的项目落地。

在新增用地方面，对新产业、新业态的用地指标予以重点保障，实行用地指标单列。在供地方式上，可对一些急需引进的高新技术产业项目实施“带项目出让”或定向挂牌的方式。在存量用地方面，为了支持新兴产业发展，可采取协议方式供地，并且不改变土地权利人。

与此同时，土地供应结构要与产业结构调整目标相结合。在新增用地方面，严格禁止向不符合产业发展导向的项目或产能过剩的项目供地；在存量用地方面，严禁利用存量用地或存量房产发展不符合产业发展导向的项目或产能过剩的项目。

对于创新创业企业，建议加大用地支持力度，让创新创业企业容易取得土地，并且取得的土地成本较低。比如，在研发用地方面，对依托国家实验室等现有科研设施构建创新平台的，允许其继续保持土地原用途和权利类型不变；对于科研院所企业化改革，允许其按国有企业改制政策进行土地资产处置。同时，为了降低企业拿地的门槛和成本，可探索推行先租后让、租让结合等方式，并根据实际情况允许分期缴纳土地出让金。

（五）差别化土地利用评价与监管

对于土地利用后期的评价与监管，直接影响土地利用管理生命周期运行效率。充分利用“一张图”等技术手段，针对不同区域土地利用特点进行评价与检查，例如西北广大未利用地利用项目检查，发达地区存量用地再开发利用状况评价与检查。探索土地分区督察制度，对于东、中、西部不同地区的地理条件，及土地利用存在的问题，配合适当的督察技术与手段，实施差别化土地督察，提高土地督察的洞察力，促进地方政府合理利用土地（林超和张占录，2015）。

二、差别化土地政策的视角

差别化的土地政策必须依靠从上游到下游的管理环节执行，所以我们从土地管理逻辑环节出发构建土地政策框架，可以保证差别化土地管理政策的系统性、完整性，避免出现政策遗漏对土地利用管理造成的不便与混乱。但是在每个管理环节制定具体政策内容的时候，需要依据差别化点如同过筛子般逐一审视。我们把差别化点归结为四大类：区域差别化、产业差别化、发展阶段差别化、地类差别化。

具体做土地管理工作的时候，需要从土地利用总体规划、土地利用计划、土地审批、土地供应、土地利用评价与监管各个环节上考虑这四大类差别化点，做到管理环节和差别化点两个无遗漏。

（一）区域差别化的视角

1. 区域差别化政策的要求

区域差别化视角是指从用地总量、时序、结构等方面体现区域差别，针对各地区发展的不同阶段制定不同的用地考核指标；需要充分考虑不同主体功能区、土地用途管制区的规划，对优先发展和鼓励发展区域，保障其新增建设用地指标，对土地用途管制区制定鼓励政策（郭冬艳和毛良祥，2015）。

从全国来看，应考虑不同区域、不同发展阶段用地特点和需求，针对欠发达地区大规模承接产业转移的实际情况，在用地指标上适当向中西部倾斜。要通过落实区域差别化用地政策，对东部发达地区，从严控制新增用地指标，逐步加大增减挂钩和围填海用地指标规模；对中部和东北地区，合理安排新增用地指标，适当加大增减挂钩指标，推进采矿和用地管理方式改革；对西部欠发达地区，加大新增用地指标安排倾斜力度，鼓励使用未利用土地指标。

从新疆来看，新疆正处在工业化初、中级阶段，存量建设用地有限，未来需要大量建设用地，所以对新疆区域来讲，首要的是建设用地总量控制需要倾斜政策，应给予更多的建设用地指标，保证建设用地数量与经济发展阶段相适应。实行差别化的建设用地总量控制，要实现主体功能区战略与土地政策间的紧密关联，共同促进建设用地资源的高效配置与利用。然后根据新疆“两带两区”产业空间布局给予差别化对待。

2. 新疆产业布局分区和土地利用分区

在新疆，土地利用的区域要考虑两个维度：一是自治区产业空间布局区域，二是土地利用分区。

（1）产业布局分区。新疆的区域发展格局是按照“两带两区”进行的，分别为天山北坡经济带、天山南坡产业带、沿边高寒地区和南疆三地州集中连片贫困地区，产业承接也主要考虑“两带两区”产业空间布局，设计有利于当地产业承接的土地政策。落实好国家适当增加新疆建设用地规模和新增建设占用未利用地指标政策，以及税费减免和审批简化政策。土地政策需要配合各区域产业发展目标，新疆“两带两区”产业发展要求如下：

1）天山北坡经济带。东起哈密西至伊宁的天山北坡经济带，要以乌昌经济区为核心，以城镇组群和区域中心城市为支撑，形成产业分工合理、联动发展的格局，不断提升区域整体发展实力，进一步增强对全疆乃至西部地区的辐射带动作用。充分发挥作为国家级重点开发区和向西开放大通道的优势，加快提升自主创新能力、产业集聚水平和外向型经济发展水平，在全疆率先实现新型工业化、农牧业现代化和新型城镇化，率先实现经济结构优化升级和发展方式转变，率先实现全面建设小康社会目标，建成国家重要的经济增长带。

乌鲁木齐—昌吉经济区要加快推进经济一体化和城乡一体化进程，大力促进生产要素的优化组合，重点发展能源矿产资源精深加工、制造业和战略性新兴产业，加快技术进步与创新，形成一批自主知识产权、核心技术和知名品牌，提高产业素质和核心竞争力。大力发展现代商贸物流、金融保险、商务服务等现代服务业。进一步改善投资环境，提高对外开放水平，大力吸引资金、技术、人才聚集。加快建成我国重要的综合性能源基地，西部地区重要的制造业中心、国际性商贸和物流中心。

吐鲁番—哈密经济区要依托丰富的光热资源，油气、煤炭和盐类等矿产资源以及独特的旅游资源优势，大力建设国家级太阳能综合利用示范基地、煤电生产和外运基地，新疆重要石油天然气产业基地、无机盐化工产业基地以及独具魅力的旅游胜地。

石河子—玛纳斯—沙湾经济区要立足农业集约化发展的优势，建成全疆重要的制造业基地、纺织工业基地、绿色食品加工基地和农业产业化示范区。

奎屯—克拉玛依—乌苏经济区要依托丰富的石油石化、特色农业资源和交通枢纽优势，统筹规划、相互协作，大力提升对全疆发展的影响力，建成国家重要的能源基地和全疆重要的轻工业基地、商贸物流中心。

博乐—阿拉山口—精河经济区要发挥特色农业资源和口岸优势，以农产品加工、对外贸易、旅游等产业为主，建成我国重要的陆路货物贸易中转集散地、进出口产品加工基地。

伊宁—霍城—察布查尔经济区要以霍尔果斯特殊经济开发区建设为契机，加快发展外向型经济，依托丰富的水土、矿产、旅游资源，积极发展现代煤化工、特色农牧产品加工、旅游等支柱产业，加强天然林和天然草场保护，建设天山北坡西部经济强区、中心城市和向西开放的桥头堡。

2）天山南坡产业带。东起库尔勒西至阿克苏的天山南坡产业带，要充分发挥丰富的能源资源和特色农业资源优势，做大做强石油天然气、煤化工、纺织、农副产品精深加工等特色优势产业，加快延伸产业链，提高附加值，支持重点园区和重点企业发展，注重创品牌和市场网络建设，加快形成特色产业集群，建成国家重要的石油天然气化工基地、农产品精深加工基地、纺织工业基地，着力增强对南疆乃至全疆经济的辐射带动作用。

3）南疆三地州集中连片贫困地区。以保障和改善民生、增强南疆三地州自我发展能力为目标，加快推进南疆三地州水利、交通、电力等重大基础设施建设。加大对特色优势产业发展扶持力度。充分发挥农业资源优势，大力发展林果、棉花、畜禽、药材等农副产品加工和储藏保鲜，积极推进农牧业现代化。利用丰富的民族文化资源，积极发展旅游业和民族特色手工业，高位推动旅游业发展。

以喀什特殊经济开发区为中心，打造“大喀什”经济圈，主动吸引和承接面向周边国家的机械组装加工产业和商贸物流业，高起点、高水平建成中国西部“明珠”城市。建成全疆重要的特色林果产品生产加工基地、外向型农业基地，以及面向中亚、南亚的民族特色产品生产加工基地和物流中心。

4）沿边高寒地区。沿边高寒地区要充分发挥丰富的天然草场资源、矿产资源和口岸优势，在注重保护生态环境基础上，加快推进新型工业化、农牧业现代化、新型城镇化，大力发展以生态旅游业、矿业开发和边境贸易为主的特色优势产业，着力建设全疆重要的绿色农牧产品基地、特色产品生产加工出口基地和我国西部地区重要的生态、民俗旅游目的地。

（2）土地利用分区。设计差别化土地政策，必须服从于土地资源禀赋差异，即土地资源异型性差异。因此需要考虑从土地利用角度出发的土地利用分区及区域土地利用方向。根据土地资源自然条件、社会经济条件和开发利用方向相对一致性的原则，将新疆划分为六个土地利用区。按照有保有控、区别对待的原则，在加快天山北坡经济带发展的同时，实施南北互动的区域协调发展战略，制定不同区域差异化的土地利用政策，优化土地资源配置，引导人口、产业和生产要素的合理转移，促进区域协调发展。

1）准噶尔盆地南部区。包括乌鲁木齐市、昌吉回族自治州 5 县 2 市、克拉玛依市、博尔塔拉蒙古自治州 2 县 1 市、石河子市、伊犁哈萨克自治州奎屯市、塔城地区乌苏市和沙湾县。该区域城镇密集，工矿业集中，社会经济发达，水资源相对比较丰富，水利设施建设力度大，自然条件和社会经济状况较好。以天山北坡经济带为中心发展都市经济，建立人口—产业集聚区。应积极推进乌昌一体化和天山北坡经济带的西延建设，重点建设乌鲁木齐都市圈，整合克拉玛依市、奎屯市、精河县等区域，争取到2020年将奎屯市—独山子市—乌苏市建成为大城市。以中心城市和周围城镇之间的有机联系和合理分工为前提，强化中心城市商贸、金融、服务、旅游集散地等功能。充分利用自然资源丰富、经济联系紧密、产业互补性强、发展基础好等优势，依托现有的工业园区，建设国家重要的石油化工基地，提升区域经济的集聚和扩散能力，注重城乡协调，发展北疆铁路沿线城镇，带动和发展区域经济。该区要加大土地整理复垦和基本农田保护力度；合理确定乌鲁木齐城市密集区用地规模，加强土地节约集约利用，为准东煤化工基地、独山子—克拉玛依石油化工基地、乌鲁木齐石油化工基地、矿产资源开发、奎北铁路等建设提供用地保障；加强艾比湖湿地保护和古尔班通古特沙漠南缘土地沙化区生态建设，禁止在生态敏感区进行土地开发。

2）伊犁河谷区，包括伊犁哈萨克自治州直属伊犁河谷地8县1市。该区要依托大型水利枢纽工程，加快水土资源的开发；为伊犁煤电化基地的建设、矿产资源开发提供用地保障；支持以伊宁市为中心的区域城镇化发展；支持旅游业的发展，限制在自然保护区和风景名胜区进行土地开发；加大天然林保护力度，加快平原人工林建设，防止水土流失；大力建设高标准农田和人工草地，积极推进草地生态建设（置换）工程。

3）准噶尔盆地北部区，包括阿勒泰地区6县1市和塔城地区塔额盆地4县1市。该区有色金属、煤炭资源储量可观，应积极勘探开发矿产资源，推动石油化工工业快速发展，适当增加工矿用地规模，促进工矿用地节约集约利用。该区要在确保乌伦古湖生态安全的前提下，结合水利工程建设，在额尔齐斯河流域适度开发土地，增加耕地面积，同时加大塔城盆地基本农田建设力度，提高耕地质量；为矿产资源开发及基础设施建设提供用地保障；支持区域城镇化发展，推动牧民定居，统筹城乡建设用地；大力建设人工饲草饲料地，积极推进草地生态置换工程。

4）东疆区，包括吐鲁番地区2县1市和哈密地区2县1市。该区要以能源—矿产资源开发为主，同时注重对生态环境的保护。结合农业产业结构调整，推动以节水灌溉为主要内容的农田基础设施建设，提高耕地质量，积极发展特色林果业，严格限制土地开发；保护旅游用地；为促进城镇化发展，合理供给土地；保障煤电化等工矿发展用地和交通水利等基础设施用地。

5）塔里木盆地北部区，包括巴音郭楞蒙古自治州6县1市和阿克苏地区8县1市。该区要以能源—矿产资源开发为重点，发挥矿产资源丰富和优质棉花生产的优势。结合塔里木河流域综合治理工程，大力推进土地整理和盐碱地改造；土地开发主要集中在水土资源丰富的车尔臣河流域；加快优质商品棉基地建设，发展特色林果业；保障石油、天然气、煤炭资源开发项目建设用地，促进石化工业园区建设；支持南疆铁路沿线和石化产业带城镇建设，保障抗震安居工程建设用地；保障基础设施建设用地。

6）塔里木盆地西南区，包括克孜勒苏柯尔克孜自治州 3 县 1 市、喀什地区 11 县 1 市、和田地区 6 县 1 市和巴音郭楞蒙古自治州的且末县、若羌县。该区要优化农业产业结构，大力发展特色林果业，以加强基本农田保护为重点，注重特色农业开发，加快工贸发展。保证下坂地等水利枢纽工程用地，依托乌鲁瓦提和下坂地水利枢纽进行适度土地开发；加大以地下水开发利用和节水灌溉为主要内容的农田基础设施建设力度，改造中低产田；发展农区畜牧业，大力支持牧区饲草饲料地建设，实现牧民定居；保障基础设施建设、城镇化和抗震安居、移民搬迁工程建设；保护土地生态环境，保障生态建设和环境保护用地，促进生态环境改善。

3. 差别化的分区土地利用政策

（1）重点发展准噶尔盆地南部区。严格保护耕地和基本农田，在保证粮食生产的基础上，大力发展高效农业。禁止在生态敏感区进行土地开发，推动土地整理，建设高标准农田。控制城镇用地规模，在节约集约用地的前提下，不断优化城镇用地结构，提高城镇用地效率，逐步形成等级规模合理、交通联系便捷、基本农田和生态功能区相间隔的城乡用地格局。保证基础设施和优势矿产资源的开发建设用地需求。做好乡村规划，在有条件的地方，引导农村居民点相对集中建设，进行农村建设用地整理。加强艾比湖湿地保护和古尔班通古特沙漠南缘土地沙化区生态建设，逐步改善绿洲外围生态环境。

（2）鼓励开发伊犁河谷区、塔里木盆地北部区、塔里木盆地西南区。严格保护耕地和基本农田，合理调整农用地结构，发挥光热资源丰富的优势，发展特色农业和林果业。推动伊犁河谷区土地开发，加大塔里木河流域耕地盐碱化治理，加快南疆三地州以地下水资源开发利用和节水灌溉为主要内容的土地整理开发，支持流域综合治理工程，防止水土流失和土地沙化。全力保障基础设施用地以及优势矿产资源开发用地，合理确定城乡建设用地规模，推动城镇化发展。保障南疆三地州城乡基础设施、生态环保、社会事业以及社会公益等项目建设用地。

（3）禁止开发各类保护区。禁止在各类保护区内进行矿产资源勘查和开发，在保护区范围内的土地利用必须严格遵守《自然保护区条例》《风景名胜区条例》等法律法规的规定。

（二）产业差别化

产业差别化是针对不同类型、规模、发展阶段、节约集约程度的产业项目，从用地指标、供地方式、土地税费等方面制定差别化政策。建设用地差别化管理坚持产业优先、交通基础设施优先的原则，统筹安排各区域、各部门、各类产业用地。

产业差别化政策要求：①结合产业发展方向，保障基础设施、重点产业项目、传统支柱产业、战略性新兴产业及新型工业化社区建设用地。以产业差别化政策，促进产业转型升级，建立产业用地目录，支持制造业和战略性新兴产业结构调整升级。②注重资源型经济转型，注重现代服务业发展，在土地取得、供应、用途管制和土地税费方面给予优先支持和政策扶持。制定差别化出让地价、土地税费减免与奖励政策，对于符合产业导向的行业项目适当降低地价或者采取税费减免措施，通过市场实现土地资源合理配置。同时，积极促进土地节约集约化水平的提高，可以用容积率作为衡量标准，制定土地价格优惠政策或税费减免鼓励政策。③需要优先保障重大建设项目、基础设施项目、公益项目、民生项目以及环保项目；创新供地方式，比如弹性年期供地方式、建设标准厂房以租赁方式供地。④禁止对高污染、高能耗、高排放、低水平、低效益项目，落后产能项目和不符合产业转型升级及规划布局的项目供地。

（三）发展阶段差别化

1. 阶段差别化的内涵要求

建设用地的使用特点往往与区域所处的经济发展阶段紧密相关，需要考虑本区域在建设用地禀赋和经济发展阶段上的客观现状。不同经济发展阶段对土地资源需求表现出不同特征，经济发展初期阶段，土地资源需求旺盛，建设用地对经济增长贡献水平高，随着技术进步和资本积累，土地对经济增长的贡献逐步被资本与技术替代，单位产出的土地代价水平会变低，所以对于经济发展起步较晚的地区，应给予建设用地指标倾斜，保证建设用地数量与经济发展阶段相适应。

2. 新疆“两带两区”所处的阶段

从“两带两区”发展阶段看，天山北坡经济带处于工业化中期阶段，天山南坡产业带处于工业化初期阶段，南疆三地州集中连片贫困地区和沿边高寒地区整体上处于前工业化阶段。

3. 对不同地带的产业用地导向

新疆内部区域经济发展差距很大，需要依据新疆未来“两带两区”的不同发展阶段来确定土地政策的宽松与集约导向。研究在经济发展的不同阶段，不同产业用地的需求，结合区域自然生态和社会经济条件，寻求符合区域特点、能提高土地利用效率的利用方式。对天山北坡用地集约要求和环境管制要求应该较高，对产业准入要求较严，而对其他地带应该以鼓励产业进入发展为主，放开产业准入条件，土地集约的要求相对明显粗放为宜。

（四）地类差别化

1. 地类差别化政策的内涵

地类差别化是针对不同土地利用类型提出的差别化土地政策，当前主要集中在综合立体开发的后备土地资源。按照土地利用总体规划、未利用地开发专项规划，以调整基准地价、征地补偿费、土地出让价格等方式促进低丘缓坡地、坝区土地等未利用地的综合开发。对不同类型新增建设用地实行差别化管理政策，完善城镇建设用地存量挖潜政策，通过提高容积率、建筑密度、投入强度等严格工业用地准入门槛；加强地下空间开发和管理，减收或不收地下部分土地出让价款；加强闲置土地管理（郭冬艳和毛良祥，2015）。

2. 新疆地类分布情况和差别化需求

新疆总面积为16648.97万公顷。2005年，农用地为6306.07万公顷，占土地总面积的37.88%；建设用地为122.07万公顷，占土地总面积的0.73%；未利用地为10220.83万公顷，占土地总面积的61.39%。

新疆维吾尔自治区存量土地挖潜空间小，戈壁、荒滩等国有未利用土地面积大。大部分未利用地很难开发为农用地，利用价值低，而且公共基础设施不健全，自然条件相对较差。当企业入驻时，需要自己投入大量资金来建设和完善公共基础设施，开发未利用地成本已经很高，且审批程序同样烦琐，这些都不利于未利用地的开发利用。使用未利用地建设本身就是对土地的一种保护，应当在计划指标、用地审批上予以倾斜和简化，实行税费减免政策。

如新疆规定，在对口支援受援地区城镇建设用地范围外，使用戈壁荒滩建设产业聚集园区、实施安居富民等民生工程的，免收新增建设用地土地有偿使用费，这些政策对于新疆的产业发展具有重大的意义。

第六节　基于公平理论的东、西部差别化土地政策研究

所有奉行“效率优先”的国家在经历了短暂的社会发展高效率之后，很快就陷入了严重的社会不公平的困境之中，公平最终影响效率是一个无法回避的现实。如何处理效率与公平的关系，各个思想流派都试图提出自己的解决方案，其中，新制度主义与罗尔斯在效率与公平方面的研究影响最大①。1971年，美国著

① 张康之，张乾．效率与公平的两种解决方案——对新制度主义与罗尔斯的比较［J］．长白学刊，2008，139（1）：46－52。

名的政治哲学家约翰·罗尔斯（John Rawls）的《正义论》一经出版，立刻在哲学、政治学、经济学、法学等领域引起轰动。《正义论》被认为是西方政治哲学在正义问题领域的一个巅峰，是“西方20世纪最重要的道德和政治哲学著作”，是道德哲学史上“具有轴心式转折点”意义的划时代名著①，甚至被称为“二战”后最重要的伦理学及政治学经典，罗尔斯本人也成为正义问题研究的集大成者。《正义论》冲破了逻辑实证主义的概念游戏，重新复活了哲学关心社会政治问题的传统，主导了此后30年英美政治哲学议程②。《正义论》（1971年）中提出的“公平正义”原则通过设定“无知之幕”③下的个人选择而在理论上解决了公平问题，从而为效率的实现扫清了障碍。由于中国社会发展正处在特殊的转型阶段，各种社会矛盾突出，罗尔斯的公平正义理论给我们提供了多方面的启示，在中国越来越受到学术界重视④。

当前中国社会急剧分化，收入差距不断拉大，经济和社会矛盾突出，公平理论指导各种政策实施有助于整合各种社会矛盾，促进社会稳定和经济发展。关于公平理论的研究有多种，当前主要有马克思恩格斯的公平观、社会主义的公平观、古典自由主义的收入公平观、福利经济学的功利主义公平观、罗尔斯的公平观等公平理论。由于我国在经济领域正在实施区域均衡发展战略，在社会领域不断加强对弱势群体的关注，而罗尔斯正义理论倡导的“适合于最少受惠者最大利益⑤”的“差别原则”对我国正在多领域实行的差别化政策具有直接广泛的指导意义。

我国30年来经济的快速发展实际是以土地大量投入为支撑的，随着土地资源的稀缺性日益显化，区域间和城市间争取建设用地扩张的竞争愈演愈烈。一方面，计划内指标远不能满足各地发展需要，且因其计划思维不能充分兼顾各地经济发展实际需要而受到指责；另一方面，以“城乡建设用地增减挂钩”为依据，以“村改居”“城乡统筹”“土地综合整治”等理由进行的“圈地”运动正在合法或者不合法地被迅速推进。总的看来，当前的“城乡建设用地增减挂钩”很

---

① ［美］罗尔斯．正义论［M］．北京：中国社会科学出版社，1988：10－23.

② 郑维伟．民生、民主与社会正义——基于罗尔斯正义理论对中国政治转型的一种分析［J］．天津行政学院学报，2012（1）：33－39.

③ “无知之幕”即所有人对自己、他人及周边环境一概不知，他们不知道其家庭出身、社会地位、成长背景、人际关系、天资天赋，甚至不知道其心理状态等。罗尔斯希望通过预设无知之幕的状态，达到消除家庭出身和天资运气这些偶然因素的目的，从而确保任何人在做出正义选择的时候，不会因为自身、他人、周边环境等偶然因素获利或者受损。

④ 杨建军，闫仕杰．罗尔斯《正义论》政治哲学思想误读批判及构建［J］．求索，2016（3）：130－134.

⑤ “最少受惠者”，是指那些家庭出身差、资质差、社会地位低下、受教育程度低、拥有资源最少、收入最低、生活质量最差、期望值又很渺小的人。

大程度上依然表现为效率第一，公平被忽视，农民的权益被轻易剥夺。计划内指标和城乡增减挂钩指标作为城市建设用地的两个主要来源在今后如何操作，如何在区域间和城市间比较公平地实现土地资源的分配，达到“效率与公平兼顾”，下一步城乡建设用地增减挂钩该怎么走，需要一些新的认识。本节基于公平理论对我国区域和城市用地政策谈些看法。

一、罗尔斯公平理论视角下的土地资源配置

对正义论原则的论述，是罗尔斯新自由主义思想的精髓。这些正义原则是：第一原则：每个人对与所有人所拥有的最广泛平等的基本自由体系相容的类似自由体系都应有一种平等的权利（平等自由原则）。第二原则：社会的和经济的不平等应该这样安排，使它们：①在与正义的储存原则一致的情况下，适合于最少受惠者的最大利益（差别原则）；②依系于在机会公平平等的条件下职务和地位向所有人开放（机会的公正平等原则）[①]。罗尔斯的《正义论》假设人们的起点是公平的，即“原初状态”，然后通过设置一个公平的制度来保证过程和程序的公平，即平等自由原则和公平机会原则，这样自然就会达到一个结果的公平。但是由于实际中，存在最初的不平等，即人在出生之始就因为社会地位不平等和自然禀赋不同导致的深刻且持续性的影响，因而为了达到每个人结果的公平，罗尔斯提出了“差别原则”，来补偿由于最初的不平等造成的差异。总体来看，目前主要存在三种公平观，即起点公平、过程公平（也被称作规则公平，通过规则约束来保障过程公平）、结果公平。

罗尔斯的公平理论对我们解释城市化中土地资源配置的效率和公平具有较好的借鉴和指导意义。城市化中土地资源配置的公平分配是以起点公平、机会公平及过程公平为基础和前提的，否则，分配就将是缺乏效率的，或者将是不可持续的。1994 年中央政府实行分税制以来，各地方城市成为经济发展的竞争主体，土地资本化成为城市化发展的杠杆，对土地资源的占有和支配成为影响城市发展至关重要的因素。城市发展必然存在竞争，城市主体之间“竞争能力”的非合理差异是影响城市间竞争“起点公平”的主要因素，而城市主体之间“资源占有量”存在非合理差异决定了城市竞争的非合理差异。因此，城市之间存在竞争起点不公平的根本原因就在于城市主体之间“资源占有量”的非合理差异。城市主体的“资源占有量”，是指城市在竞争起点上所具有的各种物质资源和非物质资源，一般来说是城市主体在竞争前活动的一种结果。必须关注的是，资源占有量的差异存在合理差异和非合理差异。在竞争起点上，如果是由于某种合理性

① ［美］罗尔斯．正义论［M］．北京：中国社会科学出版社，1988：10－23.

的因素[1]造成了这种城市之间“资源占有量”的差异，即被认为是一种合理性差异，由此所造成的城市主体之间“竞争能力”的差异，也被认为是一种合理性差异，合理性的差异应当被给予认可。反之，如果是由于某种非合理性的因素[2]造成了城市之间“资源占有量”的差异，那么这种差异将被视为非合理性的资源差异，进而由此造成的城市主体之间“竞争能力”的差异，亦被视为非合理性的差异，对于基于起点的非合理性的竞争能力差异必须进行一定程度的矫正[3]。这正好符合罗尔斯提出的以“差别原则”来补偿由于最初的不平等造成的差异。

在区域和城市之间的竞争中，过程是关键，绝大多数与竞争相关的因素都在竞争过程中发挥作用，竞争过程将最直接地影响到竞争结果。城市竞争主体的“理性”选择是追求利益最大化，为了获得竞争优势，各城市主体会采取各种不公平竞争的行为。因此，保证竞争过程的公平，是实现区域公平发展的核心。而中国的东部发达地区和中西部欠发达地区目前正处在这样一个状态。在20世纪80年代，邓小平提出两个大局思想，东部获得优先发展，东部地区，尤其是特区，在土地、税收等方面得到了无法比拟的优惠，我国东、西部的城市用地在竞争起点上存在着显著的“资源占有量”的非合理差异。区域和城市竞争中的竞争起点不公平是一个既成事实，我们应做的是基于“在与正义的储存原则一致的情况下，适合于最少受惠者的最大利益（差别原则）”，并遵循“依系于在机会公平平等的条件下职务和地位向所有人开放（机会的公正平等原则）”[4]，提供尽可能完善的差别化的土地、户籍、财税、金融等制度政策，以矫正各区域和城市主体之间在竞争起点上的各种“资源占有量”的非合理差异导致的持续影响，以程序的公正尽可能地引向资源配置的结果公平。

二、看似公平的土地政策实际对西部不公平

根据罗尔斯的公平理论，起点公平将影响到规则公平（过程公平），最终影响结果公平。因为在起点上居于优势地位的竞争主体在很大程度上影响甚至决定竞争过程中的规则，其目的是在竞争过程中也保持竞争优势，这种形态的竞争常常“貌似公平，实质上却不公平”，最终导致非公平的竞争结果。这一点准确地表现在我国东、西部对城市建设用地的竞争中。

---

① 如自然条件的因素、规模性的因素等。

② 如城乡性的因素、区域性的因素等。

③ 张辉．竞争起点公平与过程公平的实现［J］．华南师范大学学报（社会科学版），2007（6）：43－159.

④ ［美］罗尔斯．正义论［M］．北京：中国社会科学出版社，1988：10－23.

（一）发达地区以财政补贴政策打破了现有土地供给政策的实际公平

在当前我国政绩考核机制、财税体制、非市场化低价征地，以及地方政府竞争策略选择背景下，地方政府选择外延式扩张模式的经济收益和政治收益都明显高于内涵式扩张模式，地方政府基于理性人选择，自然会争相选择外延式低成本扩张，而经济增长中技术进步、制度变迁等要素对生产率的提高更多表现在增量土地上①，因此，在经济增长方式未获得转变的前提下，未来较长时间内，无论东、中、西部都将保持对土地要素的高需求。秦兴龙等（2005）针对长江三角洲地区工业地价形成的内在机理研究发现，在利用地价杠杆吸引投资的过程中，经济发达地区比经济落后地区更具有财政补贴和税收减免的优势以及更好的地缘优势、投资规模环境，导致发达地区的投资收益比经济欠发达地区高，因此在土地出让价格的竞争中具备显著优势，在投资项目竞争中更具有吸引力。这种竞争态势导致经济落后地区在土地出让价格上处于尴尬的两难处境，土地出让价格过低则无法获得合理的经济收益，价格过高则难以吸引到投资②。

这样一来，基于“理性人”选择，在国家统一的看似公平的土地出让政策和标准下，各区域为了取得相对的竞争优势会采取各种不公平竞争的行为。例如，当前土地“招拍挂”政策和“工业用地统一最低标准”等政策考虑了欠发达地区的经济水平，看似公平，但在执行过程中却因规则变异而失效。因为研究发现：东部地区对开发区新增工业用地的补贴最多，中部次之，西部最少③。东部地区利用自身已有的财政优势采取地方政府补贴，依然能够实行比中西部更优惠的招商引资供地政策。东部发达地区因为区位优势、先发优势、财力补贴优势而采取的不公平竞争的行为会严重破坏土地市场秩序，甚至使土地秩序彻底失效，进一步加剧不平衡发展过程。

（二）东部可以更高的“土地级差收益”获得更多发展机会，中西部落后地区发展受阻

现在发展最快的是直辖市、省会城市、计划单列市，这些基本都属于超大城市、特大城市。先发展起来的大城市以更高的“土地级差收益”获得更多发展机会，小城镇本身级差地租收益低，无法与大城市竞争而造成发展受阻，因此，在竞争起点上居于优势地位的大城市在以后竞争过程中继续保持获得机会的优势，中小城市和小城镇处于发展困境。而我国“三大增长极”都位于东部，大中城市也多位于东部，这种现状导致在同样严厉的土地政策下，东部可以更高的“土地级差收益”获得更多城乡建设用地置换的机会，而落后地区本身级差地租

①③ 张清勇．中国农地转用开发问题研究［D］．中国人民大学博士学位论文，2010.

② 秦兴龙，章波，黄贤金，濮励杰．长江三角洲地区工业地价形成的内在机理与博弈分析［J］．中国土地科学，2005，19（6）：44－48。

收益低，无法与发达地区竞争而处于发展困境。

（三）西部为东部承担外部成本

城市化对耕地的前期占用和破坏，及后期保护和限制是普遍规律，但不同区域和城市作为资源分享的主体，其分享土地资源的权利和机会应该是平等的。东部发达地区和欠发达地区的发达城市在改革初期都经历了大规模的廉价征用农地，低价甚至负地价提供工业用地招商引资的阶段。东部早期为人所诟病的“村村点火，户户冒烟”虽然有诸如环境生态等弊端，但却利用改革初期宽松的政策环境为城市发展极大降低了土地非农化的成本，为城市的发展打下了良好的规模基础，而后发展的区域或者之前“听话”的城市在后来的发展中却遇到了更严的土地管控和更高的扩张成本。东部发达地区在早期率先发展中通过“土地换资本，空间换发展”策略获得低成本高速扩张，造成的耕地紧张、环境污染等问题却要中西部地区同样承担“全世界最严格的耕地保护政策”。西部为东部发达地区承担外部成本，在一定程度上是“东部生病，西部吃药”。更需关注的是，西部正处在工业化和城市化起步发展期，同样严厉的土地政策是“砍了东部的尾巴，斩了西部的头”。这种部分地区和城市先期非理性占地、后期所有地区和城市共担责任的事实，本质是前期公共管理政策的失误所致，是一种基于城市和区域发展的起点不公平，其后期连锁效应也很易导致城市和区域在发展过程和结果上的不公平。

（四）主体功能区规划可能存在的缺陷

资料显示，我国22个限制开发地区，西部占了17个。薄文广等（2011）的研究认为，主体功能区的核心逻辑是“对外生条件和历史事件的绝对遵从，是对区域过去发展水平的一个事后承认或被动承认”，存在“越富越支持，越穷越限制”的问题。主体功能区划分标准有欠严谨，存在较大的随意性。和主体功能区战略配套的各种投资政策、财政政策、产业政策、环境政策、地方政府考评体系等方面存在不完善，这种现状势必导致我国主体功能区战略不仅在短时间内不会缩小我国的区域发展差距，相反，在相关配套政策不到位的情况下，随着主体功能区战略的推进，我国区域间的差距将会扩大，而不是缩小①。

主体功能区战略的确定很大程度上依据所谓因地制宜原则，其理论依据遵循静态比较优势理论，而研究发现，改革开放以来西部只有资源密集型行业的比较优势得到了强化②，基于传统比较优势理论的固有缺陷容易导致产业结构的“低

① 薄文广，安虎森，李杰．主体功能区建设与区域协调发展：促进抑或冒进［J］．中国人口·资源与环境，2011，21（10）：121－128。

② 李国平，李具恒．梯度理论创新与西部开发的战略选择［J］．中国软科学，2003（4）：128－132.

端锁定”。对于西部欠发达典型区新疆的研究发现，新疆资源优势未能有效转换为竞争优势[①]，“比较优势陷阱”凸显[②]，资源诅咒特征明显[③]，甚至处于资源诅咒严重区[④]。在这种现状背景下，由于主体功能区的核心逻辑是对外生条件和历史事件的绝对遵从，是一种“越富越支持，越穷越限制”的思维体现，相比发达地区，主体功能区战略对落后地区具有更大限制作用，其“东西互动，优势互补”策略会不会加剧西部的资源依赖、加剧“资源诅咒”也值得思考。

三、基于公平理论的解释

实际上，在改革开放初期，我国的西部大部分落后地区与沿海发达地区的经济发展和生活水平差距并不明显，但是在改革开放之后，尤其是1992年开始实行市场经济之后，东、西部差距加速形成并不断扩大。西部地区落后的原因，一方面遵循西方经济理论所阐述的一般机理，另一方面也具有其特殊性，这是西方经济学的某一种理论所无法完整解释的，而根据公平理论则可以得到可能的解释：竞争起点不公平将持续影响过程不公平，并导致结果不公平。东、西部城市发展竞争中，如果在竞争起点上存在明显的“资源占有量的非合理差异”并进一步引起竞争力差异，随之而来的过程中，这种“不公平效应”将会被持续放大，必然会导致“不公平的结果”。而这一“不公平的结果”进而又会在新的一轮竞争中成为新的“不公平的竞争起点”，进入下一轮不公平竞争的循环。

如果能保持过程公平，东、西部城市在竞争起点上虽然存在“初始条件的差异”，但有可能在竞争过程中通过自身努力缩小差距，但是，在起点上居于优势地位的竞争主体在很大程度上影响甚至决定竞争过程中的规则，其目的是在竞争过程中也保持竞争优势，这种形态的竞争常常“貌似公平，实质上却不公平”，最终导致非公平的竞争结果。因此，在竞争起点上居于优势地位的城市竞争主体在竞争过程中继续保持获得机会的优势，后发的地区和城市处于发展困境之中。城市的发展好比鱼缸里的金鱼长身体，先长的金鱼占用大量资源自由生长，甚至破坏性增长，后长的因为空间资源稀缺就严格限制它的生长，甚至不允许它生长，这是一种典型的基于竞争起点的起点非公平，及后续的过程非公平和结果非公平。

在城市土地利用政策中，东部发达地区以竞争起点优势决定过程不公平的实

① 韦亚平．新疆区域经济与城市化协调发展探讨［J］．经济地理，2007（4）：553－557.

② 陈闻君，胡序勇．对新疆资源富集区产业发展“比较优势陷阱”的理论分析［J］．理论视野，2012（11）：68－70.

③ 孙庆刚，秦放鸣．“资源诅咒”在我国省际层面传导机制：理论与经验［J］．石河子大学学报（哲学社会科学版），2011（2）：74－79.

④ 马跃辉，高志刚．新疆资源诅咒问题的实证分析［J］．新疆社会科学，2013（3）：36－41.

践表现是这样的：当前的用地政策多是由发达地区的学者和官员，根据发达地区的经验或教训，提出全国性的紧缩性或鼓励性政策建议，而中央决策层具有决定作用的领导也多来自发达地区，基于全国用地形势、个体感受、视野所及，总体权衡审批并实施相关政策建议。而欠发达地区由于发展阶段和禀赋所限，很多在竞争过程中不断出台的政策，对欠发达地区具有非常明显的限制作用（如工业用地限价政策、主体功能区战略等）。欠发达地区欲享受东部地区在改革开放之初的优势政策资源几无可能。在东、西部城市用地政策方面，由于起点竞争不公平可能导致的过程（规则）不公平，有必要进行相应矫正，以利于东、西部区域均衡发展、和谐发展。

四、结论

研究发现，当前“中国最严格的耕地政策”“集约节约用地”等政策虽然有合理性和必要性，但对于处在工业化初、中级阶段的西部经济欠发达地区，形成了客观上的制约作用，存在为先获得发展的东部地区承担外部成本的嫌疑。我国新的区域发展总体格局已全面形成“东部率先、中部崛起、东北振兴、西部开发”的所谓“四大板块”[①] 战略，区域间的激烈竞争表现为对产业的竞争。但我国区域援助政策体系存在严重缺陷，以前是“一刀切”，现在是普惠制，普惠制使得政策泛化，重点不突出[②]，四大板块之间难以形成有效政策梯度，成为“都优惠就没有优惠”。甚至有研究指出，落后地区获得的许多优惠是仿照东部的普及，并且西部的总体优惠水平还是低于东部，乃至不及“振兴东北等老工业基地”的政策含金量高[③]。

“公平分享”是改革发展成果分享的一个重大命题，公平化是可持续发展概念的核心内容之一。针对东、西部城市用地政策中存在的不公平问题，本书提出两点建议：

（1）基于差别原则，对落后地区实行差别化土地优惠政策。当前的工业用地出让标准虽然是一种差别化地价的体现，追求“有保有压、区别对待”，但是否能体现基于公平理论的“差别化补偿原则”，尚有疑问。有必要对东、西部土地政策落差进行时间上的纵向比较研究和现阶段空间上的横向比较研究，评价一下西部大开发的土地政策与东部早期和现阶段相比到底是优势还是劣势，然后结

① 四大板块是指东部、中部、西部、东北。2006 年 4 月，中央发布了《关于促进中部地区崛起的若干意见》。至此，国家关于区域发展的战略体系初步形成。随后，中央明确将其概括为区域发展总体战略，一般简称“四大板块”战略。

② 魏后凯，邬晓霞．我国区域政策的科学基础与基本导向［J］．经济学动态，2010（2）：57－61.

③ 李汉文．下阶段西部大开发税收优惠政策取向分析［J］．贵州财经学院学报，2011（4）．

合各区域产业比较优势制定东、中、西部合理落差的土地政策，形成促进产业向西部转移的土地政策梯度，有利于东、西部产业转移。

（2）基于机会的公正平等原则，维护过程实际公平。第一，对工业用地出让加强监管。虽然中央政府严令工业用地出让按统一标准进行，严格禁止财政补贴行为，但实际上由于信息不对称，中央政府甚至难以做好对地方政府违法用地的有效监控，对地方政府的变相补贴行为的监管将更难奏效。一方面，应该采取措施加强监管，维护土地参与宏观调控后发达地区和欠发达地区土地政策的实际过程公平。另一方面，当前工业用地出让标准是否真实、合理地反映了各地区之间经济差距，这个差距是否能够体现对落后地区合理的差别化补偿有待重新考量。本书认为基于差别原则，对西部“老少边穷地区”应该给予更优惠土地政策，甚至零地价政策，要保证土地政策竞争过程中的实质公平，并有利于土地政策梯度的形成。第二，按最佳城市规模采取城市发展用地中的分级限制政策。东部发达地区也有欠发达区域，西部落后地区也有发达区域，无论东、中、西部，对发达区域和大城市应该提高土地要素价格，提高城市扩张成本，促进产业升级和经济增长方式转变；对落后区域、中小城市和小城镇采取鼓励和支持性用地政策，有利于促进城市升级、区域均衡发展和提高当地人民生活水平。建议按最佳城市规模采取城市发展用地中的分级限制政策，据研究，城市最佳人口规模为100万~400万人[①]，按人均100平方米建设用地标准计算[②]，最佳城市用地规模为100~400平方千米，建议在计划内指标和城乡建设用地增减挂钩政策执行中都对达到或超过最佳城市用地规模的城市采取分级限制，逐级严厉地限制用地，并利用土地级差收益规律引导改善城市空间和规模布局，引导产业布局朝这些地方转移，为大中小合理搭配和谐发展的城镇体系服务。

五、对新疆的启示：抓住机遇构建低成本城市框架

研究比较发现，2000年后开始的西部大开发政策是对东部的模仿，而且无论是税收还是土地优惠都远没有东部早期发展时候优惠，但是2010年新疆工作座谈会后，中央给新疆的优惠政策已经显示出了明显的优惠。建议进一步构建优惠政策梯度，在地价和税费方面进一步优惠，进一步完善投资软环境，趁着新疆

① 规模在100万~400万人的大城市，净规模收益最高，达到城市GDP的17%~19%。超过这个规模区间，净规模收益逐渐递减，而规模小于10万人的城市，则无法取得净规模收益（王小鲁和夏小林，1999）。

② 建设部2005年重新颁发了《城市用地分类与规划建设用地标准》，国家用地标准的最大区间为60~120平方米/人，指定引导标准100平方米/人。

土地政策在全国最优惠的时候用地适当粗放[①]，进行低成本城市扩张，完成产业集聚。

在此方面需要更加降低用地成本，还需要防止土地投机。办法有三：

一是实施低价供地策略，在各种优惠都兑现后，可以达到“零地价”或“一元地价”效果，实惠显著，也有利于招商营销。

二是实行弹性年期出让政策，降低投资商获得成本。推进工业用地弹性出让和年租制，结合企业生命周期规律，分行业建立工业用地弹性年期出让制度。

三是构建弹性用地期满后的用地退出机制。需要减少土地转让成本，降低企业退出门槛。

第七节　基于“人地匹配”的城乡建设用地挂钩置换模式研究

前30年的“经济发展奇迹”以及城市化成果实际经历了一个享受“城郊农村土地红利”和“非城郊农村人口红利”的过程，城郊农村的城市化成果也没有通过有效的二次分配“用之于农，用之于公”，而是“用之于城”，导致非城郊农村不能公平分享城市化成果，当前半城市化现象及背后各种不良问题日趋显化。而目前城郊农村的土地红利因城市扩展受限而逐渐缩小，各地方政府企图借用国土部“城乡增减挂钩”政策将以往城市化模式复制到远郊农村，这是一种违背经济和社会发展规律的现象，是威胁和谐城市化、和谐社会的危险苗头。

城市化成果一是来自城市人口自身的发展延续，二是更多来自农村人口向城市的转移（据中国人民大学经济研究所的研究，我国城市人口的增量中，71.8%是农业户口）。但我国城市化存在两个严重的问题：第一是半城市化现象；第二是土地城市化速度远超人口城市化速度。两个问题背后是“城乡用地双扩大”。

农村人口城市化是通过“自然城市化”和“土地资本化”两种路径来实现的。自然城市化包括农村子弟上学、经商打工、参军招干等传统路径，土地资本化路径包括“政府主导城市化”和“农民自主城市化”。城市郊区土地因其地理位置优势，具备传统的自然城市化和土地资本化两种路径，而非城郊农村一般只能依靠自然城市化这个缓慢过程。从战略角度看，农民进城是大势所趋，城乡建设用地内部置换是未来城市化用地必经之路，土地资本化助推农村城市化是客观

① 工业化初级阶段，粗放增长方式是难以跨越的阶段，理论原因在本书第二章有陈述，第四章有实证研究。

需要。实现广大农村在人、地、城市化和谐基础上的人地分离，改善旧的半城市化，避免新的半城市化，具有重大实际意义。

一、农村城市化的本质和问题

（一）农村城市化的本质

从土地经济学的视角看，农村城市化的最重要特征是土地非农化以后带来的土地级差收益的大幅攀升。土地的资本化成为一个国家、一个区域，甚至一个村社高速成长的发动机，是它们创造经济奇迹的秘密①。土地资本化的模式分政府主导的城市化和农民自发的城市化。土地资本化的区域分城郊和非城郊。土地资本化的区域选择决定了土地级差收益分享的归属区域，土地资本化的模式决定了一定区域内土地级差收益的归属主体，土地资本化模式和区域的选择共同决定了城市化的道路。农村城市化的本质是土地非农级差收益在不同区域（城郊和非城郊）及不同参与主体（政府、企业和农民）之间的博弈与分享②。和谐、可持续的农村城市化的关键是要兼顾“分享级差收益的区域和主体”。

（二）现行农村土地资本化的问题

（1）城郊扩张，政府主导，农民利益被剥夺。从我国以往城市化发展历程来看，土地资本化区域主要选择在城郊土地优势区位，土地资本化的模式主要是政府主导、农民被动的城市化，农民自己主导的城市化是极少数。从受益区域看，土地非农级差收益为城市近郊分享，身处偏远农村的农民被排除在土地非农级差收益之外，不能公平分享城市化的成果；从主导模式和受益主体看，是政府主导，主要利益归政府和开发商所有。

（2）成片开发，强力推进，造成“揠苗助长”式的被动城市化。在土地开发过程中无一例外都采取整片开发，高效便捷，但这种“一锅端”的城市化忽略了人的城市化适宜性，片区中很多农民在意愿和能力上还没做好城市化的准备，被“揠苗助长”，结局是被抛出城市化之外。

（3）就业、社保等配套措施与人口非农化速度不匹配。我国就业形势长期以来面临的是城市工人下岗，大学生就业难，在这种情况下为4000万以上失地农民解决就业问题势必停留在宣传和承诺上。社保方面，事实上，城市政府对城市职工的养老保险和社会保障都存在严重资金缺口，目前一些发达地区也仅仅给予失地农民每月不到200元的保障③。农民失去土地，社保和补偿工作又不到位，又缺乏城市就业能力，造成大量“三无”人群。撒切尔夫人曾经批评英国福利制度：“在为每一个公民布置了一张安全网的同时，却忘了为他们架设一把向上

① ［秘鲁］德·索托．资本的秘密［M］．于海生译．北京：华夏出版社，2007.

②③ 蒋省三，刘守英，李青．土地制度改革与国民经济成长［J］．管理世界，2007（9）：34－42.

爬的梯子[①]。”与此相反，我国以征地、拆迁、城乡增减挂钩等模式高速推进的农村城市化往往从一开始就把农民强行架上了一个难以爬上的梯子，下落的时候遇到一张满是漏洞的网。

（4）非城郊农村在“二元城市化格局”下不能公平分享城市化成果。农民工是农村的精英，具有更高的城市化能力和意愿，具有更高的城市化适宜性，但非城郊农村土地的城市化适宜性在目前制度环境下处于劣势，其上承载人口因缺乏土地资产支持而导致城市化困难，摇摆于城乡之间，形成“两栖”。现行的农村城市化模式不仅没有带来预期的城乡建设用地效率提高，反而由于非城郊农村发展需要受到不合理抑制而导致出现大量违法用地，对耕地保护形成威胁，使政府陷于治理无效的尴尬境地，带来新的二元经济结构和收入差距[②]，并引起区域间的“马太效应”。

（5）小结。现行农村土地资本化的特征有四：一是选取城郊区域，对非城郊有失公平；二是从土地的城市化适宜性出发，忽略了人的城市化适宜性，“以地为本，取地留人”，造成大量“三无”人群，造成土地城市化和人口城市化不协调；三是从土地城市化和人口城市化成本对接角度看，回避了城市化的经济成本而转嫁到社会成本；四是非城郊农村失去土地资本化助推产生“两栖”和“马太效应”。“三无”和“两栖”是目前半城市化的主因，本质根源有两点：一是人与地的城市化适宜性不匹配，二是人、地城市化成本不对称。

现有这种“自下而上的整体”城市化模式忽略了人对城市化的适应性，从根本上改变了被征地农户传统的经济发展模式和土地利用方式，改变了农户的职业模式和生存方式，进而改变了被征地区域整体社会结构，初步形成了一种以强制性迁移模式与职业变迁为轴心的社会分化机制。这种社会整合过程，更体现出城乡二元政策和为实现国家城市化的原始资本积累提供必要土地资本。许多失地农民在意愿和能力上尚未做好城市化的准备，被动接受城市化结果，结局可能被抛出城市化之外。特别是政府主导型，而原居民被动参与的征地形式意味着原居民要离开熟悉的经济社会环境，进入到很不熟悉的另一个地域。其原有的地方性知识、技能往往大部分变得毫无用处，许多居民可能立即从一个农业或者兼业的专家变成没有专长、无依无靠的失业劳动力[③]。而原有的社会网络几乎完全断裂，社会资本失效，需在相当长的一段时间内才能重建新地区的各种关系网络，

---

① 郭静．解析当代英国执政党竞选中的福利主张——政党竞争与福利政策［J］．欧洲研究，2009（2）：15－32.

② 叶剑平，莫晓辉．城市化的路径选择［J］．中国土地，2009（7）：27－29.

③ ［美］詹姆斯·C. 斯科特．农民的道义经济学：东南亚的反叛与生存［M］．程立显，刘建等译．南京：译林出版社，2001.

重学各种生存技能，因此难以在短期内实现与迁移地的社会经济融合。被征地农户在强烈的不公平和不安全意识支配下，也更容易成为经济社会发展中的不稳定因素。

二、土地资本化助推非城郊农村城市化机制创新

未来农村城市化只要紧抓住“人、地城市化的适宜性匹配”与“土地城市化和人口城市化的成本对接”这两大原则就可以实现和谐真实农村城市化。而“人、地城市化适宜性相匹配”将不得不面对非城郊农村区域人口和土地问题，“土地城市化和人口城市化成本对接”必须解决土地非农级差收益的合理分配问题。本部分就以非城郊农村区域人口、土地城市化问题进行理论和实践创新探索。

（一）创新基础分析

1. 土地位置固定性障碍如何突破

在现有制度供给下，非城郊农村地区分享级差收益存在一个难以逾越的障碍：土地位置的固定性。似乎非城郊农村土地不具备分享城市化级差收益的禀赋和可能性，原因在于土地的三大属性（即经济属性、社会属性和自然属性）和三大功能（即资源、资产和资本的功能）的综合效益都没有发挥出来。从土地属性来看，经济属性，即土地是有价的，需要通过市场配置不断促进和提高其利用效率；社会属性，一是土地利用要保证土地使用者之间的公平，二是农村土地在一定程度上还在发挥社会保障、政治稳定的作用；自然属性，即要求土地的有序和永续利用[①]。从功能来看，土地作为资源，可以有效地配置；作为资产，可以定价和交易；作为资本，可以融资和流动。因为级差土地收入产生于土地资源的流转，要发挥级差地租规律的作用，就必须促进农村土地流动和交易，强化资本功能。

土地的经济、社会属性和资产、资本功能说明非城郊农村土地和城郊土地一样有“权”也有“可能”分享土地非农级差收益。这种“可能”在于：土地本身不可流动，但是土地的“权益”可以流动，如果将非城郊农村集体建设用地整理复垦，连同耕地面积一同兑换成“土地权益书”，城市可凭“土地权益书”登记集体建设用地面积征用城郊耕地，由此则可实现土地不入城市，权益入城市，而农民凭借“土地权益书”登记面积分享级差收益[②]。凭借“土地权益书”

---

① 叶剑平，金晓月．以用途管制为导向健全农村土地管理制度［EB/OL］．国土资源网，2010-09-13.

② 胡存智．构建城乡土地自由流动的政策工具——以换地权益书保障土地要素返流的探索［J］．中国土地科学，2009（12）：4-9.

完成土地的替代，“动权不动地”的方式可以突破非城郊农村土地位置固定性障碍，实现远距离大范围土地置换。

2. 城市扩张成本与人口城市化成本的对接

（1）把增加非农占地与农民工市民化挂钩。从中央政府控制非农占地策略和推进城市化角度来衡量，中央政府很难区分城市化和工业化正常发展占地和过度扩张占地的界限，因而没有控制和审批各地土地占用增长的客观标准，用行政办法、计划思维控制土地占用和审批，费时费力，效果差，争议大。现有城市化不同程度回避了城市化扩张所应承担的经济成本，经济成本转化为社会风险成本，城市扩张一再失控，耕地保护困难。原因在于，农村土地的非农化缺乏内在约束机制，无法遏制大城市占用农地、低成本扩张的冲动，同时在城市化过程中只关注使用廉价劳工而回避相应的经济和社会责任。如果将城镇征用农地指标与非城郊人口市民化指标挂钩，可以使城镇扩张与城市化的真实成本建立起对应关系，形成土地非农使用的内在约束机制，发挥约束农地占用、调节地方竞争方向的作用。

（2）促使城市扩张成本和人口城市化成本主动对接的措施。如果制度不能适当地反映资源稀缺性和经济机会，经济中就会出现行为的扭曲①。世界银行的一份研究报告指出，当人均 GDP 小于 500 美元时，农民以分散的自给自足式经营土地为主，当人均 GDP 大于 1000 美元之后，农村土地的商业运作和市场价值才能开发体现出来，表现为土地拥有者强烈的转让土地的意愿②。不是所有城市都适合城乡用地置换，有经济门槛，违反这个规则就必定发生对农民的强迫，发生“把农民打上楼”。制止城市低成本扩张有利于体现土地资产价值，有利于财政收支平衡。为迫使城市扩张成本与人口城市化成本对接，须制止在城郊强迫性、成建制的城乡增减挂钩行为，综合考虑计划内指标和挂钩指标分配，迫使城市向远郊适宜城市化农村人口要地，并主动解决其城市化相关问题。

3. 关于土地非农级差收益的分享

（1）公私兼顾，市场分配。当前关于土地级差收益的分配现状是：理论争议大，不能有效指导实践，现实和各种理论期望都不一致。和农地转用补偿有关的马克思地租理论，“涨价归公”和农地发展权等相关理论研究，在理论界一直存在“涨价归公”“涨价归私”到越来越多“来源多元，分享兼顾”的争论，至今难以达成一致。一方面是理论不能指导实践，另一方面是政府行政权力垄断，结果是现实的混乱：既没有像争论中那样归公（政府全占或占绝对优势），也没

① R. 科斯，A. 阿尔钦，D. 诺斯等．财产权利与制度变迁——产权学派与新制度学派译文集［M］．上海：上海三联书店，上海人民出版社，1994.

② 胡克梅，杨子蛟．对集体建设用地使用权流转的思考［J］．中国房地产，2003（11）：13－15.

有归私（农民全占或占绝对优势），更没有达到理论界期望的“公私兼顾”（没有合理地“用之于公”或“用之于农”，更多是“用之于城”和“非土地所有权使用权者”）。据中国社会科学院农村发展研究所和国家统计局农村调查总队在2005年的调查统计：“被征用土地的收益分配格局是，地方政府占20%～30%，开发商占40%～50%，村级组织占25%～30%，农民占5%～10%。”“涨价”大部分归了政府和开发商，作为土地所有权和使用权者的农民拿到很少或彻底没有，还有一部分流失到难以统计的“寻租收入”。这个结局和各种理论的期望都不一致，也和我国《宪法》《土地管理法》《物权法》《民法通则》相关条例都不符合[①]。

“归私”不能解释公共投入对土地价值的贡献，而且土地出让金对我国经济和城市的贡献有目共睹，如果不能很好体现“归公”这一块，国情也不允许，难以指导中国实践。“归公”不能解释“白菜涨价归谁”和“城市炒房团”现象，也不能解释农民作为所有权和使用权者对土地天生拥有的财产权（权利本身就有价），显然也没有说服力。所以笔者赞同公私兼顾，但级差收益在各主体间的分配应该由市场确定。从国际经验来看，各国曾尝试过形形色色的补偿标准，但最后，合理补偿都收敛于土地的“公平市场价格”上。这一趋势不是偶然的，合理的市场最善于发现合理的价格，最善于无争议地分配土地非农级差收益，操作成本也最低。

（2）对非城郊农村的补偿应该与城市所得到的近郊优势区位挂钩。“归公”论者认为，农地因“位置”身价百倍，而农地之主对“位置的生产”显然没有贡献，也不因此耗费代价，为什么要由他们享受土地涨价的好处呢？这是对偏远农村土地价值认识不足而产生的歧视和偏见。周其仁（2004）认为，“权力本身就是有价的”，传统理论忽略的，是农地之主对土地增值有一项重要贡献，那就是“放弃”农地的使用权。倘若地主不放弃土地使用权，工业家、地产开发商、城市规划官员们看中的“位置”，增值从何谈起？[②] 笔者认为，需明确对非城郊农村的补偿与当地经济发展水平无关，而应该与城市所得到的近郊区位挂钩。

（3）“保证人民生活水平不降低”是对土地非农级差收益的否认，对农民发展权、生存权的忽视。“保证人民生活水平不降低”“以土地原用途定价”，从出发点上就是对农民发展权，甚至生存权的忽视，对农民获得非农级差收益合理性

---

① 《宪法》第十条、《土地管理法》第八条、《物权法》第五十九条、《民法通则》第七十四条分别明确规定：“农村和城市郊区的土地，除由法律规定属于国家所有的以外，属于集体所有”；或者“农民集体所有的不动产和动产，属于本集体成员集体所有”；“劳动群众集体组织的财产属于劳动群众集体所有”；“集体所有的财产受法律保护，禁止任何组织或者个人侵占、哄抢、私分……”

② 周其仁．农地产权与征地制度［J］．经济学，2004（4）：193－210.

的否认。世界是发展的世界，为什么献出土地为城市化做出贡献的农民只能保证原地踏步不降低？为什么农民不能利用自己的土地保证发展？农民不该“停留在历史某一点”。补偿水平并不是基于“公理”或者“合公理的法律”，而是利用个别法律（和《宪法》及其他法律有悖的《土地管理法》）中的个别条款强制进行，如果农民或多或少取得了土地非农级差收益，那取决于当地经济发展水平及各方主体间的博弈。那么“保证不降低，降低谁人问呢”？“失地农民中，生活水平较征地前提高的不到10%，而失去收入来源、生活水平降低的失地农民占60%”（据中国社会科学院农村发展研究所、国家统计局农村调查总队2005年调查）。

（4）勿以“贩土豆”思维对待土地。从实践来看，城乡增减挂钩试验在全国各地补偿差异巨大，一方面反映了各地经济发展水平的差异，另一方面发现各地方政府在模糊、淡化、转移对土地非农级差收益的认识上是一致的。买地时是“垄断的计划经济”，强制低价，卖地时是“垄断的市场经济”，价高者得，以“贩土豆”思维对待土地这种稀缺资源。一旦土地非农级差收益大部流失到非土地所有权和使用权者手中，城乡增减挂钩就彻底沦为地方政府大肆圈地的工具。

（二）路径创新

（1）创新思路：“一个区域两个原则两种方式”。一个区域，是指将非城郊农村区域作为化解“半城市化”问题一个重要关注点；两个原则，是指以“人、地城市化适应性相统一”和“土地城市化成本和人口城市化成本对接”为原则，作为解决“半城市化”问题的两把钥匙；两种方式，是指采取“以人为本，因人选地，土地权益书替代土地”的方式促成“人、地城市化适应性相统一”，以“增加非农占地与农民工市民化挂钩”的方式促成“土地城市化成本和人口城市化成本对接”，最终达到非城郊农村人、地、城市化和谐基础上的人地分离，实现公平、和谐城市化。

（2）机构基础：要求各市县国土部门成立“土地权益交易中心”，并建立一个“土地权益周转库”。国土部门须给各市县配给启动土地权益周转用地指标，建土地权益周转库。启动指标专用于城乡间土地权益的置换。

（3）实现步骤：首先由权利人向定居意向城市提出置换申请，当地国土部门进行资格审查合格后交给“土地权益交易中心”，登记入“土地权益周转库”，给农民颁发“土地权益书”，宅基地和耕地集体土地所有权转为国有。城市则根据农民持有“土地权益书”登记面积直接给予权利人包括户口、就业、保障、子女入学、医疗等在内的一切同等市民待遇，并根据谈判协商给予一定城市住房保障或现金补偿。然后城市可根据“土地权益书”登记宅基地面积在城市近郊征占耕地。由此实现“土地权益书”对农村土地的替代，实现“地不进城人进城”。

非城郊农村土地退出机制如图6－1所示。

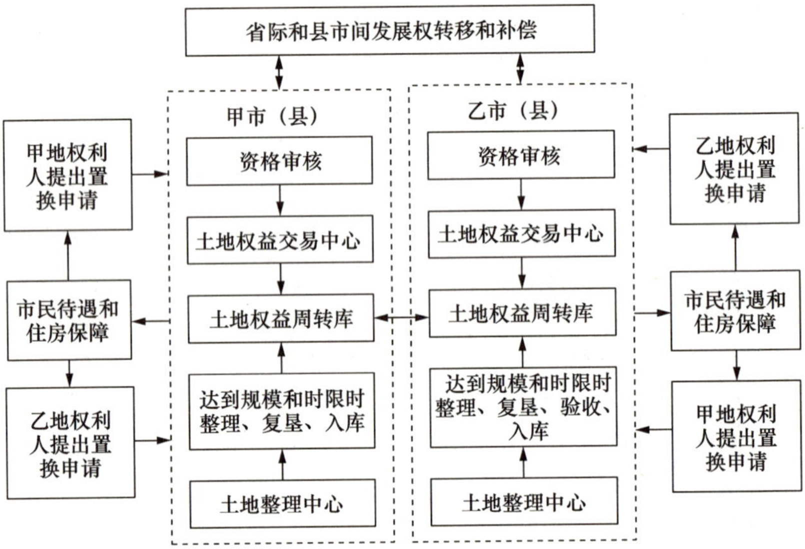

图6－1　非城郊农村土地退出机制示意图

如果是本地农村人口申请置换，则由本地土地整理中心进行整理、复垦、验收、入库，完成城乡建设用地置换平衡。但非城郊农村土地整理由于土地来源的随机性和零散分布特点，难以做到成片整理，不利于规划和利用。解决办法：一是提倡农村宅基地之间及与其他集体建设用地之间内部置换，力争将整理区位置换到成片宜耕作区域；二是可以滞后几年整理，鼓励通过“城市引力，农村推力”措施在非城郊农村形成土地流出规模。如果是异地人员申请，则资格审查后交定居意向城市“土地权益交易中心”，该“土地权益交易中心”与宅基地所在市县“土地权益交易中心”联系，给予一定发展权转移补偿和委托复垦成本费，购买到“土地权益书”，由宅基地所在市县土地整理中心进行整理、复垦、验收、入库工作。

需要强调的是：①置换原则：依法、自愿、有偿、平等。②资格要求：权属明确、符合规划、自愿、在城市居住和工作一定期限等。③土地权益书范围：可以是单纯的宅基地权益置换，也可以包括耕地和其他集体建设用地。④适用人群：自己或者父祖在农村拥有宅基地，已购房定居城市，但欲退出宅基地和耕地以提高城市生活质量者；在城市工作一定年限，但存在城市化困难的两栖人群、新生代农民工、大学生、经商办企人员等。

（三）土地与市民化配套政策体系

政策创新贯彻需要机制保障。非城郊农村人口和土地占农村主体，其城市化问题应上升到国家未来发展战略位置，并纳入地方政绩激励、建设用地指标分配、财政转移支付、金融等各个子系统，将国家战略转化为地方政府战略，目标一致，形成合力。非城郊农村土地的退出，需要一系列配套政策构筑有效运作平台，包括宏观层面的计划引导和市场配置的结合，中观层面的土地与户籍、土地制度、土地与就业、土地与社保等，微观层面的城市规划和实施规定等。

三、政策建议

现行农村城市化模式的缺陷是从“土地的城市化适宜性”出发，忽视人的城市化意愿和能力，“以地为本，取地留人”；新路径的优点是从“人的城市化适宜性”出发，“以人为本，因人选地”。但新路径在土地的城市化适宜性上存在一些障碍和缺陷：一是土地位置固定性障碍；二是“土地权益书”的流通涉及省际或县市间发展权的转移和补偿问题；三是资金平衡。要实现“人、地城市化适宜性的统一”和“人、地城市化成本的对接”，在实践上需要一些突破。

（1）启动周转指标，压缩计划内指标。国土部门须给各市县配给启动周转用地指标，建土地权益周转库。启动指标专用于非城郊农村宅基地和其他建设用地权益的置换。既然如科斯和诺斯所言，如果制度不能适当地反映资源稀缺性和经济机会，经济中就会出现行为的扭曲，则有必要制止在城郊强迫性、成建制的城乡挂钩行为，鼓励城市向远郊适宜城市化农村人口要地，迫使城市扩张成本与人口城市化成本对接，并有利于实现财政收支平衡。

（2）驱动机制和政府职能的突破。驱动机制决定结果。地方政府在土地非农转用中一贯是主导者，也是利益的主要获得者，这是在当前分税体制及 GDP 政绩激励下其“经济人”本性选择。如果不能改变中央与地方的利益分配机制，不能改变唯 GDP 政绩激励体制，则政府将长期持续对“土地财政”的过重依赖，政府和市场的边界就无法厘清，政府越位充当利益主体的现状就无法改变，农民利益难以保障，城市化难以摆脱表面的轰轰烈烈。

（3）省际发展权转移渠道的建立。人口的城市化移动在全国有随机性，因此发展权转移和补偿不光要考虑省内，还要考虑省际。需研究省内和省际不同层次、区域间纵横向协作和谈判机制。需制定指标流入流出双方都能接受的补偿办法和标准。“全国一盘棋”，统筹全局，标准上要国家统一和各地实情结合，但指标流动渠道必须高效畅通，达到各省互认、流通和接续的无缝对接。

(4) 以“人地权利一致”为原则建立城乡一体化市场。城乡统筹，土地是撬杠，出路在“人地权利一致”，因此起点是土地，终点是城乡公共服务均等化，中间是土地市场。应将城乡分割的土地市场纳入同一体系，形成“同地、同权、同价、同市”的城乡统一的土地市场体系。

(5) 资金平衡依赖财政和市场，不能要求资金自求平衡。应该有资金配套政策和市场共同支持。国家及地方政府必须首先保障一定的公共财政投入。如果仅仅依靠市场调节，要求资金自求平衡，将十分不利于农村宅基地整理、复垦、置换工作的开展，只有在特定的条件下可以实施。更不该以短期自有资金不能平衡来认定农村宅基地价值还不足以冲抵平衡资金，并以此为借口，凭借行政权力和博弈中垄断地位压低宅基地置换价格。

(6) 根据经济发展水平确定补偿形式。在补偿形式上各地可根据经济发展水平，采取多种形式。经济发达地区可以采取权利人满意基础上的一次性补偿，经济欠发达地区可以采取土地入股、持续获益形式，也可允许农村土地保留发展权，以集体土地性质加入城镇化。避免对农民产权的置换与补偿高度依赖于城市土地开发的增值收益，一旦受到经济下滑的影响，政府就难以弥补此前投入，使城乡资金与土地的循环难以为继①。

本书旨在发现当前农村城市化中存在的弊端，以城市用地指标与农村人口城市化指标挂钩为宗旨构建制度创新路径，提出政策建议，有助于真实、和谐、高质量城市化的实现。

需要强调两点：一是在城市化必然趋势面前应该勇于创新，有所作为，不做看客，但宜以市场机制为基础，农民自愿为前提，群众满意为首要标准，不能再以任何借口或被当作借口延续损害农民权益的城市化，否则不如“无为”；二是历来改革和创新的困难阻碍往往不在于问题本身，而在于管理能力、协调机制瓶颈所限②。因此创新的实施应该在多层次、全方位管理的配套和完善之后。

四、建议利用跨省域指标置换体现“两个大局”思想

首先，提出两个差别化政策建议：一是实行人地挂钩的建设用地总量控制办法；二是允许东部和新疆进行土地开发指标和城乡挂钩指标的跨省流动。建议从人的基本权利出发，实行人地挂钩的建设用地总量供给办法。

该建议的理论前提是：假设在一个国家，尤其是社会主义土地公有制国家，每个人拥有建设用地的权利是均等的，每个人都该无偿地或者同等代价地获得同

① 叶剑平，莫晓辉. 城市化的路径选择［J］. 中国土地，2009（7）：27－29.

② 马长发，刘双良. 让城镇化去伪存真——增减挂钩的推进与“伪城镇化”的预防和治理［J］. 中国土地，2011（4）：42－44.

等数量的建设用地（包括居住用地），占有建设用地数量超过平均值的地区或者个人，是以占有其他地区和个人平均拥有资源的权利为代价的，超常占有的地区和个人必须付出超常的代价。

每个地区应该安排多少建设用地，总量以享受同等待遇的城市户籍人口确定。要想获得更多建设用地就要吸纳接受更多户籍人口，或者与西部进行建设用地指标置换。这样很多东部大城市都超过了和人口挂钩的建设用地总量，非公共用途或特殊重大项目用地不再安排计划用地指标（彻底堵死计划用地指标），除了本域内城乡建设用地挂钩置换，以及与新疆（此法应用于个别落后地区）跨省置换城乡挂钩指标和土地开发整理指标外，再无出路。这样东部发达地区用地成本提升，必然爆发出向城乡挂钩指标要地、向西部置换指标的热情。

可以“权益书”“地票”等工具为中介，建立全国一体化的土地市场。西部落后边远地区把土地复垦成耕地，就可以把指标卖到东部大城市，全国各地落后地区的农民都可以享受城镇化带来的土地增值收益，土地资源也可以得到更有效的利用，对保护耕地也是重大利好。

这样一方面帮助国家更多解决了人口城镇化问题，另一方面东部为新疆置换了更多发展资金，实现了跨区域的空间换资本策略。而新疆的土地开发、整理整治工作也将得到更多来自东部补贴的收益。

相应地，新疆当前不宜在伊犁河谷或者塔里木盆地边缘进行过多过快的土地开发。当前对新疆而言，最紧张的是水资源约束，是生态保护问题，不是耕地紧张问题。

另外，跨省域的指标置换迟早会推行，新疆宜保留较多的土地开发整理潜力，为今后跨区域的指标置换资金保留潜力。

当前，东部对口援疆正是“两个大局”思想的落实体现，但这更多表现出中央指令、政府资金主导、被动援疆的一种策略，跨省域的指标置换可以更多实现市场作用下，多种资本主动援疆局面。这样也实现了变被动援疆为主动援疆，也是落实邓小平“两个大局”思想的很好体现。这种东部带动西部发展的方式比当前中央无条件大量投入维稳资金和扶贫资金更符合市场配置资源的要求，措施更省力，理由更充分。

第七章　产业转移的特征、规律、差别化点

2010年5月召开的中央新疆工作座谈会进一步明确了新疆工作在党和国家工作全局中具有特殊重要的战略地位，新疆发展和稳定关系全国改革发展稳定大局，新疆当前特殊政治地位使其具备更多政治支持优势，处在经济洼地、政策高地。找到产业转移规律的理论指导和实践支持，有利于争取更多政策资源。

差别化土地政策要符合优势理论，充分发挥各地区的比较优势，符合本书“立足比较优势，利用后发优势，培养动态优势，形成竞争优势”的指导思想。促进区域合理分工，避免恶性竞争，减少低水平重复建设。

土地是经济发展的“助推器”，还是阻碍经济发展的“绊脚石”，取决于土地政策的科学性。“一刀切”的政策往往脱离实际，上有政策，下有对策，政策越复杂，对策越高明。我们有必要搞清楚产业转移的具体情况，根据各个产业的转移趋势和特征、差异点，制定服从规律、顺势而为的政策和精准的差别化土地政策，大力推动产业转移。

第一节　我国主要产业转出地及其特点

一、国家引导产业转移的战略和政策

为配合区域协调发展战略的实施，国家先后实施多项战略。早在2000年，中共十五届五中全会就提出要推动产业转移，此后中国又陆续出台了《西部大开发“十一五”规划》（2006）、《关于促进中部地区崛起的若干意见》（2006）、《促进中部地区崛起规划》（2009）、《关于中西部地区承接产业转移的指导意见》（2010）、《西部大开发“十二五”规划》（2012）等多个文件，截至2013年5

月，国家发改委在中西部地区先后设立了广西桂东、重庆沿江、宁夏银川、甘肃兰白、四川广安等 9 个产业承接示范区。

各级政府也纷纷出台产业转移政策，吸引企业向落后地区转移。2006 年商务部实施了“万商西进”工程，鼓励沿海外资企业、加工贸易和开发区西进。2007 年，财政部和国家税务总局颁布《关于企业政策性搬迁收入有关企业所得税处理问题的通知》，对企业政策性搬迁收入和企业所得税处理方式做出明确规定。同时，中国多次修订了《中西部外商投资目录》，出台了《加快西部优势产业发展意见》的构想，“十一五”规划提出了西部承接产业转移、实现协调发展的战略。2010 年 8 月，国务院出台了《关于中西部地区承接产业转移的指导意见》。

在省级层面，2005 年 3 月广东省政府出台了《关于我省山区及东西两翼与珠三角联手推动产业转移的意见（试行）》来推动珠三角的企业向粤东、西、北转移。2005 年江苏省政府出台了《关于加快南北产业转移的意见》，积极引导苏南企业向苏北迁移。2010 年安徽省也出台了《皖江城市带承接产业转移示范区规划》。

二、东部产业转出地概况

当前我国已经形成了东部地区、中部地区、西部地区、东北地区“四大板块”协调发展、“一带一路”建设、京津冀协同发展和长江经济带发展的区域发展新格局。其中，长三角、京津冀、珠三角三大经济圈产业空间集聚现象明显，率先进行产业转移。中西部地区尤其是长江经济带内处于中游地区和上游地区的 8 省份①凭借地缘优势和交通运输便捷优势，优先接纳了从沪、苏、浙三省市转移出来的一部分制造业。

与长三角和珠三角等地相比，京津冀地区的发展还存在较大差距，比如，京津冀整体经济发展水平不高，地方保护主义现象严重，二元经济结构现象明显，还有巨大的提升空间。总体来看，长江三角洲和珠江三角洲地区是主要的产业转出地。将长三角和珠三角四省市产业转移的行业分布情况进行比较可以发现，上海和广东产业转移先于浙江、江苏两省，转移的规模也相对较大。上海和广东主要处于由资本密集型向技术密集型转变的阶段，而浙江和江苏则处于以资本密集型产业转移为主的时期。总之，长三角和珠三角地区向外转移的产业大致沿着“劳动密集型—资本和资源密集型—技术密集型”的顺序进行。

据许静和周敏（2016）研究，我国工业产业转移转出区 9 省份均来自东部沿海，并主要聚集于环渤海地区、长三角和珠三角三大经济圈。我国工业产业转移

① 长江经济带可以划分为下游地区、中游地区、上游地区三个区块，其中下游地区包括沪、苏、浙三省市，中游地区包括皖、赣、鄂、湘四省，上游地区包括渝、川、贵、云四省市。

可以明显分为三个类别：广东、江苏、上海、北京为第一类，经济发达并且工业所占份额呈现逐年下降趋势，为产业强转出区；浙江、天津、山东、辽宁、福建为第二类，集中在东部沿海地区，五省经济发展迅猛并且随着工业化不断深入，近两年开始逐步向外转移工业产业，但不论是经济规模还是工业产业发展水平都较第一类省份弱，为产业弱转出区；剩下的25个省份主要分布于中西部地区，经济发展平均水平较低，通过承接产业转出区工业产业，表现出较强的工业发展潜力。我国工业产业转移趋势是“工业产业强转出区→工业产业弱转出区→工业产业转入区”，截至2013年，全国范围内大规模工业产业转移并未出现，仅东部沿海地区内部基本完成产业转移，当前工业产业转移正进入第二个阶段，即高梯度产业正逐渐从经济发达的沿海地区向中西部地区扩散。

我国学者贺清云、蒋菁和何海兵（2010）运用东部5省1市、39个行业、2003～2008年的数据，根据静态集聚指数和动态集聚指数选择标准，确定出广东、上海、福建、山东、江苏、浙江等地具有转移趋势的产业。指数较高的产业主要集中在纺织业、资源性产业、制造业、化学纤维制造业、农副产品加工业。根据静态集聚指数和动态集聚指数可知，这些产业将成为未来主要转移的产业。如表7－1所示。

表7－1　东部5省1市在未来需要转移的产业

地区	需要转出的产业	
广东	电器机械及器材制造业（2.0602 0.8745①）	燃气生产和供应业（1.8454 0.9282）
	纺织服装、鞋、帽制造业（1.539 0.7863）	仪器仪表及文化、办公机械制造业（1.721 0.6259）
福建	电力、热力的生产和供应业（1.0457 0.8774）	工艺品及其他制造业（3.074 0.8564）
上海	石油加工（1.0558 0.4325）	通信设备制造业（1.7824 0.5606）
	电器机械及器材制造业（1.1356 0.5318）	办公机械制造（1.4008 0.3847）
江苏	纺织业（2.6037 0.9516）	通用设备制造业（1.3211 0.8395）
	化学纤维制造业（2.3762 0.9886）	专用设备制造业（1.3012 0.8905）
浙江	纺织业（2.6037 0.9156）	通用设备制造业（1.4972 0.8383）
	电器机械及器材制造业（1.4982 0.8814）	金属制品业（1.4621 0.9087）
山东	煤炭开采和洗选业（1.10179 0.758）	有色金属矿采选业（1.2145 0.5158）
	农副产品加工业（1.9925 0.9646）	专用设备制造业（2.2256 0.8261）

资料来源：贺清云，蒋菁，何海兵．中国中部地区承接产业转移的行业选择［J］．经济地理，2010（6）：961－962.

① 括号里前面的为静态集聚指数，后面为动态集聚指数。下同。

三、三大经济圈产业转出概况

（一）长三角产业转移概况

1992年以后，以上海浦东开发为标志，长三角（包含上海、江苏和浙江）开始进入加速开放阶段，通过主动融入国际分工体系，建立了世界级的制造业基地。当前，中国的“长三角”已成为世界第六大城市群。

目前“以上海为龙头”的长江三角洲发展战略业已形成。上海作为龙头，在区域内具有“发展极”的作用。上海的优势决定了上海应以发展服务长三角、辐射全国的金融、信息、咨询、技术、商贸、航运、旅游等生产性服务产业为主，成为世界跨国公司在华的研发中心和采购中心。所以上海正在放弃与周边地区在低附加值制造业方面的竞争，向国际金融中心、生产服务业中心的地位迈进。

自20世纪90年代以来，长三角地区综合商务成本上升了76%，工人工资平均上升了51%，加之石油、煤炭、钢材和土地等要素价格持续上涨，绝大多数劳动密集型出口加工企业经营困难。尤其金融危机后，大量企业开始谋求新的市场空间，重新调整生产布局，纷纷将生产基地或目标市场由长三角地区向周边（苏北、浙西）和内陆（中西部地区）转移。

长三角地区在加快产业结构调整和转型升级的迫切要求下，将通过由区域内向泛长三角区域，再向河南、湖北、广西等其他欠发达省份级差转移的路径把部分劳动密集型产业和衰退、边际产业转移出去。从长期来看，中西部地区其他省市转移会成为今后一定时期内的主导方向。

学者对2000年以来长三角区域转出产业类型进行了详细分析，结果表明2000~2006年，长三角区域的转出产业中劳动、资源密集型产业的占比高达62.5%，2006年以来这一比例有增无减，2012年增长至71.4%。

长三角地区2省1市的产业转移概况如下：

1. 上海市产业转移概况

目前，上海市劳动密集型的生产制造性企业中需要转移的企业已经全部迁至了辐射上海周边“1小时经济圈”的二级城市，这些二级城市亟待转移出去的一些企业相对较多。从影响这些二线城市产业转移的区位交通、文化和政策等因素看，“泛长三角”地区无疑是这些城市产业转移的首选地。

据陈皓和朱洪兴等（2012）研究，上海33个产业中有20个产业的区位熵处于下降趋势，有转移出去的动力。其中，15个产业区位熵小于1，且产业聚集弱，这类产业应转移到周边地区进行发展，包括农副食品加工业，食品制造业，饮料制造业，纺织业，纺织服装、鞋、帽制造业，皮革、毛皮、羽毛（绒）及其制品业，木材加工及木、竹、藤、棕、草制品业，石油加工、炼焦及核燃料加工业，医药制造业，化学纤维制造业，橡胶制品业，非金属矿物制品业，黑色金属冶炼及压延加工业，有色金属冶炼及压延加工业，废弃资源和废旧材料回收加工业。

还有5个产业的区位熵大于1，但其产业增长率小于0，该类产业仍具有比较优势，但其集聚能力正在下降，比较优势面临着丧失的可能，应进行高端产业链的产业转入和低端产业链的产业转出，包括文教体育用品制造业，金属制品业，交通运输设备制造业，电气机械及器材制造业，仪器仪表及文化、办公用机械制造业。

2. 浙江省产业转移概况

浙江是制造业大省，按国家统计局颁布的国民经济行业分类，制造业包括30个大类、169个中类、482个小类。浙江拥有其中的29个大类。浙江是制造业大省，但并不是强省。浙江制造与先进制造业基地有很大差距，较明显的素质性和结构性矛盾，同时缺乏自主创新和研发能力是“浙江制造”的主要问题（路红艳和宋则，2011）。

由于地域狭小，且多为山地与丘陵，缺乏产业转移所需要的地域空间，同时，省内地区间经济发展差距不是很大，经济发展相对滞后的衢州与丽水等地要素资源供给与生产成本并没有非常明显的优势，对劳动密集型制造业企业转移发展的吸引力不是很强，浙江劳动密集型制造业率先向中西部地区转移发展（傅允生，2011）。浙江省工商局发布的《从浙企外迁看浙江省个私民营企业生态环境》显示，全省1124家外迁企业中，从事加工制造业的占总数的68.1%。

从适宜转出的行业看，浙江可移出的行业有纺织服装、鞋、帽制造业，皮革、毛皮、羽毛（绒）及其制品业，文教体育用品制造业，化学纤维制造业，金属制品业，工艺品及其他制造业（陈莹和刘畅，2013）。

从产业转移目的地看，浙江劳动密集型制造业转移需要实行区域间转移为主、省区内转移为辅的梯度转移发展模式。目前，浙江劳动密集型制造业主要向毗邻的江西、安徽、河南等要素资源供给条件较好的中西部省区转移发展。

从迁移形式看，浙江企业调查队对596家迁移和意向迁移企业的调查，在346家省际迁移企业中，选择去外省投资办厂的占68.8%，生产基地迁移、整体迁移和总部迁移分别只占17.1%、9.5%和4.3%；据温州市经贸委的数据来看，温州地区企业进行整体迁移、总部外迁的仅占5.5%、4.0%，而生产基地外迁与开设分、子公司的企业约占69.1%。

从企业关注的迁移因素看，浙江省企调队（2005）对浙江596家企业迁移问题的调查显示，浙江外迁企业最为关注的前三位迁移因素是：土地资源，认同率为55.6%；电力供应，认同率为45.4%；原材料及能源供应，认同率为42.9%。土地、劳动力成本高，电力、能源和原材料供应紧张等迫使企业迁移的步伐不断加快。

从迁移行业特征看，浙江省的转出产业以盈利能力较弱的资源依赖型和低附加值的劳动密集型产业为主，而且这种态势还将持续较长时间。整体上浙江劳动密集型制造业转移尚处在启动阶段，这主要体现在相当部分劳动密集型制造业企业还处在转型发展还是转移发展的两难抉择状态（傅允生，2011）。实证分析发现，浙江与新疆、安徽、江西、湖南和河南之间进行纺织产业的转移和承接可行，与青海、甘肃之间不可行，与陕西、湖北、重庆、内蒙古、山西之间不确定（路红艳和宋则，2011）。

浙江劳动密集型制造业企业至今还有所发展的一个重要原因是，相当部分企业其工业用地的原置成本只有每亩数千元或数万元。若以目前浙江工业用地价格来发展劳动密集型制造业，是很难具有竞争力的。值得关注的是，浙江有相当一部分劳动密集型制造业企业，正是利用早年低廉的工业用地原置成本，以土地市场价格为基准，或在银行以土地现价质押贷款，或以土地现价出资进行项目投资，或以土地现价转让直接获取高额的土地转让收益等，总之，是利用工业用地的原置成本与市场价格的巨大差距进行套利，获取非经营性收入，以此维持劳动密集型产业的生存与盈利。

3. 江苏省产业转移概况

江苏省的综合经济实力一直位于全国前列。但是，江苏的经济和产业发展却呈现出较为明显的南、中、北梯度差异，差异度远高于我国东部与西部地区①。苏南已进入后工业化（甚至是去工业化）阶段，而苏北还在工业化初期。

为了促进江苏区域经济协调发展，进一步缩小南北经济差距，江苏省委、省政府加大了推动南北经济合作的力度，早在2001年，随着江苏省委、省政府做出加快苏北大发展的战略决策，“四项转移”“南北合作”开始全面推进。2005年7月、9月分别出台了《关于加快南北产业转移的意见》《关于支持南北挂钩共建苏北开发区政策措施》，积极推进南北共建产业园区的建设，以产业园区建设为抓手，推动苏南产业向苏北转移，一种全新的“南北飞地开发区”模式开始建立。

截至2014年4月，江苏通过南北挂钩合作的共建园区总数达到39个（苏北37个，苏中与苏北接合部经济薄弱地区2个），苏中地区以其他各种合作形式存在的共建园区共15个。

---

① 张巧娜．苏北地区经济发展现状报告［J］．区域经济，2009（9）．

江苏省根据南北的现实差距，确立了苏南要以发展高新技术制造为主、苏北要以发展劳动和资金密集型产业为主的产业布局目标，导致省内转移特征明显。

苏南转移产业大多为纺织、机械制造等以加工为主的劳动密集型产业，以及化工、医药等能耗较高、环境污染较大产业。据刘洪昌（2014）研究，截至2012年底，江苏南北共建园区有37家，转移的产业既有纺织、服装、农副产品等传统产业，也有新型装备制造、新能源、新材料等新兴产业。法国佛吉亚、台湾玻璃、江苏国信、韩国重山风力、康缘集团、雨润食品、波司登实业、富士康、达方电子、百威英博（宿迁）啤酒有限公司、双汇集团、京东商城、江苏万联能源集团、中海运集团、亚邦化工、徐州丰成盐化等一大批国内外知名企业入驻园区，2008～2012年苏北5市新开工500万元以上产业转移项目10360个，总投资额9073.20亿元，其中有857个来自苏南对口5市，总投资额达1295.59亿元，其中，2012年承接苏南500万元以上产业转移项目133个，总投资额317.04亿元，实现税收18.39亿元，带动就业人数112770人。

（二）珠三角产业转移概况

1. 珠三角产业发展现状

珠江三角洲地区（珠三角）作为中国三大国家级优化开发区域之一，改革开放以来依托地缘优势、廉价的劳动力和土地成本，通过承接港、台地区及国际产业转移和外商直接投资，成为劳动密集型制造业高度集聚的区域。近年来，珠三角地区受到产业结构升级、劳动力成本、土地资源紧张、资源环境压力等因素的影响，出现产业向外转移的现象，尤其是2008年金融危机以来，珠三角地区更是出现大量企业迁出或倒闭的现象。与此同时，珠三角地区通过“腾笼换鸟”的方式吸引资本、技术密集型产业入驻，发展现代产业体系，以期实现区域产业升级转型。

珠三角地区的许多产业处于国际产业价值链的低端环节，创造、获取价值的能力低。目前70%的广东制造业仍属中低技术和传统生产。在珠三角地区超过80%的鞋企仍靠“低成本、低利润”的加工贸易模式，始终居于价格链低端，利润仅在5%～8%。在传统制造业中，如服装、纺织、塑料制品、电子元件、金属和非金属制品等，均出现企业撤退的情况。因此，将劳动密集型的出口加工产业转移出去已成为保障珠三角经济持续发展的必然选择。

广东作为改革开放的前沿阵地，于2005年就出台了产业转移政策，并在全国确立了“两两合作”的产业转移模式，率先提出了著名的“腾笼换鸟”升级战略。经过多年的实践，广东已经形成了比较完整的产业转移政策体系。广东省政府于2005年出台《山区及东西两翼与珠江三角洲联手推进产业转移的意见》，正式提出产业转移政策。2008年广东省政府又出台了《关于推进产业转移和劳动力转移的决定》等七个文件，规定之后5年内省财政投资400亿元用于实施产业和劳动力的“双转移”战略。另外还出台了《关于加快建设现代产业体系的决定》《广东省产业结构调整指导目录》《广东省产业转移区域布局指导意见》及规划等政策措施，取得了明显成效。

截至2017年，广东省共设立了80个省级产业转移园，规划总面积达569平方千米，其中地市主导建设的示范园15个、县区主导的一般园25个和起步园11个、独立的产业转移集聚地29个。粤东、粤西、粤北12个地市共有45个县市，其中41个县市已设立省产业转移园，占县域总数的91%。

2. 广东产业转出情况

据王文森（2012）、申兆光（2010）、刘力和张健（2008）等的研究，广东产业转移趋势和特征如下：

（1）高技术制造业、先进制造业的重点行业仍然持续集聚，包括交通运输设备制造业、通信设备计算机及其他电子设备制造业、专用设备制造业。

（2）部分劳动密集型、附加值相对较低的行业逐渐由珠江三角洲地区辐射到周边地区。

随着珠三角地区开始进入工业化后期，成本要素（工资、土地和能源等）供给趋于紧张，传统制造业、纺织业等劳动密集型企业失去了原有的发展比较优势，呈现出转出趋势，包括服装、纺织、鞋类、家具、塑料制品、箱包、玩具、灯具、五金、陶瓷等劳动密集型产业，在珠三角地区经济结构中占有相当大的比重。

服装、玩具、家具、陶瓷等行业，虽然同属劳动密集型产业，但各有各的行业特征；处于不同行业、同一行业不同经营环节的企业在区位选择上所考虑的因素虽各有侧重，但最终的决定取决于对各地区综合优势的比较。佛山陶瓷企业有的迁往河源、清远、肇庆，有的迁往山东淄博、四川夹江等地；珠三角地区的服装企业有的迁往粤东、粤西两翼和山区，有的迁往长三角地区，有的迁往东南亚，等等，珠三角地区劳动密集型产业转移的现实，也为上述观点提供了实证。

纺织服装、鞋、帽制品业从珠江三角洲地区向周边和东翼地区扩散效应较为明显。金属制品业从中心大城市转出的趋势明显，其中，广州、深圳的转出速度较快。塑料制品业也基本呈现出从珠江三角洲地区转出的趋势。

（3）随着产业布局的重新调整及各地重工业化进程的持续推进，高耗能、高污染行业逐渐转出相对集中的珠江三角洲地区，向东翼和山区推进。石油加工、炼焦及核燃料加工业的布局从高度集中于广州和粤西向在珠江东西两面增加生产基地转变。黑色金属冶炼及压延加工业产业布局调整，从珠江三角洲地区向省内其他地区扩散。钢材压延加工行业，在广东的分布比较广泛，但近年在珠江三角洲地区的比重出现下降的趋势。总体上看，黑色金属冶炼及压延加工业呈转移和扩散趋势。非金属矿物制品业、化学原料及化学制品制造业、有色金属冶炼及压延加工业均从珠江三角洲地区向周边扩散。从珠江三角洲九市产值比重看，非金属矿物制品业产值比重从2003年的79.3%降至2009年的66.8%；化学原料及化学制品制造业从87.4%降至82.8%；有色金属冶炼及压延加工业从82.5%降至74.3%。非金属矿物制品业中颇具代表性的是陶瓷行业，该行业从珠江三角洲转出的速度比较快。珠江三角洲地区陶瓷行业产值占全省的比重从2003年的66.4%下降到2009年的43.3%，其中广州陶瓷产值所占比重下降幅度最大。

（4）规模偏小、进度偏慢。据统计，2009～2011年，珠三角6个产业转出市（广州、深圳、珠海、佛山、东莞、中山）累计转出企业5983家，这个数字只相当于珠三角港资制造业企业的1/10。

（5）企业普遍选择就近转移。珠三角核心区6市产业转移的半径很小，多为就近转入周边市县，普遍在100～300千米的区间（相当于1～3小时的车程），如广州—韶关、梅州、阳江、湛江，佛山—清远、云浮，深圳—汕尾、潮州、河源、惠州等。

（6）多属自发转移和分散转移。各地进园项目的来源地都很分散，原因在于：一是目前珠三角几乎所有传统产业都形成了比较完整的产业链，研发和设计核心如果不走，整个产业链很难轻易转移，即使转出去也很难形成集聚效应。二是各个承接地招商人员多向派遣，招商方式各异，引资目标区域多样化，直接影响到项目的来源结构。三是产业转移缺乏有效的组织协调。

（7）增量转移多于存量转移。产业转移有两种基本路径，即贸易和投资。目前，珠三角传统产业转移的主要路径是投资转移。据对东西两翼和粤北山区的调研，项目以增量转移项目为主，存量转移、整厂搬迁的不多，特别是大企业整厂搬迁的很少。

（8）多数企业采取分步转移。通常第一步是将部分组装、分装、加工业务从原地转入某地，这个过程为试探性转移。第二步是将大部分或全部产能从原地转出，总部暂留原地，称为战略性转移。第三步是将销售系统从原地转出，意味着企业总部也基本上转移出去，这个过程为标志性转移。第四步是将研发部门转出原地，至此企业所有资产、设备和人员都被转移，这个过程为整体性转移。目前多数转移项目倾向于试探性转移，新项目的适应期在项目落地后可能持续数年。这直接导致“进驻项目多、项目成长慢、园区效益差”的现象。

（9）具有浓厚的行政色彩。珠三角传统产业向外转移的主要驱动方式为成本驱动，但转出地的政策诱导、承接地的招商攻势、企业家的情感因素也往往起了很大作用。笔者在东西两翼和粤北山区调查发现，很多进园项目属于政策诱导型、领导鼓动型、凤归巢型；由于政府高密度的公关，有些企业向外转移未进行充分的调研论证，落户后才发现决策不当。产业转移领域过多的行政介入，不利于市场机制发挥作用，不利于资源高效配置。

（10）37.8%的企业选择珠三角内部迁移或规模扩张，47.8%的企业选择迁移到珠三角以外的其他地区，其中向广东省内的东西两翼与北部山区迁移的占14.6%，迁移到泛珠三角区域的占20.3%（以广西、福建、湖南及江西居多），向其他地区迁移的占12.9%。在各种迁移方式中，选择整体迁移的只有9.8%，有83.7%的企业选择新增产能扩张和生产环节转移，或者拓展投资方式①。

（11）从珠三角制造业向境外迁移看，主要是迁往成本更低的东南亚国家。据亚洲鞋业协会统计，广东已经有约25%的鞋企到越南、印度、缅甸设厂，50%到湖南、江西、广西、河南等省份设厂，只有25%还在观望（李气虹，2007）。其中，仅东莞虎门一个镇，搬去越南的电子信息类企业就有300多家（甄静慧，2008）。

（12）其他。深圳市政府统计数据显示，2007年以来，深圳共有600多家企业迁走，年产值约170亿元，占全市2007年工业总产值的1.6%。深圳共有18个工业行业出现"企业外迁"，外迁的企业以机械制造、电子元器件、塑料制品、玩具等劳动密集型的传统产业为主，约占外迁企业总数的60%，迁往地多在广东的东莞、惠州、河源等地和湖南、江西、山东等省份（张锐和高焰辉，2008）。

据深圳市贸易发展局（2007）的调查，导致企业外迁的前三位因素分别是厂房租金太贵，人工成本包括工资、福利和社保费用等高，以及用地需求无法满足。

（三）京津冀产业转移概况

京津冀区域实质上的协同发展始于2014年。2014年2月26日，习近平总书记主持召开座谈会，将京津冀一体化上升到国家重大区域经济发展战略的层面，这为河北省经济发展和产业结构升级提供了契机。2015年4月30日，中共中央政治局审议通过《京津冀协同发展规划纲要》，其中明确提出了京津冀区域"一核双城"的功能定位，并确定率先突破的三个重点领域——交通、生态环保和产业升级转移。"产业绿色梯度转移"是近期京津冀协同发展的重要内容。

从京津冀的产业结构亦可以看出，京津冀各区域的产业结构存在显著差异，北京已进入"退二进三的后工业化阶段"，天津已进入"接二连三的工业化高级阶段"，而河北还处于"培二育三的工业化中期阶段"。京津冀地区之间的产业

① 基于2007年底珠三角418份企业问卷调查，调查企业以中小企业为主，民营经济与三资企业比重较高。

分工，是典型的发达地区与欠发达地区的梯度分工方式，从区域政策目标出发有很大的内部转移空间；从市场规律出发，过大的产业梯度差异会导致产业承接能力脱节，难以受惠于超大城市所形成的产业集聚和产业规模，反而由于虹吸效应，容易形成“大树底下难长草”。

从产业转移导向和趋势看，2016 年，工信部等制定的《京津冀产业转移目录》公布，北京有信息技术、装备制造、商贸物流、教育培训、健康养老、金融后台、文化创意、体育休闲八大产业需要转出。据李然和马萌（2016）研究，北京具有产业转移趋势的行业有木材加工及木、竹、藤、棕、草制品业，黑色金属冶炼及压延加工业，皮革、毛皮、羽毛（绒）及其制品业，废弃资源和废旧材料回收加工业，橡胶制品业，文教体育用品制造业，有色金属冶炼及压延加工业，黑色金属矿采选业，化学原料及化学制品制造业，塑料制品业，纺织服装、鞋、帽制造业，农副食品加工业，金属制品业，食品制造业，饮料制造业，造纸及纸制品业 16 个行业。

国内学者对京津冀区域制造业产业转移特征进行了比较深入系统的研究（孙启明和白丽健等，2012；全诗凡，2013；鲁金萍和刘玉等，2015；刘琳，2015；吴爱芝和李国平等，2015），得出以下结论：

（1）京津两地多数制造行业转出迹象明显，河北可能成为京津冀内部多个制造行业的主要转入地。很多制造行业呈现京津份额减少而河北份额增加的情况，如饮料制造业，烟草制造业，纺织业，纺织服装、鞋、帽制造业，皮革、毛皮、羽毛（绒）及其制品业，木材加工及木、竹、藤、棕、草制品业，家具制造业，印刷业和记录媒介的复制，文教体育用品制造业，石油加工、炼焦及核燃料加工业，化学原料及化学制品制造业，化学纤维制造业，橡胶制品业，有色金属冶炼及压延加工业，通用设备制造业，电气机械及器材制造业，以及废弃资源和废旧材料回收加工业。

总体来看，京津向河北转移的产业呈现以下特征：一是转移企业多为小企业，如 2014 年公布的两批次北京市“外迁企业”共涉及 239 家企业，包含建材、化工、铸造、服装纺织等门类行业。这些企业普遍规模小，大多已不在北京鼓励发展之列。二是转移企业多属于“三高一低”（高投入、高能耗、高污染、低效益）传统制造业的企业行列，如首都钢铁公司炼钢厂、北京焦化厂、第一机床厂铸造车间等。

（2）京津冀内部制造业存在一定的逆梯度转移的趋势。2003 ~ 2012 年，河北食品制造业、医药制造业、黑色金属冶炼及压延加工业、专用设备制造业、工艺品及其他制造业等制造行业份额减少，而对应地，北京的医药制造业份额增加了 7.52%，专用设备制造业份额增加了 2.54%，工艺品及其他制造业份额增加了25.85%；天津食品制造业份额增加了29.38%，黑色金属冶炼及压延加工业份额增加了32.95%，专用设备制造业份额增加了8.39%。

（3）京津冀的产业转移被鼓励在区域内部进行，转移产业的事项均由北京政府主导。河北可能成为京津冀内部多个制造行业的主要转入地，但是在2003～2012年，京津转出的30个行业中有22个行业也发生了向京津冀区域外的转移，部分转入河北，部分转入其他区域。

根据产业转移理论，北京转移出来的产业最容易转移到天津，其次才是河北。总体来看，北京市绝大多数行业进一步转移出去；天津市转移出去的行业不多，而且有许多行业正在转移进来；河北省的产业正在承接北京市和其他地方转移出去的产业从而得到快速发展。

（4）从不同类型的制造业所占份额来看，劳动密集型产业为京津减少，河北增加；资本密集型产业为北京减少，津冀增加；而技术密集型产业份额变化很小，天津微弱减少，京冀略微增加。

（5）从迁移意愿看，孙启明和白丽健等（2012）对海淀区69家中小企业的搬迁意向进行抽样调查，调查结果发现：约33.6%的企业有迁移意向，在有意迁出的企业中38.6%是受到其他地区优惠税收政策的吸引，22.8%的企业迁出是因为本地租金过高，18.2%是由于当前区域无法解决用地问题，还有约18.3%的企业是受到其他地区融资政策或其他优惠政策的影响。

第二节 东部产业转移的特征、规律、需求

一、东西部产业转移滞缓

（一）东部外溢效应弱

研究发现，东部与南部沿海地区对非沿海地区的溢出效应较弱（范剑勇等，2010），三大增长极对中国内陆地区的外溢效应只有10.9%，且主要集中在中部地区（潘文卿和李子奈，2008），短期内沿海对内陆地区的外溢效应不足以减少区域间的不平衡（Brun、Combes和Renard，2002）。东部地区制造业所占比重从1994年的59.6%上升到2005年的70.6%，然后又下降到2007年的67.2%。内陆地区所占比重则呈现相反趋势，即1994年后下降较多，近几年有所回升。总的来看，制造业重心在近十几年中还是表现了向东移动的趋势（罗云毅和周汉麒，2010）。

（二）东西部产业转移滞缓

研究发现，东部边际产业包括外商投资产业并没有明显成规模地西进。中国区域产业转移的现状表明，大规模的产业转移并未发生，产业转移并不明显（陈秀山和许瑛，2008；赵伟，2009；陈建军，2002；刘嗣明，2007；陈计旺，2007）。中国在整体上以及东、中、西部和四大板块之间只有较少的相对产业转移，并没有发生大规模的产业转移（雒海潮、苗长虹和李国梁，2014）。

陈秀山和许瑛（2008）研究表明，中国29个制造业行业中仅有9个行业存在扩散效应，1996～2005年中国工业化进程中，制造业的空间结构整体表现出核心—边缘分化过程；赵伟（2009）研究表明，随着中国市场化程度的增加，制造业区域集聚趋于强化，制造业比重在5%以上的5个省份中制造业总份额由2000年的53.93%上升到2005年的58.18%。范剑勇（2004a）认为，中国大陆地区出现了一个“东部沿海地区成为制造业中心、中西部地区成为低效率的农业与采掘业外围区域”的产业布局，并且认为这种极不平衡的产业空间布局对经济的可持续发展、社会稳定和国家安全构成了严重威胁。

从2005年开始，东部地区多数产业已经开始向外转移，但规模不大，仅个别产业出现大规模转移（贺曲夫和刘友金，2012）。东部沿海地区仍然处于产业发展系统内的强势区域，其联系能力仍然很强，所以当前东部沿海地区的产业有本地化和进一步集聚的趋势，在短期内不会出现大规模转移（惠树鹏，2015）。

在假设电力消耗与工业生产和经营规模呈正比的关系下，可以通过西部电力消费量的比重进行佐证。2000～2009年，东部的电力消耗从53.41%上升到57.03%，东部地区电力消费比重是逐步上升的，而同期中西部的电力消费比重却持续下降，中部地区的电力消费比重从28.01%下降到25.84%，西部地区的电力消费比重从18.58%下降到17%左右①。通过资料可以间接地反映出，东部地区的企业主仍然倾向于在本地投资设厂，而不愿意将资本大量投入中西部地区进行产业转移。

农民工流动数据也支持了这一发现，在2013年跨省流动农民工中，流向东部地区6602万人，占85.3%；流向中西部地区1068万人，占13.8%。这说明中西部地区在吸引劳动密集型企业方面仍然缺乏优势，而东部地区的劳动力则主要在省内转移。

二、国际国内产业转移研究现状

随着信息产业的迅速发展，社会产业结构再度升级换代，国际产业转移规模

① 根据国家统计局《中国统计年鉴》（2010）数据整理。

扩大化，这一切都促使国际产业转移进程加快。当前对国际产业转移的研究应进一步突破国别的限制，在研究范围上，应以国际区域、跨国公司、一国内部某一地区等为单位展开研究；在研究内容上，不仅限于对生产领域的转移问题研究，还应对研发和服务领域的转移问题进行系统研究。目前，国内关于产业转移的研究还存在如下问题：①对产业转移模式的研究没有引起足够重视，还没有形成一个比较清晰的分析框架。②对国内区域产业转移的研究广度和深度不足。③对影响产业转移的经济因素研究比较多，而其他因素考虑相对少。

国外对于产业转移的研究始于20世纪30年代，经典的产业转移理论有"雁行模式"理论（Akamatsu，1932）、产品生命周期理论（Raymond Vernon，1966）、劳动力密集型产业转移理论（A. W. Lewis，1954）、国际生产折衷理论（John Dunning，1977）、边际产业转移理论（Kojima，1987）等基于比较优势和新古典分析的理论框架，还有基于集聚力和扩散力的相互作用的以Krugman（1991）经典文献为基础而发展起来的新经济地理学（NEG）。国内常沿用的产业梯度转移理论是在费农（Raymond Vernon，1966）等的产品生命周期理论和赤松（Akamatsu，1932）的"雁行模式"理论的基础上形成的，经过Vernon（1966）和小岛（Kojima，2000）等的完善，已经形成一个比较完整的关于产业区域转移的理论解释。

国内对产业转移的研究，主要集中在从定性的角度探讨产业转移的动因（卢根鑫，1997；戴宏伟，2008；陈林等，2010）、模式（卢根鑫，1997；陶良虎，2010）、效应（卢根鑫，1994；陈景华，2010），以及应对产业转移的策略和相关对策（吴伟萍，2003；戴宏伟，2007；罗云毅等，2010），而对产业转移的定量测算却少有研究。从定量研究来看，戴宏伟等（2003）创新性地构造了"产业梯度系数"等量化指标。目前一些学者使用产业梯度系数研究产业比较优势和相似度，但多局限在安徽（叶永超，2010；程尔聪，2010）、湖南（李晖，2010）等省域范围内或者泛珠三角（刘满平，2004）、泛长三角（张峰，2010）范围内，四大板块之间的梯度系数研究（熊必琳等，2007）非常少，解释范围有限。

值得关注的是，李娅和伏润民（2010）用中间产品模型进行了东西部产业梯度转移"临界点"的研究，这是国内唯一针对产业转移临界点的研究。中间产品模型由Fujita等（1999）创建，是在Krugman（1980）的"中心—外围模型"的基础上建立起来的。中间产品模型中，产业空间集聚与分散仍然取决于运输成本与规模经济之间的力量对比，其最大的意义在于，即使在市场规模相同、劳动力不可流动的情况下，由于产业存在的纵向关联，产业空间集聚仍然会发生。

三、产业转移的国际环境

（一）国际产业转移的变化趋势

迄今为止，全球共发生了四次大规模的产业转移。第一次是20世纪50年代美国劳动密集型产业向日本等相对落后国家的产业转移；第二次是日本、德国等国家传统劳动密集型产业向亚洲的中国香港、新加坡、韩国和中国台湾等新兴国家和地区转移；第三次国际产业转移自20世纪70年代后期开始，亚洲“四小龙”承接发达国家的资本密集型产业，并进一步将其原本承接的劳动密集型产业向其他东盟国家包括中国转移。20世纪90年代起，在国内产业结构调整的基础上，发达国家纷纷将更多的加工环节转移至劳动力成本较低的中国，促进了中国经济短期内的快速崛起，使中国逐步发展成为“世界工厂”。然而，由于近年来我国劳动力工资的不断上涨以及2008年全球金融危机的冲击，原本在中国东部沿海地区大量集聚的劳动密集型产业（尤其是加工工业）纷纷开始被外移至劳动力成本更低的东南亚发展中国家，第四次国际产业转移开始。

中国沿海在第三次产业转移中主要以承接地的角色出现，而在第四次产业转移中，中国沿海变为了转出地，而中西部地区成了承接地，因此，在此次产业转移过程中，国际产业转移就演化成了中国的区际产业转移。

第一次和第二次国际产业转移模式主要发生于要素禀赋差异较大的国家之间，表现为转出地和转入地明显处于不同的工业化发展阶段，转移的产业大多是整个产业链条和产品系列。

第三次和第四次产业转移与之前两次产业转移的相同点是转出地和转入地要素禀赋不同，产业发展的阶段不同，但也存在明显的区别，那就是转移的产业不再是整个产品和产业链条，而是产业链或产品链中的不同环节，更多转移属于产品内分工的产业转移，发达地区专注于产品的研发、设计、营销、售后以及核心部件的生产（如美国、日本、西欧等发达国家），而将标准化部件的生产、产品装配等环节转移到相对欠发达地区。这又分为两类地区：一类是具备优良的生产技术、熟练的技术性劳动力和高效规模化生产的地区（如韩国、中国台湾、中国东部沿海地区），负责零部件生产和终端技术应用；另一类是拥有更低劳动力成本和土地成本的地区（如中国中西部、越南、印度尼西亚、缅甸、巴基斯坦、印度），负责辅助性零部件生产和最终成品的组装。最后将产品卖到世界各地（赵张耀和汪斌，2005）。

胡俊文（2004）指出，国际产业转移的变化趋势大致也有三个：一是利用“头脑”与“躯干”的价值差异，实现“价值链拆分”和“产业空间分割”，实现“头脑产业”和“躯干产业”的国际分工，仍然是当今国际产业转移的基本发展趋势。二是将品牌经营和加工制造相分离，已成为发达国家或地区实现产业转移的新方式。三是利用生产上的前后向联系和市场的关联效应，以支柱产业（龙头企业）带动相关联产业（企业）向移入国集聚并形成产业集群优势。

赵松和曹子剑（2012）提出，应关注国际产业转移的新格局和新特点，如重心从制造业向服务业的迁移、新兴经济体的双重角色、传统制造业从发展中国家向后发展中国家转移的态势等。

目前呈现出一种前所未有的国际产业向中国大陆与中国沿海产业向中西部地区的耦合型“双转移”态势。中国作为一个保持良好发展势头的发展中大国，潜在需求规模大，区域性梯度差异也很大，既有利于承接国际产业转移，又有利于国内区际产业转移。如何把握新一轮产业转移的本质特征，顺应产业转移内在规律，科学制定产业转移引导政策，在有效承接国际产业转移的同时，加快东南沿海地区产业向中西部地区转移，形成更加合理的区域产业分工格局，促进区域协调发展，是一项重要的国家发展战略（刘友金和胡黎明，2011）。

（二）全球价值链的持续深化主导了新一轮国际产业转移

随着全球价值链的持续深化，并在金融危机等外部经济环境的作用下，世界各主要经济体根据自身比较优势和所处外部环境对核心竞争力进行重新定位：美国、日本、欧盟国家等发达经济体为持续占据价值链高端并引领全球价值体系，将重心集中于新产品的开发、新技术的应用以及市场的拓展等高附加值环节，而通过制定生产标准等方式将加工制造、零部件生产等附加价值较低的生产环节转移至其他国家或地区，以提升产业链的整体价值。

例如，随着美国信息技术全球领先优势的确立，通过《联邦技术转移促进法》《国家标准战略》等政策措施，以技术标准的国际化推进信息产业发展的全球化。发展中和转型期经济体为更好地融入到世界价值创造体系以分享全球化生产利得，加强产业承接和配套能力建设以及生产体系培育，从价值链中端甚至低端切入全球生产体系，以专业性、规模化以及要素禀赋优势获取所处生产环节的最大价值增值，并力图借助价值链升级带动国家或地区产业结构调整和优化升级。譬如印度、巴西、中国等发展中经济体借鉴“亚洲四小龙”加工贸易发展模式的成功经验实施的出口导向型发展战略，就是这方面的具体表现。

20世纪90年代后期以来，全球价值链的持续深化促使国际产业转移在主体、内容以及方式等许多方面均呈现出新的特征：转移内容的劳动、资金、技术密集型特征并存；服务业成为国际产业转移的重点领域；非股权方式成为国际产业转移的重要途径；集群式转移成为国际产业转移的重要方式。

由于基础薄弱、创新不足等诸多原因，我国仍处于全球价值链和分工体系的中低端：在承接国际产业转移方面，我国仍以能耗污染大、附加值低的产业或产品生产为主；在对外投资方面，我国仍以政府主导下参与国外基础设施建设或初级产品生产为主。整体而言，我国在全球生产体系中的价值获取能力较弱，这也是制约我国经济长期可持续发展的重要因素。

（三）新一轮国际产业转移的特征

1. 跨国公司是国际产业转移的主体

联合国贸发会议2009年《世界投资报告》显示，目前全球跨国公司大约有7.8万家，它们控制了全世界生产的40%、国际投资的90%、国际技术贸易的60%、国际技术转让的80%、科研开发的90%，这为跨国公司控制产业转移的整个进程创造了有利条件，使得跨国公司成为了当前国际产业转移的主体。

2. 新一轮国际产业转移的行业特征

在制造业内部，外商直接投资的重点从劳动密集型初级加工制造业转向资本和技术密集型制造业。通信设备、计算机及其他电子设备制造业，化学原料及化学制品制造业，通用设备制造业，专用设备制造业，交通运输设备制造业，纺织业六个行业是外商投资的主要行业。同时，服务业（房地产、电信、交通运输、金融等行业）成为承接国际产业转移的新热点。

3. 金融危机对我国产业转移的影响

国内外环境变化是中西部地区承接产业转移的重要原因。国际金融危机和东部沿海企业生产成本持续上升迫使东部地区传统制造业不得不考虑到中西部地区设厂生产，同时扩大中西部地区的内需市场（陈耀，2008，2009）。

国际金融危机后，国内外产业转移出现新特点。国际金融危机不仅减慢了国际资金向中国的转移，而且促使发达省份重新对本省的产业结构进行重新布局。如广东、江苏、浙江和福建明确支持产业向本省欠发达地区转移，在省内实现区域协调发展。2008年爆发的国际金融危机导致海外市场需求大幅下降，给我国东部地区的外向型制造企业造成了巨大的生存压力，深圳4000家台商企业在2009年一季度的订单普遍下降30%～50%，有的甚至下降80%（王传真等，2009），同时企业的要素成本大幅上升，内外环境的变化使得东部沿海一大批产业开始大举内迁。典型的案例包括英特尔公司将上海的制造工厂迁至四川成都，富士康集团大规模向河南、四川等中西部地区转移产能，缩减在深圳等东南沿海地区产能规模等。

除此之外，在开放政策的推行下，越南、印度、泰国等东南亚国家的土地成本、劳动力成本、开放意识等方面也颇具吸引力，对国际产业转移吸引力更强。如2006～2010年越南吸引外资总额达到1350亿美元，超出计划2.4倍。

此外，发达国家也认识到实体经济的长期结构性失衡是导致国际金融危机的重要因素，美国为此提出了“再工业化”经济复苏战略，旨在通过大力发展国内制造业和促进出口以达到振兴本土工业，进而保证经济均衡运行可持续性的目的。美国的“再工业化”经济复苏战略，一方面会吸纳原来从美国转移出去的产业向美国回流；另一方面会加大对外资的吸引，减少资本和产业向其他国家集聚与转移（赵川，2014）。

在2008年金融危机爆发之后，国际产业转移开始出现新变化，以劳动密集型为主的中小制造企业正由我国东部沿海地区加速向印度尼西亚、缅甸、越南等新兴发展中国家转移（郭海霞，2017）。

4. 中国成为第四次国际产业转移的主要承接国

中国作为“金砖四国”之一，经济增长稳定，国内市场庞大，成为最受欢迎的跨国公司投资国。金融危机全面爆发之前跨国公司投向中国的FDI连年增加，保持平均19.66%的增长速度；2008年后总量有所减少，但跌幅只有16.8%，远低于38.7%的全球水平，之后中国吸引的FDI继续增加，说明在世界经济大幅波动时期，中国仍是跨国公司对外直接投资的主选地，成为第四次国际产业转移的主要承接国。

西部大开发战略实施以来，我国西部地区在吸引外资方面的能力不断加强，不仅绝对数额有较大增加，从2005年的19.41亿美元增加到2010年的90.22亿美元，增幅高达365%（东部地区和中部地区增幅分别为67.8%和42.1%），而且吸引的外资占全国的比重也从2004年的4.73%提高到2009年的9.25%。

但是另一种现象也许更应该引起我们的关注。为了寻求经济发展最快捷的途径，欠发达地区政府迫于各方面的压力，如政府官员的政绩考核制度，或多或少地都走向了靠引进外资推动经济发展的道路。在这种趋势的带动下，许多地方政府在引资过程中，给予外资企业很大程度的职能让渡，不仅让地、让税，甚至有些地方政府直接给予外资企业财政补贴，以达到吸引外资的目的。由此，政府间展开了激烈的引资竞争，竞相出台各种优惠政策，过度让渡政府职能，形成一种“囚徒困境”的恶性博弈竞争，出现了政府职能的“越位”“缺位”和“错位”现象。地方政府给予跨国公司过度的职能让渡，造成严重的社会稳定问题，在西部地区已有个例。2007年11月，甘肃省兰州市水务局与法国跨国水务巨头威立雅公司签署并购协议，威立雅以17.1亿元收购兰州水务49%的股权。由于兰州水务一直处于亏损状态，兰州市政府想通过引资改变当前困境，因而在引进威立雅时给予了相当大的职能让渡，把自来水定价权让给了威立雅。然而正是政府的这种失职，2009年兰州出现了威立雅“不涨价就停水”的威胁论，使得水价上涨0.3元/立方米，严重侵犯了居民利益。“兰州模式”显现出了过度让渡政府职能给外资，从而对当地民生安全产生威胁的隐患。

5. 周边国家对国际产业转移的竞争

中西部地区承接加工贸易不仅面临与东部欠发达地区的竞争，还面临与越南、泰国、马来西亚、印度等一些东南亚国家的竞争，而这些竞争对手又具有较强的竞争优势。首先，东南亚国家具有较低的物流成本优势。与我国中西部地区相比，东南亚国家的海港城市地理位置优越，可以通过海洋运输大大降低加工贸易的物流成本。其次，东南亚国家具有优厚的政策优势。如泰国对有些区域的企业可以免缴机械进口税，免缴所得税 8 年，生产出口产品的企业进口原材料可免缴进口税 5 年。再如世界第二大发展中国家印度，该国明确规定用于生产出口产品的进口产品，以及向完全出口型企业提供的产品，可以免除全部关税和附加税，并采取了自由贸易区和出口加工区的制度安排。最后，东南亚国家还具有较强的人力成本优势。2006 年，中国平均工资水平每小时是 1.07 美元，其中东部地区是 1.31 美元，中西部地区是 0.91 美元，而印度平均工资水平每小时是 0.8 美元，越南是 0.4 美元。加上可以预计人民币在未来的一段时间里不断的升值压力，以及工资收入水平提高的趋势，我国中西部人力资源成本的优势还在减少。

周边国家也在一定程度上依靠优惠的工业地价参与激烈的国际竞争，长远来看，对我国工业经济形成一定的挑战和冲击。从土地价格看，在国内范围，某些地区的土地价格不高，但在国际市场上比较就不一定了。现在东南亚某些发展中国家，如越南，把某地辟为开发区，鼓励外商投资，土地价格几乎为零。这是我国无法与之相比的（柴志春和赵松等，2011）。研究指出，我国与大部分东南亚国家的工业发展仍处于效率驱动型阶段。整体来看，目前我国工业地价具备一定的优势，介于泰国与马来西亚价格浮动区间中的空缺部分。然而，泰国在一定程度上对中国吸纳国际工业投资构成威胁。泰国工业投资发展模式就经营的意义上说比我国更加现代、健康。

如果西部地区不能提供有吸引力的、使企业能获得盈利的投资环境，那些沿海的企业在无法生存时，会选择关闭或者转移到东南亚、南亚等国家，而西部地区将错过这轮东部传统产业集群转移的机会。据亚洲鞋业协会统计，广东已经有约 25% 的制鞋企业到越南、印度、缅甸设厂，50% 到湖南、江西、广西、河南等省份设厂，只有 25% 还在观望。日本数码相机厂商奥林巴斯决定于 2009 年前将其设在中国的两家工厂合并为一家，将部分生产转移到劳动力成本更低廉的越南。据《参考消息》报道，包括三星、英特尔、富士康和 LG 在内的多家公司纷纷减少在中国的生产，转而把工厂建立在劳动力成本更低的越南。我国的电视、冰箱等技术成熟型企业也纷纷南迁到越南、印度尼西亚甚至非洲；而部分高端制造业在美国、欧洲等发达国家“再工业化”战略的引导下开始回流，英国和美国等发达国家制造业的持续扩张便是最有力的证明。

四、国内产业转移特征

（一）产业转移目的地选择

产业转移的目的地遵循以下一般性特征：从企业选址理论看，要素禀赋、生产技术、中间品供应商和市场容量、劳动力的匹配性是企业选择目的地时首要考虑的因素；从产业属性看，劳动密集型企业会向人口较多、劳动力丰富和价格低廉的地区迁移，资源密集型企业会迁往资源比较丰富的地区；从产业链环节看，处于产业链高端（附加价值高）的企业，往往选择北京、上海等经济发达且配套完善的地区迁移，而处于产业链低端（附加价值低）的企业则向资源、劳动力、土地等生产要素价格较低的地区迁移；当面临多个备选承接地时，企业会比较相关产业转移政策、投资环境、经济社会发展水平、文化制度等之后再选择，比如承接地的对外开放程度、劳动力素质、创新能力、市场环境等。

（二）东、中、西部的产业梯度表现

不同区域尺度上产业转移实证研究结果符合距离衰减规律，呈水流弥漫式，就近就低特点。国内产业转移地区选择顺序为：省内、邻近省份、中部、西南、西北、新疆。西北和新疆因距离衰减规律机会可谓稀缺。

桑瑞聪和刘志彪（2014）就长三角和珠三角地区 311 家上市公司对外投资的地区分布进行了分析，发现长三角和珠三角地区的产业转移大致按照“东部沿海地区—中西部地区—海外地区”的顺序进行，73% 的企业主要在国内地区间进行转移，另外 27% 的企业已进入中国香港、泰国、韩国等周边国家（地区）以及在美国、捷克、德国等其他海外发达或发展中国家和地区投资，正逐步建立起以本土企业为主导的全球价值链分工体系和生产网络，体现“中心—外围”的转移模式。

东、中、西部地区绝大部分产业存在明显梯度差异，且产业梯度顺序表现为东部高于中部，而中部又高于西部（张可云，2001；Zhang 和 Felmingham，2002；张春法等，2006），存在较强的从东部到中部与西部地带的外溢效应以及较强的从中部到西部地带的外溢效应（Groenewold 等，2007）。

在西部，四川、陕西、重庆、内蒙古四省区为西部高梯度承接区，广西、云南、新疆三省区为中梯度承接区，贵州、甘肃两省为低梯度承接区，对区际产业转移的承接效率最低（吴静，2017）。

叶琪（2014）的研究将中西部地区 18 个省份承接产业转移竞争力水平划分为五类，其中：河南省和湖北省为强竞争力型；山西省、湖南省、四川省、陕西省为较强竞争力型；安徽省、内蒙古自治区、重庆市和江西省为中竞争力型；广西壮族自治区、云南省、新疆维吾尔自治区、甘肃省为较弱竞争力型；贵州省、

宁夏回族自治区、青海省、西藏自治区为极弱竞争力型。

从竞争力空间区位分布来看，我国中西部地区承接区域产业转移的竞争力基本上表现为自东向西竞争力逐渐递减的趋势和格局，中部地区高于西部地区，沿江省区竞争力水平普遍高于内陆地区。而在内陆极弱竞争力省区聚集区域，新疆的竞争力表现相对较好，可以发展成内陆地区的增长极。与西部比较，中部地区劳动力成本优势仍然强于西部。西部最大的劣势之一是运输成本过高。

（三）产业转移方向选择（与产业转移理论存在背离）

1. 国际转移

在全球价值链下，随着中国要素成本的上升，发达国家出于运输成本等交易成本因素的考虑，会将外包订单转移到其他要素成本更低廉的发展中国家，而不会向中国内陆不发达地区转移和辐射（刘志彪，2011）。一般是转向东南亚、南亚、非洲等国家，例如越南、印度、泰国、缅甸、马来西亚等。

据亚洲鞋业协会统计，广东已经有约25%的鞋企到越南、印度、缅甸设厂，仅东莞虎门一个镇，搬去越南的电子信息类企业就有300多家（甄静慧，2008）。目前到越南、柬埔寨、孟加拉国等东南亚地区投资建厂的中国纺织企业已近千家。越南纺织协会称，2007年越南纺织行业有2000多家企业，其中中国大陆在越投资纺织企业超过200家，中国台湾有150家左右（叶勇，2008）。

2. 双向转移

产业双向流动，东部是劳动力密集型和资源密集型产业向中西部转移，西部主要是资金密集型和技术密集型产业向东部的逆梯度转移（陈耀，2009；刘荣，2010）。如此一来，东部发达地区独占了改革开放以来的制度优势、资金优势和资源优势。

在出口带动下，东部地区对中西部地区的能源需求增加，导致中西部承接了大量资源型产业转移，但机械电子等技术密集型产业仍在进一步向东部地区集中，在消费带动下，产业转移表现为从中西部地区向东部地区转移的趋势。据2005年上海市政府合作交流处的统计，西部12个省市在上海的企业就有5639个，注册资本超过222.1亿元；据国务院西部开发办综合组（2007）提供的数据，2000年至2007年上半年，东部地区到西部地区投资经营的企业累计近20万家，投资总额15000多亿元。例如我国著名的宁波雅戈尔服饰、河南的金丝猴集团、钻石首饰金伯利等都纷纷将总部迁至上海；联合利华为节约生产成本将生产基地由上海转至安徽。

3. 省内转移

中国省级地域广袤（中国省区并不比世界上大多数国家小），发展不均衡，使得省内产业的梯度差异同样存在，而我国政策干预下的区际产业转移首先发生在省内。例如广东鼓励珠三角地区劳动密集型产业向粤东、粤西和粤北地区转移；江苏推动产业由苏南向苏中、苏北地区转移；浙江省实施“山海协作”战略，促进沿海发达地区向浙西南山区、海岛等欠发达地区梯度转移；山东经济发达县市结对扶持鲁西南落后县市；深圳外迁企业中60%的企业是在省内搬迁，30%左右是跨省搬迁。

由于东、中、西部地区之间利益协调机制尚未建立，东部发达地区从自身利益最大化角度出发，通过省内不同区域间共建产业园区等方式，不断引导产业向省内欠发达地区转移，而这势必阻滞产业向中西部地区转移的步伐（周五七和曹治将，2010；孙久文等，2012）。

4. 东部省际就近转移

其具体表现为由经济热点地区向周围次级区域转移，即从上海向江苏、浙江进行转移，而后向长三角周边地区的安徽、江西转移（唐运舒等，2014），从北京向天津、河北转移（张贵等，2014），从广东向珠三角周边的湖南、湖北、江西、重庆等内陆省份转移（刘力和张健，2008；赵伟和汪全立，2005）。浙江主要向江西、安徽与河南等相邻的中西部省区转移发展。大部分中小企业的产业转移还是优先考虑长三角地区；上海中小企业已经或即将进行的产业转移大部分迁往长三角内部区域（杨昊和杨上广等，2015）。

5. 东部地区内部“北上”转移

总的来看，产业转移呈现明显的“北上”特征。而东部地区内部也存在较大规模的产业转移，主要从长三角地区向京津冀鲁等地区转移，呈现明显的“北上”特点，其中以江苏、上海、浙江等省市向山东、河北、天津等省市转移为主（刘红光等，2014）。1997～2007年区域间产业转移具有明显的“北上”（如环渤海湾地区）特征，这一时期向中西部地区转移的趋势并不明显。

6. 向中部转移

从地区分布上看，中部地区是发生产业承接的重点区域（靳卫东和王林杉等，2016）。根据生产和贸易成本的大小，东部沿海产业转移一般会首先选择毗邻沿海的中部地区，然后才会选择近西部和远西部（陈耀，2009）。

7. 西部地区内部的转移

随着西部地区成渝经济区、呼包鄂经济区等重点经济区的建设，西部地区内部的产业转移也主要向重庆、四川、内蒙古等地转移（刘红光和王云平等，2014）。

（四）产业转移的行业特征

1. 行业转移一般规律

国际产业转移的一般规律是按照产业演进的顺序依次在不同经济水平国家间

进行转移的，即按资源、劳动密集型产业→资本密集型产业→技术密集型产业的顺序先后进行。

分行业看，中西部地区只是因为东部地区出口增加的驱动承接了大量的金属冶炼与制品、电力生产与供应、采选等资源型产业，而机械电子等高技术产业甚至轻纺、木材、造纸等劳动密集型产业仍然进一步向东部地区转移（刘红光和刘卫东等，2011）。很多实证分析也发现，最主要的转移产业并不是劳动密集型产业，而是资本密集型和资源密集型产业，比如2008~2010年，西北五省（陕西、甘肃、宁夏、青海和新疆）承接的产业转移项目主要是资源密集型企业，其项目数和投资额分别占总项目数和总投资额的39.46%和49.34%，而劳动密集型产业相应比重仅为27.99%和15.21%（郭新明，2011）。而且从东部地区看，发生显著产业转移的是非金属矿采业、有色金属冶炼业、石油炼焦业、医药制造业等（冯根福等，2010）。

2. 行业转移与产业转移理论的背离

在行业分布上，我国沿海地区产业转移并没有按照经典理论中“资源、劳动密集型产业→资本密集型产业→技术密集型产业”的顺序先后进行。

在产业转移的方向（区位选择）上，我国产业转移没有完全遵循梯度规律逐级转移（先向中部再向西部转移），甚至出现部分技术密集型产业先于劳动密集型产业向中西部地区转移，资源型产业跨过中部向西部转移（贺曲夫和刘友金，2012）。

刘友金和吕政（2012）认为，现实结果与理想预期相去甚远，东、中、西部地区间不仅没有发生大规模产业梯度转移，而且经济发展差距还在进一步拉大。梯度转移理论在实践中失效。惠树鹏（2015）发现，东部沿海地区产业非但没有向中西部地区转移，反而出现了进一步高度集中的现象。传统产业梯度转移理论在解释这一现象时遇到了困难。

靳卫东和王林杉等（2016）研究发现：一方面，在工业部门细分行业中，很多行业发生了程度各异的区域转移，不仅包括劳动密集型行业，比如饮料制造、医药制造和机械工业，而且还包括非劳动密集型行业，比如化学纤维制造和化学工业；另一方面，这些行业转移广泛发生于东中西部地区，并不具有严格的梯度转移特征。这也有悖于传统产业理论关于产业转移过程的判断。这不完全符合传统产业理论关于劳动密集型行业优先转移的预期。

据冯根福和刘志勇等（2010）研究，在1993~2000年和2000~2006年两个阶段，从两个时期的转移情况来看，转移产业大多具有绝对规模优势；此外，大多数资源密集型产业和部分技术密集型产业率先发生转移，典型的劳动密集型产业却并未发生转移（冯根福和刘志勇等，2010）。

部分技术密集型产业先于劳动密集型产业开始往中西部地区进行转移。近年来，东部地区典型的劳动密集型产业——纺织业和纺织服装业，不仅没有发生产业转移反而出现大幅增长。1993～2006年，上述两个产业在全国所占比例分别从73.4%和82%增加至82.2%和91.9%，产业绝对优势进一步加强。与此同时，有两个技术密集型产业却先于劳动密集产业发生转移。其中，东部地区医药制造业在两个时期都发生了产业转移，在全国所占比例从60.1%下降至56.5%，下降了3.6%；专用设备制造业在2000～2006年发生了产业转移，比例从72.5%下降至69.6%，下降了2.9%。

3. 行业转移的区位偏好

消费带动下的产业转移表现为从中西部地区向东部地区转移的趋势。而在出口带动下，东部地区对中西部地区的能源资源需求增加，导致中西部地区承接了大量资源型产业转移，但机械电子等技术密集型产业还在进一步向东部地区集中，只有资源型产业向中西部地区转移（刘红光和刘卫东等，2011）。

据多位学者（陈计旺，2007；陈竹，2007；雒海潮等，2014；刘红光和王云平等（2014）对我国产业转移特征的研究，得到行业转移的区位偏好如下：

（1）能源密集型和劳动密集型产业大规模从东部向中西部地区转移。东部地区净转出的产业主要集中在能源密集型产业和劳动密集型产业上，从转移空间看，东部地区向西部地区转移的能源密集型工业规模最大，承接能源密集型产业的主要省份包括内蒙古、宁夏、陕西、贵州等。偏好向西部地区转移的行业有煤炭开采业等五个资源密集型产业（贺曲夫和刘友金，2001）。而东部地区向中部地区转移的劳动密集型产业规模最大，承接地主要是河南、安徽、湖南、湖北等省份以及西部的四川。

（2）资金密集型和技术密集型产业仍向东部地区集中。从比重来看，资金密集型在大区域间的转移相对较少，而中西部地区则是资金密集型产业和技术密集型产业的主要转出地区。以上转移除了包括东部地区向中西部地区的直接迁移外，还包括因中西部地区的投资建设导致的对东部地区资本密集型产业和技术密集型产业需求的大量增加，后者属于隐性的产业转移。同时，中部地区也承接了部分从东部地区转移的资金密集型产业。从具体的转移空间看，华北经济区的河北、山东等省份是承接资本密集型产业的主要地区，而东北地区的资本密集型产业则主要从黑龙江和吉林向辽宁地区转移。技术密集型产业的主要转入地区则是长三角、珠三角、京津和辽宁等地区。

（3）东北地区以资金密集型产业的转入和技术密集型产业的转出为主要特点。受东北振兴计划实施的影响，钢铁、机械等行业又得到了重新发展，成为资金密集型产业的转入地区。而技术密集型产业却仍向京津和长三角地区转移。能源密集型产业和劳动密集型产业的转移规模也都不大，远小于其他区域。

4. 行业转移类型

（1）原料指向型产业转移——能源密集型产业。一方面是东部地区能源原材料企业向西部地区能源密集区的直接迁移或投资扩张，另一方面是西部地区为了满足东部及其他地区的能源原材料需求而新增的产能。不管是哪一种产业转移，其转移的目的基本都是寻求原料产地，具有明显的原材料指向型，因此可称为原料指向型产业转移。

（2）成本驱动型产业转移——劳动密集型产业。劳动密集型产业对劳动力的可获得性和劳动力成本的变化非常敏感。由于劳动密集型产业的迁移更加注重寻求成本较低的地区，因此我们可以将这一类型的产业转移称为成本驱动型产业转移。广东省的转移更多是一种成本驱动型产业转移模式。较低的劳动力成本是吸引企业投资的重要因素（桑瑞聪和彭飞等，2016）。

（3）投资拉动型产业转移——资本密集型产业。资本密集型产业的转移虽然开始出现向中部地区转移的趋势，但主要集中在华北经济区和华东经济区之间及其内部。由于资本密集型产业投资大、生产周期长，存在一定的路径依赖，跨区域转移难度较大，往往需要在大规模投资的带动下才会发生一定的转移，因此资本密集型产业的转移可称为投资拉动型产业转移（刘红光和王云平等，2014）。

（4）集聚依赖型产业转移——技术密集型产业。虽然东部地区技术密集型产业增长速度较其他地区低，但是全国70%以上的技术密集型产业产能和70%以上的产能增量均发生在东部地区。技术密集型产业对劳动者素质、基础设施条件和周边产业配套环境要求较高，一般具有较高的集群倾向，比如汽车制造、电子信息、通信技术等产业往往呈现产业“扎堆”现象，产业发展具有很强的路径依赖性。只有在产业转入地达到一定条件或者某一产业集群的主导产业发生迁移时，技术密集型产业才会发生转移，并且伴随着集群式的产业转移。

（五）东、中、西部产业转移中的升级效应

1. 东、中、西部产业转移中的升级效应

中西部地区在承接产业转移过程中没有出现明显的产业升级（陈秀山和许瑛，2008；冯根富和刘志勇等，2010；毛广雄，2010）。

刘红光和王云平等（2014）验证了我国区域间产业转移的阶段性特征，即低端产业正从经济较为发达的东部地区向中西部地区转移，而高端产业仍集中在东部地区。

2. 基于价值链分工的迁移形式

从迁移形式看，总部与研发、设计和销售环节主要是从内地、中西部地区向东部和沿海发达地区迁移，而东部和沿海企业向中西部欠发达地区迁移的主要是生产环节、新建投资等；国内企业迁移，主要是东部和沿海企业向中西部迁移，如迁移到江西、安徽、广西、湖南、重庆和四川等条件较好的区域，迁移的目的地呈现分散化的特征。中国巨大且多样化的本土需求支持了价值链在国内的延伸和跨区域重组，促进了区域间产业分工向纵深拓展，即最终形成东部地区为总部基地、中西部地区为制造业基地的国内价值链分工格局。

（六）逆梯度发展必要性

现实结果与理论预期的矛盾告诉我们，依赖梯度转移缩小东、中、西部地区差异，实现东、中、西部地区协调发展的道路似乎不易走通，简单套用产业梯度转移理论设计区域协调发展战略路径可能会陷入梯度陷阱，形成承接地产业升级阻滞，中西部地区要通过承接产业转移模式创新加快发展（刘友金和吕政，2012）。

在中国现阶段，东部的制造业尚未达到转移的内生临界点，产业转移还需要较多地依赖于外生力量的作用。因此，国家的政策仍是促进东部产业向西部转移的关键因素，政策导向是降低产业转移成本和引导要素向西部集聚的重要外生变量。可以预见，今后一个时期，如果没有重大外生力量的扰动，产业转移仍会比较缓慢。在中国制造业空间转移的条件尚未成熟的阶段，“用政策换时间”以改变临界点是加速产业转移的可行途径之一（李娅和伏润民，2010）。

理论上看，资本较劳动力要素的流动性更强。事实上，与劳动力相比，劳动密集型产业中资本要素的不充分流动性更大，原因在于劳动密集型产业发展所需的资本存量大都以建筑物和机器设备等形式存在，它们一旦作为生产要素存在于某一个区域，就很难改变其区位，具有较强的资产专用性。要促进资本要素的区域流动，改善资本要素的空间布局，一方面需要强化政府主导型的资本流动，另一方面需要在引入差异化良性竞争机制的基础上，促进区域统一市场的构建，促使要素的充分自由流动。

（七）地理集聚而非产业集聚

现阶段，我国多数产业集聚只是处于一种低级层次上的“扎堆”阶段，大多数制造业企业普遍从事低技术含量、劳动密集型传统产业，以“小企业群生型”产业集聚形态存在，集群内知识产权保护制度和执行机制普遍缺失（张杰等，2007），这种情形下本土企业的最优选择是低成本型过度模仿的竞争策略。因此，企业之间缺乏协同和合作效应，只是地理位置上集聚而非真正意义上的产业集聚，产业链中的低端制造环节并未形成较强的规模经济和技术外部性，而价值链上下游之间也没有产生强大的连带效应，Krugman（1991）、Fujita 和 Thisse（2002）所强调的集聚扩散效应和外溢性还未能对产业转移产生较大的吸引力（桑瑞聪和刘志彪等，2013）。

（八）东部地区产业转移强度

何龙斌（2015）研究了东部地区工业产业转移特征，研究结果如下：

1. 强势转出产业

电子信息设备产业、无机化工产业、白色家电产业及水泥工业由东部地区强势转出。一是电子信息设备产业，代表性产品为微型计算机、移动手持机、集成电路。二是无机化工产业，代表性产品为纯碱、原盐、硫酸。三是白色家电产业，代表性产品为房间空调器、家用洗衣机。四是水泥工业。

2. 明显转出产业

农用化工产业、食品原料产业、能源电力产业、装备制造产业等从东部地区明显转出。2000~2013 年，36 种主要工业产品中，东部地区有 9 种产品表现为明显转出。这 9 种产品主要属于四大产业。一是农用化工产业，代表性产品如农用化肥和农药。二是食品原料产业，代表性产品如啤酒。三是能源电力产业，代表性产品为天然气和发电量。四是装备制造业，代表性产品如机床。

3. 向东部地区强势转入产业

2000~2013 年，有三大产业向东部地区强势转入。一是以布和纱为代表产品的纺织产业，产量占比增幅达 80.44% 和 20.93%。二是汽车产业，产量占比增幅达 43.63%。三是以彩色电视机为代表的黑色家电产业，转移强度为 18.8%，产量占比增幅达 21.53%。

4. 向东部地区明显转入产业

2000~2013 年，东部地区除三大产业强势转入外，另外还有部分产业明显转入。一是以化纤和乙烯为代表的部分有机化工产业。二是以生铁为代表的钢铁工业。三是造纸、玻璃等工业，如机制纸及纸板、平板玻璃。

研究表明，转出的多为逐渐失去原材料优势的无机化工产业、丧失劳动力优势的电子信息产业和白色家电产业及迫于节能减排压力的水泥、化工等产业；转入的多为具有集群优势的纺织工业、汽车工业等，但也有地方政府主导的化工、冶金产业转入。

（九）东部产业集群转移的特征

陈耀（2009）对东部产业集群转移特征做了全面深入的研究，对政策支持产业转移有很好的启发指导作用。现转载如下供借鉴：

东部产业集群由于本地关联性和外向度不同，在产业迁移中表现出不同特点。

第一类："高关联、高外向度"产业集群，因为企业间的分工高度细化，在集群内形成了完整的产业链条。由于这种专业化的分工，比集群外企业有很大成本优势。例如浙江温州的打火机产业集群、上海张江的生物医药产业集群等，在短期内几乎不存在迁移的可能性（陈耀，2009）。

第二类：“低关联、高外向度”产业集群，广东深圳、东莞，江苏昆山等电子类加工贸易产业集群是典型代表，属于成本敏感型产业。内地到沿海的高运输成本决定了这类产业集群向中西部地区转移的可能性较小（陈耀，2009）。

第三类：“低关联、低外向度”产业集群，即遍布珠三角、长三角等地的纺织服装、鞋类、玩具、食品、电气机械、五金制品等大多数传统产业集群。这类集群是目前国内分布最广、数量最多的产业集群，其资本来源多元化，例如东莞鞋业集群，绍兴纺织业集群。集群内企业主要是在水平层面上形成分工。这类产业集群必然会向那些提供了良好基础设施和制度环境的中西部地区转移，从而有利于形成发展的良性循环（陈耀，2009）。

由于主要面向国际市场，多数“低关联、高外向度”的加工贸易类产业集群不太可能向中西部转移，即使转移也仅限于邻近的中部省份，如安徽、湖南、江西。西部地区重点要吸引的是沿海那些“低关联、低外向度”的大量传统产业集群。遗憾的是，西部也须认识到，虽然目前沿海一些传统制造业集群正面临着转移和升级的压力，但并不意味着这些制造业会转移到西部去。

五、产业转移滞缓原因

到2013年，在36种工业产品中，东部仍有20种占比超过2013年东部GDP在全国55.45%的占比。这表明，东部地区仍在很多工业产业上具有产业集聚的优势；东部地区产业转移有出有入，总体表现为微弱净流出（何龙斌，2015）。面对东部产业不西进，现有的文献从中国现实情况出发，给出了多种解释。

1. 产业分工格局惯性难以打破

刘友金和吕政（2012）研究发现，历史上选择了某种产业分工格局，那么在较长的历史过程中，各种经济活动会被定格在这种格局上。既有产业分工格局长时期难以打破，使得承接地生产要素低端锁定，带来产业升级受阻。

沿海地区可以“腾笼换鸟”，用基于高级生产要素的产业逐步置换基于初级生产要素的产业，将基于初级生产要素的产业转移到中西部地区，与此相对应，在初级生产要素有比较优势的中西部地区，则主要通过承接劳动密集型和资源密集型产业，变成了拥有的相对丰裕初级生产要素与转入的以初级生产要素为基础的低端产业相结合，进一步强化了既有的产业分工格局，导致承接地产业的低端锁定，且这一低端锁定由于东部先进地区与中西部落后地区存在的广泛经济互补性而得到强化和持续。

2. 产业黏性

对于产业转移滞缓问题，郭丽等（2009）提出产业区域黏性问题，西部地区承接东部产业转移之所以最终陷入“企业转移陷阱”，是由于东、西部之间客观存在的技术水平、市场发育程度、产业发展水平等方面的差异，导致区域产业转移具有黏性；刘红光和刘卫东等（2011）认为，沉淀成本、基础设施经济、集群经济造成的产业转移黏性一般被认为是产业转移滞缓的主要原因。刘友金和吕政（2012）提出，产业集群黏性阻碍产业梯度转移。Baldwin 和 Krugman（2004）指出在集聚租金存在的情况下，低于某一门槛值的税收优惠并不能吸引产业转移，而当超过这一门槛值时，很小的税收优惠便能极大地促进产业转移，而且税收优惠的效果还受区域间运输成本的影响。

企业迁移受到产业集群产生的“黏性”的重要影响。例如东莞市各镇区形成的产业集群的发展经验表明，产业集群长期形成的完整产业链体系，除非整个产业链出现转移，否则企业不会考虑迁移到其他地区。东莞通过承接港、台地区和国际的产业转移，在纺织服装、电子、电脑、五金配件等行业已经形成电子信息、纺织服装、五金机械等特色产业集群和产业基地，多数产品都可以在东莞的企业群体中找到相配套的行业和产品，这是其他地区难以企及的优势。以大朗镇毛纺织服装产业为例，全镇毛纺织企业 3000 多家形成了“研发设计—服装生产—服装贸易”和“设备生产—原料、辅料交易—服装终端销售”的完善的产业链，产业具有较强的地方“根植性”，对区域产生了“黏性”，这些优势制约产业转移。即使已经迁出的企业，在对比迁入和迁出地区的相关配套基础下，仍然选择东莞作为生产地。据东莞市纺织服装协会秘书长介绍，某纺织服装企业迁移到江西某地，由于当地基础设施落后，地方政府服务配套不到位，最后企业赔钱搬迁回大朗镇。

3. 劳动力自由流动降低了东部成本

李娅和伏润民（2010）研究发现，国内劳动力的无限供给地区间工资成本差距不大等因素，使劳动力成本差异并不能成为中西部吸引沿海产业转移的主要优势，依靠劳动力成本差异驱动的大规模产业转移尚难以实现。

劳动力的自由流动降低了地区间的工资差距，依靠劳动力成本差异驱动的大规模产业梯度转移尚难以实现，导致了沿海发达地区劳动密集型产业转移的迟滞（贺胜兵和刘友金等，2012；罗浩，2003）。

4. 产业集群的极化效应和锁定效应

我国产业区域转移滞缓除前面阐述的向心力明显大于离心力而产生的极化效应外，还存在产业聚集的“锁定”效应，这种效应导致一旦产业在某地聚集，无论初始因素是什么，都会自我发展下去，使得内部企业不会自动迁出（李占国和孙久文，2011）。

5. 运输成本

陈耀（2009）研究指出，运输成本是传统产业集群区位选择的重要因素。在全球化的过程中，任何企业都会考虑国际市场的需求，世界银行对中国120个城市竞争力的调查结果显示，货物进出海港的运输费用是投资者必须考虑的关键问题。从内地到港口的运输成本如果太高，甚至抵消了内地劳动力成本低廉的优势，就可能会使一些企业宁可关闭也不向内陆地区转移。如果要推动东部产业向西部转移，便捷、低成本的运输系统是必不可少的前提条件。

运输费用较高、需求不足等影响产业转移进程，这些使得要素成本差距对区域间产业转移的作用不明显（郑鑫和陈耀，2012）。

6. 资金导向失误

程李梅和庄晋财等（2013）认为，在西部地区承接产业转移过程中，地方政府“重招商数量，轻招商质量；重项目招商，轻产业招商；重优惠政策，轻产业培植”等行为倾向，导致承接产业转移的制度安排具有明显的资金导向，也是产业滞缓的重要原因。基于此，必须推动西部地区承接产业转移的政策转型，即政策制定要遵循产业链空间演化规律，以产业导向替代资金导向，通过区域产业链空间整合，实现承接产业转移的最终目标。

7. 地方政府的GDP竞争和地方保护

改革开放以来，地方分权竞争体制作为我国经济转轨进程中的一个基本特征，在促进经济快速增长的同时，也带来了地方市场保护。为此，中央政府出台了多项规定（例如2001年颁布了《国务院关于禁止在市场经济活动中实行地区封锁的规定》等），以限制地方封锁。在中央政府的要求下，虽然地方经济合作区的数量日益增加，但鉴于分权体制对地方分割的激励性更大，地方经济合作的实质性进展不大，甚至一些经济合作组织名存实亡（张可云，2003）。为能够在与其他地区的竞争中占据优势，各地纷纷展开“原料大战”“市场大战”，甚至“以邻为壑”，恶性竞争（孙久文和原倩，2014）。

地方政府的担心主要源于三方面：一是大量建设资金外流、税源流失、财政收入减少；二是可能会出现外移产业“空心化”问题；三是短期内会影响当地的充分就业（陈耀，2009）。在现行的财税及地方政府绩效考核评价制度下，地方政府会忧虑产业转移造成的经济增长乏力及自身政绩下滑（俞毅，2010）；地方政府GDP竞争的结果，使得产业区内转移比产业区际转移更有动力，使得地方政府这只有形的手无时无刻地在干预市场要素流动，增加了沿海产业向中西部地区转移的人为壁垒（刘友金和吕政，2012）。在东部地区，企业上缴的所得税对当地财政收入的贡献要大于中西部地区，因此东部地区的地方政府会有更强烈的动机通过各种方式制造贸易壁垒来保护本地的企业，甚至包括一些在本地已经逐渐丧失比较优势的产业，以保护地方政府的税基（安虎森和徐杨，2015）。分割市场更可能有利于当地的增长，随之而来的是各地的盲目建设和地方保护主义

（陆铭和陈钊，2009）。

例如，2008 年东莞市财政一般预算收入为 186 亿元，镇级可支配财政收入为 159 亿元，村级可支配财政收入为 183 亿元，地方财政收入主要依赖当地企业，而且大多数为劳动密集型企业。虽然省、市两级政府都要求进行产业升级，坚决淘汰落后产能，但村镇政府担心劳动密集型企业转移可能造成“产业空心化”，对上级政府的产业政策并不积极响应。另外，改革开放初期许多企业与政府签订协议，地方政府以入股方式把部分“三来一补”企业改制转变为合资企业，形成相互合作关系，这也阻碍了劳动密集型企业的迁移。

8. 发达地区创新主导产业尚未形成规模阻碍产业梯度转移

根据产业梯度转移理论，只有当创新主导产业形成一定规模并能对转出的传统产业形成替代时，产业梯度转移才有可能大规模发生。然而我国东部地区的新兴产业大部分都处于发展的初创期或成长期，其替代传统产业的发展优势还不够成熟。如 2015 年江苏省高新技术产业实现产值 6.1 万亿元，占工业总产值比重近 40%，同年山东省的这一比重达到 31.4%，浙江省则为 37.2%。但是，与发达国家相比，我国东部地区创新型产业远远达不到主导产业的标准。2001 年的韩国人均 GDP 为 10655 美元，2014 年我国东部地区十省市的人均 GDP 也突破 1 万美元，而早在 2001 年韩国高新技术产业产值占工业总产值的比重就已达到 62%，美国的这一比重达到 75%，日本更是高达 83%。因此，东部沿海地区的创新主导产业还没有形成规模，创新活动还没有积聚成推动产业转移的内部力量（刘新争，2016）。这说明到目前为止，东部沿海地区产业结构调整还没有完全到位，创新主导产业还没有形成规模，创新活动还没有积聚成推动传统产业转移的内部力量，因此东部沿海地区产业主动向中西部地区大规模梯度转移的真正时机还没有到来（刘友金和吕政，2012）。

事实上，目前我国东部沿海发达地区产业转移的动因主要来自于原材料、劳动力、土地等生产要素成本增加的影响，转出产业也以资源依赖型，尤其是劳动密集型产业为主。浙江省工商局发布的《从浙企外迁看浙江省个私民营企业生态环境》显示，全省 1124 家外迁企业中，从事加工制造业的占总数的 68.1%。因此，我国现阶段的产业转移更多表现为生产成本推动下的被动式产业转移，这种转移模式很难从内部成长出新型的、更为高端的替代产业。

9. 行业临界点

靳卫东和王林杉等（2016）认为，各行业都存在区域转移的内生临界点，在达到临界点之前，其转移自然很不显著。那么，当一些行业达到临界点开始向中西部地区转移时，其他行业可能仍未达到临界点，甚至还在向东部地区集聚。每个行业发生产业转移的时间节点不同。这说明，产业转移确实存在有行业差别的内生临界点，目前并非所有行业都会发生区域转移。

在中国现阶段，东部的制造业尚未达到转移的内生临界点，产业转移还需要较多地依赖于外生力量的作用（李娅和伏润民，2010）。

10. 东部出口模式

刘红光等（2011）认为，以沿海地区为主的出口模式是产业转移只能以中西部资源利用为目的的主要原因。中国出口导向型产业仍集中在东部地区，且有进一步集聚的倾向。东部地区产业为了满足出口产业能源原材料的需求，在国家政策引导下，自然而然将这些上游产业延伸到资源丰富的中西部地区。中国出口活动仍集中在沿海地区是除资源型产业以外的产业转移滞缓的主要原因之一。

11. 东部消费市场格局

刘红光等（2011）认为，消费市场仍集中在东部是产业转移滞缓的又一重要原因。在最终消费带动下产业仍向东部地区转移。这表示除了出口以外，消费市场同样是影响产业转移的重要因素之一。一条胡焕庸线将中国人口分布空间一分为二，东南地区是人口密集区，西北地区人口则相对稀少。人口、资本等生产要素不断向东部地区集聚，消费市场规模也越来越大，并进一步吸引了相关产业的集中，形成了“市场集中→产业发展→设施水平提高→产业集群→要素吸引→市场集中”的循环。而西部地区不仅人口稀少，经济不发达，远离消费市场，而且交通不便、基础设施和服务产业落后，缺少发展成熟的产业集群环境，因此只能依靠资源优势承接一些资源型产业，而且产业链相对单一，以资源初级加工为主，如电力、金属等，为东部地区产业发展提供能源资源支撑。这也是只有资源型产业向中西部地区转移，而其他产业仍向东部地区集聚的重要原因之一。

12. “西气东输”“西电东送”等能源工程滞缓了梯度转移

当前，“西气东输”“西电东送”“西煤东运”等基础设施工程对西部发展存在一些弊端。一是当地利益分成过低，导致经济社会矛盾；二是加剧了西部保护生态环境的压力；三是西部能源大量向东部地区输出降低了东部产业成本。能源东运和大量劳动力向东部转移，一方面提高了西部企业的成本，另一方面减缓了东部传统产业的转移和扩散，使其竞争优势得以继续保持，从而延长了东部低梯度产业的生命周期（王宗赐和韩伯棠等，2010）。

13. 亚欧大路桥等基础设施建设加剧了西部贸易通道格局

亚欧大陆桥等国际贸易通道的建设，降低了东部沿海地区和中亚国家的交通运输成本，加强了新疆的贸易通道地位，使得东部产业不需要转移到西部，在东部生产，直接销往欧亚，不利于产业向新疆转移。细分来看，亚欧大陆桥这样的国际通道建设有利于资源性产业转移到新疆，不利于制造业转移。

14. 投资环境差导致交易成本上升

根据相对价格，企业的成本优势受制于交易成本。如果只是要素生产成本最低，没有基础设施或产业集群，没有相配套的金融和交易所，交易费用就降不下来，会影响最终的市场竞争。降低交易成本，就需要政府协调和发挥作用。

但转入地的基础设施较差、当地产业配套能力弱、政府办事效率低等原因却带来了企业的交易成本大幅上升。显然，中西部地区产业集群不足，其拥有的劳动力成本优势将被进一步削弱，对沿海产业的吸引力也随之下降（刘友金和吕政，2012）。

软环境是区域经济发展的重要因素，而中西部地区由于在产权保护体系、契约执行体系以及市场交易安全制度等方面不完善，许多大型企业借此机会，采取各种不公平竞争手段，打击中小企业，导致大量中小商业企业倒闭，市场秩序比较混乱。在投资环境较差的条件下，中西部地区拥有的土地资源、劳动力成本等方面的比较优势不再显著，投资软环境成为承接产业转移的短板（孙久文和胡安俊等，2012）。

15. 内生发展机制和利益协调机制不完善

中西部地区市场规模小、边际效应大、基础设施相对较差，对企业的吸引力相对较小，造成国有经济是重要的投资主体，房地产是重要的投资领域。这反映出中西部地区内生发展的机制尚未完善。同时，由于中西部地区内部各省份之间的利益协调机制尚未建立，在财政分权和 GDP 考核的绩效机制作用下，地方政府之间势必针对产业转移展开激烈的“税源博弈”“资源效益博弈”“环境效益博弈”和“声誉政绩博弈”。地方政府之间为了争夺产业转移资源，竞相压价，放宽环境准入标准，结果不利于产业在空间的有效配置（孙久文和胡安俊等，2012）。

而刘红光和刘卫东等（2011）分析指出，以沿海地区为主的出口模式和消费市场仍集中在东部是导致产业转移滞缓的重要原因。

六、产业转移的动因

21 世纪以来，在国家西部大开发、振兴东北老工业基地和中部崛起的战略指导下，中国区域间产业转移也日益升温，包括珠三角、长三角等地区的区域内自主性企业迁移，以及国家战略指导下的东部与中西部之间的区域间产业转移。国内对产业转移动因的讨论众多，学者纷纷提出自己的观点。

1. 基于产业分工视角比较优势的动因

国内外有关产业转移问题的最初研究是以国际产业转移为对象，以产业从发达国家向发展中国家转移为背景，普遍认为产业转移的基本动因是不同国家之间的产业比较优势发生变化。国际上有代表性的比较优势动因论研究包括赤松要的雁行模式、小岛清的边际产业扩张论、弗农的产品生命周期理论、刘易斯的劳动密集型产业转移论等。国内研究者在分析国内产业跨区域转移时，承袭了国际产业转移的动因观点，普遍认为区域间的比较优势变化是产业转移的主要动因。传统比较优势是一种静态的比较优势，假定劳动力、资本等生产要素禀赋不变，将技术排斥在外，但在实际中，产业发展的技术作用日益重要，而且生产要素加入技术后将出现动态化，动态比较优势比静态比较优势更加能解释现实问题。

2. 基于新地理经济学的产业集聚动因

产业转移问题不仅是一个产业经济学范畴，也是一个地理经济学范畴。基于新地理经济学的产业集聚动因是目前比较流行的产业跨区域转移解释。克鲁格曼（2000）引入规模经济和不完全竞争因素，构建地理集聚的中心—外围模型（Core – Peripherystructure，以下简称 CP 模型）来分析产业转移问题。CP 模型认为，制造业集聚在某一个区位，是由“向心力”和“离心力”综合作用的结果，而运输成本、制造业部门的规模以及消费者对产品多样化的偏好程度是三个关键的影响其均衡的因素。运输成本的下降将导致有前向和后向联系的制造业的集聚；理论预期是不断增加的专业化、制造业集聚和锁定效应。基于新地理经济学的产业集聚动因，其实质还是因为产业集聚能够形成集聚效应，达到节约成本（属于广义上的交易成本）的效果，从而吸引外部产业转移，或者阻碍产业转移出去（但是，产业集聚到一定程度后可能出现产业集聚的不经济，从而迫使产业转移到新的集聚区）。因此，产业集聚动因和比较优势动因的本质是一致的，都是产业为了节约发展成本而出现的转移活动。而且，产业集聚动因更多的是解释一个国家的区域产业转移。

3. 政策因素

覃利春（2015）认为，地方政府的经济发展战略和相关政策成为企业迁移的推动力之一。如上海市“退二进三”的产业结构优化升级战略，东莞提出“经济社会双转型”战略，珠三角地区的深圳、广州、佛山等提出“腾笼换鸟”的发展战略，其实质都是企业所在地政府推动产业结构优化和升级（魏后凯和白玫，2009）。

4. 产业梯度与要素禀赋的差异

戴宏伟（2003）认为，由于生产要素禀赋的不同，不同地区在产业结构方面具有极大的差异性，这种产业梯度与要素禀赋的差异带动了要素的跨区域流动与组合以及区域之间的经济合作，推动产业区际转移。

长三角和珠三角地区劳动密集型加工企业不断内迁在很大程度上是对低价格要素资源的诉求，是东部地区高要素成本推力和中西部地区低要素成本引力双重作用的结果（桑瑞聪和刘志彪等，2013）。

5. 本土企业微观视角的因素

桑瑞聪和刘志彪等（2013）研究揭示了我国产业转移的动力机制。结果表明：要素成本、市场需求、集聚外部性、对外开放水平、市场发育程度、企业规模是影响我国产业转移的决定性因素，而企业利润率、资本结构则不是决定性因素。

6. 比较优势

王忠平和王怀宇（2007）提出，区域间比较优势差异是区域产业转移的根本动力。

7. 市场接近效应

桑瑞聪和刘志彪等（2013）指出，靠近国际市场的地理区位优势和发育完善的国内市场需求是当前我国本土企业对内投资的主要动力。郑鑫和陈耀（2012）提出，内需扩大有助于中西部承接集中式产业转移。

8. 其他动因

张玉和江梦君（2011）从企业迁移的视角分析了安徽承接长三角产业梯度转移，认为长三角企业向安徽迁移的推力因素包括产业结构升级、生产成本上升、企业发展战略。拉力因素包括地理位置、交通便利、资源丰富、政策因素。

杨菊萍和贾生华（2011）认为，政策动因、经济动因、战略动因和情感动因是中国企业迁移的四类动因。其中，政策动因最为重要，其次是战略动因和经济动因。政策动因是企业整体迁移和区域内迁移的最重要动因，经济动因是部分迁移和跨区域迁移的最重要动因。

钱文荣和邬静琼（2003）分析了农村企业迁移动因，他们以浙江省海宁市200家企业问卷调查为基础，认为影响农村企业迁移的主要因素是企业家对生活的满意度和企业迁移成本两方面。

当考虑企业异质性时，对企业迁移的动机分析不可一概而论，不同企业的迁移动机具有差异，例如民营企业较多关注政府政策因素和融资因素；农村企业迁移主要依赖于企业家对经营情况的预期；而长三角和珠三角的企业由于所处环境的特点，更多地关注迁入地的成本因素，如劳动力价格、土地价格等，在这些地区劳动密集型企业具有率先外迁的可能性（王思文和祁继鹏，2013）。

魏后凯等（2009）认为，影响中国企业迁移的因素主要是企业内在因素及外部资源禀赋、成本差异、环境变迁、政府政策、企业间相互依赖等。

七、产业转移的模式

国内学者们根据我国实际进行了不同的分类（刘怀德，2001；白枚，2003；

黎逸科和黎碧茵，2009；魏厚凯和白枚，2009），其中具有代表性的有：

（1）按照迁移的内容，分为生产型迁移、知识型迁移和管理型迁移。企业将其资源和活动部分地迁移，也就是说，企业将自己的生产经营活动的构成按照企业发展战略和规划进行调整。生产型迁移是对生产能力的迁移；知识型迁移是对企业的核心知识部门，尤其是研究开发机构的主导力量的迁移；而管理型迁移是对企业管理部门的转移。

（2）从微观企业迁移角度，魏后凯和白玫（2009）从两个视角将企业迁移分为两种模式：企业整体迁移和企业部分迁移。后者分为：总部不变而部分机构外迁、总部迁移而部分机构不变。我国企业迁移以总部不变、部分机构外迁模式为主流模式，整体性迁移或总部迁移的企业比例甚小。根据温州市经贸委的数据来看，温州地区企业进行整体迁移、总部外迁的仅占5.5%、4.0%，而生产基地外迁、开设分子公司的企业约占69.1%。陈建军（2002）发现，营销网点的设立是推动浙江企业外迁的主要因素，占到55.24%的份额，对外投资和分、子公司的设立分别占31.4%和37.8%。企业迁移诱因的差异导致了企业对不同迁移模式的选择中部分机构外迁成为主要模式，而我国各区域之间的政策优惠手段和幅度雷同，使得总部迁移不能成为主流模式。

（3）按企业迁移的驱动力，分为行政驱动型和市场驱动型。行政驱动型企业迁移亦称企业搬迁，是指由政府组织的被动型企业迁移，通常是出于重大工程建设或者政策调整的需要，企业响应政府号召而不得不搬迁到其他地方，如三线企业搬迁等。市场驱动型企业迁移则是指由于外部环境的变化企业在市场力量的作用下自发向其他地区迁移，以便寻找更理想的投资区位。

（4）按企业迁移的方向，可分为上行流、平行流和下行流迁移。上行流企业迁移是指企业从欠发达地区向发达地区的迁移；下行流企业迁移是指企业从发达地区迁向欠发达地区；平行流企业迁移是指企业在经济发展水平大体接近的两个区域之间的迁移。

总体而言，我国的产业转移和企业迁移还呈现出梯度现象：在我国的区域产业转移和企业迁移中，以平行流居多，像长江三角洲地区中温州企业转移到杭州、金华和丽水的比重高达45%以上。垂直转移中上行流和下行流平分秋色，但具有明显的产业特征：轻工业、制造业等一些劳动密集型企业往往以下行流方式转移，如中国农大的涿州科技园区等项目将自己的生产基地设立在河北省廊坊经济技术开发区，北新建材集团工业园和北京运兴蓝晶浮法玻璃也落户在河北地区；而高科技公司往往就会选择上行流，以便更有效地利用上流地区的经济、人才优势。

（5）按企业迁移的决定因素，可分为市场扩张型、成本推动型和产业升级型。市场扩张型企业迁移是指企业出于扩大市场份额、追逐新的市场机会的目的而进行的迁移，是企业空间扩张行为。成本推动型企业迁移是指企业在迁出区位由于要素供给和需求变化丧失原有的成本优势，通过迁移到成本较低的目标区位，实现降低生产成本、保持竞争优势的一种迁移模式，是一种主要出于节约成本考虑而进行的迁移活动。跨国公司把生产工厂迁移到中国等发展中国家，多是成本推动型企业迁移。产业升级型迁移是指率先发展的地区，由于土地资源紧缺、劳动力成本上升和环境保护制度更加严格，导致企业将一些低端制造环节或污染环节迁移出去。

国内学术界认为，中国企业迁移的方式主要是采取去外地投资办厂的扩张性迁移，据浙江企业调查队对596家迁移和意向迁移企业的调查，在346家省际迁移企业中，选择去外省投资办厂的占68.8%，生产基地迁移、整体迁移和总部迁移分别只占17.1%、9.5%和4.3%；在浙江196家省外迁移企业中，选择去外省投资办厂的达83.6%，生产基地迁移和研发基地迁移只占9.7%和7.1%；在省内迁移企业中，选择去外地投资办厂的占62.5%，生产基地迁移和整体迁移只占20.3%和18%（国家统计局企调总队与浙江省企调队，2005）。在珠三角地区，企业选择整体迁移的只有9.8%，而有83.7%的企业选择新增产能扩张和生产环节转移，或者拓展投资方式（刘力和张健，2008）。深圳企业外迁也以扩张型迁移为主，其产值约占外迁企业总产值的75%（申勇，2008）。

（6）按企业迁移的路径选择，分为渐进式迁移和跳跃式迁移。黎逸科等（2009）在分析珠三角企业迁移原因的基础上，按照企业迁移的路径选择将企业迁移分为企业自主的路径——渐进式迁移和政府先行的路径——跳跃式迁移。

（7）“分散式转移”和“集中式转移”模式。郑鑫和陈耀（2012）使用“分散式转移”和“集中式转移”的阶段划分来描述产业转移的一般过程。集中式转移意味着中西部输出产品的增多，有利于区域分工的形成和深化，而分散式转移则会不利于区域分工的形成。集中式转移是淘汰落后产能和低效率生产区位的过程，而持续的分散式转移会导致产业布局过于分散，有可能导致恶性的价格竞争和重复建设。集中式转移可有效利用内部和外部规模经济，而分散式转移则会损失一定的规模经济效益，造成生产的低效率。但是从绝对值来看，东部地区大多数工业行业规模仍在不断扩张，产业转移对东部地区产业转型升级和结构调整的作用并不显著，分散式转移的阶段特征十分明显。

（8）价值链拆分转移。胡俊文（2004）认为发达国家和地区主要利用以下新方式实现产业转移：利用“头脑”与“躯干”的价值差异，实现“价值链拆分”和“产业空间分割”，实现“头脑产业”和“躯干产业”的国际分工；或将品牌经营和加工制造相分离，采用“外包”方式将产业和产品生产转移出去。

（9）扩张式和淘汰式转移。根据产业转移中企业所采取的策略不同，分为扩张式转移和淘汰式转移，前者指企业为了扩大市场份额而采取向周边地区扩张性建厂或与周边地区的企业合作等方式而进行的产业整体或部分生产环节的转移，是企业在发展到一定规模后因市场扩张等需要而采取的战略性扩张，多表现为产业部分的、渐进式的转移；后者是企业不能适应当地成本上涨和治理标准的提高而被迫退出时所采取的策略（沈晓，2009）。从福建、珠三角和长三角苏南地区的跨国企业迁移来看，跨国企业迁移过程中，常常以龙头企业带着配套企业共同迁移（覃利春，2015）。

（10）其他模式研究。在产业区域转移的模式研究中，卢根鑫（1997）基于重合产业的观点提出，产业贸易和产业投资是产业转移的基本形式。王立军（2001）提出，东部企业参与西部大开发中的产业优势转移和产业对接模式，主要包括市场进入模式、品牌扩张模式、资金输出模式、管理输出模式、技术转移模式、资源开发模式和兴办市场模式等。曹荣庆（2001）认为，产业区域转移和结构优化的模式大致有整体迁移型、商品输出型、市场拓展型、资本输出型、产业关联型和人才联合型六种。陈建军（2002）对浙江 105 家企业的调查表明，企业对外扩张和产业转移的行为目标模式是市场导向，辅之以资源综合利用。大部分企业是通过开展对外投资、建立加工点、设立营销网点等来实现的。陈刚和刘姗姗（2006）根据产业转移的具体途径又分为：区际直接投资转移模式、直接设厂转移模式、收购兼并转移模式、委托生产或生产外包转移模式、OEM 转移模式、对外建立销售网点等。马海霞（2001）从区域传递的空间特征出发提出了区域传递的两种模式：梯度推进与中心辐射。毛蕴诗和汪建成（2002）从业务活动、资金运作、空间和组建方式四个维度分别讨论了大型重点企业的扩展路径，不同扩展维度的路径选择不同。

八、产业转移的效应

从理论上讲，产业转移的效应既包括对移入区的效应，也包括对移出区的效应；既包括产业转移的正效应，也包括产业转移的负效应。不过，从现有研究来看，绝大多数文献集中于产业转移对移入区的正效应的初步探讨，并且大部分学者主要从国家层面展开分析，也有一部分学者从产业组织的角度探讨，但是也尚未形成系统的理论。

1. 产业转移正效应

（1）要素注入效应。产业转移给欠发达地区注入新的知识、资本和技术等其他无形的生产要素，移入地区能迅速积累本地区相对稀缺的生产要素，从而为该地经济起飞创造条件。

（2）技术溢出效应。承接产业转移地区通过学习、模仿和吸收发达地区的产业应用技术和产业管理模式，提高了欠发达地区的生产效率和平均技术水平，为实现其跨越式发展奠定了基础。

（3）关联带动效应。产业关联效应包括旁侧、前向和后向效应。

（4）优势升级效应。外部产业的转入会给当地带来一定技术、资本、人力等稀缺生产要素，这有利于欠发达地区形成新的主导产业，进而推动产业结构升级。

（5）观念更新效应。欠发达地区在观念上因循守旧，“等要靠”思想严重，区域自我发展能力较弱，产业转移给当地带来的不仅是资本、技术上的更新，还有一些新观念、新管理方式和营销方式上的更新，为当地注入持久的发展动力。

（6）加速工业化和城市化进程。加快东部沿海地区产业向中西部地区梯度转移，不仅有利于东部发达地区的产业结构升级，使东部地区致力于发展现代服务业和资本、技术密集型产业，而且有利于中西部地区的产业转换，推动劳动密集型产业发展，加速工业化和城市化进程（孙久文，2013）。

（7）促进硬软环境建设。一方面，为了招商引资，地方政府会竞相加大基础设施建设，提高公共物品供给水平，改善投资硬环境。另一方面，各地方政府会更为注重本地区的制度、政策等软件环境建设。

（8）东西互动良性发展。戴宏伟（2008）认为，产业转移可以使发达地区集中力量发展高技术、高附加值的产业，实现产业结构的转换与升级，欠发达地区通过承接产业转移，利用自己的“后发优势”，提高本地区的产业结构层次，实现产业结构的优化。日本学者荒山裕行（1995）研究产业转移对转出地经济的影响。该理论认为，从发达地区向落后地区的转让并非是在牺牲发达地区经济利益的基础上进行的，而是发达、落后地区均可能从转让中受益；发达地区对落后地区的转让，有提高落后地区就业结构中第三产业的倾向。

2. 产业转移负效应

（1）盲目引资导致结构趋同，产能过剩。地方政府间非理性的竞争导致产业结构趋同、重复投资等问题。

（2）污染随产业转移。地方政府间类似“囚徒困境”的集体非理性行为就可能导致环境规制的“逐底竞争”（Daly，2000；Wheeler，2001）。一些学者指出东部地区对企业的环境规制不断提高，污染性产业的生存空间不断压缩。承接地过度地放松了环境管制，单纯追求 GDP 使得高耗能、高排放的重化工业逐渐从东南沿海向中西部地区转移（张辽和宋尚恒，2014；汤维祺和吴力波等，2016），盲目引进某些不适宜发展的产业，导致“招商引污”。

（3）落后地区低端锁定。从全球产业链的角度看，我国东部地区仍然处于低端定位（张少军和刘志彪，2009），中、低端产业的转移更会把中、西部地区压制于低端要素供应商的地位。中西部欠发达地区承接发达地区的落后产业将使得这些地区陷入低级生产要素与低端产业相结合的产业分工格局，区域间的产业格局进一步固化，转入地区的产业发展被锁定在低端环节，而且这种锁定在区域经济相关性和互补性长期存在的条件下也将得到强化和持续。因此，我国现有的区域产业分工格局使得后发地区技术创新能力被弱化，锁定在低级生产要素与低端产业“双低”相结合的锁定状态，其通过承接产业转移实现地区产业升级的目标道路严重受阻，使广大中西部地区延续粗放的经济增长方式，不利于中国经济优化产业结构，转变经济发展方式。

（4）区域差距拉大。安虎森和何文（2012）研究指出，区域经济一体化背景下市场要素自由流动会加大东、西部差距。可流动要素不断向聚集力较大区域聚集，这就形成了具有区位优势的地区不断吸引可流动要素的良性循环累积过程，以及具有区位劣势地区不断损失可流动要素的恶性循环累积过程。要实现区域协调发展，必须打破这种循环累积机制。东部地区产业转移到西部，这为东部产业升级腾出了空间，能够实现资源的优化配置，使得其经济出现新的增长点。而落后地区容易陷入“低端锁定”。基于这些原因，区域产业转移反而阻碍了区域经济差距的缩小。

另外，政府的政策具有选择效应：即使政策力度相同，同一行业内不同类型企业的选址决策也存在显著差异，相对于高生产率的企业，政策更能对低生产率的企业选址产生影响，因而它并不能缩小反而扩大了地区差距（Baldwin 和 Okubo，2006）。这就意味着，政策的实际执行结果与预期目标相违背，可能导致产业梯度转移只是将东部沿海地区失去竞争优势而且附加值低的产业转移到中西部地区，从而为东部地区发展高附加值、更具竞争力的产业腾出空间，这样会继续拉大东、西地区之间的差距，不利于区域经济均衡发展。但是也要注意到，从实际来看，欧美国家劳动密集型加工产业向东亚地区转移的经验很清楚地告诉我们，产业转移不仅不会拉大发达地区和欠发达地区之间的差距，反而有利于地区之间的收入趋同。

（5）可能导致产业迁出地产业空心化。任何产业都存在上、下游之间的产业链，产业中的企业形成一种网络关系。这种紧密的联系会使得企业产生集群优势，而企业的外迁则可能会造成上、下游之间有不同程度的脱节，尤其是一些龙头企业的外迁，可能会使整个产业链遭到严重破坏（华金秋等，2008）。另外，如果企业外迁速度过快，甚至出现整个产业外移，就可能会出现产业链条中断甚至形成产业空心化，出现“鸟去笼空”的危机，甚至导致产业断层（申勇，2008）。

（6）纯政策引致型迁移有可能带来经济负效应。目前一些地区政府为吸引更多企业入驻，会提供极具吸引力的税收、奖励政策，但如果对于迁入的企业而言，仅仅是在税收方面享受到优惠，而其面临的资源、成本—收入结构并没有得到改善，甚至有所恶化，那么这种单纯的政策优惠引致型迁移只能是导致同样多的产值在区域之间的转移，甚至会出现巨大的迁移成本，而不会给全国整体经济带来增值效应。

九、产业转移的行业差异性

不同行业的企业迁移在经济因素、政策因素、战略因素与情感因素上都存在差异性。劳动密集型企业、高污染高能耗企业与高新技术企业在迁移动因、时间、方式上有所不同。

（1）制造业企业迁移比例占有较大份额，第三产业企业迁移比例较小。这说明在中国，目前产业转移的主体依然是劳动力密集型、高能耗高污染的企业，具有高附加值、高技术含量的企业并没有形成迁移浪潮。

（2）中国目前的产业转移层次依然处于较低水平。因此，在今后的产业发展中不仅要关注低端产业的中西部转移，更应注重高端产业的转移方向，而且在向中西部输送低端产业的同时还应注意污染的转移。

（3）高污染、高能耗企业迁移大部分为区域内迁移，且迁移动因基本都为政府规划。因此，高污染、高能耗企业迁移并没有形成东、中、西部的梯度转移。在高污染、高能耗企业迁移过程中，基于税收、就业等因素的影响，各地政府将高污染、高能耗企业迁往外地的意愿并不强烈，各地政府基本都采用“退城进园”的规划模式，将各企业集中于园区内，实现排污节能的统一管理。

（4）劳动密集型企业迁移已显现出梯度转移的趋势。从对所得数据的分析中可以看出，劳动密集型企业迁移多为跨区域迁移，且迁入地大部分为中西部地区。部分企业将总部保留在原所在地，将生产部门迁出。对于原所在地来说，产业结构得到升级；对于迁入地来说，劳动力就业问题可以在一定程度上得到解决。

（5）第三产业企业迁移原因多为经济动因。各地在大力发展第三产业时要着重完善当地的经济因素。如土地租金的优惠补贴，交通设施的完善，人才的引进，上下游配套产业的发展等一系列经济因素应是各地发展的重中之重。各地政府陆续开展了“退二进三”的城市规划项目，“退二”目前已取得了一定的效果，许多重工业、高污染企业都陆续退出了城区或该地区，但“进三”却发展迟缓，主要原因是各地配套的经济因素并不完善，以至于无法引进更多的具有高附加值的企业，使得当地产业升级较为迟缓。

（6）资源型企业的迁移受外部环境与企业自身因素的影响，其中政策因素在资源型企业的迁移决策中具有重要的作用，其影响大于战略与情感因素，而经济因素在资源型企业的迁移中具有阻碍作用。而在政府出台的各项具体政策中，对企业迁移行为具有显著影响的因素有环境管制、行政效率、土地优惠、政府配套设施和公平竞争环境。其中，政府配套设施对资源型企业迁移的影响最为显著，其次分别是公平竞争环境、土地优惠与环境管制，行政效率则是阻碍企业迁移的因素。因此，为促进区域协调发展，优化空间布局结构，各地政府应在考虑影响企业迁移的各种因素基础上，制定实施一系列政策措施，同时应针对不同政策措施对企业迁移决策影响程度的不同，出台更有针对性的政策措施，从而鼓励和引导企业合理迁移。

（7）周正柱和孙明贵（2012）运用 2003～2010 年东中部 9 省市三大产业（纺织业、鞋帽制造业和化学纤维制造业）数据，实证研究区域商务成本对企业迁移区位选择影响。结果表明，东中部 9 省市纺织业等三大产业企业迁移区位选择影响程度占到 88.8%～95.7%；纺织业等三大产业企业迁移区位选择主要受到商业设施及土地成本、劳动力成本、政府运作效率和市场化程度的影响，而信息化程度、基础设施、研发能力等因素对企业迁移区位选择决策并无影响；纺织业等三大产业企业迁移区位选择往往偏向于要素成本低而交易成本相对较高的区域。这进一步解释了温州一些民营服装企业把生产工厂迁移到周边县市或迁移到重庆等西部地区等现象。商务部研究室（2015）调查显示，东部地区近 70% 的纺织服装企业已进行转移或有转移意愿，沿海地区传统产业加速向外转移势头明显。

第三节 企业迁移行为差异：特征、规律、需求

本节的研究目的是从微观视角，了解企业向外拓展转移的动力机制、区位选择、运作模式、服务需求等方面呈现的多样化特征，对土地政策制定提供微观视角的参考。

企业是产业转移的微观主体，无论是市场规律作用还是政府主导作用的产业转移，都是通过企业来实现，没有企业的迁移，产业转移则无从谈起，以市场为导向的企业迁移并不一定形成产业转移，但产业转移一定是大规模的企业迁移。

一、国际研究中产业政策对不同生产率企业的“群分”效应

从政策设计的初衷来看，吸引企业向市场规模小、经济发展落后的地区转

移，从而促进当地的经济增长是产业转移政策的目的所在。但是，空间上的外部性则意味着，企业只有靠近大的市场，才能获得上下游关联、共享劳动力市场和技术外溢等多种优势（Krugman，1991；Duranton 和 Puga，2004）。正是因为政策的预期目标与企业选址存在内在的冲突，政策实际执行效果与政策目标通常会存在差异（Deichmann 等，2008；Mohl 和 Hegen，2010）。在传统的新经济地理学看来，只要企业获得的优惠足够弥补在其他地区获得的最大利润，政策就能对企业选址产生影响（Baldwin 等，2003）。

新近研究表明，即使在一个口径很小的行业内，企业之间的生产率、规模等方面都存在显著差异。这些差异不仅会影响到企业的市场选择（Melitz，2003），还会影响企业的空间选址（Baldwin 和 Okubo，2006；Okubo 等，2010）。之所以不同生产率或规模的企业在空间上选址存在差异，是因为随着运输成本下降，这些企业所面临的集聚向心力和离心力存在差异（Ottaviano，2011）。高生产率（或低成本）的企业边际成本较低，根据边际成本定价原则，其相对于低生产率（或高成本）的企业更能承受较强的竞争效应。运输成本下降，企业由分散走向集聚时，企业之间的竞争也会加强，高、低生产率的企业面对竞争的反应不同，低生产率的企业由于市场份额减少，不能充分获得企业层面的规模经济，与高生产率的企业集聚在一起会得不偿失，因此它们会选择分散，集聚的是高生产率的企业。这是一种空间"群分"效应。

这种空间"群分"效应意味着，政府的产业转移政策具有选择效应：政策通常会选择低生产率的企业进入指定的区域（Baldwin 和 Okubo，2006）。这是因为，当集聚带来的竞争加剧时，低生产率企业迁移到小市场的机会成本要低于高生产率的企业。在这种情况下，产业转移政策不仅不能缩小，反而会扩大地区之间的生产率差距。

从企业生产率角度，Baldwin 和 Okubo（2006）认为，政府的政策具有选择效应：即使政策力度相同，同一行业内不同类型企业的选址决策也存在显著差异，相对于高生产率的企业，政策更能对低生产率的企业选址产生影响，因而它并不能缩小反而扩大了地区差距。Okubo（2012）还指出，产业转移政策对高、低生产率企业的影响取决于不同的补贴方式，基于企业利润的比例补贴会导致高生产率的企业迁移到指定地区，而免费赠予或低价给予土地、给予固定奖励等固定成本补贴，会导致低生产率的企业进入指定区域。Martin 等（2011）运用法国的微观企业数据考察了法国的区域发展政策对企业生产率、就业和出口的影响。结果显示，政策选择的是那些生产率相对较低的企业，法国的区域发展政策并没有对企业的生产率、就业和出口产生显著的正向影响。

从产业集聚角度，Devereux 等（2007）运用英国跨国公司的数据分析了政府补贴政策如何影响这些公司选址。他们发现，政策效果取决于当地的产业结构，在那些本行业企业数量较多的地区，政府的补贴政策对企业的迁入产生了显著影响，相反在本行业企业数量较少的地区，补贴的影响非常有限。

从税收政策的角度，Baldwin 和 Okubo（2009）通过一个模型推导发现，税收政策的变动对不同规模企业选址的影响不同，在面对高税收时，大企业相对于小企业更容易发生迁移。这种政策的选择效应在新近的几篇实证文献中得到了支持。

从研发企业角度，Midelfart - Knarvik 和 Overman（2002）发现，欧盟结构基金对研发密集度高的企业选址产生了显著影响。

二、国内产业政策对企业迁移的群分效应

国内多位学者研究了政府产业转移政策对企业迁移的群分效应（傅允生，2011；杨本建和毛艳华，2014；桑瑞聪和彭飞等，2016；杨昊和杨上广等，2015）。

（1）市场规模和基础设施水平对企业迁移的影响。服务于大市场的企业和拥有低水平基础设施的企业具有较高的迁移倾向，这意味着承接产业转移的地区应该将着力点放在服务于大市场的企业，同时改善地区基础设施水平也有利于企业迁入从而促进地区经济发展（王思文和管新帅，2013）。

（2）对于整体迁移的企业，产业政策实际效果只受企业投资规模或用地面积影响，而对于部分迁移的企业，政策效果除了受企业投资规模或用地面积影响外，还受到接收地的人力资本水平、工资水平、区位等经济地理因素的影响。在各种迁移方式中，选择整体迁移的只有 9.8%，有 83.7% 的企业选择新增产能扩张和生产环节转移，或者拓展投资方式。

（3）运费对不同行业的影响程度不同，对生产过程中需要大量消耗原料、燃料，产品中原材料比重较小的行业影响较大，如钢铁、石化、冶金、建材、造纸等工业部门所受的影响尤为突出。在这些部门的成本结构中，运输成本占 3% ~5%，有时甚至高达 8%。在其他条件基本相同的情况下，运费最小方案将是最优方案。

（4）完善的基础设施建设和高效的政府效率对产业转移起到较强的向心力作用，而税收在吸引投资中的作用在减弱。

（5）地方政府行为对产业转移地区的异质性。从转出地来看，广东和江苏企业重点关注的是地方信息化水平，浙江企业对地方政府的行政效率较敏感，而上海企业对投资地的税负较为敏感。

（6）地方政府行为对不同行业转移的影响。从行业层面来看，地区通信水

平对技术密集型产业的影响最大，而对劳动密集型产业的影响最小。地方交通设施和政府行政管理效率对资本密集型和技术密集型产业具有显著的正向作用。

（7）不同产业对成本的敏感性。随着未来转移的产业由劳动密集型转向资本密集型再到技术密集型，企业对交易成本将更加敏感。企业所处地域的制度发展环境、基础设施的完善程度、政府效率和法制化水平将逐渐比土地、资本、劳动力等生产要素成本更重要。这主要是因为，与要素成本相比，交易成本是外生决定的，难以靠企业自身努力来降低。中西部地区应不断优化投资环境，提高政府服务的规范性和透明度。地方政府应积极打造信息、物流、税收、融资等服务平台，降低企业投资的交易成本。

（8）不同省份企业迁移特点。浙江偏向集群转移模式，因为劳动密集型制造业中小企业众多，企业规模偏小，上下游产业链的企业之间存在密切联系，在产业转移中如果企业单个转移，一方面，转入地政府由于就业与税收不多，承接产业转移积极性相对弱化；另一方面，由于转入地缺乏相关产业配套能力，使中小转移企业生产经营难以为继。如果实现集群式转移，相关问题就能迎刃而解。上海的转移表现为一种市场驱动型的产业转移模式。主要是因为上海很多上市公司是大型国有企业，一旦税负过重必将影响这些企业的税收筹划，而当地过高的国有企业比重将意味着其在当地面临着激烈的市场竞争。与长三角地区的其他省份相比，江苏企业在投资中最注重地方的信息化水平，这是因为江苏具有最大的劳动力市场，他们更注重承接地区的高工资收入。广东省的转移更多是一种成本驱动型的产业转移模式。较低的劳动力成本是吸引企业投资的重要因素，并且广东企业在转移时对周边地区的税负也较为敏感。

三、不同性质企业的迁移决策因素

企业按性质可分为跨国企业和本土企业，本土分为国有企业和民营企业。跨国企业的转移更多的是考虑全球战略和占领市场，而本土企业可能主要是出于资源禀赋、成本因素、人脉关系等考虑。不同性质企业在迁移过程中所要考虑的问题和采取的迁移策略存在差异，需要从跨国企业、国有企业和民营企业三个方面分析企业在迁移决策方面的差异。

1. 跨国企业迁移

邓宁（1981）指出，所有权优势、内部化优势和区位优势等因素影响了跨国公司的对外直接投资行为，跨国公司战略选择遵循集约化经营、本地化经营及管理等原则。跨国企业迁移具有其内在规律性，内生的企业组织形式、区域战略和产业转移规律才是其迁移的决定性因素，地方政府的相关政策对其迁移只有加速或延缓的作用，如台资北迁或北扩长三角苏南等行为的主要动力是成本、效率、市场定位和战略调整。根据跨国企业高层管理者的反映，新《劳动合同法》的实施、两税合一以及环境保护等问题已经成为跨国企业在中国投资的刚性成本。

项桂娥和胡鹏（2011）研究指出，外商投资企业在层级制治理模式下产业的“扩散效应”弱。外资主导的这种层级制治理模式下的国际代工既利用了我国的要素禀赋优势，又将自身对内资企业的技术关联控制在安全的范围，区域产业转移的前后向联系效应大为减弱，区域间产业协调联动的效应也大大降低。这也是安徽临近长三角却游离于长三角发展经济圈之外的原因。

2. 国有企业迁移

国有企业，包括央属国有企业和地方属国有企业，由于隶属关系不同，迁移行为也不一样。

总体来说，国家政策、企业的产业属性和企业所属产业的生命周期对国有企业迁移产生重要影响。根据广东省和上海市的产业转移经验，国有企业的迁移，并不在于市场规律的作用，更多的是政府的规划、布局和运作，如在20世纪90年代末的支援三峡库区建设的中央或地方国有企业迁移，不仅是中央的政策导向，也是地方政府对中央政策的行动配合，地方属国有企业在自身发展需要的基础上，结合地方政府的行政要求，到三峡库区新建企业或者并购库区搬迁企业。

3. 民营企业迁移

与跨国企业、国有企业相比，民营企业是一个结构比较复杂且相对比较弱势的企业群体，但它具有灵活多变的优势。无论是大企业还是小微企业，它们的迁移决策有自己的便利之处也有其难言之隐，但总体来说，它们在做出迁移决策和目的地选择时，基本上是考虑自身发展需要、各方面的优惠政策、承接地的投资环境、市场壁垒以及当地企业的情况，资本的逐利本性、企业运行机制的灵活性、生产经营成本的提高以及企业的集群效应等因素驱使民营企业迁移，选择并有效实施成本领先式或差异式区域迁移策略，将会对民营企业的进一步发展带来持续的竞争优势。

不同所有制性质企业的产业转移模式存在差异。上海不同所有制性质企业的产业转移模式选择不同，国有及集体所有制企业主要选择合资合作的模式，私营企业主要选择进入产业园和新建子公司模式，外商及港澳台资企业主要选择新建子公司模式（杨昊和杨上广等，2015）。

王思文和管新帅（2013）认为，出口企业较内销企业而言，具有较低的迁移倾向，这表明外向型的企业在选址方面有更强的路径依赖。

四、不同规模企业迁移意愿

桑瑞聪和刘志彪等（2013）以长三角和珠三角地区上市公司为例，得出大规模企业比小规模企业具有更强的转移意愿。杨本建和毛艳华（2014）对珠三角研究得出产业政策只对投资规模大或用地面积大的企业发挥作用，对大量的投资规模小、用地面积小的企业影响有限。项桂娥和胡鹏（2011）指出，以代工为主的中小企业处于简单加工和组装的阶段，缺乏主导企业，对国内中上游产业的带动作用小，产业链短，产业进一步转出能力弱。

王思文和管新帅（2013）基于中国1998～2008年工业企业微观数据，发现迁移倾向随着企业规模的扩大而降低，因为大企业在进行迁移决策时更多地考虑较高的沉没成本，从而影响决策，导致较低的迁移概率。

刘颖和周沂等（2014）以浙江省上虞市为例研究发现，小规模企业在本地和欠发达的地区都很难得到实质性的优惠政策和经济补助，并且高度依赖于本地的地区环境和地方产业集群，绝大多数小规模企业理性的决策不是迁移，而是选择消极应对或是等待关闭。

对于中等规模企业，欠发达地区为了吸引这类企业，会给予其很多财税、土地上的优惠政策。而中等企业相比小企业，本地联系较弱，有更多的社会网络和能力适应陌生的环境。因此，这类企业会选择整体迁移或将污染严重的部门迁移到规制弱的地区。

大规模企业的环境成本更低，对环境规制的敏感性更弱。同时，由于关系到地方的财政收入和就业，本地政府为大企业提供有利的政策和财政补贴，无形中形成了企业迁移的阻碍。虽然大企业的本地联系很弱，企业完全有能力搬迁到其他地方，但由于企业迁出的动力（迁移获得的收益）不足，企业迁移的意愿不强烈。

从迁移目标地选择来看，投资规模越大或用地面积越大，企业越愿意进入政府指定的园区；小型企业主要是选择进入产业园，中型企业主要选择新建子公司；微型企业更倾向于选择进入产业园和新建子公司两种模式。

产业政策对不同规模企业的迁移意愿也有影响。例如，广东产业转移的目标之一是把劳动密集型的产业转移到指定的区域。结果显示，这一政策对珠三角大量的投资规模小、用地面积小的企业影响有限。广东产业转移的目标之二是通过点对点的转移，来推动落后地区的集群式发展。由于政策只对投资规模大或用地面积大的企业发挥作用，而集群以中小企业为主，因此指定地区的集聚发展计划也很难实现。

五、不同年龄企业迁移因素

在企业年龄对迁移决策的影响上，同样有几种不同观点：布劳威尔等（2002）研究了多个国家的企业迁移问题，结果发现小企业和年轻企业更倾向于迁移。Brouwer（2004）通过对 21 个国家企业迁移行为的研究，指出迁移动机随着企业的规模而减弱，也可能随着企业寿命而减弱。规模较大的企业具有较高的沉没成本，而寿命较长的企业则更深地根植于当地的空间环境。

王思文和管新帅（2013）得到了与已有的企业迁移行为理论不同的结论，老企业和新企业同样具有较高的迁移倾向，因此，在制定招商引资优惠政策时，对待新老企业应该同等重视。

六、商务成本对企业迁移的影响

依据商务成本构成要素文献回顾（安礼伟等，2004；陈建军等，2010；蔡翼飞等，2010），商务成本各因素主要包含以下三个方面。

（1）要素成本，主要包括地价、房租及办公场地等固定要素成本和工人工资、融资利息及水电煤等流动要素成本，对企业生产总成本将产生直接影响。

申勇（2008）在对深圳企业外迁影响因素的问卷调研中，发现厂房租金太贵占到 57.8%，排序第一；人工成本（包括工资、福利和社保费用等）占到 53.3%，排序第二。黎逸科等（2009）对珠三角三水地区企业迁移影响因素进行调研，结果显示地价、水电价格是企业迁移首要看重的因素之一。因此，要素成本越高，企业迁移的可能性就越大。

（2）交易成本，主要包括政府体制完善程度、政府政策支持程度及公共支出水平等，对企业生产总成本将产生间接影响。其中，政府体制主要包括市场运行规范程度、产业配套环境和政府效率等，政府政策主要包括税收及各类优惠政策，公共支出包括基础设施建设和科研经费等支出。

投资环境的改善无疑将导致为企业支付的交易成本相应减少，进而间接地影响企业生产总成本。但是交易成本的降低如果无法弥补由于各种要素成本增加而引起的总成本增加，致使企业利润下降，那么制造企业往往就会迁移到要素成本相对较低、交易成本相对较高的中西部地区。因此，目前尽管东部沿海六省市企业投资环境不断改善，承担的交易成本在不断减少，但是工人工资、土地成本等要素价格上涨过快，进而侵蚀了企业利润，促使部分制造企业开始向中西部迁移或者向东部内部欠发达地区迁移。

（3）其他因素成本，指除以上两项成本外的其他相关因素成本，主要包括生活便利、融资便利等体现服务便利程度的成本和社会治安状况、法律健全程度等体现社会安全程度的成本，同样对企业生产总成本将产生间接影响。

何龙斌（2006）认为，西部大开发战略实施五年来，西部地区引进外资占全国比重不升反降，主要原因在于与其他地区相比，西部地区投资的商务成本高，特别是隐性成本相当高。

七、集群迁移的特征

改革开放以来，东部沿海地区形成了大量的产业集群，2008 年我国东、中、西产业集群数量比例为 79∶12∶9。产业集群化发展形成了当地专业化市场、客户、协作配套商、客户群体以及独特的产业文化，大大提高了企业的生产效率。而单个转移的企业将会失去原有集群内的协作配套能力等良好环境，因而选择本地化发展。

当前产业转移不再局限于单个或几个企业离散转移，而呈现出对中西部地区集群式投资特征，即实施产业链上、下游配套企业与核心企业整体式转移。如“百丽”“康奈”“七匹狼”等国内品牌企业及 80 多家配套企业在安徽省宿州市的集群式投资；浙江省温州市奥康集团牵头组织制鞋产业链上的多家配套企业西进重庆市璧山县，共同打造“中国西部鞋都”。

集群企业的迁移发展，以及集群在微观层面的升级大致分为集群迁移式升级、集群分拆式升级与集群整合式升级三种形式（陈志雄和任国良，2014）。

由于受到技术水平和研发能力的限制，处在产业链低端的企业只能不断寻找符合自身发展资源禀赋的集群环境谋求生存。这类企业的一个普遍做法是，从一个已经不适合发展甚至生存不下去的集群向一个更低禀赋要求的集群“物理”迁移。在这种迁移的过程中如果整个集群内部分工程度不高，专业化程度很低，很可能也伴随着整个集群的迁移，因为集群内部企业存在较高的同质化，企业的迁移也就成了集群的迁移。

集群企业的迁移倾向受到当地劳动力成本、市场接近度、土地获取难易程度以及产业优惠政策的显著影响。地方政府可以在劳动力、土地、市场和产业政策方面打出引导性“组合拳”，在不违背市场规律的基础上，调控、引导本地产业集群的合理转型和有效迁移。

在推动产业集群转型升级的过程中，要考虑企业的迁移成本，不能进行盲目的迁移，政府应该首先推动那些“低关联、低外向度”的产业集群迁往中西部地区，待基础设施达到较高水平后，再考虑将一些“低关联、高外向度”的中端家电集群企业迁移到中西部地区。

八、上市公司总部经济迁移倾向

截至 2007 年 9 月，全国共有 1481 家上市公司，其中上海证券交易所 835 家，深圳证券交易所 646 家。在 1994 ~ 2007 年，中国上市公司总部迁移率是 5.81%，年迁移率为 0.45%。上市公司总部迁移具有一定的距离衰减特征。因为上市公司在进行总部迁移决策时，对目标区位信息的了解随距离增加而衰减，决策层往往对距离较近的目标区位较偏爱。

魏后凯和白玫（2008）研究发现，中国上市公司总部迁移的一个显著特征是总部迁移以跨省区迁移和省内城市间迁移为主，目标区位以东部发达地区为主，目标城市主要是北京和上海这两个国际性的大都市，表现为上行流迁移和西—东迁移居多。伴随着这种西—东迁移的是财富向北京等东部发达城市的集中。按照四大区域考察，东部上市公司总部迁移活动最为频繁，占总迁移活动的53.5%，是净迁入地区，西部和东北是净迁出地区。

导致上市公司总部西—东迁移的动力机制是上市公司对资本流动性及融资便利程度的要求较高，上市公司总部对技术、人才和信息的可获得性要求较高，而北京等东部发达城市恰好满足了上市公司对总部区位的要求。

需要关注的是，近年来中国上市公司总部的迁移主要还是一种市场行为，各地“总部经济”政策的影响并不是太大。从发展趋势看，随着中国经济全球化和市场化进程的不断加快，在市场力量的作用下，这种市场行为可能会导致更多的企业总部向北京、上海等中心城市迁移和集聚。在这种情况下，国家近年实施的促进东、西部产业转移的政策将难以在总部和研发等高端环节发挥作用，而将更多地集中在生产制造环节，由此可能会进一步强化东、西部地区之间的“脑体”分工格局。

另外，企业研发基地的迁移是为了更加接近科研机构（如大学、科研院所等），更容易获得高素质的人才等。如报喜鸟集团在上海设立服饰设计中心、庄吉集团在上海和意大利米兰城设立研发中心等。调查表明，2004年浙江跨省迁移的企业中，半数选择上海为迁入地。在总部迁移的企业中迁到上海的达88.9%；在研发基地迁移企业中也是迁到上海最多，为71.4%（徐海彪，2004）。

第四节　产业分工和升级动向

一、基于产品内分工的国际产业转移基本特征

（一）国际产业分工格局

潘未名（1994）从跨国公司的海外生产对母国的“产业空心化”角度进行研究，认为当今世界的国际分工类型开始发生转变，从垂直型国际分工向混合型和水平型国际分工转变，跨国公司开始构建研发、设计、生产和销售一条龙的海

外生产体系，从而打破了国际产业转移主要转移国内衰退产业的传统模式，开始在全球范围内寻求最佳资源配置体系。

随着生产力的飞速发展、各国产业结构的不断演进，国际分工格局进一步深化，出现了产业间分工（垂直分工）、产业内分工与产品内分工（水平分工）同时并存的多样化和多层次的分工形态。产品内分工是全球生产网络背景下国际产业转移的主要动因。此类国际产业转移是基于产品内分工的产业转移，转移的内容不再是整条产业链或产品链，而是产业链中某个生产环节或某道工序（许南和李建军，2012）。产品内分工是一种特殊的产业经济国际化过程，其核心内涵是特定产品生产过程的不同工序或区段通过空间分离展开成跨区或跨国性的生产链条或体系（Feenstra，1998；Gereffi，1999）。

分工形态的演进直接导致了当代分工格局的形成与演变。从垂直分工体系角度来看，发达国家凭借积累的技术上的优势承担下游产品生产，而低端、高污染或上游产品则转移给发展中国家；从水平分工体系角度来看，发达国家则包揽了高技术、高附加值等处于价值链高端的环节，低技术含量、低附加值的产品生产、组装环节则外包给发展中国家。

例如，广东汽车工业发展过程中，引进外资效果显著，陆续引进了本田、日产和丰田三大世界级汽车制造商来投资建厂，一批国际著名零部件供应商尤其是日本的零部件供应商也陆续落户广东，形成了一个以日系汽车为主的“汽车工业集群”。但广东汽车的骨干企业主要是合资企业，核心技术基本上依赖合资外方，缺乏自主品牌。大部分企业研究开发经费投入不足，没有建立起自主的研发机构，目前广东还没有企业具备轿车关键零部件及整车的综合开发能力，参与国际竞争的核心竞争力水平较低。在产业配套方面，广东汽车整车产值与汽车零部件产值的比例仅为1∶0.5，远低于国际1∶1.7左右的惯常比例。汽车生产企业的主要零部件大部分依靠外供，如国产化率较高的广州本田公司零部件配套生产企业110家，其中在广东的仅有28家。跨国公司对全球价值链的控制和影响可见一斑。

在新型国际分工格局中，国家或地区国际分工地位的提升只能通过由劳动密集型产业结构向资本密集型产业结构转变、由产业链的低端（上游）向产业链的高端（下游）迈进、由承担技术含量低的工序转向技术含量高的工序，不断提升本国或地区产品的技术附加值，从而获取可观的增加值并形成良性循环机制。

（二）基于产品内分工的国际产业转移基本特征

（1）产业转移对象片段化。产品内分工使得产品生产过程的各环节如研发、制造、营销、品牌服务等出现了全球的垂直分离，各环节可以由分布于全球各地的企业协作来完成，形成了产业链的“片段化”（Arndt 和 Kierzowski，2001）。所以企业就能相对容易地进入产业链的某个环节（Sturgeon，2002）。这样，产业转移的对象就不一定是整个产品生产过程，而是在全球范围内转移其某个或某些生产环节。例如，美国通用汽车公司，就通过生产过程“片段化”，将零部件生产以及某些价值链活动环节外包到世界各地，形成了跨国公司主导的基于产品内分工的国际产业转移。

（2）产业转移主体多元化。随着产品内分工的不断深化，产品价值链的价值环节越来越多，价值链越来越长，各环节的分离变得越来越容易也越来越成为必要。在这种情况下，产业转移主体变得多元化，产业转移突破了公司规模的限制。产品内分工使得各类企业，无论其大小，很少会从事一个完整产品价值链活动，而是嵌入到全球生产分工体系，不但是跨国公司，各类小公司也可以通过战略联盟、并购及外包等方式在全球范围内组织资源进行生产，以获取产品内分工的利得。

（3）产业转移环节高端化。在寻求比较优势和追求最大经济效益的“内在冲动”作用下，企业不仅将在生命周期中处于较后期阶段的产品整体性地向其他国家转移，而且也会将某些在生命周期中处于较前期阶段且对要素成本比较敏感的产品生产环节尽快向其他国家转移，从而使国际产业转移的价值环节呈现出高端化趋势。这样，国际产业转移通过跨国公司及其战略联盟伙伴，进入了劳动密集型产业、资本密集型产业及技术密集型产业转移并存的阶段（Minbaeva，2007；Jorge，2007）。例如，为有效利用发展中国家人力资源优势，一些著名汽车制造商把部分设计开发环节转移到发展中国家，一些微电子公司也把部分研究开发环节转移到发展中国家。

（4）产业转移方式多样化。随着产品内分工的出现和深化，生产工序的可分离性越来越强，这促使国际产业转移进程加快，其深度、广度不断提高，并突破了较单一的直接投资和股权安排方式，外包、战略联盟及其他非股权方式发展迅速，使国际产业转移的方式趋于多样化。

（三）集群式转移成为国际产业转移的重要方式

产品内分工的深化促使产品生产的专业化、标准化特征日趋明显，生产单位投资的专用性程度越来越高，单位间的生产协作关系和共生互动性越来越强。全球价值链模式下单个生产单位的独立生存能力减弱，单位间的相互依赖程度增强，生产单位对产业的关联性和配套性要求提高，产业聚集产生的正向外部效益扩大，企业迁移和产业转移必然不会再仅仅是零散式、单独地进行，而是倾向于整体地、集群式地展开，从而出现生产单位的“抱团”流动、价值链的跨区域重组和产业的集群式转移。

近年来，产业联系紧密、互动互补能力强的企业进行组团式整体迁徙的特征日益突出，以产业链整体迁移和集群转移的方式进行国际产业转移的趋势愈加明显。以重庆笔记本电脑产业集群的形成为例，2009 年以前，IT 产业在重庆工业体系中几乎是空白，2009 年，随着笔记本电脑品牌商惠普落户重庆，零部件制造商富士康，代工厂英业达、广达等相继落户重庆。2010 年宏基在重庆建立生产基地和运营总部。2011 年华硕、和硕、纬创、仁宝等落户重庆。在笔记本品牌商的带动下，短短三年内数家代工厂商和数百家零配件制造企业相继在重庆建立了生产基地，目前，重庆已基本形成了 1 亿台笔记本电脑和 1 亿台其他终端电子设备生产能力，以笔记本电脑为龙头的 IT 产业制造体系初步成形。产业集群式转移促使重庆笔记本电脑零部件配套覆盖率达到 80%，极大地降低了进项物流成本，这不仅使得重庆笔记本电脑产业实现了从无到有、从“组装”到“制造”的跨越，其“品牌 + 整机代工 + 零部件企业”的“垂直整合一体化”加工贸易方式也开创了内陆地区承接产业转移的新模式。

二、国内分工格局

陈耀（2009）指出，当前国内区域分工向价值链分工深化，东、西部之间的产业分工已从以前的垂直分工（西部提供生产原材料，东部提供加工制成品）发展到水平分工（西部开始提高自身加工的比重，东部开始从国际市场获取部分原材料），再进一步由产业部门间分工发展到现在的产品价值链分工。

虽然目前来看，我国区域间产业转移仍符合梯度转移的一般规律，但随着当前工业生产方式逐步由传统的行业分工向产业内分工和产品内分工转变，组织方式由传统的垂直化向扁平化转变，市场关系由传统的大规模工业制式向个性化需求定制转变，制造业在规模、空间、管理、销售各方面都发生了很大的变化，那么产业的空间转移也势必受到影响，未来产业转移是否仍会沿着上述一般规律进行有待进一步验证。

三、产业升级方向

目前发达国家正加紧在新兴科技领域前瞻布局，抢占未来科技和产业发展制高点的竞争日趋激烈，为使我国在新技术和新兴产业领域与发达国家的差距不会进一步拉大，东部地区的产业升级势在必行。

产业升级的方向应该是第一产业向第二产业、第三产业升级，由资源、劳动密集型产业向资本密集型产业升级。因此，应该积极致力于招商引资，推动工业化发展。

产业链的升级方向应该是由低技术密集的制造业向高技术密集的制造业提

升，由制造业的低端环节向上游的研发环节和下游的营销等服务业环节延展。因此，应该积极发展高新技术产业，并在产业内分工中向技术含量高、附加值高的环节努力。

第五节 促进产业转移和承接的对策

一、培育国际和国内两个市场

充分利用国际与国内两个市场，积极发挥自身资源优势，拓展与周边国家经济贸易合作领域，将资源优势转化为经济优势，有利于提高自身产业发展，也有利于进一步吸引东部地区的产业转移。

1. 提高对外开放水平，拓展国际市场

对外开放是一个国家或地区发挥比较优势的主要通道和引导机制，众多研究表明，开放的国家或地区比封闭的国家或地区具有更优异的经济增长绩效（严汉平和方芳，2009）。新疆与中亚国家的经济合作也不断加强，这使西部地区对外开放定位发生了质的变化，即从对外开放腹地转变为向西开放的前沿。这为东部地区的产业转移提供了很好的环境，因为投资西部的意义不仅仅是开发西部的资源，更重要的是取得进入中亚国家市场的先机与分享双边贸易增长带来的机会和利益（谢丽霜，2005）。对此，西部地区应该紧紧抓住机遇，进一步扩大对内对外开放水平，充分利用国际与国内两个市场，积极发挥自身资源优势，拓展与周边国家经济贸易合作领域，大力发展加工贸易和出口型产业，将自身资源优势转化为经济优势，这不仅有利于提高自身产业发展，也有利于进一步吸引东部地区的产业转移。

2. 增加西部地区居民收入，增强本地市场效应

李娅和吴虹丽（2015）指出，伴随规模经济的“本地市场效应”可以较好地解释我国产业空间结构的现象。根据产业本地市场效应，即以市场需求为导向来培育主要产业是构建现代产业体系的途径之一，是未来我国产业升级的重要方向。

虽然西部各省份为企业定位提供了诸多激励，但是东部的企业并没有“西移”，这在很大程度上与西部的市场容量相对较小和交易成本相对较高是有关系的。相反，虽然东部的土地价格和其他要素价格相对比较高，但企业还是愿意定位在东部，这主要是因为企业从东部较大的市场规模中获得了正的外部性收益

（黄征学和刘光成，2004）。

收入水平低是中西部地区消费市场不发达的主要原因。因此，提高中西部地区居民收入水平，扩大其对本地消费市场的需求，不仅有利于吸引东部地区产业的转移，而且也是中西部地区产业竞争力不可缺少的力量之一。为了提高中西部地区居民收入水平，可以进一步加大中央财政转移支付力度与鼓励居民信贷消费，特别是提高对农业的专项补贴力度，同时结合当地特色产业做好职业教育与培训工作，增加中西部地区劳动力就业与创业机会，切实提高其收入水平。

另外，为了提高中西部地区居民收入水平，在供地政策上增加中西部地区劳动力就业与创业用地。

二、促进产业集群发展

1. 政策引导和补贴

据刘友金（2012）对英国传统制造产业的研究发现，企业迁移到一个新区位，由于配套设施的不完善和信息的不完全，在前三年中成本会比原来高出30%左右，甚至会出现亏损。在我国各省份政策不一致、市场不统一的情况下，企业迁移的成本可能更大。传统产业集群多以中小企业为主，抗风险的能力相对较差，如果没有稳定的政策环境预期，不会贸然选择向内地转移。因此，沿海产业向西部转移需要有效的政策引导。例如，可以借鉴国外对迁到落后地区的企业给予投资补贴的做法，由中央财政建立专项资金，对向中西地区迁移的企业提供适当补贴，以有效降低其迁移成本。再如，加强职业教育和技能培训，提高中西部居民的文化知识水平，使当地劳动力素质适应沿海产业转移的要求。

2. 立足当地比较优势

肖金成和蔡翼飞（2008）提出，成熟的产业集群环境是吸引产业集中发展的关键因素，应重点扶持西部地区具有比较优势的产业，构筑产业集群。

刘红光和刘卫东等（2011）应在国家区域发展规划的基础上，根据自身区域条件、资源禀赋、产业基础及用地布局，重点发展具有地区比较优势的特色产业集群，塑造专业化竞争优势，实现区域间产业集群互补与错位竞争，保障产业转移在区域间的有序发展。

陈耀（2009）指出，产业配套环境在现代社会被称为第三投资环境，跨国公司的投资尤其把一个区域的产业配套能力作为首选条件。中西部地区由于产业基础薄弱，使得产业的配套环境不尽如人意。现在应有意识地培育和发展那些以当地特色优势产业为支柱的关联产业及其支撑机构，让投资者在当地就能采购到所需的原材料和外协件，得到所需要的研发设计、会计咨询、物流配送等服务。

3. 遵循产业链空间演化规律

程李梅和庄晋财等（2013）提出通过“承接集群式转移”“引进桥梁企业或

关键节点企业”等方式实现产业链空间整合，包括四条路径：①承接集群式产业转移，重塑区域产业链；②引进产业链关键节点企业，促进产业链在区域内延伸与拓展；③引进桥梁企业，接通不同区域的产业链，促成产业链在区域间延伸与拓展；④引入关键节点企业，嵌入产业链网，参与更大范围的区域产业分工。

三、促进产业配套的建议

产业配套能力是衡量一个地区承接产业转移的重要指标，对加工贸易尤为重要。因为较高的产业配套能力不仅可以降低加工贸易物流进项成本，而且可以降低生产、研发成本，进一步降低总成本。目前，沿海发达地区关联产业的本地配套率已达到95%以上，但中西部地区这一指标还不到30%。有学者研究得出，2005年，全国产业集群748个，东部地区为563个，占全国总量的75.26%，而中部只有109个，西部只有76个，仅占全国总量的24.74%。

虽然我国一直坚持“严格控制大城市规模”，但最终结果是大城市发展最快，根源在于大城市获得的各种公共服务投资最多，其投资环境综合指数和配套能力优于其他中小城市。

从土地政策看，向来都是中小城市用地上供给较需求相比大城市要宽松、更廉价，但产业缺乏向中小城市迁移的动力，这是因为，供地上倾斜的成效其实更有赖于国家在各种投资和政策配套上向中小城市倾斜，若没有后者，供地的倾斜只会在企业投资转移并不多的情况下带来土地粗放浪费。因此，产业配套意义重大。

四、西部积极承接东部“本地市场效应”低的行业比较容易

东部本地市场效应较低的行业，如食品制造及烟草加工、交通运输设备制造业、木材加工及家具制造业、机械工业等，相对而言较为容易进行区域间产业转移，因此宜推进这些产业转移，同时为中西部地区承接相关产业转移打好基础。中西部地区本地市场效应较高的行业包括金属冶炼及制品业、化学工业、非金属矿物制品业、食品制造及烟草加工业等。中西部地区应重点做好相关产业基础配套设施的建设，同时为承接东部地区产业转移做准备（李娅和吴虹丽，2015）。

五、加强基础设施建设

土地价格竞争的实现建立在良好的基础设施水平之上，也就是说，虽然土地价格是企业区位选择的重要因素，但基础设施的严重不足会使得低价出让土地对吸引投资的作用大打折扣，土地价格竞争的投资效应很难实现（颜燕和刘涛等，2013）。

陈耀（2009）指出，运输成本是传统产业集群区位选择的重要因素。在全球化的过程中，任何企业都会考虑国际市场的需求。世界银行对中国120个城市竞争力的调查结果显示，货物进出海港的运输费用是投资者必须考虑的关键问题。从内地到港口的运输成本如果太高，甚至抵消了内地劳动力成本低廉的优势，就可能会使一些企业宁可关闭也不向内陆地区转移。

运输成本的降低将提高集中式转移的动力。对于规模报酬不变的产业，运输费用的下降将降低产业分散布局的动力，而提升产业集中布局的动力（郑鑫和陈耀，2012）。近年来，以高速铁路为代表的交通运输设施建设，由于显著缩短了空间距离，提高了运力，降低了运费，大大促进了地区间的产业转移。以2009年底投入使用的武广高铁为例，该高速铁路将湖北与广东之间的时空距离压缩到了3小时左右，使武汉、长株潭、珠三角等城市圈连为一体，同时也大大缓解了华东地区和华南地区的铁路货运压力，使原有的京广线货运能力提升了10.9%，截至2010年底，武广高铁牵动了珠三角近1000亿元产业资本向内地转移（徐金波等，2010）。

截至2011年底，上海在市外已经建立20多个异地工业园和开发区分区，其中落址江苏的最多，有11个，其次是安徽和浙江。从合作地的选择来看，上海的“异地工业园”的合作地选择是有条件的。按照市委市政府精神，从时间距离看，上海合作首选地是具有较强合作意向的“一小时经济圈”，包括苏北的南通、启东、盐城等地和皖江地区。从空间距离看，合作半径是300千米以内，比如昆山浦东软件园约80千米；上海外高桥（启东）产业园和漕河泾开发区海宁分区约100千米；上海通用汽车安徽广德研发试验基地约200千米；与上海合作建立工业园区最多的盐城不到300千米；嘉定工业园区建湖工业园、上海华谊集团无为国家级煤基地多联产精细化工循环经济示范基地、张江高科技园芜湖分区等约300千米。

比较而言，新疆地域辽阔，绿洲隔离特征决定了交通路线长、线路不成网的特点，使得新疆很难集聚成像东部地区那样高密度、高增长极的城市集群。据统计，新疆地州间平均距离为725千米，县市间平均距离为135千米，乡镇间平均距离为65千米，乡县间最远距离达500千米。新疆行政区域间距离很长，但是交通信息等基础设施建设较弱。公路等级和网络化程度不高，运输通道较少，二级以上公路的比重为53%，远低于全国70%的平均水平；疆内铁路路网密度低，民航航班数量和机场密度低于东部地区。基础设施的条件影响了新疆与东部及周边邻近国家的贸易往来。

由于中西部远离出海口，这直接导致运输成本高、交货周期长。2000多千米的口岸距离，无论采取哪种运输方式，国内物流成本都是十分高昂且难以承受的。以 20 尺集装箱计，西部最具承接加工贸易优势的三个城市到出海口岸运费最低也接近 2000 元，最高 5000 多元，而这仅是一个单趟，如果考虑到加工贸易两头在外需来回运输，运费还要翻倍。可见，中西部地区发展加工贸易，仅国内物流成本就占据了总成本的一大部分，这还没考虑国内运输对交货时间的影响。调研表明，一集装箱的彩电从四川绵阳经上海运抵美国西海岸需要运费 1200 美元以上，而同样的货物从青岛运至美国西海岸，运费仅需 500 多美元。同时，后者在途时间比前者要短 15 天左右。据统计，一千克货物从上海运到纽约，只需花费 1.5 元人民币，而从上海到贵州却需要花费 6 ~ 8 元人民币。2007 年世界银行发布的一份研究报告指出，中国高速公路通行费和许多发达国家相当，其中高速货车通行费高达 0.12 ~ 0.21 美元/千米，与驾驶者的平均收入相比较，中国是全世界过路费率最高的国家和地区之一。2011 年毕马威咨询公司发布报告称，中国运输成本占 GDP 的 15%，比发达国家高出一倍，而过路费又占了运输成本的 1/3，直接抬高了整个社会生产生活成本。因此，中西部地区要承接加工贸易，必须在物流环节上有所突破，必须让国内物流成本在总物流成本中的比例明显降下来。

沿海地区除了靠近港口，经济的高速发展也和交通一体化的程度高有很大关系，如在 2002 年，长三角地区的高速公路密度就是全国平均水平的 5.6 倍。而西部地区路网密度低，高速公路收费造成公路运费居高不下；内地铁路运能长期不足；机场数量少、航线少，货运能力低。所以，如果要推动东部产业向西部转移，便捷、低成本的运输系统是必不可少的前提条件。当东、西部之间的运输成本下降到很低的水平时，西部具有的资源禀赋优势才会对吸引产业转移具有显著的作用，不仅可能吸引众多沿海传统企业向西部整体转移落户，而且可能会吸引一些“低关联、高外向度”的高科技加工贸易集群向西部进军。

六、重视软环境吸引投资策略

地方政府间竞争，诸如财政补贴、土地、税收、金融等特殊优惠政策都容易被模仿复制，减弱政策作用效果，引起恶性竞争。然而，基于地方投资软环境的地区市场运行的规范程度和政府行政效率却难以被模仿。研究发现，完善的基础设施建设和高效的政府效率对产业转移起到较强的向心力作用，而税收在吸引投资中的作用在减弱。土地和税收具有替代作用。

在低成本竞争愈演愈烈的情况下，投资软环境建设将成为竞争突破口，而且软环境建设将加强对资本密集型、技术密集型行业和集群式转移的吸引力。

软环境建设可以通过理顺政府职能，尽量减少行政干预，增强服务意识，简化部门办事环节，提高办事效率，降低交易成本，为企业“西进”提供稳定的政策环境预期，有利于承接东部地区产业转移与培育产业集群形成的“软环境”（刘红光和刘卫东等，2011）。

所以，在低地价竞争策略之外，通过改善城市基础设施建设和提高政府服务效率以降低企业的交易成本来吸引企业是另一种成功策略。昆山的地价明显比苏州和上海高，却成功吸引了大量企业，就得益于优良的投资软环境（黄征学和刘光成，2004）。当前，西部软环境与东部存在很大差距。一味地进行地价恶性竞争而受制于软环境困境，引资效果不一定好，导致大量土地粗放利用。

国际国内实践也表明，企业更倾向于到制度环境好的国家投资。欧美的企业就不很看重土地转让费用，而是看重企业长期发展环境（唐人，2002）。有些外商担心政策不稳定会给以后的长期合作带来困扰，因此对短期的优惠持怀疑态度。例如，美国迪士尼乐园来中国投资，内地有的地方甚至提出可以无偿供地，但迪士尼最终还是选择了地价高但投资回报率也高的香港。这就足以说明投资环境说到底是一个综合体系，低地价并非吸引投资的决定性因素。从国内来看，即使在区域内部，低地价激励对企业的影响不是唯一的也不是决定性的，这从不同区域内企业的类型就可以看出来，如浙江以内生型企业为主，而广州则以外生型企业为主。

七、东西合作共建

一些学者提出由东、西部地方政府、行业协会或商会共同协商，合作共建东西部产业园区，把东部园区的资金、技术、管理和招商等优势，与西部地区的土地、劳动力和优惠政策等优势结合起来，引导东部产业集群中的核心企业及与之配套的企业，整体迁移到西部的产业园区（肖金成和蔡翼飞，2008；陈耀，2009）。

刘红光和刘卫东等（2011）提出，可以借鉴援疆经济建设工作经验，促进东部省份与中西部省份政府间的对口支援与联动发展，从财政税收方面支持东部地区传统劳动密集型产业的生产功能向具有资源优势的中西部地区转移，而东部地区则主要发展工艺设计、生产服务、总部经济等产业功能，不仅有利于东部地区产业升级与转型，也为中西部地区产业发展提供助推力，实现区域间产业联动与双赢发展。

八、地理集聚到产业集聚

新经济地理学认为，具有前后向联系的企业集聚可以节约交易成本（Marti和Ottaviano，1999；A. Venables，1996；T. Tabuchi，1998）。但是当前西部，包括新疆存在一个普遍现象，即各开发区和园区引进了大量企业，实现了地理集聚，但是这些企业在产业配套、产业集聚效应上却缺乏联系甚至毫无关联，也就是说只有地理集聚，没有产业集聚，难以产生产业集聚效应。因此，需要加强规划引导，各政策配合，引导产业布局从地理集聚走向产业集聚。

九、梳理东部产业转出可能性和新疆承接对策

梳理出东部地区 12 省市可能转移的行业类别项目，编制产业转移承接区别对待目录，从“立足比较优势，发挥后发优势，培养动态比较优势”原则出发，从环保约束出发，制定鼓励类、限制类和禁止类承接目录，以利于新疆有针对性地进行产业承接，避免费力不讨好。

十、构建优惠政策梯度

市场力的作用倾向于扩大而不是缩小地区间的差别（迈达尔，1957）。当前产业转移受阻背景下，需要构建逆市场调节的政策梯度，进一步加大东、西部的政策落差，只有在区域间形成有效的政策梯度，才能真正发挥优惠政策的区域调节效应。通过东部成本升高的推动作用和新疆优惠政策的拉动作用，吸引产业进疆。

十一、自主创新，培养动态比较优势

中西部承接产业转移要先转变经济发展思路，既要着眼于本地区比较优势，又要着眼于可持续发展的全局战略。中西部地区也需要跟进转变经济发展方式，优化升级产业结构，不能完全依靠东部地区产业转移。将产业转移看作拉动内需的关键对于中西部地区来说是短视的，中西部地区要把注意力放在自身的产业创新上，要结合当地的资源特点发展新兴制造业和服务业，提高自主发展能力。

为此，中西部地区首先要改善基础设施建设，尤其是道路交通建设，提高运输效率，降低运输成本。其次要规范招商引资市场，避免盲目投资和不正当竞争，创造良好的经济环境。最重要的是，在改善硬件的同时更要关注软件的提升，如加大教育培训的投资和着力吸引高质量的人才等。“二战”后，美国西南部地区经济快速发展，南北地区的收入差距缩小，也不是完全依靠北部工业区的产业转移和政府扶持，它更得益于抓住了新兴产业发展的机遇，这可作为中国中西部地区承接东部地区产业转移时的借鉴。

十二、不脱离现实提过高要求

当前，海南、西藏、新疆三个边疆省区的工业化水平最低，仍然处于工业化

初期的后半阶段①。新疆很多区域处于前工业化阶段（农业社会状态），又因为地域广阔、绿洲隔离，涉及民族、社会稳定的政治前沿阵地等，在招商引资方面存在多重困难。在乌鲁木齐、克拉玛依、石河子、库尔勒、昌吉、哈密等相对发达、产业基础较好的发达中心城市应注重规划，培育产业链和集群环境。应该顾及偏远绿洲地区极度落后、产业不愿进入、政府议价能力偏弱的现实，引进产业方面政策应进一步宽松，先数量后质量，饥不择食是正常的，引进再说。因为与第一产业比较，引进第二产业、第三产业都属于产业升级，产值同样会显著提高。在产业承接问题上不能脱离实际提过高要求。但是新疆是环境脆弱地区，环境管制是硬约束，应把好关口。

第六节　产业转移初始阶段产业补贴政策的合理性和现实性

一、培养动态比较优势的角度

按照幼年说，某些国家虽然在某些产业上具有潜在的优势，但由于这些产业还未成熟，无法与已经成熟的其他国家的同一产业进行竞争，因此，这些幼稚产业应当受到保护，使它成长起来，发挥出应有的潜力，然后再参加国际贸易的平等竞争，这样可以使全世界受惠。根据幼年说，由于我国是发展中国家，所以，许多产业（如汽车）都可以被认为是处于幼年阶段，理应受到保护，因此应该在税收等方面享受比外资较优惠的条件。

西方经济学的观点是，只要各国政府不加干预，自由贸易可以使全世界的资源得到最优的配置。不过，对于西方所承认的应该遵守的这一原则，西方也承认一个唯一例外的情况，并因之而提出“保护幼年产业”的学说。

我国的高新技术产业，除少数领域外，仍属于幼稚产业，不足以与发达国家的产品相抗衡，必须给予保护和促其快速发展，世贸协定允许发展中国家采取一些手段和例外处理保护幼稚工业，这些规定，有利于我们制定产业优惠政策和利用好保护时间的限制，既可保护民族高新技术产业发展，又可防止外国高新技术产品大规模抢占我国市场（赵友春，1997）。

另外，世界贸易组织成员方及其他国家和地区为鼓励本国（地区）高新技

① 陈佳贵等．中国工业化进程（1995－2010）［M］．北京：社会科学文献出版社，2012.

术产业快速发展或保护中小企业，增加就业机会，也由政府颁布优惠政策，例如加拿大、日本专门有扶持中小企业发展的政策和法律。加拿大联邦政府规定，由加拿大人控制的私人公司，其营业收入的第一个20万加元，按12%的税率缴纳联邦政府的公司所得税，而其他普通公司的税率为28%，两者相比较，优惠了16%；新加坡政府规定，工业园内的企业可任选7年免征所得税；我国的台湾省在《科学园区管理条例》中规定“5年免征营利事业所得税或5年机器设备加速折旧”，“进口自用机器、设备、原料等，免征进口税捐、货物税及营业税”。

从保护幼稚产业、培养动态比较优势的角度出发，对高新技术、新产业新业态格外进行政策优惠、政策补贴有其合理性。

二、“区域竞次”的解释

还有一些研究从“区域竞次”的角度研究了优惠政策和产业补贴的合理性、现实性和无奈性，支持和反对的意见都有。

国际研究中，欧盟和OECD的官方观点就认为，国家或地区间的税收竞争，会产生负外部性，降低欧盟社会公共品供给水平，伤害到成员国总体利益，因而需要防范“有害税收竞争”。

传统上关于“竞次”竞争的理论就建立在某地税收具有跨区的外部性这一基础上。这种外部性的存在将使得均衡税率低于社会最优税率，制约了地方政府税收的合理增加，并导致政府再分配能力下降和地方公共品供给不足（Zodrow和Mieszkowski，1986；Wildasin，1989；Keen和Marchand，1997）。

Wilson（1999）指出了另一种符合“竞次”特征的地区竞争策略，即通过提供以容忍破坏环境为代价的优惠条件来吸引流动性要素向本辖区聚集。在实证研究中，也有一些证据支持区域间“竞次”的存在。Biglaser和Mezzetti（1997）研究了美国不同地区争夺大型企业投资的行为，发现一些州政府会向这些企业提供可能超过投资本身经济价值的整套税收优惠。比如20世纪80年代美国各州为吸引丰田、本田、日产、大众等汽车企业到本州设厂，竞相抬高优惠政策力度。1993年为吸引奔驰公司3亿美元的投资，在四个参与竞争的州中最后胜出的俄克拉荷马州承诺提供同等数额的税收优惠，还提供1500名工人一年的薪金开支。通过提供价值3.3亿美元的巨额优惠该州赢得了最终的胜利，但此项投资总额也不过3亿美元。地方政府间这种极端竞争行为的出发点不仅有经济考量，也有政治考量，如为在改选中占有优势地位等。

中国在1994年“分税制”改革后则出现了明显为了吸引外来私营企业投资而进行的“竞次”式地区竞争（陶然和陆曦等，2009）。

从国内看，有一种观点对地方政府让利式竞争持支持的态度（张五常，

2008；杨瑞龙，2002；Owens，2009），认为这种竞争与市场经济条件下企业间的竞争在原理上相仿，因此能够促进全社会福利水平。在成熟的市场经济国家内部，这种地方政府对外来企业投资的让利式竞争也绝非鲜见。

作为让利式竞争的始作俑者，长三角各地区在过去十多年中总体上呈现出良好的经济发展态势。被认为以过度竞争方式招商引资的昆山（罗云辉，2003），连续多年成为中国经济“百强县”第一名，伴随着让利式招商竞争，十年间其GDP和财政可支配收入年平均增长率均达到30%以上。

当前，长三角地区，尤其是苏南地区经济发展的模式受到中西部地区的仿效，爱尔兰等国减税举措的成功经验也受到国内发达地区的追捧，让利式竞争投资项目成为各地政府追求地区经济发展的普遍方式。部分较早以让利方式竞争项目的地方，其前期竞争行为产生的声誉促使其他地方避免参与该地竞争的项目的机理发挥作用，形成了先发优势，并从总体上弱化了地区间让利式竞争，表现为区域经济总体上的良好发展，而人们追溯既往，并不能确定当初这些地方就是谋求经济社会全面均衡发展的（罗云辉，2009）。

三、“囚徒困境”的无奈

郑敬高和冯森（2015）认为，区域竞争中形成的“囚徒困境”的地方保护政策在一定程度上成为地方政府的无奈之举。地方政府间类似“囚徒困境”的集体非理性行为可能导致环境规制的“逐底竞争”（Daly，2000；Wheeler，2001）。政府之间的地价竞争最终以牺牲社会利益为代价而导致了“囚徒困境”。这就是比较典型的个体理性导致集体非理性。在现实生活中，中国地方政府之间的低地价竞争从局部范围看可能是有利于本地经济发展的，但是却以牺牲社会整体利益为代价（黄征学和刘光成，2004）。

第七节　土地引资的局限性

一、土地在产业转移中的作用

传统的产业转移理论，如Vernon（1966）的产品生命周期理论以及Akamatsu（1961，1962）的雁阵理论等主要用于解释国际产业转移。中国作为经济大国，区域经济发展存在明显的异质性，在东部沿海地区丧失显性成本优势后，中西部地区的低成本优势使其具备承接产业转移的第一自然因素（First Nature），大国雁阵模式的产业转移得以在大国经济体内部得到扩展。特别地，土地不仅是基本生产要素之一，在产业区位形成中还具有重要作用（Hanson，1998）。

面对地价的快速上涨和土地指标的约束，沿海大城市变得不适合作为标准化制造的生产基地，企业选择向地租较低和土地增量相对宽裕的外围区域转移。当较多企业感受到这种巨大的成本压力时，就会引发资本大量外流和产业向外转移。国内地域经济发展的层级性，为沿海大城市的产业扩散提供了土地保障条件。

地价和地租变化不仅改变了国内区域间的比较优势，对于产业转移具有推动作用，而且地价和地租差距相比工资差距可能对国内地区间产业转移的推动更明显。另外，新经济地理学（NEG）在分析产业集聚和区位中心形成时强调规模经济（Krugman，1991，1993）、运输成本（Krugman，1991，1993）、市场规模（Krugman，1980）以及产业关联（Venables，1996）等因素的作用。

劳动力和土地成本在区域间产业转移和城市结构升级过程中都扮演着“推”和“拉”的角色。尤其是土地，虽然过去十几年里工业用地价格的上升比较平稳，工业企业也可以承受一定程度的地租上涨，但沿海地区用地指标和用地数量的明显紧张，加上工业用地和商业、居住用地显著的价格差，造成工业用地的机会成本不断上升，这不仅挤压了沿海地区工业企业的生存空间，也给新进入企业抬高了门槛。相比劳动力成本，土地成本和地租对第二产业的“挤出效应”可能更明显。

如 Fujita 和 Hu（2001）认为，中国的产业转移是由于地区间的倾斜性政策引起的。这要求实施产业间差别化土地制度供给，提高土地供给与产业结构和布局政策的协同性。

二、税收竞争和支出竞争在产业转移竞争中的不同效应

地方政府对产业转移的财政竞争是沿着支出竞争与税收竞争两条路径展开的（张霄和刘京焕，2013）。现实中，支出竞争和税收竞争往往是共存的，地方政府同时使用公共投资和财税优惠作为政策工具，且二者间存在一定的互动。

由 Zodrow 和 Mieszkowski（1986）及 Wilson（1986）提出的 ZMW 模型，假设劳动力不移动，每个地方政府对本地区内所使用的资本征税，用以提供公共产品，而且整个国家的资本总量固定。研究得出的纳什均衡是无效率的：税收竞争将使政府处于“囚徒困境”并产生财政资源流失问题；税收竞争是一场“底线竞争”（Race to the Bottom），是单个政府的个体理性导致的整个社会非理性。Brueckner（1998）保留了 ZMW 模型中两要素的假设，但允许居民不仅可以选择投资地点，还可以选择居住地及通勤地，并以实现其自身利益最大化为目标。其

得到的均衡仍是无效率的，税收竞争带来过低的税率和低水平的公共品供给。

在财政分权制度下，各个地方政府是具有一定税收权力和支出责任的、相对独立的“经济人”（Brennan 和 Buchanan，1980）。出于以经济利益为目标的“财税激励”（Qian 和 Roland，1998）和以政治利益为目标的“晋升激励”（Li 和 Zhou，2005；周黎安，2007），各个地方政府展开了对投资的激烈竞争。然而，资本是一种稀缺资源，且在中国区域间的流动性不断增强。在资本“用脚投票”的倒逼之下，中国地方政府间的财政竞争愈演愈烈，且大多采取低水平的税收竞争与高水平的支出竞争。其中，粗放式税收竞争在早期占主导地位，随着中国加入世界贸易组织和财政分权化程度的提高，地方财政竞争开始向支出领域扩展（李永友和沈坤荣，2008）。收支逆向行为导致地方财政支出对非税收收入的依赖程度出现不同程度的上升。

比如，Pieretti 和 Zanaj（2011）认为，地方政府应根据人口和区域的规模选择不同的财政竞争策略。当资本流动成本较低时，大辖区扩大公共支出可以获得比较优势；当资本流动成本上升到一定水平时，小辖区可以靠低税负来吸引资本流入，也可以通过高水平的公共服务来留住企业；但当资本流动成本过高时，小辖区的“税收天堂”政策是占优策略行为。吴群和李永乐（2010）证实了财政竞争会激励地方政府采取积极的“土地财政”策略。落后和欠发达地区倾向采取税收优惠，发达地区依靠优质的公共产品来吸引企业。

从长远来看，“一刀切”清理地方税收等优惠政策是趋势，但是“一刀切”地清理地方税收优惠，虽能矫正发达地区的不合理税收竞争，却同时剥夺了落后地区赖以“招商引资”的最佳策略，可能引发资本集体逃离乃至“产业空心化”。企业迁移时更青睐高公共投资的发达地区和高税收优惠的落后地区。经验分析证实，在中国发达地区，支出竞争呈现显著正效应，税收竞争呈现显著负效应；在落后地区恰好相反。

政策追求地区间企业税收待遇的公平，却可能加剧地区间资本配置的不公平。此外，公共治理与企业投资相互促进，循环反复。发达地区极易形成资本竞争的积累优势，使资本地区分布走向两极分化。“一刀切”清理地方税收优惠后，地方政府的支出竞争会更加激烈，大多数企业既失去地方税收优惠（生存空间）又受到挤压。支出竞争对企业投资的正效应（发达地区）和负效应（落后地区）也将被放大。

因此，地方税收优惠政策不宜“一刀切”，发达地区应进行支出竞争，落后地区应进行税收竞争。应该根据地区治理能力进行横向差异化设计：对高治理能力地区要坚决清理，对低治理能力地区可在规范的前提下适当保留，引导地方政府根据自身治理能力采取合适的财政竞争策略。但是差别政策执行难度大，决策者可能更关注保护税基、规范税制、维护市场统一和公平。

三、土地引资的局限性、政策合力策略

（一）土地引资的局限性

土地是产业发展的载体，土地政策是各种产业政策的龙头，但是土地政策是吸引产业转移的多个因素之一，是必要因素，不是充分因素。存在以下几个局限性：

（1）土地价格竞争的实现建立在良好的基础设施水平之上，虽然土地价格是企业区位选择的重要因素，但基础设施的严重不足会使得低价出让土地对吸引投资的作用大打折扣，土地价格竞争的投资效应很难实现。

（2）研究发现，完善的基础设施建设和高效的政府效率对产业转移起到较强的向心力作用，而土地税收优惠吸引投资的作用在减弱。土地价格的降低主要是减少企业的成本，不能发挥与税收激励相同的作用，所以低地价激励对企业定位的影响比税收激励的影响要小。

（3）土地价格竞争仅对吸引低端制造业作用比较显著。土地和税收优惠偏向于吸引对成本敏感的劳动密集型企业、小企业，而对成本不太敏感的高端产业几乎没有影响。这也导致土地价格效应仅在中部地区十分显著，而在东部和西部地区均不显著。而政府吸引这类企业定位对本地产业发展并没有发挥应有的作用（颜燕和刘涛等，2013）。

（4）土地政策的易模仿性。地方政府间竞争，诸如财政补贴、土地、税收、金融等特殊优惠政策都容易被模仿复制，减弱政策作用效果，引起恶性竞争，导致产业结构重复、产能过剩等问题。

因此，对于落后地区而言，要想吸引企业的迁入，仅靠土地、税收等方面的优惠政策是不够的。信息技术、产业配套、基础设施、市场开放等经济要素的建设以及使企业家在新区位获得归属感等情感因素，也是影响企业迁入必不可少的因素。应通过提升经济发展水平与营造创业、壮业、强业、乐业的环境与氛围，吸引更多类型企业主动来投资创业。

（二）政策合力：避免政策组合中某种政策过于优惠导致政府行为变异

一般地，我们只关注到招商引资需要政策合力，但是忽略了政策组合中各政策优惠贡献的合理搭配运用，没有发现单独政策过于优惠的危害性。

吸引产业转移的因素有基础设施、软投资环境以及土地、税收、金融、产业扶持等多种特殊优惠政策，诸多政策从运输成本、贸易成本、交易成本等多方面影响产业转出方的迁移意愿，但单个的政策都是产业转移的必要因素，不是充分因素。

当政策没有形成有效合力，某项单独政策过于优惠以吸引产业转入的时候，该领域的要素体系被严重打破，即使引入产业也会引起诸多经济社会问题。例如，地价过低导致征地价格过低，对农民造成侵害；地价过低导致土地粗放闲置；地价过低导致投机套利行为盛行；地价过低导致引入产业低端；地价过低导致政府收益巨减，政府行为变异；工业地价过低导致商业和住宅用地价格压力过大，房价被地方政府人为抬升；地价过低导致恶性竞争，引发传染效应。

发达地区有能力通过商业用地补贴工业用地，一方面通过低价吸引投资获得GDP长期增长，另一方面通过商业用地招拍挂实现即时财政收入，总体上实现商业用地与工业用地的良性互动。而在欠发达地区，商业用地可能无力补贴工业用地，区域间竞相压价行为很容易导致“囚徒困境”——典型的“个体理性导致集体非理性”。

政策很优惠了，还难以吸引到投资，是因为产业转移临界点未到，或者各种主客观因素导致政策合力不够；吸引来了投资，出现各种经济社会问题，是因为政策组合中，某项政策优惠贡献过大，各因素贡献搭配不合理。

因此，招商引资的成功，第一是多项政策合力的结果，第二是我们只注意到政策需要配合，但没有认识到单独某项政策过于优惠带来的危害。因此建议，招商引资政策组合中需要研究各种政策组合优惠的程度，避免某种政策过于优惠导致经济社会领域的变异。

第八章　承接产业转移的差别化土地政策研究

第一节　差别化土地政策研究的思路：指令还是指导

一、差别化土地政策怎么构建：指令还是指导

本书初始的研究设想是为新疆"两带两区"构建比较具体的差别化土地政策，但是在研究过程中，随着研究深入，在理论上取得了更多深入认识，深感具体的土地政策不是最重要的，就土地论土地难以有突破。

首先，如何利用差别化政策吸引产业转入，先要了解东西部产业转移滞缓原因，进而需要了解东西部差距产生的经济机理、政策影响机制，然后才能掌握产业转移滞后背后的政治与经济机理。

其次，在构建政策的时候，针对促进产业转移，找到差别化点是关键，这就需要全面梳理产业转移的特征、规律、差别化点，然后才能有的放矢地制定出促进产业转移升级的好政策。

再次，在构建政策的时候发现多个产业、多个地域、不同阶段、不同地类、多个环节、多项指标在多个层面互相渗透，错综复杂。在这种背景下，为每个地区构建全方位、无遗漏的差别化政策，类同在微观领域过度使用计划管理思维，费力而效果不好。

最后，具体的政策是指令性的、片面的，对规律的认识、思想的把握才真正有思想指导性，更符合学术研究的价值。

二、实践与理论的距离

土地政策问题在全国都是一个较敏感的话题，所以关于土地政策的调研容易进入表面顺利，但是深度挖掘却困难的状态。正如基层领导所说，“好的政策哪都有，一部分在桌子上，一部分在抽屉里，一部分在口袋里。口袋里面的东西，关系再好也不能让你看”。

各地招商引资优惠政策的条款都是以中央和省级政府地方政府颁布的优惠政策为依据制定的，但实际上，由于激烈的地方竞争，真正使用的不只是公开的优惠政策。公开的都是桌面上的，具体条款往往言之不清，或者在优惠政策最后会附一句“一事一议”“一企一议”“特事特办”等措辞，深意自现。地方政府招商引资普遍依赖“内部（红头）文件”行事，“审批经济”十分普遍，优惠的金额常通过“闭门协商”来确定，裁量权全在地方政府。

李克军（2015）在《县委书记们的主政谋略》中讲述县委书记的灵活变通能力时谈到了地方政府在引资竞争中普遍存在的特殊优惠和隐晦①。地方政府实践措施很多，但对外来调查敏感甚至排斥，这无疑会阻碍地方实践经验向理论升华、向政策提升的机会，也导致非地方体制内人员身在其外去了解构建具体政策的困难。

因此，本书重点在于探索产业转移的特征、规律，土地促进产业转移的差别化点，然后以此为基础，给出差别化土地政策构建的思想指导性建议。

---

① 据李克军（2015）在《县委书记们的主政谋略》一书中所述，2004 年，李克军在阿城市（今阿城区）任市委书记期间，曾经和一家大型乳业集团洽谈投资，对方提出，除了在征地、税收上给予优惠外，还需政府补贴两千万元设备购置款，如果条件满足，愿意在阿城市投资建厂。为了整个市的经济发展，李克军和几大班子反复协商后，最终还是咬牙答应了这家企业的要求。谈及妥协的原因，李克军说：“不给他就不来。来了之后会带来收益，不给就上别的地方了。”

这种妥协虽是为了当地的经济发展，但的确客观上违背了国家关于招商引资不得有过度优惠政策的规定。国家有两条高压线：一是不能以各种方式白送土地，即减免土地出让金；二是对于要在当地投资的企业，不能减、免或返税。

但在实际施政中，尤其是中西部等欠发达地区，所有招商引资项目在这两条上都有突破，当然，各地的县委书记们不会明目张胆地违反政策，而是会另辟蹊径，灵活变通地达到自己的目的。以土地出让金为例，既然政策规定不许减免，那县委书记就采取先收后返的方式，即按照规定走招拍挂程序，将出让的地块拍卖给投资企业后，企业依规支付政府相应的土地出让金，无论这个钱是企业真的自己掏，还是政府私下借钱给企业让它交，但这个钱必须要在账上体现出来。

随后，政府再通过财政办法，以支持工业发展基金的名义，将这笔钱返还给企业。实际上，相当于企业免费获得了这块土地。税收也是同理，先收再返。甚至有时地方为了争取企业在当地落户，不仅减免了土地出让金和税收，甚至还会补贴几千万元的固定资产投资款。

第二节 针对产业特征和规律的差别化点

一、鼓励性产业转移用地差异点

根据之前章节优势理论、区域差距理论、差别化土地政策理论以及产业转移特征和规律，定出以下鼓励性产业转移用地差异点：

（1）对符合动态比较优势，促进产业升级的新兴产业用地予以倾斜；

（2）对促进产业链延伸，提升产业链附加值的产业用地予以倾斜；

（3）对促进产业集聚和规模配套的产业用地予以倾斜；

（4）对促进土地集约利用的产业用地予以倾斜；

（5）对基础设施用地予以倾斜；

（6）两个特区比照深圳浦东政策单列；

（7）对循环经济产业用地予以倾斜；

（8）对促进城市布局优化的产业用地予以倾斜；

（9）对外商投资予以倾斜；

（10）对创新创业用地予以倾斜；

（11）鼓励非国有经济的发展；

（12）向扶贫攻坚、对口援疆、新型化等多个国家战略倾斜。

二、警惕性产业转移用地差异点

从现实看，西部地区承接产业转移过程中，由于忽略产业链空间动态演化规律，陷入“产业空心化”“产业同质化”“只见企业，不见产业”“产业低端锁定”等“企业转移陷阱”，无法实现通过承接产业转移提升自我发展能力的目标。客观地说，西部地区承接东部产业转移之所以最终陷入“企业转移陷阱”，除了由于东、西部之间客观存在的技术水平、市场发育程度、产业发展水平等方面的差异，导致区域产业转移具有黏性外（郭丽，2009），在西部地区承接产业转移过程中，地方政府“重招商数量，轻招商质量；重项目招商，轻产业招商；重优惠政策，轻产业培植”等行为倾向，导致承接产业转移的制度安排具有明显的资金导向也是其中的重要原因。需要警惕以下一些方面：

1. 警惕比较优势对动态比较优势的挤压

据研究，比较优势陷阱的逻辑在于，实施静态比较优势发展战略有可能导致资金和技术投入到当地所谓具有资源禀赋优势的产业，长期从事农业或工业初级品生产，同时挤压了当地对具有未来竞争力的新产业的投入，忽略了动态比较优势的培养，导致锁定在附加值较低的产业或产业链条，陷入比较优势陷阱。

2. 警惕“东西互补”导致的产业链低端锁定

沿海地区可以“腾笼换鸟”，用基于高级生产要素的产业逐步置换基于初级生产要素的产业，将基于初级生产要素的产业转移到中西部地区，与此相对应，在初级生产要素有比较优势的中西部地区，则主要通过承接劳动密集型和资源密集型产业，变成了拥有的相对丰裕初级生产要素与转入的以初级生产要素为基础的低端产业相结合，进一步强化了既有的产业分工格局，导致承接地产业的低端锁定，且这一低端锁定由于东部先进地区与中西部落后地区存在的广泛经济互补性而得到强化和持续（刘友金和吕政，2012）。

如果忽视产业梯度转移理论有效发挥作用的条件，我们的区域发展战略设计将会出现失误。过分强调承接产业梯度转移的结果，可能导致低端初级生产要素不断向欠发达的中西部地区聚集，而高端优质生产要素则进一步向东部沿海发达地区聚集，欠发达地区为发达地区的发展提供机会与空间，不仅不能实现“富帮穷”，倒可能变成了“穷帮富”。

在“区域合作”和“东连西动”的政策导向下，东西“互补”地提供生产要素，很容易导致西部的产业链低端锁定。

3. 警惕集群网络中“隔绝机制”形成技术封闭

刘友金和吕政（2012）认为，嵌入式产业集群是一种跨国公司主导的战略空间集聚，具有内在的战略性“隔绝机制”（Bell，2005）。这种“隔绝机制”通常意味着某种程度的选择性、排斥性、封闭性，一般只向“特定”的合作伙伴而不是位于该地理空间的所有组织扩散或让渡竞争优势（Rugman 和 D'Cruz，2000）。战略隔绝机制的存在，使得依托跨国公司战略空间集聚效应所形成的产业集群具有内在的网络封闭性，集群中核心企业的升级，并不一定带来产业集群的整体升级，甚至会导致“升级悖论”。

如果是发达国家跨国公司主导的产业内迁并让中西部地区加入由跨国公司主导的全球价值链，很可能陷入一种简单的循环，即发达国家利用完中国东南沿海地区的要素禀赋后，再去掠夺中西部地区的要素资源（刘志彪和张少军，2008；周勤和周绍东，2009）。中西部地区承接这种产业，当地企业极有可能失去实现技术能力动态提升的长期机会（王益民和宋琰纹，2007）。

4. 警惕产业转移对象片段化挤压承接地产业技术提升空间

从目前沿海产业向中西部转移的现状来看，越来越呈现出研发环节和制造环节空间分离的趋势，中西部地区虽然承接了高科技产品的生产，但核心技术大多却留在沿海，转移到中西部地区的企业只是沿海优势企业的“加工车间”。不仅如此，中西部地区承接“产业片段”的结果，一方面使得其对沿海地区总部生产技术依赖程度更高，另一方面作为“加工车间”本身没有更多技术创新压力。因此，产业转移对象片段化，将会挤压承接地产业技术提升空间，失去在承接地进行技术创新的能力和努力（刘友金和吕政，2012）。

5. 警惕承接产业生命周期处于第四阶段的产业

产业也有其自身的生命周期。自从 Gort 和 Klepper（1982）提出产业经济学意义上的第一个产业生命周期模型（G – K 模型）以后，引起了国内外学者对产业生命周期理论的广泛研究。一般认为，产业生命周期分为 4 个阶段，即自然垄断阶段、全面竞争阶段、产业重组阶段、蜕变创新阶段（潘成云，2001）。产业所处的生命周期阶段不同，其对产业组织的特征要求也不同（徐莎莎、黄春兰和盛杰，2009）。承接处在生命周期前三个阶段的产业，有利于承接地的产业技术升级；而承接处在生命周期第四个阶段的产业，则不利于承接地的产业技术升级（刘友金和吕政，2012）。

如不能实现在创新中蜕变，产业将进入衰退阶段而被市场淘汰。目前我国东部地区向中西部地区梯度转移的产业已基本进入蜕变创新阶段，作为欠发达的中西部地区本身技术研发和应用能力很有限，加上这些地区产业配套程度低、创新人才缺乏、财力不足等诸多因素制约，难以实现对所承接产业进行蜕变创新。可见，蜕变创新阶段对产业升级要素投入的更高要求和中西部地区产业升级要素相对缺乏之间的矛盾，极大地增加了承接地产业技术升级的难度（刘友金和吕政，2012）。

6. 警惕“西气东输”“西煤东运”“西电东送”

交通运输设施建设会降低运输成本，对促进产业转移意义重大，加工制造产品运输费用的下降可以促进产业转移，而能源原材料及初级产品运输费用的下降则会降低原制造业区位的生产成本，从而延缓产业转移。因此，交通运输设施建设应着眼于降低加工制造产品的流通费用。

我国正大力实施的“西气东输”“西煤东运”“西电东送”，甚至包括“南水北调”等大型能源、资源跨区运输设施的建设，对于中西部吸引东部产业转移是不利的，从优化产业布局的角度看，我国未来的交通运输设施建设应重点完善区域间及中西部地区内部的公路、铁路、航空等以加工制造产品为主要运输对象的运输网络（郑鑫和陈耀，2012）。

“西气东输”等工程是国家重点战略工程，但是从西部吸走了更多资源要素，降低了发达地区生产生活成本，却没有给资源产地带来相应收益，对资源产地的经济发展、社会民意产生很大不良影响，不利于资源产地的发展与稳定。

另外，完善的交通运输设施只是降低运输费用的物质前提，发达的交通管理、物流组织等软件建设也是必不可少的。近些年来，虽然我国交通运输设施建设突飞猛进，但是商品流通费用仍然居高不下。有研究发现，我国2010年社会物流总费用占GDP的比重高达18%，仅比2005年下降了0.3个百分点，比发达国家高出1倍左右（孙开钊，2011），与交通运输设施的建设规模是不相称的。

7. 警惕亚欧大陆桥等基础设施建设对产业转移的抑制作用

以高速铁路为代表的交通运输设施建设，由于显著缩短了空间距离，提高了运力，降低了运费，促进了地区间的产业转移。但是，随着重庆、武汉、成都、郑州、西安等城市先后开通欧洲货运班列，新疆的通道作用更为凸显，这些城市实现的是产品的直接输出，而不是将产业转移至新疆加工制造之后再输出，这不仅意味着这些城市在开拓中亚和欧洲市场上比新疆先行一步，也意味着一部分产业不需要转移到新疆。因此，“渝新欧”“汉新欧”“蓉新欧”“郑新欧”“西新欧”等欧亚铁路货运通道的开通将在一定程度上抑制新疆承接产业转移。

8. 警惕“只见企业，不见产业”

刘红光等（2011）测算了中国1997～2007年区域间产业转移，发现产业向中西部地区转移的趋势并不明显，表明西部地区承接东部产业转移没有实现培育区域优势产业的预期目标，因此陷入“只见企业，不见产业”的“企业转移陷阱”。地方政府和企业可能都存在明显的缺陷：

（1）地方政府多数是围绕转移企业的规模，而不是围绕产业龙头；在区域产业布局中，地方政府往往是围绕行政区域，不是围绕区域间产业关联。地方政府是“谁的资金量大就承接谁”。地方政府出于政绩考量出台的承接产业转移优惠政策与当地真实的产业承接条件相脱节，致使承接的转移企业并未促成产业的集聚效应。

（2）企业转移多数是围绕输入地政府的优惠政策而不是围绕产业嵌入，企业是“哪里优惠政策多就转移到哪里”，由此出现企业在相邻的区域间频繁迁移、工业园区依资金大小设进入门槛，导致毫不相干的企业扎堆等各种现象，与地方政府承接产业转移培育优势产业的目标相去甚远，承接产业转移陷入“只见项目（企业），不见产业”的“企业转移陷阱”。

9. 警惕产业结构重复，产能过剩

由于GDP竞争的激烈性，地方政府可能缺乏理论指导下的全面系统的宏观调控和行业调控，一把手催促政绩、盲目引资、片面追求招商引资数量，容易导致产业结构重复、产能过剩。例如，新疆八一钢铁厂，在对口援疆项目支持下，在南疆拜城建厂，无视产业发展规律，盲目上马新产能，做好事留败笔。

10. 警惕国际产业转移趋势对西部产业转移的挤压

伴随着我国对国际转移产业的承接和经济的高速发展，我国的人口红利逐渐丧失，基于成本考虑，部分低端劳动密集型产业开始逐渐转向劳动力成本更低的印度尼西亚、菲律宾、巴西、印度等国家。同时，欧美发达国家正在实施“再工业化”，自己生产高端产品，这都将在一定程度上制约高技术产业向我国转移，进而影响东部地区产业的转出，影响我国区域产业转移的进程，最典型的是曹德旺 10 亿美元去美国建厂。制定包括土地、财税在内的产业政策的时候，需要放到国际视野去考察。

11. 警惕污染随产业转移

西部欠发达地区处在要素投入促进发展阶段，适当粗放是低成本优势所需，土地不够集约是难免的，也是可以接受的，但是生态环保的代价是东部的教训，付不起。正如外资企业将中国作为“污染避难所”，中西部地区也正在成为东部发达区域污染企业的环境避难所。中西部必须吸取吸引外资的教训，在承接产业转移过程中坚守环保原则。

12. 警惕主体功能区对新疆的过度制约

资料显示，我国 22 个限制开发地区，西部占了 17 个。薄文广等（2011）的研究认为，主体功能区的核心逻辑是“对外生条件和历史事件的绝对遵从，是对区域过去发展水平的一个事后承认或被动承认”，存在“越富越支持，越穷越限制”。主体功能区划分标准有欠严谨，存在较大的随意性。和主体功能区战略配套的各种投资政策、财政政策、产业政策、环境政策、地方政府考评体系等方面存在不完善，这种现状势必导致我国主体功能区战略不仅在短时间内不会缩小我国的区域发展差距，相反，在相关配套政策不到位情况下，随着主体功能区战略的推进，我国区域间的差距将会扩大，而不是缩小①。

第三节　促进新疆承接产业转移的差别化土地政策建议

一、降低产业落地成本的普遍性优惠措施

（一）差别化财税工具的普遍运用

土地财税政策主要表现为地价政策和税费政策，主要包括土地出让阶段的土地出让金、城镇存量建设用地方面的城镇土地使用税、增量建设用地方面的新增

① 薄文广，安虎森，李杰．主体功能区建设与区域协调发展：促进抑或冒进［J］．中国人口·资源与环境，2011，21（10）：121－128.

建设用地土地有偿使用费，其受土地市场的供求机制、竞争机制和定价机制影响形成，并通过地价杠杆进行初次分配，通过土地税费进行再调节，从而实现土地资源初次配置和用地结构调整。

差别化的财税政策中，可以充分发挥地价和税费的杠杆作用，对符合产业发展导向的总部经济、战略性新兴产业、现代服务业、高新技术产业、先进制造业和优势传统产业的研发及总部，给予地价优惠支持；对容积率较高的新建产业项目，给予地价优惠鼓励；对属于落后产能的企业和产业项目，采取提高土地资源使用成本政策，逐步转移、淘汰。

土地优惠政策中，财税减免是常用的政策工具，在新疆主要是减免土地出让金（工业地价）、减免新增建设用地有偿使用费、减免城镇建设用地使用税。对符合产业转移鼓励类倾斜导向的用地实行普遍性优惠倾斜。减免比例可以按百分比累减，直至减为零。对特殊产业除了减免之外，可以实行财政补贴政策。

（二）创新土地供应方式

按照企业生命周期确定土地出让年限，积极探索工业用地弹性年期出让，鼓励各地采用出让年限小于50年、长期租赁、租让结合、先租后让等多种方式供地，合理确定弹性年期出让价格和租赁价格。实行工业用地出让弹性年期制或租赁制，既有利于降低企业拿地成本，也有利于工业用地的及时退出和产业更新换代，同时增强产业园区对土地利用的掌控能力。

根据大样本调查，绝大多数企业的生命周期在20年以内。中国民营企业平均寿命仅3.7年，中小企业平均寿命更是只有2.5年[①]；而在美国与日本，中小企业的平均寿命分别为8.2年和12.5年。中国大公司的平均寿命是7~9年，欧美大企业平均寿命长达40年，日本大企业平均寿命为58年。如果一律按照50年出让工业用地使用权，一方面，那些生命周期已结束的企业却仍拥有较长年限的土地使用权闲置而不能充分发挥效用；另一方面，政府可供的工业用地资源又很匮乏。这种结构性的工业用地供需矛盾形成了制约地区经济持续、高效发展的瓶颈。而实行工业用地弹性出让制，一方面可以适应企业生命周期，增加土地要

① 根据《全国内资企业生存时间分析报告》，企业成立后3~7年为退出市场高发期，即企业生存时间的瓶颈期，2008~2012年退出市场的企业平均寿命为6.09年，寿命在5年以内的接近六成。而实际上，不同行业、地区的企业生存周期有较大差异。从不同行业企业的生存时间来看，金融业企业的平均寿命最长，为8.84年，租赁和商务服务业企业的平均寿命最短，为4.42年，制造业的平均寿命为7.01年。从不同地区企业的生存时间来看，东部地区各省市企业生存危险期主要集中在第3年，中部地区主要集中在第3年和第4年，西部地区从第2年到第5年不等。从不同规模企业的生存时间来看，企业规模越大，存活率越高。注册规模在1000万元以上的企业，5年存活率为91.5%；在100万~1000万元的企业，5年存活率为79.6%；在100万元以下的企业，5年存活率为65.5%。企业生命周期的影响因素众多，按照什么原则制定与企业生命周期相适应的弹性出让年期是工业用地弹性出让的一道难题。

素的流动速度；另一方面可以降低企业拿地的门槛，减少企业发展初期的资金压力，有利于企业资金的周转，适应大多数中小企业用地的承受能力。

从政府公开的工业用地交易信息看，超过半数的地方政府在政策指引下仍难以突破工业用地50年的出让年期。而在目前已有弹性出让实践的上海市、深圳市和杭州市中，上海市和杭州市均是20年或30年两档出让年限，在工业供地中基本是各占一半；而深圳市的弹性出让年期则较为丰富，且以30年的出让年期为工业供地中最常见的出让年期，突破较大。

根据国际上大多数企业生命周期为10~20年的规律，建议将一般产业项目用地出让年期设为10年、20年、30年、50年不等的弹性出让年限。同时，待首期出让年限届满后，经对合同履约情况进行评估，再采取以协议出让方式续期或收回土地使用权的办法。避免过于细致的划分标准降低政策的可操作性。

建议长期租赁、租让结合一般不超过20年，先租后让租赁和出让年限之和、弹性出让方式约定的出让期限一般不超过30年。浙江海宁市对短期产业用地的，试行国有土地使用权租赁，最长不超过10年，期限届满时用地单位达到规定的投入产出、税收等经济指标，可以申请续租或优先受让（可以申请以协议出让方式续期使用土地）。

为了降低企业投资的隐忧，必须明确出让年限到期后的处理办法，降低政策的不确定性。对于到期后企业生产经营活动已经结束的，可以在补偿企业地面附着物的残值后按正常流程收回土地使用权；对于到期后企业仍在开展正常的生产经营活动的，明确续期年限和续期租金的制定方式，以确保企业以正常生产的用地需求为前提尽量降低弹性出让政策对企业用地的风险，降低企业对产业投资稳定性的担忧。

（三）鼓励提高土地利用率

对企业在不改变土地用途的前提下通过拆建、改扩建、厂房加层、老厂改造、内部整理、利用地下空间等途径提高容积率的，不增收土地价款。科学合理确定物流用地容积率。

对提高容积率建设多层厂房的工业企业，可免收提高容积率部分的土地出让金；对在现有厂区内翻建生产性用房或建造多层厂房且容积率大于1.0的，参照新建厂房的标准给予奖励。

二、促进产业转移的差别化土地政策建议

（一）对符合动态比较优势，促进产业升级的新兴产业用地予以倾斜

根据《新疆维吾尔自治区新型工业化“十三五”发展规划（2016－2020）》，新疆产业发展的重点和方向是围绕17个产业，以优势资源产业为基础，推进传

统产业转型升级，加快建设制造强省。这 17 个产业包括：

（1）优势资源产业 3 个：石油和化学工业、煤炭煤化工产业、电力工业。

（2）传统产业 3 个：钢铁、有色金属、建材和化学工业。

（3）劳动密集型产业 2 个：纺织服装、特色轻工业。

（4）战略新兴产业 7 个：先进装备、新兴能源、新材料、生物和医药、新一代信息技术、节能环保、清洁能源汽车产业。

（5）先进生产性服务业 2 个：现代物流业、科技服务业。

其中，7 个战略新兴产业和 2 个先进生产服务业具有动态比较优势潜力，是产业升级的方向，应该在基地园区建设、指标单列、财税优惠等方面给予倾斜，尤其向高投入、高产出、高效益的高新技术企业倾斜。

（二）对促进产业链延伸，提升产业链附加值的产业用地予以倾斜

1. 对促进产业链延伸，增加附加值的产业用地予以倾斜

产业承接要注重开发新产品，提高产品附加值，顺势发展工业设计、研发服务、科技信息、品牌推广、产品外包等产业链高端环节，或转入新兴潜力产业，推动产业内技术密集型升级，对促进产业链延伸，提升产业链附加值的产业用地予以倾斜。

产业链的空间动态演化分为区域内纵向延伸、区域间纵向延伸、区域内横向拓展、区域间横向拓展、产业链网结构五种模式。产业链的空间存在方式经过“点发散”“线连接”“线连结”“线联接”到“网交织”的形态演化。

政策具体实施时要重点关注对集群式产业、龙头企业、总部企业、产业链关键节点企业、桥梁企业用地的倾斜。

集群式产业有利于重塑区域产业链，龙头企业和总部企业有利于发挥核心企业的“点发散”式的产业链延伸功能。

所谓产业链中的关键节点企业，应该满足两个条件：一是具有较好的“点发散”功能，以便在承接区域能够较快形成产业链，改善产业链结构；二是具有较好的产业链边缘性质，以便能够在条件成熟时，发挥区域内不同产业链的“连结”作用，改善区域产业基础。如果这样，便有可能催生一个具有竞争力的区域优势产业。

所谓桥梁企业，有两层含义：一是它能在区域间不同产业链中起到桥梁作用；二是它能在区域间不同产业链区段中起到桥梁作用。通过桥梁企业发挥“线联接”作用，便可创建区域间不同产业链联系，从横向拓展产业链；发挥“线连接”作用，便可接通不同区域的产业链区段，在区域间纵向延伸产业链。二者都可以将不同区域的要素进行整合，这是实现产业链区域间整合的重要路径。

2. 对农副产品产业链特别倾斜

西部地区应充分发挥其生物资源和光热水土优势，构建以农产品主产区为主

体的农业发展战略格局，形成一批农产品产业带，延伸农副产品产业链，引导加工、流通、储运设施建设向优势产区聚集。加大对特色农产品加工基地的建设和指标的报批。对资源类、能源类、特色农产品类符合新疆比较优势的产业，鼓励延伸产业链条，在土地财税方面给予进一步优惠。例如天山南坡阿克苏建立专门针对纺织行业的产业园，就应该给予特殊角度的基地建设优惠。

（三）对促进产业集聚和规模配套的产业用地予以倾斜

1. 当前新疆产业集聚和配套情况

新疆地处我国西北边陲，产业配套条件严重不足，难以承接层次较高产业。例如新疆机电装备制造业专业化协作与配套能力弱，缺乏一批为大企业实现配套的“专、精、特、新”的中小企业。行业“空心”情况严重，尤其是锻造、铸造、热处理、大件加工、精密加工等冷热加工能力基本处于空白状态或者严重不足。新疆本是产棉大区，发展服装、纺织产业具备一定的优势，但配套的印染产业由于成本高无法引进，多年来新疆只能作为沿海纺织和服装基地的原料供应商。由于新疆产业配套能力弱或产品质量不过关，无论大小零部件，企业都要从东部地区采购，不仅增加了成本和消耗，而且不利于产业集群的形成（赵川，2014）。

2. 土地政策要配合四大产业带园区集聚建设的目标

工业园区和开发区是承接产业转移、加速产业集聚、培育产业集群的主要载体。在园区中要明确园区的产业定位，结合产业转移，搞好园区规划，选择培育优势产业和主导产业，优化园区产业布局，建成一批特色鲜明、主导产业聚集的工业园区。根据新疆区域发展和城镇化发展战略，以天山北坡、天山南坡、北疆北部沿边和南疆三地州四大产业带为空间载体，建设一批特色鲜明的产业集聚区和工业园区，土地政策要配合四大产业带园区集聚建设的目标。

3. 鼓励向园区集中的土地倾斜政策建议

（1）新增建设用地计划指标向重点园区集中。对进入园区的项目，为国家重大能源、资源深加工产业的，基地在用地上给予政策倾斜。在符合土地利用总体规划的前提下，优化年度计划下达方式，增加资源型城市近几年的用地计划指标。

（2）对总部和龙头企业的倾斜。大企业和总部经济更有利于带动相关配套产业向新疆转移，因此对关键企业、中枢产业、总部企业、龙头型企业、旗舰型企业、园区型企业和高科技研发项目等用地，保证优先供地，财税优惠。

（3）对引进企业为世界500强、全国200强、全国知名企业和驰名商标的，明确享受土地折扣价的对象和土地折扣标准，采取明折明让的方式，可以在同类地价上予以适当优惠。

（4）对占用土地面积较大的建设项目（如200亩或300亩以上的工业项目用地），可以实行一次性出让、分期交地、分期付款、分期确权登记，并可以通过竞单位面积地价的方式确定招标拍卖挂牌竞得人（中标人），一次性签订国有土地使用权出让合同，分期交地，并按规定时限支付土地出让价款。

（5）依据中办发〔2010〕36号文件规定——“实施差别土地政策，工业用地出让金最低标准，可区别情况按《全国工业用地出让最低价标准》的10%～50%执行，适当降低西部地区开发园（区）建设用地的基准地价”，对国内外企业和研发机构在开发区购买生产、研发用地的企业，根据其投资规模和项目质量，在用地规模、用地计划和土地出让金、土地新增费等方面给予特殊支持。

（6）建立承接产业转移项目落地的“绿色通道”。对承接转移的项目要优先审批立项、优先环评，对各类符合转移条件的项目，在保证国家和自治区交通、能源、水利、矿山、军事设施等重点项目的前提下，将符合当地土地利用总体规划的重大转移项目优先考虑纳入土地利用年度计划，选址方面应使用以未利用地和原有建设用地为主的土地资源。鼓励项目向工业园区有序集中，落户工业园区的转移项目可与园区内其他项目在土地规费等方面享受同等条件土地供应政策。

（四）对促进土地集约利用的产业用地予以倾斜

1.“门槛”把关

对国家产业政策鼓励发展的项目，优先考虑供地，对那些投资少、耗地多、产出低、高能耗、高污染、高排放的项目直接不予供地。

2. 差异化供地

充分择优扶强，引导工业向开发区等各类园区集中，引导各地发展高新技术、高附加值、高市场占有率的产业，引进投资规模大、强度高、效益好的项目，形成产业集群和规模效益。

3. 对投资规模的鼓励

对引进的年度内固定资产投资在2000万元、5000万元、1亿元、3亿元、5亿元、8亿元、10亿元的项目，按区间给予差别化税费优惠。

4. 对投资强度的鼓励

对亩均投资强度达到一定区间的项目，按区间给予差别化优惠。

5. 对亩产税收的鼓励

对亩产税收达到一定区间的项目，按区间给予差别化优惠。

6. 增容挖潜，上天入地

鼓励建设标准厂房，对标准厂房采取优先供地的政策。鼓励企业增加厂房容积率，合理适度增加容积率的不增收土地价款；鼓励新建多层厂房，按层级一次性减免部分配套费；鼓励开发利用城市地下空间，对于利用地下空间建设非营利性生产生活设施的，免征土地出让金。

7. 对相对发达地区试行促进土地集约、产业升级的差别化税费政策

当前新疆的主要工作是承接产业转移，而新疆普遍处在工业化初级阶段，对新疆不宜过于强调集约，现有的集约用地考核标准将“地均固定资产投资额”“地均GDP”“亩产税收”作为核心指标，对于经济欠发达、生态环境脆弱的新疆广大地区并不适用。但是对天山北坡经济带工业化和城市化阶段较高区域，应该模仿东部发达地区，试行比较严格的土地集约利用和低效用地退出机制。

（1）在天山北坡高新区和产值效益较好的经济开发区可试行分类分档税收减免模式。其思路包括“提高税额标准”“高征高奖”“差别化减免”“动态调节机制”等。土地持有环节成本低，不利于节约用地。而通过税收杠杆使用，将发挥积极的导向作用。可实行差别化城镇土地使用税减免政策试点工作、“以地控税、以税节地”试点工作。分为四个步骤：一是通过调整土地等级提高城镇土地使用税标准；二是按照相关法律规定和经济发展导向明确试点行业；三是分行业以亩产税收和节约集约为导向对企业进行分类；四是依据企业亩产税收高低对其实行城镇土地使用税和房产税的差别化减免政策。思路是：先划分企业类型，分行业计算企业单位占地税收产出，建立以亩产税收和节约集约用地为导向的评价机制，将企业分为激励类、提升类、一般类和低效类四大类。然后对亩产税收达到制造业亩产税收平均值200%以上、100%～200%、50%～100%和50%以下的，分别按激励类、提升类、一般类和低效类四大类企业，实行城镇土地使用税和房产税分类分档的差别化减免政策。

（2）构建低效用地企业退出机制。思路是减少土地转让成本，降低企业退出门槛。据有关部门测算，目前土地转让需缴纳30%～60%的土地增值税、3%～5%的土地交易契税等，过高的转让税费影响了土地转让的积极性，一些企业宁可让土地闲置，也不愿意转让。为此建议，降低转让成本，比如适当合并流转税种、降低税率等，并适当降低土地的转让投资限制，促进土地的流动，实现土地资产在流动中增值增效。

（五）对基础设施用地予以倾斜

1. 基础设施对产业转移的影响

基础设施通过降低运输成本来影响产业转移，但土地价格竞争的实现是有条件的（颜燕和刘涛等，2013）。土地价格竞争的实现建立在良好的基础设施水平之上，虽然土地价格是企业区位选择的重要因素，但基础设施的严重不足会使土地价格竞争的投资效应很难实现。所以，只有具备了较好基础设施条件的地区，才能运用土地价格竞争工具来吸引投入敏感型企业。

2. 当前新疆基础设施建设目标

加快建设综合交通运输体系，有机衔接铁路、公路、民航，构建辐射内地及

中亚区域的交通运输体系，尤其是加快连接内地与新疆的高铁建设，大力提高综合运输能力、交通信息化水平和服务质量。加快“丝绸之路经济带”运输大通道建设，争取国家支持开工建设中巴铁路，尽快打通我国直抵印度洋的铁路通道，畅通中巴经济走廊；同时积极推动中吉乌铁路项目建设。加快完善乌鲁木齐国际机场功能，促进航空市场对外开放，增加国际航线。加大电网建设力度，完善区内各级输配电网，增强对承接产业发展的保障能力。推进经济社会各领域信息化，大力发展电子政务和推进“智慧城市”建设，提升区域信息化水平。

（六）两个特区比照深圳、浦东政策单列

国家对喀什和霍尔果斯的定位是新疆南部和西部两个新的经济增长极，起到促进区域发展的龙头作用，可以比照改革早期深圳和浦东地位，一切优惠政策可以单列出台。

（七）对循环经济产业用地予以倾斜

1. 生态条件脆弱的现状

新疆属于典型的绿洲隔离带，未利用地多、耕地少、生态条件脆弱，在全国主体功能区规划中大部分属于禁止开发和限制开发区域，应出台特殊优惠政策，引导循环经济产业高效利用荒草地、盐碱地、沙地、裸岩石地等未利用地。

2. 土地政策服务于循环经济建设

土地优惠政策需要综合考虑新疆绿洲经济、城市点状分散分布特征和生态环境脆弱的特征，产业空间布局要树立低碳、绿色和循环的理念，以国家和新疆主体功能区规划为统领，在承接产业转移、发展产业过程中，必须保证经济、社会和环境发展的和谐性与一致性，通过发展循环经济、低碳经济，促进新疆的资源节约型和环境友好型社会建设。

3. 对循环经济产业给予差别化政策

对国家重点支持的循环经济试验区，在绿化用地供应方面给予政策支持，一是将园区内企业用于绿化的土地视为实施生态工程用地，可享用国家的土地划拨政策，二是提高建设用地审批效率。

（八）对促进城市布局优化的产业用地予以倾斜

以差别化土地管控措施为保障，促进大中小城市和小城镇协调发展。充分发挥规划计划等政策手段，坚持以人定地、地随人走的原则，加快推动建立人地钱挂钩政策，促进城镇建设用地增加与农业转移人口落户数量相匹配；对于适宜大规模城镇化的重点开发区域，要适当增加城镇建设用地指标，同时扩大具有发展优势和潜力的中小城市、县城和特色小城镇土地供应，为城镇基础设施、公共服务建设和特色优势产业发展提供土地政策支持。

与户籍制度改革相协调，严格核定各类城市新增建设用地规模，适当增加城区人口 100 万~300 万大城市新增用地，合理确定城区人口 300 万~500 万大城市新增用地，严格控制城区人口 500 万以上特大城市新增用地。

（九）对外商投资予以倾斜

上一节关于警惕性建议中提到，“渝新欧”“汉新欧”“蓉新欧”“郑新欧”“西新欧”等欧亚铁路货运通道的开通，将强化新疆贸易通道作用，东部城市将通过贸易通道实现产品向中亚、西亚的直接输出，不利于产业向西部、向新疆转移。

一个解决措施是加大吸引外资力度，利用好外资和外部市场两个资源。自 2008 年金融危机以来，发达国家对新疆的投资呈现下降趋势，尤其美国和日本下降趋势比较明显。新疆吸引外商投资主要的外资来源地仍集中于中国香港、中国台湾、独联体和新加坡等少数几个国家和地区，2012 年，中国香港投资新疆的比重达到 90% 以上，外商投资结构有待优化。西部有必要模仿东部早期对外资的超国民待遇，积极引进外资促发展。

1. 外资优惠政策现状

（1）国家针对吸引外资优惠土地政策现状。《国务院关于扩大对外开放积极利用外资若干措施的通知》（国发〔2017〕5 号）第十七条规定：支持外商投资项目用地。外商投资企业与内资企业同等适用相关用地政策。继续对集约用地的鼓励类外商投资工业项目优先供应土地，在确定土地出让底价时可按不低于所在地土地等别相对应全国工业用地出让最低价标准的 70% 执行。

（2）新疆针对吸引外资优惠土地政策现状。依据 2000 年《新疆维吾尔自治区招商引资若干政策规定》，有如下规定条例：

1）外商投资企业自有自用房产，自生产、经营之月起，免征城市房地产税 5 年，自第 6 年至第 10 年减半征收城市房地产税。从事房地产开发经营的外商投资企业，自建成投产之月起，在开发经营期前 5 年，暂缓征收土地增值税。

2）外商投资企业自领取工商营业执照之月起，免征车船使用牌照税、屠宰税 10 年。

3）外商投资企业从事水利、能源、交通、小城镇等基础设施项目的建设用地和公益事业用地，可按行政划拨方式取得国有土地使用权。

4）外商投资企业可以按租赁方式取得国有土地使用权（房地产开发除外）。经营期在 20 年以上的，自企业取得土地使用权之日起，免缴 5 年土地租金（土地使用费）。对本规定重点鼓励的产业，第 6 年至第 10 年免缴 50% 的土地租金（土地使用费）。

5）外商投资企业以出让方式取得国有土地使用权，经营期在 20 年以上的，免缴 25% 的土地使用权出让金。经营期在 30 年以上的，免缴 30% 的土地使用权出让金。其中，使用城镇规划区外的非宜农荒地、荒山的，免缴40%的土地使用权出让金。

6）外商投资企业从事本规定重点鼓励的产业，采取出让方式取得国有土地使用权，并且经营期在30年以上的，免缴30%的土地使用权出让金，其余土地使用权出让金可实行挂账，自生产、经营之月起5年内分期付清。

7）对中外合资、合作经营企业，中方可将土地资产折价作为国家股投入。

8）从事本规定重点鼓励产业的外商投资企业，使用的土地可按当地地价的低限予以出让或收取土地租金（土地使用费）。

9）外商投资企业以出让方式取得国有土地使用权的，在缴纳全部土地使用权出让金后，可以依法转让、出租或抵押；以行政划拨方式取得国有土地使用权的，在补办出让手续、补缴出让金后，也可依法转让、出租或抵押。外商投资企业以出让或租赁方式取得国有土地使用权的，出让或者租赁期限届满后需继续使用土地的，经依法批准后可以续期使用土地。以出让方式取得土地使用权的外商投资企业，不再缴纳场地使用费。

2. 东西部在工业化初级阶段吸引外资土地政策对比

东部在改革初期对外资普遍实施超国民待遇，土地多存在免费供应，税费普遍采取“五免五减半”，还有诸如水电全免，以及其他财政补贴。

当前对西部吸引外资的土地出让“按不低于所在地土地等别相对应全国工业用地出让最低价标准的70%执行”，和东部早期超国民待遇相比，其优惠程度已有天壤之别。

2000年制定的新疆对外商投资的优惠政策附加了若干前提条件，且优惠程度远不能和东部早期相比，甚至远不能和2010年之后对内资的优惠程度相比。

3. 新疆吸引外资进一步优化建议

（1）对外资优惠程度可以显著优惠于内资。

（2）新疆对外资优惠政策，一是参考模仿东部早期超国民待遇，二是可以在此基础上有所创新。模仿是发挥后发优势，创新才符合动态比较优势导向。

（十）对非国有经济用地予以倾斜

所有权是一个深刻影响经济运行的制度因素，所有权在经济增长中所起到的重要作用已经得到各国学者的一致认可。经济改革期间，非国有经济发展对经济增长和市场化进程都做出了重要的贡献。实践证明，机制灵活、自我约束力和内在膨胀力都较强的非国有经济更能适应市场竞争。

另外，一个地区非国有经济份额的高低，市场体制建立的快慢直接决定着各经济区域能否尽快形成制度创新环境并促成制度供给的形成（窦玲，2010）。非国有经济发展充分的地区，其所具有的制度变迁动力足，遇到的阻力相对较小，改革成本低，制度创新效率高。

从2006年各省份私营企业和三资企业产值占工业总产值的比例可以看出，浙江、福建、广东三省的私营企业和三资企业产值在工业总值中所占的比例分别为62.4%、75.5%和73.8%；而西部除重庆、四川和内蒙古比例超过30%以外，其余各省都很低，其中西藏为19.5%，青海为10.4%，新疆仅为7.4%。西部的新疆和东部的福建相差68个百分点（严汉平和方芳，2009）。

因此，从所有权制度改革角度出发，有必要鼓励非国有经济企业用地，建议在财税减免方面予以倾斜性支持。

（十一）对符合国家和自治区战略用地予以倾斜

当前新疆处在多个国家战略及倡议叠加的时期，主要有对口援疆战略、扶贫攻坚战略、新型城镇化战略、“一带一路”倡议。多个战略及倡议为新疆带来了多重发展机遇，土地政策必须抓住战略重点，提供倾斜性优惠政策，积极配合各战略顺利实施，充分发挥对新疆的支持作用。

1. 向对口支援战略倾斜的政策要点

（1）对口支援战略对产业转移的建设目标。对口援疆可以作为新疆承接产业转移的重要抓手。通过对口援疆，加快承接产业转移，实施地域分工、产业链条、贸易带动、产品差异等承接产业转移模式，从宏观、中观、微观三个层面，构建4个“产业带”—15个“城市—产业集聚区”—19个“重点产业园区（国家级园区）”的空间格局，使对口援疆成为新疆承接产业转移的重要抓手，将新疆建设成为我国东、中、西部联动发展的示范区。这也是土地政策需要配合支持的要点。

（2）建议“在对口支援受援地区在城镇建设用地范围内”的土地从土地出让金和税费方面进一步优惠。当前针对“在对口支援受援地区在城镇建设用地范围内”使用国有未利用地的工业项目，工业用地出让最低价是按照所在地土地等别相对应《全国工业用地出让最低价标准》的50%执行。

东部企业在进行改革早期，在城乡都享受无偿或低价用地优惠，自2006年《全国工业用地出让最低价标准》出台后，东部利用财政优势补贴低价，补贴后其土地实际价格比中部和西部还要优惠①，因此对东部援疆省份从东部招来的企业可以给予更多优惠，可以“在对口支援受援地区在城镇建设用地范围内”的土地从土地出让金和税费方面进一步优惠。

① 2006年国土资源部工业地价评估及分析研讨会上披露的资料显示，根据对全国23个重点城市124个新增工业用地项目的调查，东、中、西部城市开发区新增工业用地的平均价格为183元/平方米、264元/平方米和265元/平方米，而对应的新增工业用地的平均成本分别为463元/平方米、325元/平方米和268元/平方米。

(3) 对东西部合作共建模式实施倾斜政策。新疆和对口援疆省市正在实施合作共建，土地政策需要重点支持共建模式的形成，充分发挥好资金援疆、产业援疆、智力援疆、技术援疆的效果。

2. 向扶贫攻坚战略倾斜的要点

针对扶贫攻坚战略，土地政策导向一方面应该加大新增建设用地指标的供给，另一方面是对解决就业扶贫的产业进行大力支持。产业方面包括纺织、服装、特色轻工、清真食品工业等高就业数量的劳动密集型产业；企业规模层面主要倾向于对中小微企业的扶持；地域角度对南疆四地州民族贫困地区更要加大用地政策倾斜力度。对易地扶贫搬迁安置用地可参照灾后重建政策，允许先行用地。

由于现有政策限制，贫困地区无法通过跨区域城乡建设用地挂钩置换、耕地保护指标买卖实现土地跨区域资本化，应该探索实行跨省域的，大范围、远距离的建设用地挂钩置换政策，促进贫困地区从发达地区的经济发展中获益。

3. 向“一带一路”倡议倾斜的要点

国家实施“一带一路”倡议为新疆制造业发展提供了重大历史机遇，加快产业转型升级，增强自主创新能力，大力发展绿色制造，培育制造新兴业态，已成为新疆制造业发挥后发优势、实现后发赶超的新动力。土地政策支持的重点在于落实国家重点区域发展战略，围绕西部开发、“一带一路”倡议，突出互联互通基础设施建设，做好国土资源保障和服务工作。

将“一带一路”重大项目和重大标志性工程优先纳入土地利用总体规划调整完善方案，为项目建设预留合理的用地空间，推动关键项目落地，做到“保发展”和“保资源”协同推进。在计划管理方面，按照“集中统筹、分级保障”的原则，统筹做好“一带一路”跨境经济合作区、产业园、国际大通道等重点区域重点领域重大项目用地保障工作，同时兼顾经济社会发展必要的民生项目用地。试行自治区统筹推进重大项目核销制，对与“一带一路”相关的自治区统筹推进重大项目，凡具备用地报批条件的，可直接组卷报批用地，通过用地审批后予以核销用地指标，不需再提前向国土资源主管部门申请用地指标，简化程序，全力支持“一带一路”重大项目建设。

4. 向新型城镇化战略倾斜的要点

针对新型城镇化战略，一是面向人口城镇化目标，发挥好土地、户籍联动改革作用，最大限度支持“人地挂钩”促进新型城镇化发展的目标；二是围绕实施新型城镇化战略，实行差别化管理，优化土地资源配置，促进大中小城市和小城镇协调发展。“人地挂钩”既是对新型城镇化的用地保障，也是对土地城镇化的制约，应该充分挖掘土地政策改革的制度红利，还要紧密结合“人口城镇化”

的核心目标，向吸纳农业转移人口较多的地区和城镇倾斜。

5. 产城融合的鼓励导向

根据2016年国家级开发区土地集约利用评价情况通报，截至2015年12月31日，参与评价的国家级开发区共472个，工业主导型开发区386个，产城融合型开发区86个。宜鼓励产城融合发展方向，单一生产功能的开发区、产业集聚区，可按照统一配套、依法供应、统筹管理的原则，在符合城乡规划的前提下，适当安排建设用地用于商品零售、住宿餐饮、商务金融、城镇住宅、文化休闲等建设，推动相关区域从单一生产功能向城市综合功能转型，最大限度降低生产生活用地成本，提高企业和城市竞争力。

6. 向特色小城镇倾斜的要点

（1）小城镇化的悖论。小城镇化早在20世纪80年代就被提出（费孝通，1983；辜胜阻，1991），我国多次兴起小城镇热和国家战略推动热潮，理论一直有争议，实际效果一直不好。在中国特殊国情下，中国城市发展按行政级别配置各种资源，加之大城市具有经济集聚优势，导致各种要素和人口一直向大城市集中（蔡昉和都阳，2003；Henderson、Logan和Choi，2005；李强等，2012；王垚和年猛，2014），小城镇发展一直举步维艰。近年来中国的城市化进程呈现出两极化倾向，中小城市和小城镇相对萎缩，大城市规模控制政策基本处于失灵状态（魏后凯，2014）。

城镇化滞后的主因在于20世纪90年代开始的严格限制大城市、积极鼓励小城镇的政策（王小鲁，2010）。多次提倡小城镇化的官员、学者，多是“让别人到小城镇去，自己留在大城市”。

从经济集聚规律来看，小城镇只有在城市群里呈“片状分布”才能协调发展（新疆属于绿洲经济，呈“点状分布”），小城镇不应该作为未来城市发展的主体形态（汤敏，2010），一方面，因为大城市具有经济集聚效应和吸纳就业优势，另一方面，我国城市发展按行政级别配置教育、医疗等各种资源，导致生产要素和人口不断向大城市集中（李铁，2001；蔡昉和都阳，2003；Henderson、Logan和Choi，2005；李强等，2012；王垚和年猛，2014）。但现实中却违背经济规律一次次鼓励小城镇发展。近期又有鼓励乡村工业化倾向，但在我国高度竞争的工业品市场上，农村的工业企业是没有优势的（钟宁桦，2011；文贯中和柴毅，2015）。

因此，小城镇的产业支撑、基础设施、社保体系等客观物质条件在短期内难以建立，其吸纳人口的能力是“远水难解近渴”。

（2）小城镇化具有劣势，但又符合新疆绿洲经济特点。小城镇化也一直是新疆城镇化的重要模式（宋岭，2012），但是高永辉和魏雪梅（2015）研究发现，小城镇化在新疆的实施效果也很差，新疆小城镇化水平较高但总体水平较低、增速缓慢。2010 年，新疆 1000 万维吾尔族人口城镇化率为 21.97%。南疆四地州三个主要民族——维吾尔族、柯尔克孜族、塔吉克族的城镇化率分别为 21.97%、17.81%、15.44%，维吾尔族的城镇化率在西部大开发 10 年的时间内仅提升了 2.76%①。

即使是在西部就近城镇化的人口，也应集中在百万人口以上的大城市（蔡继明，2014）。南疆就地就近的小城镇化，需要与开放大系统内的大城市结合，和农民工市民化配合，对目前剩余劳动力安置的重点应该在天山北坡相对发达的经济带和各地州中心城市②，小城镇化更大意义在于中长期目标。

虽然小城镇化具有明显劣势，但是小城镇化的确适合新疆绿洲经济、牧业经济、农业经济、民族经济特点，这是特色，是传统产业局限下的无奈，因此特色小城镇建设对新疆有更大价值。各地在调整和完善土地利用总体规划时，应做好与县域乡村建设规划、村庄规划、风景名胜区规划等相关规划的衔接，适当增加特色小镇新增建设用地规模，合理布局相关各类用地；对符合省级预留指标使用条件的特色小镇用地，按照规定程序优先安排用地计划指标。

支持特色小镇开展土地综合整治，土地整治区内涉及建设用地整理的，优先安排城乡建设用地增减挂钩指标给予配套；通过整理农村建设用地和宅基地所节约的土地，在优先复垦耕地、满足农村发展用地前提下，节余土地可依法办理用地手续，用于特色小镇建设。

第四节　新产业、新业态和特殊自然因素的差别化政策

差别化用地支持政策，应重点支持战略性新兴产业、先进制造业、流通业、“互联网+”、农产品加工、现代服务业发展，鼓励引导乡村旅游、医疗、养老、

① 2009 年乌鲁木齐“7·5”事件及 2014 年莎车“7·28”事件后，南疆汉族人口流失，商铺关门情况比较严重，更影响到南疆城镇化率。

② 受暴恐事件影响，南疆富余劳动力缺乏到内地参与城镇化的潜力。乌鲁木齐“7·5”事件后，特别是昆明“3·1”事件后，内地企业对吸纳新疆籍务工人员持谨慎态度，这使得南疆富余劳动力内地转移“袋口”趋紧。2011 年三地州疆内转移就业人数占到转移总人数的 95%，转移到内地省份的只占 5%，在疆内，转移到其他地州的占了 35%。因此，南疆富余劳动力城镇化适宜在本地和天山北坡经济带重点推进。

教育、文化、体育等社会领域民间投资，鼓励开展土地综合整治，盘活利用闲置农房及宅基地。

一、旅游业用地差别化点和政策导向

旅游用地是关乎旅游业发展实效的核心问题，作为旅游价值链的上游环节，其标准、管理乃至规划实务的优化调整对于旅游业的整体推进都会产生“牵一发而动全身”的效果。

旅游业是综合性产业，涉及的土地用途和权利类型复杂多样。土地用途方面，包括建设用地、农用地、未利用地三大类型。仅建设用地中，就包括住宿、餐饮、文体娱乐、医卫、交通、公园绿地等多种类型。权利类型方面，既有国有建设用地，也有集体建设用地。微观上，旅游新业态用地政策长期存在不明确现象。但是旅游业用地政策分散于其他行业之中，系统性不够。

旅游业发展早期，旅游项目投资不多，旅游用地的问题并不突出，国家层面对旅游用地的关注也不多。在 2001 年国发 9 号文件《国务院关于进一步加快旅游业发展的通知》中，就完全没有涉及土地政策方面的内容。2009 年，国务院再次出台旅游业发展的政策文件《国务院关于加快发展旅游业的意见》（国发〔2009〕41 号），明确提出土地方面的政策需求，并要求“年度土地供应要适当增加旅游业发展用地”。这表明中央层面开始着手解决土地这个制约旅游业发展的“瓶颈”问题，而在 2014 年《国务院关于促进旅游业改革发展的若干意见》（国发〔2014〕31 号）中，“优化土地利用政策”作为 20 条政策意见的一条单独列示，并提出了“改革完善旅游用地管理制度，推动土地差别化管理与引导旅游供给结构调整相结合”等旅游用地改革方向，在国家层面体现了土地政策对旅游业的重大意义。2015 年国土资源部、住房和城乡建设部、国家旅游局出台的《关于支持旅游业发展用地政策的意见》（国土资规〔2015〕10 号）中，“鼓励以长期租赁、先租后让、租让结合方式供应旅游项目建设用地”。

（一）旅游业用地特点

1. 旅游产业“泛产业”的特性

旅游产业平台上搭建着生态休闲、文化体育、工业及乡村建设等诸多产业，各种与旅游相关的新兴业态不断涌现。当前不断涌现出的新型综合性旅游项目如乡村旅游、旅游风情小镇、文化旅游综合体、主题度假村等，均涵盖城市规划建设用地标准中的多种用地类型，其功能诉求交织和叠加，很难明确单一用地性质（可能是单纯的建设用地，也可能是建设用地、农用地和未利用地的复合）。

泛产业性导致用地业态混杂，跨越多个土地利用类型，难以区分和界定用地类型，需求多样复杂，现行旅游用地有关标准“脱胎”于城市用地分类体系，仅考虑符合日常生产生活需求的城市用地功能特征，无法适应旅游业泛产业特性，而当前用途管制“非农即建”管理模式亦无法适应旅游“泛产业”特性，旅游用地的复合性与土地用途管制的刚性形成的矛盾最为尖锐，成为改革的难点和焦点。

2. 旅游规划管理难、“落地难”

旅游资源覆盖城乡，跟存量用地、未利用地密切相关，涉及陆地、用海和海岸线用地。而旅游项目在用地规模、布局、结构、时序及选址上都存在不确定性，纳入土地利用规划和计划管理存在困难。建在海滩边、滩涂里的旅游项目，就会涉及海岸线用地规划。因此，旅游用地规划要同时考虑土地总体利用规划、城乡发展规划以及海洋功能区规划等各类国家规划，对规划的协调要求很高。但现实中表现为旅游用地规划与土地、城建、林业、环保、文物等相关规划不衔接。

旅游产业面临“计划指标不足，供需矛盾突出”问题。问题不仅仅出现在用地指标上，很多地方旅游规划缺乏与土地利用总体规划的衔接，没有将旅游建设项目纳入土地利用总体规划，旅游项目难以获得发展空间。相对于规划期限为15年的土地利用总体规划和20年的城镇总体规划，旅游项目用地的具体空间定位较为困难，导致其在土地利用总体规划与城镇规划中无法精确落地，即面临着“落地难”的问题。

3. 现有土地利用分类难以适应现代旅游用地的复合型特点和全域型旅游

在2007年颁布的《土地利用现状分类》中，旅游用地作为“风景名胜设施用地”（二级地类），归属于“公共管理与公共服务用地”（一级地类），属于建设用地范畴。2007年7月开展的第二次全国土地调查，就直接采用了该分类方法；2012年实施的《城市用地分类与规划建设用地标准》，也并未单独设置旅游用地类别，但与之相关的“文物古迹用地”“娱乐用地”“康体用地”和“公园绿地”等均属于城市建设用地。上述对旅游用地的类别划归，基于狭义的旅游用地概念，难以符合现代旅游用地的复合型特点和全域旅游对土地的要求。

当前全域旅游讲求全域全景、产业融合以及资源环境的合理开发和充分利用，因此，全域旅游对土地需求具有复杂性特征，突破了原有风景名胜设施用地、公园与绿地等土地利用方式，涉及林地、园地、草地、水域及水利设施用地、工矿仓储用地、科教用地等多种土地利用方式。旅游产业具有“投资大、收益慢”的特点，现有旅游用地地价仍采用商业用地地价，造成旅游产业用地成本偏高。

4. 旅游用地出让价格高、年限短

目前旅游产业没有单独的用地门类，各地基本按30～50年的经营性用地出让，因旅游产业本身具有高投资、高风险、低收入、慢回报的产业特征，加上旅游用地未单独设立基准地价，在评估地价时，主要参照商业服务类用地基准地价，造成旅游用地出让价格偏高，难以吸引投资，影响了旅游业发展。

5. 计划指标不足，供需矛盾突出

27 个省纷纷把旅游业作为支柱产业或者优势产业，泛产业特性导致旅游用地需求面大量广，导致用地规模和结构问题激增。

6. 城市供地制度与旅游用地需求的矛盾

现在旅游项目开发用地主要是参考城市的土地供地制度，并且，在供给用地时还要套用并不适合旅游用地特征的控制性详细规划，必须遵循僵化设定的容积率、建筑高度、建筑密度、绿地率等用地指标，导致旅游用地有诸多不适应之处。

政府大力提倡发展的自驾游汽车营地建设在各地也因为只能按照两年为期的临时用地办理土地手续，但广大投资人对于两年为期的临时用地存在大量投资与回报周期的不确定的顾虑，不敢盲目进入自驾营地开发市场，使得自驾游营地建设目前还仅仅停留在论证观望阶段。

以容积率为例，旅游用地由于自身特性，用地容积率和建筑密度相比工业园较小（旅游用地容积率基本在 0.1 ~0.4，建筑密度在 20% 左右），但现有用地政策大多按照工业园标准进行要求，规定容积率必须在 0.8 以上，国土资源部对于国有住宅建设用地的出让标准界定为“容积率不小于 1.0”，旅游用地明显不符合这些政策要求，造成地方为了报批需要，弄虚作假。旅游用地追求更舒适的环境和充裕的空间。“强加”城市用地容积率标准，必然影响相当比例旅游项目的品质提升，反而可能将优质旅游开发企业“驱逐”。根据实操统计，古城古镇容积率基本是 1.0，除了选址于商业街区和小镇等总体容积率大于 1.0 的场地以外，一般情况下高品质度假酒店（包括产权式酒店、分时度假酒店，不少是通过住宅用地开发的）的容积率是 0.5 ~0.6，甚至只有 0.4，普遍规律是项目档次越高，容积率越低。旅游业保持不低于 1.0 的容积率是不现实的，这是目前旅游景区、旅游度假村等类型的旅游项目难以配套高水平文旅业态聚落的根本原因。

7. 旅游业“点状用地”需求与城市用地“块状用地”要求的矛盾

城市的土地供地制度，采取整地出让方式，以“块状用地”作为基本出让单位。整地出让直接造成旅游项目用地成本过高。以旅游度假村类项目为例，实际建设用地需求可能是数百亩的“量级”，然而按照“块状供地”逻辑，相应征地“量级”可能会上升到以千亩计，土地获取成本倍增，不利于吸引旅游投资，表现出现行城乡规划和用地标准的滞后与不切实际。

8. 套用城市标准导致项目同质化严重，投资成本高

目前的特色小镇（旅游风情小镇）大部分是按照城市规划建设“体例”推

进，用地性质和成本导致业主“安全第一”，以标准化产品降成本，令游客意兴阑珊，形成恶性循环，日后成效令人担忧。

另外，旅游投资的确是一个前期投入较大、回报周期较长的投资行为。尤其是在景区打造初期，资金来源较为单一，几乎完全靠自有投资解决。因为这时候尚未形成现金流，同时由于投资又多处于经济不发达地区，形成的资产多是景区内的道路、园林绿化等，难以形成银行贷款的有效抵押物，导致投资成本和风险过高。

9. 房车、冰雪项目等用地的临时性特征

旅游业用地中一些特殊项目，例如房车、冰雪建筑都具有移动中占地、临时性占地特点，当前政策缺乏处理依据。例如，某房车露营项目宿营设施在土地卫片执法中被认定为违法，而项目单位觉得很冤——设施建造虽为房屋形态，但可拖行移动，当地土地管理部门对这类项目如何管理也无法找到明确的政策依据。

10. 旅游用地涉及面广、风险控制难度大

旅游用地涉及城乡用地。旅游用地不仅仅涉及城市用地，随着“农家乐”“采摘节”等农村旅游项目的兴起，农村用地使用量占旅游用地的比例不断提高，但郊区和农村旅游用地管理混乱，在程序和手续上都存在不同程度的违规现象。不少地方借发展旅游用地之名，大搞房地产开发等。

11. 跟存量用地、未利用地密切相关

荒地、荒坡、荒滩、垃圾场、废弃矿山、边远海岛和石漠化土地，都是未来旅游用地的重要组成部分。这些要么是未利用地和废弃地，要么就是现有存量用地。

（二）旅游业差别化政策建议

1. 探索设立旅游规划建设专项用地标准

美国经济学奠基人之一、土地经济学的鼻祖伊利认为，制定健全土地政策的第一个重要前提就是土地分类，即考察土地的特性，以便确定它最适宜的用途，检验一个土地政策是否健全的标准，就是看执行这一政策的结果是不是对政策以及所依据的那些原理是否达到目标所设定的良好计划。伊利的土地政策观对我国的土地政策制定起到了积极的指导作用。

应尽早明确旅游规划建设专项用地标准或管理办法，这是保障旅游用地分类清晰、实操有效的前提。建议以市场、用户为导向，将旅游用地分为自然旅游用地、文化旅游用地、度假旅游用地和乡村旅游用地 4 个大类，根据每个大类相关的典型旅游活动和旅游场所，针对性划分旅游用地小类。

2. 规划衔接

编制和调整土地利用总体规划、城乡规划和海洋功能区规划时，要充分考虑

相关旅游项目、设施的空间布局和建设用地要求。比如，旅游用地规模和占耕地指标不足的，土地利用总体规划调整时，增加的规模可以它预留指标中调剂、占耕地指标允许异地补偿。同时，为避免发生任意突破规划指标的现象，可规定如果《旅游产业项目目录》中涉及的用地规模超过现有规划的一定比例，就不允许调整规划，只能调整旅游项目的布局和规模。反之，在一定比例之内，就允许通过调整规划来使旅游项目及时落地。

在城乡总体规划的“用地规划”部分和土地利用规划中统筹旅游休闲相关各类用地的布局和指标；将旅游休闲重点项目新增建设用地纳入地方政府《土地利用年度计划》，为其优先供应土地指标；在符合规划、不改变土地用途的前提下，国有机构土地权利人利用现有房产开发旅游设施的，可保持土地权属和分类不变；规范和鼓励农村集体经济组织依法灵活使用农村建设用地。只要严守基本农田“红线”，农村建设用地是可以市场化的，包括宅基地也是可以进行市场交易的，如此将兼顾解决农民存量资产变现和旅游建设用地供给问题。

3. 尝试进行旅游用地分类

在符合规划和用途管制的原则下利用农用地和未利用地、生态景观用地发展旅游，可按照实际地类进行管理。同时放宽旅游景区范围内的亭、台、楼、阁等小型旅游设施用地审批；对特殊旅游项目放宽容积率限制。例如，桂林对旅游景区中未改变农用地和未利用地用途和功能、未固化地面、未破坏耕作层的生态景观用地、道路宽度未超过 6 米或路基宽度未超过 6.5 米的景区道路等用地，按实际地类管理，不办理农用地转用手续。对景区范围内的亭、台、楼、阁等小型旅游设施用地，单位用地面积在 150 平方米以下、总用地面积不超过 20 亩，且不涉及占用耕地和征收的，由市政府审批，报自治区国土资源厅备案后实施。

4. 编制旅游用地基准地价，创新旅游用地价格标准

从旅游项目投资期长、回报慢的实际出发，创造性地开展旅游用地基准地价编制工作，力求提高旅游项目的投资积极性。这既避免了过去旅游用地参照商服用地高地价带来的成本压力，也利于不同区域根据基准地价调节旅游投资方向。例如 2016 年 3 月，桂林市公布实施旅游产业用地基准地价体系，基准地价体系将桂林市中心城区定为 6 个等级，临桂区及 11 个县分 1 ~4 个不同等级，在旅游用地分类体系基础上，对各类用地进行具体的细分评估。基准地价的正式出台，解决了之前旅游产业用地主要以商业服务类用地基准地价为参照所造成的旅游用地出让价格偏高、难以吸引投资等问题。

5. 在符合规划和用途管制下，集体经营性用地可直接入市参与非农建设

农村集体组织利用集体经营性用地搞乡村旅游业是大势所趋，除了在自家经营性用地上搞“农家乐”“采摘园”等，还可以通过集体经营性用地入股、联

营、抵押、担保等多种方式参与旅游经济发展、分享收益分配。现有的农村旅游项目如果涉及土地变性或用途转化的，要及时办理转用手续。

鼓励农村集体经济组织依法利用集体建设用地自办或以土地使用权入股、联营等方式与其他单位和个人共同举办乡村酒店、特色民宿以及其他乡村旅游项目。休闲农业和旅游项目中，属于永久性设施建设用地的，依法按建设用地管理；属于自然景观用地及农牧渔业种植、养殖用地的，不征收（收回），按照现用途管理。

引导农村土地承包经营权有序流转，鼓励和支持承包土地向家庭农场、农民合作社流转，发展乡村旅游。集体经济组织使用本集体土地或以本集体土地入股、出租、合作，合作开发旅游项目，需转为建设用地的，可以只转不征。

6. 鼓励利用节约集约用地措施促进旅游产业转型升级

通过盘活国有和集体低效建设用地，合理开发荒地、荒坡、荒滩及难利用土地用于旅游开发等政策创新，解决旅游用地布局、结构和开发容量调整转换需要。

7. 对旅游区内农业建设用地和非农建设用地要区别对待

旅游用地涉及的生态景观用地、基础设施、服务设施和管理设施等用地的管理，比如对各类观赏园、森林公园等生态景观用地，只要周边的停车场、小卖部等交通服务设施用地不超过一定数量或比例，就可以不占用基本农田指标和新增建设用地指标。为鼓励开发未利用地和废弃地，周边配套服务设施的用地比例可以适当提高。

8. 由“块状供地”转为“点状供地”

实现“点状供地”首先在于明确区分政府职能和市场职能的界限。旅游项目开发大多依托自然条件良好的山地、森林、水体环境，其建设本身并不过多依赖项目内部的景观建设。由此，其内的道路、水体、绿地等类型用地都可以设定为租赁供地方式，而景区内具备游赏功能的道路甚至可以划归A2文化设施用地，采取划拨供地方式。景区基础设施由政府承担，业主只负责投资商业化、经营性项目。明确政府承担基础设施建设的职责，充分为企业减负。

“点状供地”是用建筑实际占地面积来核算用地指标，即以基地面积核算真正的用地指标，再根据土地价值核算土地价格，这样用地成本会降低很多倍。妥善解决土地资源和社会资本的节约利用问题，避免人为造成不必要的土地资源稀缺，令社会资本得到更为充分灵活的运用。

“点状供地”会对控制性详细规划体系提出全新要求，需以规划政策调整为先导；现行控制性详细规划是以“块状用地”为标准，界定相应的强制性指标对整体的地块进行开发建设管控；“点状供地”则需要进行控制性详细规划和修建性详细规划与概念性规划的结合，以便于“点状用地”政策的精准落地和执行。

9. 提高用地审批效率

可以结合国家的相关政策或用地法规进行简化操作，简化用地审批流程。现在开发一个项目的用地审批流程可谓“艰难”，全程至少耗时半年，即便是采取现场办公等积极方式，至少也要4个月的时间（杨振之，2017）。想要提升这方面的办事效率和效果，就必须叫停过往以总体规划和可行性研究报告开路，违背程序“先斩后奏”的开发用地方式，要科学且前瞻地制定控制性详细规划，切实合理且灵活创新地安排用地方式，统筹优化报批报建制度体系，以此解决用地实操中的长期桎梏。

10. 抓大惠小，发挥大项目品牌带动作用、小项目的扶贫作用

旅游大项目、龙头项目有利于整合资源，创造地方旅游特色和品牌，具有很大的带动作用。但一味追求旅游大项目，并在旅游用地保障上“一边倒”地支持旅游大项目建设，既可能造成投资泡沫，同时也可能挤压中小旅游项目的发展空间，不利于当地群众脱贫致富。从旅游扶贫角度看，大型旅游项目对外来投资企业家、对区域经济发展意义更大，但对当地农牧民直接扶贫的作用有限，而“小而美”的旅游项目或者依托民居的餐饮住宿项目则具有更好的扶贫效应。如果在旅游政策方面能够做到抓大惠小，则可产生显著扶贫效应。比如乌鲁木齐市南郊的南山景区，冬季本是旅游淡季，但当地一方面以“丝绸之路”“蓝天”“白云”等大型品牌滑雪项目吸引大量游客，另一方面建立特色旅游小镇，把餐饮住宿特色产品销售等致富机会更多带给当地农牧民，大小融合，兼顾了企业、区域经济和扶贫的良性互动。反之，如果大旅游项目圈占风景区，驱赶农牧民，把餐饮、骑马等可以由农牧民经营的小型项目垄断，则不宜鼓励。

11. 对永久性建设用地和临时性建设用地区别对待

对旅游景区中的农用地或未利用地，未改变用途和功能、未固化地面、未破坏耕作层的生态景观用地等，不认定为建设用地。对旅游景区范围内亭、台、楼、阁等小型旅游设施用地，简化审批流程，提高审批效率。不改变原有用途的，可以实行只征地不转用。

只有永久性占用农用地和未利用地的，才需要办理转用手续。对各类观赏园、森林公园等生态景观用地，只要周边的停车场、小卖部等交通服务设施用地不超过一定数量或比例，就可以不占用基本农田指标和新增建设用地指标。自驾游项目应当在自驾车营地建设用地上予以更大的支持。允许旅游产业用地中的临时性建筑用地，例如房车、冰雪建筑，参照设施农业用地实行供地，无须建设用地审批。

12. 加大土地供给

对符合《划拨用地目录》的旅游集散中心、旅游咨询中心、公共停车场、厕所等与旅游配套的公益性城镇基础设施，可以采用划拨方式供地。加大土地供给，支持重点乡村旅游项目建设用地。

13. 盘活现有存量用地和未利用地

鼓励开发未利用地和废弃地，周边配套服务设施的用地比例可以适当提高。利用清理出来的闲置建筑物、废弃矿山、腾退宅基地等存量建设用地开发建设旅游项目，支持企事业单位利用富余房产、土地开发旅游项目。

二、养老用地差别化点和政策导向

对于当前的养老用地政策，应当说，由于尚未建立起统一规范的、符合现代社会需要的养老制度，也就没有相应规范统一的养老用地政策。当前涉及养老用地的规定大都散见于一些部门规章。现阶段，国家层面的养老政策主要有：

（1）2011 年 10 月 22 日，国土资源部《划拨用地目录》规定，对非营利性的老年人社会福利设施用地，由建设单位提出申请，经批准，可以划拨方式供地。因土地使用权转让或者改变土地用途等不再符合划拨目录的，应当有偿使用土地。

（2）2011 年 12 月 16 日，民政部发布的《社会养老服务体系建设规划（2011—2015 年）》明确要进一步完善养老规划、财政、税收、保险、土地、水、电、气等扶持政策。

（3）2012 年 7 月 24 日，《民政部关于鼓励和引导民间资本进入养老服务领域的实施意见》鼓励民间资本参与居家和社区养老服务、兴办养老机构和服务设施、参与养老产业发展，明确规定要将民间资本兴办的养老机构或服务设施用地纳入土地利用规划和年度土地利用计划，合理安排用地需求，符合条件的，按照土地划拨目录依法划拨。

（4）2013 年 10 月 23 日，国务院出台了《加快发展养老服务业的若干意见》，对发展养老服务业的指导思想、基本原则、发展目标、主要任务等进行了规定。老龄化社会的到来，对养老服务业用地需求随之增加。

（5）2014 年 1 月 28 日，国土资源部、民政部、老龄委等部委联合发布《关于加强养老服务设施规划建设工作的通知》。

（6）2014 年 4 月 17 日，国土资源部出台《养老服务设施用地指导意见》，对保障养老服务设施用地供应、规范养老服务设施用地管理等做出了明确规定。

各部委分别发布的这些部门规章对养老服务设施用地的规范具有重复、片面、宏观和分散的特点，看起来相关规定似乎不少，但实际上所规定的内容是相互重复的，仅对养老服务设施用地应符合规划、非营利性用地可划拨、营利性用地有偿使用等个别方面做了极其粗略的规定，不具有可操作性。

专门针对养老服务设施用地的政策只有国土资源部2014年4月17日发布的《养老服务设施用地指导意见》。这份部门政策性文件从养老服务设施用地范围和土地用途、供地计划编制、分类供应和管理、监督管理等方面对养老服务设施用地进行了规范，但仍存在供地方式与用地属性不符、监管规定不完善、法律层级低等问题，且与之相关的配套政策也不完善。总体上看，我国统一、规范的养老服务设施用地制度及其配套政策体系尚未形成。

（一）养老用地存在的问题

1. 用地性质不明确是养老产业用地根本问题

尽管国土资源部和一些省市明确提出养老用地要纳入供应计划、单列用地指标，但是在国土资源部及国家标准化管理委员会出台的多个土地分类相关法规中，均未制定“养老产业”的专门用地分类。国土资源部在现行《土地利用现状分类》（GB/T21010－2007）中没有“养老服务设施用地”名称，只在一级分类“公共管理与公共服务用地”下设有“医卫慈善用地”和“公共设施用地”的二级分类。各地的财政收入中，土地收入占比较高（主要来自于商业和住宅用地的出让），在尚无明确的养老产业用地分类的前提下，区县政府肯定缺乏布局养老产业的动力。

（1）用地性质不明确使得增量用地难以真正实现“计划单列”。规划为公共管理用地、公共服务用地中的医卫慈善用地，可布局和安排养老服务设施用地，其他用地只能配套建设养老服务设施用房，并分摊相应的土地面积。而医卫慈善用地基本上只能用于非营利性养老服务设施用地，一般都是通过划拨方式取得的。由于没有明确的用地类别，在各地方的具体实践中，营利性养老用地基本上是作为居住用地中的服务设施用地，以居住用地的配套设施的形式出让的，往往难以单独用来建设大型的营利性养老服务设施。

（2）存量建设用地进入养老产业操作难。虽然国土资源部和一些地方省市均提出对企事业单位、个人改造和利用城镇现有空闲的厂房、学校、社区用房兴办养老服务机构，给予一定程度的政策支持和用地优惠，但用地性质问题仍然是我国养老产业发展的瓶颈①。首先，缺乏明确的养老用地分类使得存量建设用地

① 根据卢为民和刘扬（2014）的研究，2011年12月12日，上海三毛企业（集团）股份有限公司就该公司拟开发的养老产业园项目发布公告称，受目前国家土地政策限制，上海三毛持有的祁连山路380号地块土地性质转变问题，一直未能与当地政府达成一致意见。公告称，按照上海市政府的有关规定，养老项目立项建设，土地性质必须是医疗卫生用地或公益性用地，该养老项目启动的前提是需将土地性质由工业用地转为公共福利用地，之后才能立项建设。但是，将工业用地转换为养老用地，不但实际操作困难重重，而且由于工业用地转性成本很高，也不利于公司的成本控制，因此，上海三毛企业（集团）股份有限公司决定停止谋划了逾两年的该养老产业园项目。

性质的转换几乎无从谈起；其次，国家层面虽提出了关于养老用地的原则性扶持政策，但却缺少可操作的实施细则，使得存量建设用地性质的转换举步维艰；最后，针对存量建设用地进入养老产业的相关支持和优惠的工商、税务等方面的配套政策目前还很不完善。

（3）缺乏规划，出现借机圈地现象。由于对新建城区和居住（小）区按规定配建的养老用地，其各部分如建筑物、医疗设施、健身娱乐设施的比例尚无明确标准，埋下了某些养老服务设施用地“挂羊头卖狗肉”“暗度陈仓”式操作的隐患。

2. 不同产权性质的养老服务设施用地问题

养老服务设施用地有国家所有和集体所有两种产权性质。供地方式有划拨、招拍挂和协议等。来自不同产权性质及不同供地方式的养老用地各有优缺点：国有建设用地使用权划拨方式无须缴纳出让金且可以无限期使用，但很难获得，拍卖和挂牌方式选择面广，但价高者得的规则容易抬高地价，招标和协议方式出让价格相对合理，但如监管不严就会出现暗箱操作；集体建设用地成本低、供应量大，但不能抵押，风险高，且往往位置偏远。

3. “招拍挂”出让方式忽略了养老用地的社会公益性，抬高了用地成本

营利性养老产业用地“招拍挂”出让已是大势所趋，但以拍卖或挂牌方式出让国有土地使用权时一般均遵循“价高者得”的原则，不仅会推高土地价格，增加企业拿地成本风险，而且最终会使企业失去投资营利性养老服务设施项目的动力。在这样的土地出让政策下，养老产业只能被视为一个普通的商业项目，其部分的社会公益性已然被忽略不计，投资者往往只能去关注所谓“高端养老市场”的投资空间。养老服务设施用地出让并非以获取最高出让金为主要目标，“招拍挂”出让不但不利于充分利用社会资金，更有碍于营利性养老产业市场的全面、均衡发展。而且，社会资金投资养老领域，其主要的投资方向为开发和建设营利性养老服务设施，而以“招拍挂”为主的出让模式和“价高者得”的原则，对养老产业这样一个新兴的带有明显社会公益性的幼稚产业的扶持和培育显然是不利的。

4. 用地空间的供需错配问题

理论上，养老机构的规划选址要尽量选择交通便利、周边有医疗卫生机构、靠近居住区的地区。但城市中心区域土地资源稀缺，价格相对较高，导致一些单独供地的养老服务设施往往选址到郊区，周围缺乏基础设施，尤其是缺少医院，老人生活很不方便。从 2015 年养老服务设施用地（医卫慈善用途）供应情况看，1/3 的土地供应在远郊区。布局在远郊区的养老设施用地地价相对便宜，但往往位置偏远，交通不便，附近缺乏相应的医疗机构，又远离老年人原有的居住圈，

很难吸引老年人前往。这也是一些养老机构入住人数不足、经营效益不佳的原因之一。

（二）政策建议

1. 将养老服务设施用地确定为一种独立的土地用地类型

人口老龄化，新老更替是社会规律，中国人口基数大，社会与市场对养老服务设施用地存在长期、持续、大量的需求，未来可以考虑将养老服务设施用地确定为一种独立的土地用地类型，并以此为基础制定专门的养老用地规划，确保养老用地有稳定的来源。

2. 在规划和计划中落实养老用地

在住宅用地规划和建设中，增设具有养老服务功能的医疗、保健等内容，为社区养老和家庭养老提供便利。

养老服务设施用地供应要纳入国有建设用地供应计划；新建养老机构服务设施用地，应根据城乡规划布局要求，统筹考虑，分期分阶段纳入国有建设用地供应计划。

3. 加大对存量土地的挖掘利用

养老用地“郊区化”不符合老年人的实际需求，而城市中心的土地往往地价较高。应加大对城市存量土地的挖掘利用，鼓励对空闲厂房、学校、社区用房进行改造和利用。利用存量用地往往涉及土地用途转换，在实际操作中困难重重，转用途成本很高。单位、个人对现有空闲的厂房、学校、社区用房等进行改造和利用，兴办非营利性养老服务机构，经规划部门批准临时改变建筑使用功能从事非经营性养老服务且连续经营一年以上的，5～10 年内可不增收土地年租金或者土地收益差价，土地用途和使用权人可暂不变更。

对闲置土地依法处置后由政府收回，且规划用途符合要求的，可优先用于养老服务设施用地，一并纳入国有建设用地供应计划。

4. 改革土地供应模式，降低营利性养老用地成本

为老年人提供生活照料、康复护理、医疗、托管等服务，经有关部门确定属于非营利性的，其房屋和场地设施占用的土地可以划拨方式供地。对营利性养老服务机构各地可制定养老服务设施用地出租或先租后让供应的鼓励政策和租金标准，鼓励以租赁方式供地。对于企业利用自有用地，在取得项目、规划条件等相关批准文件后，明确为养老设施的，可协议出让。

对于一般性的营利性养老设施项目，要兼顾其社会公益性质，养老服务设施用地的供应宜采用招标或带方案出让的方式，招标文件或出让方案应至少包括以下内容：对土地受让人投资、建设并运营养老服务设施的资质要求；对土地用途限制性的要求；对投标人提交建筑设计方案的要求；对受让人配建相关设施的要

求；对建成物业的转让、出售的相关限制性要求；其他对养老服务设施的运营的公益性要求；等等。

对一些针对高端市场的养老设施用地，由于其社会福利性和公益性相对较小，基本上可以看作一个定位较高的商业投资项目，建议严格按照公开招拍挂方式出让，通过充分的市场竞争选择投资者。

5. 鼓励使用集体所有土地

民间资本举办的非营利性养老机构与政府举办的养老机构可以依法使用农民集体所有的土地，为本集体经济组织内部成员兴办非营利性养老服务设施。对集体经济组织利用集体建设用地兴办养老产业给予优惠。

对企事业单位、社会组织、个人和其他社会力量利用符合城市规划的自有土地、房产，兴建开办养老机构，因城市规划改变土地使用条件（含增加容积率）用作养老机构建设项目的，其收取的土地出让收入按改变前后土地使用条件评估价差额的50%收取。

6. 鼓励使用存量用地

企事业单位、个人对城镇现有闲置的厂房、学校、社区用房等加以改造和利用，兴办养老服务机构，经规划批准临时改变建筑使用功能从事非营利性养老服务的，暂不征收年租金或土地收益差价。

7. 加强用地审批和供后监管，防止养老用地变相进行房地产开发

建立相关职能部门的联动管理机制，确保养老用地供应“名副其实，地尽其用”。养老项目建设周期长，单纯靠养老服务获得收益资金回收期长，且期间变数甚多。一些地方在获得国家财政资金、用地政策等方面扶持后，擅自将项目的用地性质改为商业性的房地产开发项目。为防止一些企业以兴办养老机构为名低价从政府手中拿地变相进行房地产开发，凡以“医卫慈善”“公共管理和公共服务用地”用途供应土地的，必须要严格限定，不得转用途，建设用地使用权不得分割转让，严格按照设定的用途建设和使用。

8. 适当增加人均养老用地面积

《国务院关于加快养老服务业发展的若干意见》规定，按照人均用地不少于0.1平方米的标准，分区分级规划设置养老服务设施。建议可在土地供应计划中单列养老设施用地指标，在老年人口较为集中或者老龄化程度较高的地方，制定城市总体规划、控制性详细规划时，可按照人均用地不少于0.2平方米的标准，分区分级规划设置养老服务设施。

三、光伏风电产业用地差别化点和政策导向

（一）光伏风电产业用地特点

太阳能光伏发电（晶体硅式电池组件）项目建设用地面积由电池组件占地、

生产区用地、生活区用地和电场外永久性道路用地4部分组成；风电项目建设用地面积由风机用地、生产区用地、生活区用地和永久性道路用地4部分组成。其用地呈现以下特点：

（1）用地规模大，国家计划指标根本无法满足需要。光伏项目用地的特点是规模大，需占用大量国有未利用地和荒漠化、半荒漠化草地。国家下达的建设用地规划指标和年度土地利用计划指标仅能保证基础设施、工业项目等建设用地，无法满足太阳能等新能源开发利用项目建设用地需求。

（2）占用农牧民土地性质认定的特殊性。在农用地、未利用地上实施光伏风电项目，建筑面积之外土地用途并未改变。如果按总面积征收土地使用税则难以承担税负。例如，在新疆普遍存在一个新问题，风力发电站占用牧草地，风力发电机之外大量牧草地性质未变，牧民可以继续用来放牧。但是给牧民的赔偿怎么计算，新增建设用地使用税怎么算，都是以前没有遇到过的问题。

（3）存量用地实施光伏项目，建设用地性质和配套政策该如何对待。在存量土地上建设分布式光伏项目，在学校、医院、党政机关、企事业单位、居民社区等利用建（构）筑物和原有建设用地上建设分布式光伏等新能源项目，建设用地原土地用途改变，相关报批手续和费用如何处理。

（二）差别化政策和导向

（1）统筹考虑光伏风电等新能源产业用地计划，及时安排年度新增建设用地计划指标，对光伏等新能源项目用地要做到应保尽保。

（2）对光伏、风力发电等项目使用戈壁、荒漠、荒草地等未利用土地的，对不占压土地、不改变地表形态的用地部分，可按原地类认定，不改变土地用途，在年度土地变更调查时作出标注，用地允许以租赁等方式取得，双方签订好补偿协议，用地报当地县级国土资源部门备案；对项目永久性建筑用地部分，应依法按建设用地办理手续。对建设占用农用地的，所有用地部分均应按建设用地管理。

（3）采取差别化的供地政策。光伏等新能源项目使用“四荒地”的，依法办理用地审批手续后，可采取划拨方式供地。完善光伏发电项目建设管理并简化程序。鼓励以租赁方式或先租后让、租让结合方式供应土地，其中以先租后让等方式供应土地涉及招标拍卖挂牌的，招标拍卖挂牌程序也可在租赁供应时实施，租赁期满符合条件的可转为出让土地。

（4）鼓励盘活存量土地建设分布式光伏项目，对学校、医院、党政机关、企事业单位、居民社区等利用建（构）筑物和原有建设用地建设分布式光伏等新能源项目的，在不改变原土地用途的前提下，不再办理用地报批手续。

（5）要依法规范光伏等新能源项目征地程序，确保被征（租）地农牧民群众合法权益，征（占）土地的，应按项目占地面积、类型、补偿标准进行征地补偿。

四、矿业用地差别化点和政策导向

（一）矿业用地的特点和需求

1. 矿产资源规划与土地利用总体规划衔接不够充分

其主要表现在：一是土地利用规划与矿产资源规划的编制不同步，规划的期限也不一致，各级土地利用总体规划的编制过程中未能充分考虑矿山企业特点及其未来用地的需求，导致一些新探明矿床的采矿项目未能列入土地利用规划之中，后期项目用地审批缺乏规划依据。二是由于矿业用地选址是以矿产资源的储存位置为前提条件，矿业用地的空间位置和用地规模具有不确定性，土地利用总体规划难以对矿山企业的建设用地进行事先确定。即便是两个规划在用地指标上做到了衔接，矿业用地的空间预留也得不到保证，因此企业未必能获得其所需要的采矿用地。三是由于矿山企业采矿用地大多处于远离城镇的偏远地区，大多不在土地利用总体规划所确定的建设用地范围内，矿山企业在报批建设用地时往往因为不符合土地利用总体规划而无法办理，需要对土地利用总体规划进行修编，不仅增加了建设用地指标和耕地占用指标，还延长了建设用地的办理时间。

2. 矿业权制度与矿业用地制度之间存在矛盾

一是现行的矿业权与矿业用地使用权的设置上存在矛盾。二是矿业权与矿业用地使用权取得程序上存在矛盾。

例如，历史上，我国大部分采矿用地特别是国有矿山企业用地都是以划拨方式取得。随着土地有偿使用制度改革的不断推进以及《划拨用地目录》的出台，出让方式逐步成为采矿用地的主要取得方式。对于采矿挖损和占压用地与永久性建设用地同样采用“先征收，再出让”的取得方式，未考虑采矿用地的特殊性及不同矿种开发的特点，造成了不同利益主体面临不同的困境。

3. 管理机制缺陷导致违法用地多

根据2011年国土资源部执法局开展的矿山企业采矿用地摸底调查结果，全国有合法采矿权证的采矿用地中，违法用地约10.05万宗，占采矿用地总宗数的44.75%。其中的原因除新增建设用地计划指标有限外，还有以下四个原因：一是现行法律法规未能针对采矿用地的特殊性做出相应规定；二是建设用地审批周期长，采矿用地周期短，企业办理土地使用权证的意愿低；三是采矿权审批与用地审批不衔接、不同步；四是采矿用地经常不在土地利用总体规划确定的建设用地范围内。

4. 矿业用地的空间位置和用地规模具有不确定性

一般的建设用地可以根据开发需要、成本或市场价值确定用地的位置和规模，而采矿用地的位置由矿产资源的储存区位决定，即地下决定地上，只有经过勘查探明地下确有可供开采的矿产资源，矿业用地的使用位置才能得以确定，其用地规模也主要取决于矿产资源埋藏的深浅、储量大小、开采工艺等因素，具有不确定性。

5. 矿业用地具有临时性用地特征

矿山企业采矿用地主要有两种类型：一是直接服务于采矿生产的永久性建筑物及设施用地，具体包括安放生产设备、道路、办公、生活等设施和其他生产用房用地，此项用地往往只占很小一部分；二是采矿挖损和占压用地，包括露天采矿、地下开采井口区域挖损的地表以及用于堆放采出的矿石、废石等压占的地表，此项用地对土地的影响表现为占地面积大、分布广，占用和挖损使土地全部或部分利用功能丧失，但采矿结束后损毁的土地通过复垦可以再进行利用，因此采矿用地很大程度上具有临时用地的特征。

6. 土地利用类型的多样性

采矿过程中损毁的土地利用类型可能涉及耕地、园地、林地、草地等农用地，也可能涉及建设用地以及未利用地。采矿过程中可形成工业广场、采掘场、尾矿库、排土场、矸石山、塌陷地及一些场站配套设施用地等。

7. 矿山开采年限与土地出让年限不一致

矿业用地属于工业用地，最高出让年限是50年，土地出让金往往按50年计算，且一次性交清。但是矿山企业开采年限要根据矿产资源可采储量确定。《矿产资源开采登记管理办法》第七条规定：采矿许可证有效期根据矿山建设规模确定，大型以上的最长为30年，中型的最长为20年，小型的最长为10年，到期后可延续登记。土地使用权年限大大长于矿山企业开采年限，如果矿业企业依法取得土地使用权，则土地使用权的成本太高。实际上，大中型以下的大部分矿山企业开采年限一般为5~10年，最多不会超过15年，远低于50年的土地使用年限，露天开采的时间较短，采矿用地的使用时间可能只有4~6年，有的甚至更短。矿山企业采矿结束后，作为采矿主体的矿山企业往往因闭坑而破产、倒闭或重组。破产、倒闭的矿山企业，因主体灭失实际造成矿业用地使用权的主体灭失。因闭坑被重组的企业，虽然拥有该土地的使用权，但该土地对于企业来说已经基本失去使用价值，导致矿山企业依法用地的意愿大打折扣。

8. 现行法律法规对矿业用地尚未有准确的法律定位

由于现行法律法规对矿业用地的规定较少，并没有对矿业用地的含义或范围进行明确规定，仅在《土地管理法》第四条第三款规定矿业用地属于建设用地。《矿产资源法》第三十二条规定开采矿产资源应当节约用地。在实践中，普遍对《土地管理法》中规定的工矿用地属于建设用地存在理解上的分歧。一部分观点认为，采矿的全部用地必须按照建设用地来管理；另一部分观点认为，根据采矿用地的临时性特征，用于永久性建设的土地往往只占很小一部分，而绝大部分采矿挖损和占压用地，在采矿结束后通过复垦可以再进行利用，不属于完全意义上的建设用地。

9. 矿业权审批制度有待改革

基层反映，现行矿业权审批制度难以适应现实需要，表现为：一是砂石黏土等管得过细；二是煤炭探矿权审批"一刀切"阻碍了煤炭勘查工作；三是现行矿业权配号政策影响审批效率，且缺乏法律依据。

10. 矿山企业废弃地难以有效利用

缺乏完善的矿业存量建设用地调整利用机制和工矿废弃地复垦利用机制，使大量的废弃地闲置不用。工矿废弃地复垦利用试点推进较慢。其中的原因主要是缺乏资金、审批程序烦琐、审批周期长、试点启动较晚。

11. 城乡建设用地增减挂钩机制运行不畅

按照规定，增减挂钩项目只能在本县域范围内实施，这就让一些有用地需求的县区因拆旧潜力有限，项目用地无法得到满足，而一些县区虽然有较大的拆旧潜力，但无用地需求。新疆工矿废弃地规模很大，需要整合城乡建设用地增减挂钩、工矿废弃地复垦、低效地再利用、露天采矿用地改革试点等政策工具推动土地复垦利用。

（二）矿业用地差别化政策建议

1. 正确处理矿产资源规划与土地利用总体规划之间的关系

处理好矿产资源规划与土地利用总体规划之间的关系，保障矿业用地依法及时取得。可在省、市、县三级矿产资源总体规划编制过程中根据矿业权设置和矿产资源开发利用相关规划，提出规划期内矿业用地需求，报三级国土资源规划管理部门，经论证通过后，由三级国土资源部门下达三级土地利用总体规划。

2. 建立矿产资源开采登记与土地审批供应衔接制度

矿业权人在申请划定矿区范围后，要在矿区范围预留期内及时办理企业设立、土地预审、开发利用方案编制、送审，环境影响报告编写、送审，项目立项等手续。新设采矿权和扩建等登记手续时要把是否有土地用地预审文件作为必要条件。只有通过土地预审的采矿权申请登记才能被国土资源部门受理。另外，在采矿权发证前的"实地核查"环节，除查看矿区范围拐点界桩、实地工程情况、是否有违法开采等情况外，还要对矿区的土地权属情况进行了解。

3. 完善土地使用和退出机制

为减少非法用地，建议成长型和成熟型的资源型城市在采矿用地这一问题上，可根据实际情况灵活选取划拨、出让、租赁、作价出资或者入股等多种方式。对于出让和租赁的，可根据采矿许可证有效年限或开采年限灵活设定用地年限。现行法律法规对各类土地使用年限的规定是最高年限，而非统一要求，这有利于采矿用地的退出。

国土资源部制定的《采矿业用地方式改革试点方案》，明确露天采矿用地改革试点应具备以下条件：矿体埋藏较浅，适合露天开采；采矿后易于复垦为耕地或恢复土地原农业用途；采矿作业占地周期短，原则上完成采矿和土地复垦的实施周期不超过五年，其中每期采矿用地的使用期限不超过两年。

结合城镇化开展移民搬迁，对采煤塌陷搬迁工程在建设用地供应和审批方面给予大力支持。

4. 工矿废弃地复垦利用的政策

尽快从国土资源部层面出台工矿废弃地复垦利用的政策，尤其要注意在法律法规许可的范围内，尽量简化程序，缩短时限，减少要件。

对采空塌陷区、污损、压占土地及工矿废弃地等恢复治理后难以作为工商用途及耕种用途的，鼓励整治复垦为公园用地、林地、草地及湖沼水面等“生态用地”。

对采空塌陷区、污损、压占土地及工矿废弃地等恢复利用需区别对待。对土地破坏程度低、用地周期短、矿业生产结束后能修复为耕地的采矿用地，可以临时用地的方式取得土地，以减少土地的闲置和浪费，提高土地的利用率。

5. 对国家鼓励开采的矿种用地占用的未利用地不受计划指标控制建议

目前，我国法律法规将采矿用地归于一般建设用地进行管理。集体土地上的采矿用地获取往往涉及征地、农转用审批、耕地“占补平衡”、乡镇企业用地审批等一系列管理制度。受建设用地计划指标限制，采矿用地需求往往难以满足。建议对国家鼓励开采的矿种，使用未利用地的可不占用新增建设用地计划指标。

6. 对于矿产资源勘查所需的土地，按照临时用地管理

由探矿权人与土地所在的县（市）国土资源主管部门或者土地所属的农村集体经济组织签订临时使用土地合同。临时使用土地的期限可与探矿权有效期限一致。探矿权有效期限经批准延续的，临时使用土地的期限应相应延续。

7. 对采矿区用地实行租赁管理

由采矿权人根据土地权属性质与县级以上人民政府国土资源主管部门或者农村集体经济组织签订土地租赁合同，明确土地复垦方案和双方的权利义务，按照合同支付土地租赁费，待矿山闭矿后由采矿权人对采矿区进行复垦，并交还原使用者使用。

8. 对永久性建设用地实行划拨、出让或转让方式

对于直接服务于采矿生产、生活设施、道路和其他基础设施建设的用地，应

依法办理建设用地审批、登记手续，供地方式可采取国家直接划拨、出让或由国家按照法律规定的条件、程序、权限等征收集体土地后再划拨、出让的方式，或由既有的国有土地使用权人转让给矿业权人使用。

9. 合理确定土地使用年限

针对矿业用地的特殊性，结合矿业用地目的、性质和特点，矿业用地使用期限不能照搬和直接套用工业用地的最高出让年限，原则上以1.5倍开采年限为限确定矿业用地的出让年限。对尾矿库用地按照使用年限区别对待。尾矿库服役年限超过20年，土地征收并出让。服役年限在20年以下的，不改变土地权属性质，只办理土地征用审批手续。涉及集体土地的，由用人单位或者个人与被征用农村集体经济组织签订土地联营或入股协议，明确利益分配方案、地上物补偿方案、联营或入股期限、土地复垦方案等，报有批准权的人民政府审批办理土地征用手续。

10. 推进露采用地制度改革建议

成长型和成熟型的资源型城市在采矿用地这一问题上，可根据实际情况灵活选取划拨、出让、租赁、作价出资或者入股等多种方式。对于出让和租赁的，可根据采矿许可证有效年限或开采年限灵活设定用地年限。现行法律法规对各类土地使用年限的规定是最高年限，而非统一要求。

11. 利润分配结构需要转变

目前世界市场上利润分配已经向资源国倾斜，而西部现在已经是中国矿产资源的主要生产地，西部可以参考澳大利亚和巴西，以资源开采与生产为最主要的支柱产业，通过资源开采公司所有权的收益，或资源税的地方分成来获得良好的地方收益。需要探索按国际惯例建立矿产权利金制度，参照国际惯例建立新的利益分配机制，必须体现所有者收益、资源稀缺程度、资源丰度及赋存状况、开采方式及市场供求关系、环境损害、资源利用水平及资源所在地权益。

五、未利用地特点和差别化政策

（一）新疆未利用地的特点

（1）地貌特征上多表现为戈壁荒滩。

（2）未利用地量大比例高。新疆维吾尔自治区存量土地挖潜空间小，戈壁、荒滩等国有未利用土地面积大。据统计，新疆未利用地10220.83万公顷，占新疆总面积的161.39%。

（3）开发成本高。大部分未利用地很难开发为农用地，利用价值低，而且公共基础设施不健全，自然条件相对较差。当企业入驻时，需要自己投入大量资金来建设和完善公共基础设施，开发未利用地成本已经很高。据统计，兰州市低丘缓坡平整为建设用地造价每亩约10万元，加上30万~40万元的城市基础设施配套费，每亩成本达40万~50万元。宁夏中宁县占用未利用地发展工业的前期成本要比占用农用地高出1倍还多（张婉丽和孔维东等，2011）。

（4）审批烦琐。审批程序类似农用地转用，程序同样烦琐，不利于未利用地的开发利用。

（二）差别化需求

新疆存量用地建设用地少，耕地少，水资源约束紧张，这些因素决定新疆的建设用地使用必然倾向于未利用地开发。因此应当在计划指标、税费减免、用地审批方面予以普遍性的倾斜政策。

当前土地管理日趋严格、未利用地资金投入巨大而收益甚微、没有系统的支持政策，各地难以形成开发未利用地的真正动力。应考虑加大对西部地区开发未利用地倾斜力度，着力完善各项配套优惠政策，从规划编制、环境保护、建设用地指标安排、激励制度设立等方面探索适应西北地区特点的未利用地开发利用模式和制度经验。

（三）差别化政策建议

1. 放宽限制性约束

将未利用地用地指标由目前的限制性指标转变为控制性指标，简化审批程序，下放审批权限，对于利用非耕地后备资源的未利用地进行工业开发的给予“指标挂账、分解消化”的特别支持政策。在年度用地计划指标的分配上，积极加大建设用地规模，并放宽相应的建筑密度、容积率限制。

在供给方式方面，对开发和利用国有“四荒”用地搞绿化工程而种草、植树造林等的活动用于建设生态用地和农牧业综合开发项目用地的，希望可以采用划拨政策；对利用未利用地进行重点工业开发和建设的，希望可以采取协议出让或者供地方式。

2. 加大未利用地开发整理的资金投入力度

允许利用土地整理资金开展将未利用地整理为建设用地的整治项目；对于未利用地开发整理投入较大，但是能够产生较高的生态、社会和经济效益的，国家可以给予一定的财政支持。

3. 对于利用未利用地的给予一定的税费减免

对于利用未利用地建设一些经济、社会和生态效益特别突出，属于当地经济和社会发展急需的产业和项目的，可以考虑给予土地出让金和新增建设用地有偿使用费的减免；对于使用未利用地发展工业项目，周边基础设施还不完备但具有发展潜力的，在土地出让时，允许地方政府对出让底价进行折扣，并可试点运行工业用地弹性年租制度，降低工业企业的开发成本。

4. 允许废弃建设用地与未利用地置换

允许因资源枯竭、采煤沉陷、生态移民等形成的废弃建设用地与未利用地置换，更好地节约和保护耕地、盘活土地资源。可以考虑对上述政策率先试点运行，探索开发使用未利用地的差别化管理政策。

5. 用地审批上需要倾斜和简化，需要绿色通道

审批实施绿色通道。新疆建设施工期仅为6个月。利用国有未利用地又不涉及征地拆迁补偿、占补平衡等的，应当实施绿色通道，简化审批程序，提高用地报批效率。

六、新产业新业态用地差别化点和政策导向

“十三五”期间中国经济进入新常态，供给侧改革成为创新驱动发展战略的突破口，“释放新需求，创造新供给”策略催生了“互联网+”“中国制造2025”“大众创业、万众创新”“一带一路”等众多新战略和倡议，也催生了一些新产业、新业态、新模式不断涌现。以战略性新兴产业为例，根据《战略性新兴产业重点产品和相关服务指导目录》和《战略性新兴产业分类（2012）》（试行），战略性新兴产业7个重点产业对应着国民经济行业359个类别、3100项产品与服务。

（一）新产业新业态在用地上的主要特点

1. 小微企业用地特征

新产业新业态中的中小微企业多，资金实力不强，起步阶段竞争力弱；一般需要经历“研发—孵化—产业化”的过程，用地期限存在不确定性；用地布局以园区集中模式为主，且普遍呈现出产学研密切合作、高度融合的特点；小微企业用地指标供应紧张：由于土地供应总量有限，国家实行严格的土地调控政策以及对重大项目用地优先保障政策，致使小微企业用地指标供应愈加紧张。

2. 创新型企业用地特点

（1）创新型企业具有“轻资产”运营的特点。从事创新型产业的企业所需各类生产要素中，研发设计等人力智慧要素是最重要的，而房产、土地等不动产要素在企业发展中起的作用与传统企业相比较小。这类企业更需要良好的科技文化配套基础设施、紧凑的生产经营空间、灵活的生产要素市场体系，尤其是企业草创阶段，很难承受过高的房产、土地等生产经营空间支出。

（2）创新型企业在不同的生命周期，有不同的生产经营空间需求。在孵化期，需要空间紧凑的标准厂房，一般通过租赁方式获得。在青年期，需要单层或多层厂房，厂房的跨距可能会变大，但企业仍不具备拿下整宗土地的能力或需求。在成年期，可能会产生购买整宗土地的能力或需求，但“轻资产”运营的

本质没有变。

（3）以研发、高技术服务为主要内容的高端技术型人才，对工作环境要求的多元化、个性化特征明显。

3. 互联网经济用地特点

（1）互联网经济对土地利用结构的影响。一方面，互联网经济带动性强的产业，如物流仓储产业、信息技术产业等，其用地需求将进一步增加；另一方面，互联网经济发展后被弱化的产业，如传统百货业、生产制造业等，其用地需求将逐渐萎缩。

（2）互联网经济对产业布局的影响。一方面，网上购物交易的迅猛发展，扩大了物流配送的市场需求，城市内部配送节点呈现层次更多、分布更广的趋势。另一方面，互联网产业对办公场所的区位敏感性减弱。以各地积极试点的众创空间为例，相比交通位置，互联网企业选址更加看重租期灵活、租金低廉等因素，传统办公模式面临重大革新。

（3）互联网经济对土地管理方式的新要求。一方面，互联网经济的发展，将加速土地利用结构和布局的变化，要求建立高效科学的规划调整机制与之相适应；另一方面，互联网经济的发展，使得产业融合化步伐明显加快，要求建立新型的土地用途管制制度与之相适应。

4. 多种用地类型混合导致缺乏用地标准

以电子、信息服务、软件研发、物联网、文化创意等为代表的创新型产业兼具第二产业和第三产业的功能。这些被俗称为“2.5”产业的项目用地却因为没有明确标准，只能参照工业用地或商服用地标准。这既与产业发展特点不符，也不利于提升土地利用效率。

（二）土地优惠政策导向

为适应新产业中小企业多、起步阶段竞争力弱、用地期限不确定及在不同发展时期用地规模差别大等特征，提出以下差别化支持措施。

1. 明确保障范围

随着创新驱动发展战略的加快实施，对不断涌现的新产业新业态，文件提出，不仅要重点保障当前国家鼓励发展的战略性新兴产业、“中国制造2025”“互联网+”等新产业用地，对于今后国家鼓励发展的新产业新业态，各地也可结合地方实际，纳入重点保障范围。

2. 优先安排新产业用地供应

以“先存量、后增量”的原则，优先安排新产业用地供应。对新产业发展快、用地集约且需求大的地区，可适度增加年度新增建设用地指标。

3. 以多样的用地方式给予与企业需求相匹配的土地支持

根据创新型企业从初创到发展，再到壮大，不同阶段对用地的不同需求，可采取“引资引智—孵化培育—量身供地”的模式，不同规模的创新型企业，只要有真实的用地需求，只要有良好的产出预期，都能得到相应的扶持。

（1）小微企业。为解决初创型企业缺乏办公场地的难题，通过国有投资或社会投资等方式建设创新创业基地、孵化器和加速器。

（2）中型企业。在这个阶段，企业有一定的用地需求，又不具备独立拿地的能力，为帮助企业降低用地成本，保证企业研发资金，一是由政府投资建设标准厂房，建成后分层分割转让，二是引导大型企业将厂房分层分割转让给同类型或业务相关中型企业。

（3）大型企业。对于具有一定规模的领先企业，以灵活的供地方式，充分保障其用地需求。另外，得到扶持的创新型企业发展壮大后，土地节约集约利用水平不断提高。

在供地方式上，可对一些急需引进的高新技术产业项目实施“带项目出让”或定向挂牌的方式。在存量用地方面，为了支持新兴产业发展，可采取协议方式供地，并且不改变土地权利人。比如，在符合规划、不改变土地用途的前提下，土地权利人可以利用现有房产发展文化、信息等新兴产业；对原土地使用者利用已取得的非经营性用地兴办文化、信息等新兴产业的，可以协议出让、作价出资、租赁等方式供地。

鼓励以租赁方式或先租后让、租让结合的方式供应土地。租赁方式有利于减轻中小企业一次性缴纳土地出让价款的资金压力；先租后让、租让结合方式有利于较好适应已进入产业化发展阶段、有一定竞争实力但市场前景尚不明朗的新产业企业的用地特点，也有利于土地的节约集约利用。实行先租后让、租让结合的项目，需以招标拍卖挂牌方式供应土地的，可在租赁供应时实施招标拍卖挂牌程序，租赁期满符合条件拟转为出让土地的，根据《协议出让国有土地使用权规范》，可以协议方式办理出让手续。

4. 加大用地支持力度，降低土地取得成本

（1）地价定位。创新型产业兼具第二产业和第三产业的功能，地价在理论上应高于工业用地、低于商服用地。

（2）出让方式。为了降低企业拿地的门槛和成本，可试行先租后让、租让结合等方式，并根据实际情况允许分期缴纳土地出让金。达到一定条件的高新产业可以实行划拨方式供地。适应新产业发展需求，允许工业用地兼容一定比例的生产性服务设施、科教用地兼容一定比例的科技和生活服务设施，发挥土地复合利用效益。例如浙江省明确，工业企业利用原有工业厂房建立科技服务机构并剥离成为独立法人的，允许保留其工业用地性质，享受原有工业水电气价格政策。采取差别化供地政策，科技服务业项目用地符合《划拨用地目录》的，可以采

取划拨方式供地；对高新技术产业开发区、经济技术开发区等建设的科技企业孵化器所需土地，可享受政府划拨的土地政策。

（3）税费减免。对企业高新技术产业化项目用地提高土地利用率的，可不再增收土地出让金。在研发用地方面，对依托国家实验室等现有科研设施构建创新平台的，允许其继续保持土地原用途和权利类型不变；对于科研院所企业化改革，允许其按国有企业改制政策进行土地资产处置。同时，为了降低企业拿地的门槛和成本，可探索推行先租后让、租让结合等方式，并根据实际情况允许分期缴纳土地出让金。对于战略新兴产业和高新技术项目启动后3年内实际投资额达到一定强度，或亩产税收、亩产销售额、年均从业人数达到一定数额的企业，按照不超过项目总用地面积7%～20%的比例配套所需行政办公及生活服务设施用地。

5. 鼓励利用存量用地

在鼓励盘活利用现有用地方面，对传统工业转为先进制造业或与生产性服务业融合发展、工业企业和科研机构整体或部分转型为生产性服务业、兴办创客空间、发展“互联网＋”业务的，可实行过渡期政策，5年内可继续按原用途和土地权利类型使用土地；期满或涉及转让的，按新用途、新权利类型、市场价办理用地手续。

6. 引导新产业集聚

在引导新产业集聚发展方面，有效保障中小企业发展空间，鼓励开发区、产业集聚区规划建设多层工业厂房、国家大学科技园、科技企业孵化器；引导土地用途兼容复合利用，新产业的工业、科教用地可兼容建筑面积比例不超过15%的生产服务等设施；推动功能混合和产城融合，开发区、产业集聚区适当安排建设用地用于商品零售、住宿餐饮、商务金融、城镇住宅等。

根据新型城镇化要求，推动单一生产功能开发区、产业集聚区走向产城融合，为“大众创业、万众创新”和新产业新业态发展营造便利、良好的生产和生活环境。

7. 针对新能源和通信行业“多点分布用地”的措施

对新能源汽车充电设施、移动通信基站等用地面积小、需多点分布的新产业配套基础设施用地，除支持采取配建方式落实用地外，可以依法设立地役权作为一种重要的用地方式予以推行。地役权作为《物权法》确立的用益物权，充分体现了市场配置、节约集约原则，操作简便易行，在《国务院办公厅关于加快新能源汽车推广应用的指导意见》（国办发〔2014〕35号）文件中首次应用，还未推广。

七、生产性服务业用地特点和差别化政策建议

生产性服务业，指介于第二产业与第三产业之间，主要为满足中间需求，向外部企业和其他组织的生产提供中间投入服务，而非主要用于最终直接消费和个人需要的行业。现阶段，生产性服务业项目主要包括研发设计、科技、第三方物流、融资租赁、信息技术服务、节能环保服务、检验检测认证、电子商务、商务咨询、服务外包、售后服务、人力资源服务和品牌建设。

（一）生产性服务业用地特点

（1）用地类型多样化。生产性服务业用地是一种典型的2.5产业，产业范围涉及仓储、交通、信息服务、金融、科研等多个方面，因此用地类型也呈现多样化特征。

（2）用地以存量用地为主。

（3）集中布局特点明显。多在工业园内与制造业配套发展。

（4）用地供需矛盾大。生产性服务业发展较快，用地需求变化大，具有用地需求非常态和不确定性。

（5）起步资金实力难以满足土地准入要求。如果以原来工业和服务业用地标准考核，难以达到注册要求。

（6）用地类型融合。现代服务业融合了交运运输、仓储、金融多种产业，兼具第二产业、第三产业特点，需要不同的供给和监管办法。

（二）差别化政策建议

1. 规划和计划支持

编制和实施土地供应计划时，要合理安排供地结构，适当增加生产性服务业用地比例，尤其要向金融业、现代物流业、信息服务业、科技服务业、商务服务业、创意产业和职业培训等倾斜。

规划和计划优先照顾用地空间集聚的项目。加强生产性服务业建设用地保障，制定符合发展需求的投资强度和用地标准。

凡符合土地利用总体规划和城镇建设规划的，优先安排用地计划，确保项目落地；调整城市用地结构，合理确定服务业用地的比例，对列入国家和自治区鼓励类的服务业在供地安排上给予倾斜。凡依法批准利用国有或征收农村集体经济组织的荒山、荒地、荒滩建设的，享受相关优惠政策。

对产业带动力强并列入鼓励发展的大型生产性服务业项目，在供地计划上优先安排。对列入自治区、县市重大项目投资计划的生产性服务业、平台经济项目，给予优先用地保障。

2. 分类管理

由于其融合多种产业用地，用原来统一标准已经不合适，建议进行分类

管理。

3. 税费优惠及用地激励

对生产性服务业企业项目取得国有建设用地使用权，一次性缴付土地出让金有困难的，在首期缴纳50%后，其余在1年内分期缴付。

对符合条件的科技园区与科技企业孵化器自用以及无偿或通过出租等方式提供给孵化企业使用的房产、土地，免征房产税和城镇土地使用税。

工业企业技术改造升级项目不涉及改变土地用途的，增加建设容积率不再增收土地价款。

生产性服务业用地及地上房屋，可以整栋、整层或分单元转让、销售给符合产业目录的企业、单位，不得转让、销售给个人，不得改变功能和土地用途。另外，须按照建筑总面积1%的比例建设公益性创客空间，免费为创业者提供创业场所。

生产性服务业用地的土地成本应介于工业用地和商服用地之间，生产性服务业的土地价格可参照对应级别的商服（办公）用地的基准地价进行下浮，下浮比例可根据各地实际情况合理确定。

对服务业项目用地，属于国家法律法规和政策规定范围的，可以采取划拨方式供应，对属于依法应当出让的土地，可以适当缩短出让年限，也可以采取租赁方式供应，以降低服务业发展的投入成本。

4. 鼓励利用存量土地

在实施城镇规划和旧城改造中收购储备的存量土地，优先用于发展生产性服务业。在不改变用地主体、不重新开发建设的前提下，鼓励利用工业厂房、仓储用房、传统商业街等存量房产兴办生产性服务业，其土地用途可暂不变更。

以划拨方式取得土地的企业或单位利用原有工业厂房、仓储用房兴办生产性服务业（不含房地产开发），土地用途和土地使用权人可暂不变更。

对因实施低效利用再开发的存量建设用地改变用途、增加容积率，在符合规划、有关规定和土地出让合同（划拨决定书）未明确必须收回的前提下，经批准可采取协议出让方式办理用地手续；由政府收回、收购的存量建设用地，在依法依规前提下，由双方根据土地市场情况确定土地价款。

5. 监管措施

生产性服务业项目用地严格按类别使用，不得用于建设成套住宅、专家楼、宾馆、招待所和培训中心等非生产性配套设施。对取得生产性服务业用地的建设企业和经营企业不按合同约定按时开竣工、出售、转让、使用该土地和房产以及存在其他违法、违约行为的，按合同约定条款和土地管理法律法规处理，直至收回国有建设用地使用权。

八、文化产业用地差别化政策

中共十七届五中全会明确提出，要推动文化产业成为国民经济的支柱性产业。中共十八大明确提出，要推动文化事业全面繁荣、文化产业快速发展，加强重大公共文化工程和文化项目建设；“十三五”规划纲要强调，文化产业要成为国民经济支柱性产业。

新疆文化资源丰厚、个性突出，呈现典型的“欧亚融合”个性，多种文化相互碰撞、融合，造就了这里异彩纷呈的民族历史、民族宗教、民族建筑、民族文学、民族服饰、民族饮食、民族体育及民风民俗等绚丽多姿、各具特色的民族文化。

在推进新疆社会稳定和长治久安的历史进程中，大力发展文化旅游业、民族演艺业、和田玉产业、民族民间工艺品业、节庆产业等文化产业，是有效遏制宗教极端势力渗透蔓延和暴力恐怖活动、壮大民族地区经济实力、显著改善民生、推动新疆文化强区建设的重要举措。

文化产业是新兴产业，门类众多，不同类型的文化产业对土地资源的需求程度和产业发展制约程度不同，但是目前政府部门在扶持和完善文化产业土地政策方面不均衡，也不成体系，存在诸多问题和不足。

（一）文化产业用地存在的问题

1. 扶持引导政策不到位，缺乏完整的配套政策

文化产业的发展，需要政府在土地使用等方面的扶持引导及配套政策。目前我国存在着扶持引导政策措施不到位的问题，比如在土地使用、市政配套、基础设施建设等方面，缺乏具体扶持政策。文化产业发展、文化基础设施的土地资源利用，普遍缺少整体的土地利用规划，关于文化产业发展的土地资源利用，往往没有纳入地区的城市发展和土地利用整体规划中，缺少产业发展的整体考量。文化产业的发展，虽然有政府的大力提倡，但是在土地、房产等配套政策上没有完全落实，还没有完整配套的文化产业专项土地政策的说明。例如，上海首倡的旧厂房、旧街区改造“五变三不变”（产业结构要变、就业结构要变、管理模式要变、企业形态要变、企业文化要变，产权关系不变、建筑结构不变、土地性质不变）政策在上海取得了巨大的成功，但在外地却因为没有配套政策而难以实施贯彻。

2. 文化产业园区土地利用低效

文化产业园区的建设确实为我国文化产业的发展提供了一条重要的途径。但是，现在全国有超过2500家的文化产业园区，70%以上都属于亏损状态。许多地区文化产业的集聚发展，缺乏产业的战略导向，一些文化产业园区的设立脱离

了当地文化资源和具体条件而难以实施。许多文化产业园区的出发点是贯彻长官意志，追逐时政热点，喜欢一时的轰动效应，既没有依托科技进步和创意开发，形成企业的集聚，也没有配合当地经济和社会发展的长远战略，难以对周边产业和环境形成良好的带动作用。

3. 文化产业“地产化”现象

各地不同程度存在某一城市或产业园区以发展文化产业为口号，大搞房地产或商业地产开发，将政府鼓励发展文化产业的土地利用、资金支持等优惠政策，用于地产化项目，使文化产业园区和基地名不副实。初步统计，目前全国文化产业园区数量已超过2000家，如果加上各类园区中的文化产业片区，其数量还会增加。但70%的文化产业园区处于亏损状态，盈利的不超过10%，大多数园区的主业还是房地产开发项目。《中国企业报》数据显示，目前全国带有房地产开发性质的文化创意产业园区数量已占总量的25.2%，其中，泛环渤海地区38.9%、泛长三角地区42.3%、泛珠三角地区15.9%。

（二）差别化政策建议

1. 科学制定文化产业土地供应计划和土地利用规划

文化建设用地要纳入各地土地利用总体规划和城乡总体规划编制之中，不断增加用于文化产业的发展用地，文化设施和文化产业的土地不得随意改为他用；实行差别化供应土地，优先安排“点”供一些基础性项目、公益性项目，以及一些投资规模大、投资强度高、建设速度快，并且节约集约用地的文化产业项目。新建的公益性文化设施所需用地，符合法定划拨用地范围的应当以划拨方式供地。对引进著名文化企业总部、地区总部、采购中心、研发中心等自建、购买或租赁办公用房的，由所在地政府给予补贴，在规划区内选址建设的，在土地供应等方面予以优先支持。

转制文化企业的生产场所在符合城乡规划、满足国家标准、不改变土地用途的前提下，经批准后通过拆建、改扩建、加层改造、利用地下空间等途径提高土地投资强度、利用效率和容积率的，不增收土地价款。

2. 降低用地成本，鼓励使用存量土地

在供地安排上予以倾斜，优先保障文化产业重点项目新增建设用地计划指标。实行新增文化用地节约集约用地水平与新增建设用地计划指标分配使用相挂钩政策。

鼓励有计划地开展“三旧”（旧城镇、旧厂房、旧村庄）低效地和闲置土地的收购工作。旧工业区改建成文化产业园区（基地）的，保持土地性质不变；积极鼓励利用存量土地发展文化产业，加大对低效利用土地的盘活利用和闲置土地的清理处置力度，确保包括文化产业在内的转型升级项目用地优先供应；在符合城市规划、不改变土地批准用途的前提下，鼓励和引导国有文化企业或单位在其原批准用地的范围内提高土地利用率。

3. 税费减免

对不改变土地用途、利用原建筑物临时从事文化创意经营活动的，暂免收土地收益金；对不改变土地用途，拆建原建筑物临时从事文化创意经营活动的，可减半征收土地收益金。为了促进国有文化事业单位改制，国有文化单位转制的文化企业纳税确有困难的，可申请减免经营用土地和房产的城镇土地使用税、房产税。例如温州规定，对创意文化产业基地和困难文化企业可减免城镇土地使用税。台州规定，对农村各类公益性文化体育场馆的自用房产和土地可免征房产税和城镇土地使用税；对经认定的文化类高新技术企业1～3年内可免征房产税和城镇土地使用税；对列为省服务业重点企业的文化企业1～3年内可免征房产税和城镇土地使用税。广西规定，公益性文化设施建设和相关配套设施项目的行政事业性收费，按照规定程序批准后进行减免。济南规定，文化企业在现有厂区内改建、翻建厂房，免收城市建设配套费；扩建、新建厂房，按规定标准的50%收取城市建设配套费。深圳规定，新建或通过城市更新建设文化创意产业项目的，按照市政府制定的产业扶持政策给予优惠地价。青岛、台州规定，文化产业用地地价最低可低至工业用地出让最低标准的70%。青岛还规定，对固定资产投资总额过亿元的文化大项目招商引资可采取一事一议，给予更加优惠的土地价格。

允许分期缴纳土地出让金。如海南省规定，文化产业重点项目用地经批准后可分期缴纳土地出让金，须在2年内缴清。浙江省台州市对利用存量房产和土地资源兴办文化企业、文化产业项目和文化产业园区的，5年内免收土地收益金，5年后按30%逐年收取。

4. 鼓励文化产业利用荒地、文化旧址等土地资源

对荒滩、荒地、废弃矿场、海岛和废弃厂房等土地资源的改造再利用，能够拓宽城市发展的空间，提供新的产业发展方向。世界上有很多依托旧的城区、港口和厂房发展文化产业的城市，如英国伯明翰、加拿大温哥华、美国苏荷区等，它们用文化创意产业将这些旧城资源转化成新的经济增长点。这些年，我国的文化产业对历史土地资源进行了一系列新的开发，如在陕甘宁边区的革命旧址发展红色旅游，开发海南岛屿滩涂的旅游项目，在东北矿区发展煤炭遗址的观光旅游等。

5. 允许临时变更建筑用途

利用存量房地产资源转型兴办文化产业，不涉及重新开发建设且无须转让房屋产权和土地使用权的，依法办理临时变更建筑使用用途手续，土地用途和土地

使用权类型暂不变更。

九、影院用地差别化政策

（一）影院用地特点

1. 用地性质难以定位

影院用地处在经营性用地和工业用地之间的尴尬地位。各地供应相关用地时，落地用途包括新闻出版用地、文化用地、商服用地、娱乐用地等，并大多强调以招拍挂方式出让。

2. 拿地成本较高

现阶段影院用地存在拿地成本较高的困难。按照娱乐、商业或服务业用途确定土地供应价格，导致供应底价高企，加上以招拍挂方式供应面临竞争溢价，进一步增加了影院建设的地价成本压力。

3. 用地性质导致投资方投资顾虑

由于各地将影院解释为经营性用地，要求收回原工业用地后重新出让，改造方对能否竞买拿到土地或拿地成本有担忧。

（二）差别化政策建议

可通过单独新建、项目配建、原地改建、异地迁建等多种形式增加观影设施，并针对不同情况分别实行差别化的土地供应政策，包括新建单体影院建设用地实行挂牌出让政策，积极探索在商服设施项目中配建影院等建设途径及土地供应方式，鼓励其他公益场所建设适应电影放映的设施，鼓励利用现有工业、仓储等存量建设用地建设影院。

十、南北方气候因素差异和对策

（一）南北方气候差异和影响

1. 日照高度和时间对南北方集约度的影响

南方的太阳高度角较高（在北回归线以南地区，太阳可以照到房屋北面），日照时间较长，北方的太阳高度角较低，日照时间短，在北方对建筑距离和密度提出了更高要求。

2. 北方寒冷气候对施工时间的影响

北方气候寒冷，建设施工期多为 6 个月左右。审批环节烦琐，必然耽误施工黄金季节，甚至延误到下一年。

（二）差别化对策

1. 对北方地区的集约度要求应该相对宽松

在实际建设和学术研究中，不能将北方的用地集约度和南方用地集约度做同等比较和政策设计，对北方地区的集约度要求应该相对宽松，这是自然地理条件决定的。学术研究不应将南方发达地区的集约标准直接与北方比较提建议，国土管理中，也不应过于苛求北方地区的土地政策和管理，须考虑客观自然因素，适当放松。

2. 提高土地环节行政审批效率

发改、规划、国土资源、住建、环保等部门应针对棚改等安居工程项目的立项、规划许可、土地使用、施工许可环节，优化审批流程，缩短审批时限；也可考虑建立相关部门联合办公制度或单一窗口审批制度，建立绿色通道。其中，新疆建设用地使用特点是重点倾向使用未利用地建设，其不涉及征地拆迁补偿、占补平衡等，对未利用地建设审批环节实施绿色通道，对新疆建设发展意义格外重大。符合用地关键要求前提下，允许边建边批，先建后批。

第九章　优势理论、临界点、政府行为变异、两个大局

第一节　对优势理论运用原则的强调：模仿和创新

差别化政策不仅需要模仿、倾斜，更需要创新。没有一个富裕地区是援助出来的，没有一个发达地区是产业承接出来的。实际上，差别化政策的作用机制根本上服从于比较优势、动态比较优势、后发优势等优势理论的指导作用。因此，本书最后再次强调提出优势理论指导供探讨。

一、总体理论指导战略

建议的产业转移理论指导战略为：依据资源禀赋，以比较优势为基础，发挥后发优势，培养动态比较优势，实现竞争优势。

二、几种优势理论的特点与借鉴

（1）传统比较优势战略（静态比较优势）着眼点是立足于与要素禀赋结构相匹配的有竞争优势的产业，其作用在于打基础，积累资金和技术，但有可能因为过度依赖而陷入“比较优势陷阱”“资源诅咒”，导致“成事不足，败事有余”。

（2）后发优势着眼点是立足于技术模仿和制度模仿的低成本优势，实现追赶，但只能实现“赶”，达不到“超”，因为模仿存在“天花板效应”，只有模仿，徒弟永远超不过师傅。因为通常模仿难以学习到100%，即使学到了100%，师父又有新的创新走到前面去了。

（3）后发劣势理论实质是后发优势理论的弊端体现：技术模仿易，制度模仿难，技术模仿会挤压制度模仿，短期的技术模仿效益导致长期制度创新收益，难以实现赶超。

（4）动态比较优势和后发优势、后发劣势共同的启发在于追赶依靠后发优势，超过依靠动态比较优势。赶超的关键不是模仿，是创新，不单是技术创新，还需要制度创新。如果沉溺于比较优势，缺乏创新，日本现在应该在卖大米，韩国在卖泡菜。

（5）静态比较优势打基础，无法追赶缩小差距，追赶依靠后发优势，但模仿的天花板效应导致不能实现超越；超越需要依靠动态比较优势。

（6）政策梯度的构建需要警惕不仅致力于模仿，还需要创新。不光技术创新还需要制度创新。在当前大的体制难以改变这一前提下，从具体行业政策创新，构建政策梯度，促进产业跨梯度跨域转移。

（7）无论是打基础应用比较优势，还是实现缩小差距应用后发优势，或者应用动态优势实现超越式发展，都需要政府更多参与。

（8）比较优势的提升需要以后发优势为动力。发挥后发优势的前提条件需要用发挥比较优势来积累、创造。既然比较优势、后发优势在发展中国家经济发展中是相互依存的，因此，较好的选择是将两种发展战略结合起来，执行“双重优势并重战略”。

（9）没有一个富裕地区是援助出来的，没有一个发达地区是产业承接出来的。当我们学习东部早期优惠政策的时候，东部又出台了“自贸区”“保税区”等更特殊的政策。因此，欠发达地区的差别化政策更需要关注创新。

第二节　政策碎片化、产业转移临界点、政府行为变异

一、土地优惠政策出台，政出多门，缺乏全面系统性

土地优惠政策和其他财税、金融、产业补贴政策由中央、部委、省市多层面出台，政出多门，政策的制定明显缺乏国家层面的顶层设计，缺乏一个提纲挈领式的政策框架，逻辑上显得有些散乱，缺乏系统性。

在实际的区域规划和产业规划中，“特事特批”“一区一策”“一地一策”

“一届一策”“一企一策”的做法在地方政府的政策制定中十分普遍，导致政策制定的碎片化。

单从土地政策看，每次政策出台都是从土地管理的某个方面或环节临时出台一些优惠条例，土地优惠政策从供给到使用、监管看不到全貌。单个或数个政策多次出新，多次部分地覆盖更新以前的政策。多个政策版本在手，新的不全，旧的不新，但只是部分地改，还不能扔。无论是土地管理者，还是投资商，在了解和使用的过程中都感到难窥全貌，使用不便。

最终把土地政策、财税政策、财政补贴等多种优惠政策统筹起来形成合力的是地方政府出台的招商引资优惠政策。但地方政府在专业方面有局限，当土地政策“碎片化”、不见全貌的时候，反映在招商引资的政策体系里也必然是管中窥豹。所以土地差别化政策首先自身需要多环节全面的合力框架，自成体系，然后才能融入到各种政策组合的招商引资体系中去。

二、对产业转移规律和差异的认识与应用不系统

当前土地政策多方面考虑了产业规律和差异性，从用地指标、审批、财税优惠等多方面都分产业给出了差别化对待，但是缺乏对产业转移规律、差异的系统整理，目标不系统，所以在制定土地政策的时候，针对促进产业转移的措施也缺乏全方位、系统性的感觉，表现在招商引资政策上就是土地政策“碎片化”。

在我国目前“条块分割”的行政管理体制下，其他财税、金融、产业政策也存在同样问题，各项政策汇合到招商引资优惠政策的时候，招商政策的“整体优势”和“集聚效应”大打折扣，土地政策与货币政策、财税政策等配套不协调导致的政策合力难以得到充分发挥。

所以，理想的优惠政策是：首先，土地政策自身要成体系，各环节全面把握给出优惠措施；其次，这些措施都是建立在对产业特征规律和差异全面认识基础上的行动，然后再由地方政府整合到各地的“招商引资优惠政策”中去，便于投资者或者政策管理者清晰、容易地全方位把握。

三、招商引资政策的合力、产业转移的临界点

各地出台招商优惠政策，并展开激烈竞争，本质是通过降低企业的固定成本和交易成本，通过“逆市场”的政策梯度，对产业梯度产生外力作用，促进产业转入到政策供给地。但发达地区的产业集聚效益对某些行业可能是难以替代的，转出地行业是否转移，是衡量各种成本和效益之后的行为，存在一个转出的临界点。欠发达地区如果忽略了这个临界点，在临界点未达到之前，如果不分行业无限制地给予优惠，可能更多是造成恶性竞争，陷入集体非理性的“囚

徒困境”。

为了争夺有限的项目资源，承接地政府制定多项具有明显地方保护主义的优惠举措，包括税收、土地、能源政策等。而这些政策的实施人为地扭曲了要素的区域配置，违背了区域分工的比较优势原则。各承接地争相建设高新园区、工业园区等，区域间的重复建设现象十分严重，而且也导致各地区之间的产业结构出现明显的趋同现象，这极大地抑制了区域间分工和交换的发展。地方政府间的非理性招商竞争，如果承接地在竞争中失败，那么其已经建成的诸多产业园区将面临“空心化”风险；如果竞争成功了，又难免陷入重复建设、结构趋同、低端锁定的困境。

四、避免政策组合中某种政策过于优惠导致政府行为变异

为了实现招商引资，就土地领域而言，常出现不规范的操作。国家要求“任何地区、部门和单位都不得以‘招商引资’‘旧城改造’‘国有企业改制’等各种名义减免土地出让收入，实行‘零地价’，甚至‘负地价’，或者以土地换项目、先征后返、补贴等形式变相减免土地出让收入”，但此类现象事实上屡禁不止。另外，地方政府依靠土地收入构建“融资平台”借债、偿账广泛发生，巧立名目进行了大量融资。按照审计署审计结果，2010 年底，地方政府负有偿还责任的债务余额中，承诺用土地出让收入作为偿债来源的债务余额为 25473.51 亿元，比重达 38%，共涉及 12 个省级、307 个市级和 1131 个县级政府。

以上是土地领域的政府行为变异现象。一般地，我们只关注到招商引资需要政策合力，但是忽略了政策组合中各政策优惠贡献的合理搭配运用，没有发现单独政策过于优惠的危害性。吸引产业转移的因素有基础设施、软投资环境以及土地、税收、金融、产业扶持等多种特殊优惠政策，诸多政策从运输成本、贸易成本、交易成本等多方面影响产业转出方的迁移意愿，但单个的政策都是产业转移的必要因素，不是充分因素。

当政策没有形成有效合力，某项单独政策过于优惠以吸引产业转入的时候，该领域的要素体系被严重打破，即使引入产业也会引起诸多经济社会问题。例如，地价过低导致征地价格过低，对农民造成侵害；地价过低导致土地粗放闲置；地价过低导致投机套利行为盛行；地价过低导致引入产业低端；地价过低导致政府收益剧减，政府行为变异；工业地价过低导致商业和住宅用地价格压力过大，房价被地方政府人为抬升；地价过低导致恶性竞争，引发传染效应。

发达地区有能力通过商业用地补贴工业用地，一方面通过低价吸引投资获得 GDP 长期增长，另一方面通过商业用地“招拍挂”实现即时财政收入，总体上实现商业用地与工业用地良性互动。而在欠发达地区，商业用地可能无力补贴工

业用地，区域间竞相压价行为很容易导致“囚徒困境”——典型的“个体理性导致集体非理性”。

政策很优惠了，还难以吸引到投资，是因为产业转移临界点未到，或者各种主客观因素导致政策合力不够（制度供给失效）；吸引来了投资，出现各种经济社会问题，是因为政策组合中，某项政策优惠贡献过大，各因素贡献搭配不合理。

因此，招商引资的成功，第一，是多项政策合力的结果，第二，我们只注意到政策需要配合，但没有认识到单独某项政策过于优惠带来的危害。因此建议，招商引资政策组合中需要研究各种政策组合优惠的程度，避免某种政策过于优惠导致经济社会领域的变异。

五、土地政策配合产业转移的总体规划，避免内部恶性竞争

建议新疆维吾尔自治区发改委和经信委综合考虑新疆区域产业发展重点、空间布局和产业市场等因素，做好产业转移的总体规划，对各地区承接产业转移工作给予引导，规范地方政府的竞争秩序，土地政策要配合好产业转移总体规划，避免区域之间的恶性竞争，使承接产业转移能真正促进区域经济发展和产业结构优化。

第三节　城市低成本扩张、“两个大局”思想

一、东部如何完成低成本扩张并具有了先发优势

东部早期的城市扩展利用了四个历史机遇：一是在农村，20 世纪 90 年代中期以前鼓励乡镇企业时期，乡镇企业可免费用地或低价用地政策；二是在城市，八九十年代可以得到无偿划拨用地和后来的协议低价工业用地；三是国家早期对经济特区、沿海开放城市等给予的“特区”“特法”等优惠政策甚至超国民待遇；四是 1998 年以前，因为激烈的经济竞争目标驱使，国土管理机构和机制不健全，相关法律欠缺，惩治不严，土地违法成本低，出现了大量的个人和地方政府违法用地，后来这些违法用地在法不责众的现实下，变成了事实的城市建设用地（包括后来争议激烈的小产权房实际也为地方城市低成本做出了无意或者有意而为的贡献）。

东部发达地区在改革初期经历了大规模的无偿、低价，甚至负地价提供工业

用地招商引资的阶段。其早期为人所诟病的“村村点火，户户冒烟”虽然有诸如环境生态等弊端，但却利用改革初期宽松的土地和环境规制，为城市发展极大降低了土地非农化的成本，东部由此完成了城市扩张，为城市和产业的发展打下了良好的规模基础，具备了产业集聚效益和产业黏性。

东部发达地区在早期成功地通过“土地换资本，空间换发展”策略获得低成本高速扩张，后发展的西部地区错过了早期的历史机遇。当处于工业化初级阶段的西部地区开始工业化和城市化发展时，却先后遇到了“全世界最严格的耕地保护”“工业用地招拍挂”“工业用地出让最低价格标准”，面临高昂的城市扩张成本和违法成本。

另外，东部早期扩张造成的耕地紧张、环境污染等问题却要中西部地区同样承担“全世界最严格的耕地保护政策”。这种部分地区和城市先期非理性占地、后期所有地区和城市共担责任的事实，本质是前期公共管理政策倾斜导致的。东部利用早期优惠政策完成了城市低成本扩张，西部为东部发达地区承担耕地紧张和环境管制的外部成本，在一定程度上是“东部生病，西部吃药”。西部顾全了这个大局。

西部正处在工业化初级阶段，同样严厉的土地政策是“砍了东部的尾巴，斩了西部的头”。当前工业用地出让最低标准，看似差别化地顾及了落后地区的经济情况，定价较低，看似比较公平，实际有两个层面的不公平。

第一个层面，在社会主义土地公有制国家里，每个人、每个城市使用土地的权利，付出的代价应该是平等的。东部在工业化初级阶段，是低价甚至无偿用地的，现在最低的工业地价，从历史角度和每个用地主体平等权利角度看，已经存在起点不公平了。在产业发展幼稚期，东部喝的是牛奶，西部喝的是米汤。

第二个层面，在统一的工业用地限价标准背景下，东部的土地应该比西部的获得成本更高，实际上，东部由于先发优势具备了强大的财政补贴优势，研究发现：东部地区对开发区新增工业用地的补贴最多，中部次之，西部最少，经过补贴后东部土地价格可能低于西部①。东部利用先发优势轻易打破了竞争过程的公平，导致竞争结果的不公平。

二、建议新疆抓住优惠机遇迅速构建低成本城市框架

经研究比较，发现2000年后开始的西部大开发政策是对东部的模仿，而且无论是税收还是土地优惠都远没有东部早期发展时候优惠，但是2010年新疆工

① 2006年国土资源部工业地价评估及分析研讨会上披露的资料显示，根据对全国23个重点城市123个工业园区的调查，东部地区园区工业用地的平均交易价格为310元/平方米，低于中部（383元/平方米）和西部地区（330元/平方米）。

作座谈会后，中央给新疆的优惠政策已经显示出了明显的优惠。建议进一步构建优惠政策梯度，在地价和税费方面进一步优惠，进一步完善投资软环境，趁着新疆土地政策在全国最优惠的时候用地适当粗放，进行低成本城市扩张，完成产业集聚。

在此方面需要更加降低用地成本，还需要防止土地投机，办法有三：一是实施低价供地策略，在各种优惠都兑现后，可以达到“零地价”或“一元地价”效果，实惠显著，也有利于招商营销。二是实行弹性年期出让政策，降低投资商获得成本。推进工业用地弹性出让和年租制，结合企业生命周期规律，分行业建立工业用地弹性年期出让制度。三是构建弹性用地期满后的用地退出机制。需要减少土地转让成本，降低企业退出门槛。

当前新疆处于“稳定压倒一切”状态，相对新疆当前投入的巨大维稳成本，适度降低土地集约和成本要求，促进新疆实现低成本城市扩张和产业集聚，从长远看是明智之举，也是效仿东部早期发展道路。

三、建议利用跨省域指标置换体现“两个大局”思想

首先，提出两个差别化政策建议：一是实行人地挂钩的建设用地总量控制办法；二是允许东部和新疆进行土地开发指标和城乡挂钩指标的跨省流动。

建议从人的基本权利出发，实行人地挂钩的建设用地总量供给办法。理论前提是，假设在一个国家，尤其是社会主义土地公有制国家，每个人拥有建设用地的权利是均等的，每个人都该无偿地或者同等代价地获得同等数量的建设用地（包括居住用地），占有建设用地数量超过平均值的地区或者个人，是以占有其他地区和个人平均拥有资源的权利为代价的，超常占有的地区和个人必须付出超常的代价。

每个地区应该安排建设用地的总量以享受同等待遇的城市户籍人口确定。要想获得更多建设用地就要吸纳接受更多户籍人口，或者与西部进行建设用地指标置换。这样很多东部大城市都超过了和人口挂钩的建设用地总量，非公共用途或特殊重大项目用地不再安排计划用地指标（彻底堵死计划用地指标），除了本域内城乡建设用地挂钩置换，以及与新疆（此法应用于个别落后地区）跨省置换城乡挂钩指标和土地开发整理指标外，再无出路。这样东部发达地区用地成本提升，必然产生向城乡挂钩指标要地、向西部置换指标的热情。

可以“权益书”“地票”等工具为中介，建立全国一体化的土地市场。西部落后边远地区把土地复垦成耕地，就可以把指标卖到东部大城市，全国各地落后地区的农民都可以享受城镇化带来的土地增值收益，土地资源也可以得到更有效的利用，对保护耕地也是重大利好。

这样一方面帮助国家更多地解决了人口城镇化问题；另一方面东部为新疆置换了更多发展资金，实现了跨区域的空间换资本策略。而新疆的土地开发、整理整治工作也将得到更多来自东部补贴的收益。

相应地，新疆当前不宜在伊犁河谷或者塔里木盆地边缘进行过多、过快的土地开发。当前对新疆而言，最紧张的是水资源约束，是生态保护问题，不是耕地紧张问题。

另外，跨省域的指标置换迟早会推行，新疆宜保留较多的土地开发整理潜力，为今后跨区域的指标置换资金保留潜力。

当前，东部对口援疆正是“两个大局”思想的落实体现，但这更多表现出中央指令、政府资金主导、被动援疆的一种策略，跨省域的指标置换可以更多地实现市场作用下，多种资本主动援疆局面。这样也实现了变被动援疆为主动援疆的策略，也是落实邓小平“两个大局”思想的很好体现。这种东部带动西部发展的方式比当前中央无条件大量投入维稳资金和扶贫资金更符合市场配置资源的要求，措施更省力，理由更合理。

参考文献

［1］［荷］何·皮特．谁是中国土地的拥有者——制度变迁产权和冲突［M］．北京：社会科学文献出版社，2008.

［2］［美］R. 科斯等．财产权利与制度变迁——产权学派与新制度学派译文集［M］．刘守英等译．上海：上海三联书店，上海人民出版社，1994.

［3］［美］保罗·克鲁格曼，茅瑞斯·奥伯斯法尔德．国际经济学：理论与政策［M］．黄卫平等译．北京：中国人民大学出版社，2011.

［4］［美］波特．国家竞争优势［M］．李明轩等译．北京：华夏出版社，2002.

［5］［美］戴维斯，诺思等．制度变迁的理论：概念与原因［R］//财产权利与制度变迁——产权学派与新制度学派译文集［M］．上海：上海三联书店，1994.

［6］［美］杰拉尔德·迈耶，约瑟夫·斯蒂格利茨．发展经济学前沿：未来展望［M］．北京：财政经济出版社，2001.

［7］［美］科斯等．财产权利与制度变迁——产权学派与新制度学派译文集［M］．上海：上海三联书店，1996.

［8］［美］罗尔斯. 正义论［M］. 北京：中国社会科学出版社，1988：10－23.

［9］［美］罗斯托．这一切是怎么开始的［M］．黄其详译．北京：商务印书馆，1997.

［10］［美］迈克尔·赫德森．保护主义：美国经济崛起的秘诀（1815－1914）［M］．贾根良等译．北京：中国人民大学出版社，2010.

［11］［美］诺思，托马斯．西方世界的兴起［M］．厉以宁，蔡磊译．北京：华夏出版社，2009.

［12］［美］诺思．制度、制度变迁与经济绩效［M］．杭行译．北京：格致出版社，2008.

[13]［美］钱纳里等. 工业化和经济增长的比较研究［M］. 上海：上海三联书店，1991.

[14]［美］舒尔茨. 报酬递增的源泉［M］. 北京：北京大学出版社，2001。

[15]［美］斯蒂格利茨. 国际间的权衡交易［M］. 北京：中国人民大学出版社，2008.

[16]［美］托马斯·K. 麦格劳. 现代资本主义——三次工业革命中的成功者［M］. 赵文书等译. 南京：江苏人民出版社，2000.

[17]［美］约瑟夫·斯蒂格利茨，沙希德·尤素福. 东亚奇迹的反思［M］. 王玉清等译. 北京：中国人民大学出版社，2003.

[18]［美］约瑟夫·熊彼特. 经济发展理论［M］. 何畏等译. 北京：商务印书馆，1990.

[19]［美］詹姆斯·C. 斯科特. 农民的道义经济学：东南亚的反叛与生存［M］. 程立显，刘建等译. 南京：译林出版社，2001.

[20]［秘鲁］德·索托. 资本的秘密［M］. 于海生译. 北京：华夏出版社，2007.

[21]［英］杰弗里·霍奇逊. 制度与演化经济学现代文选：关键性概念［M］. 贾根良等译. 北京：高等教育出版社，2005.

[22]［挪威］赖纳特. 穷国的国富论——演化发展经济学论文选［M］. 杨虎涛等译. 北京：高等教育出版社，2007.

[23]［日］青木昌彦等. 政府在东亚经济发展中的作用：比较制度分析［M］. 北京：中国经济出版社，1999.

[24]［以］阿萨夫，埃夫拉伊姆. 劳动力、资本和金融要素的国际流动［M］. 康以同译. 北京：中国金融出版社，2002.

[25]［英］马丁·沃尔夫等. 自由贸易抑或贸易保护？——基于张夏准和赖纳特新著的评论［J］. 康健等译. 经济社会体制比较，2008（5）：39－46.

[26]［英］张夏准. 富国的伪善——自由贸易的迷思与资本主义秘史［M］. 严荣译. 北京：社会科学文献出版社，2009.

[27]［英］张夏准. 富国陷阱：发达国家为何踢开梯子［M］. 肖炼等译. 北京：社会科学文献出版社，2007.

[28]［英］张夏准. 资本主义的真相：自由市场经济学家的23个秘密［M］. 孙建中译. 北京：新华出版社，2011.

[29] 安虎森，高正伍. 经济活动空间聚集的内生机制与区域协调发展的战略选项［J］. 南京社会科学，2010（1）.

［30］安虎森，蒋涛．一体化还是差别化——有关区域协调发展的理论解析［J］．当代经济科学，2006（4）：53－63.

［31］安虎森，李锦．适度的“政策梯度”是实现区域协调发展的战略选项［J］．学术月刊，2010（1）．

［32］薄文广，安虎森，李杰．主体功能区建设与区域协调发展：促进抑或冒进［J］．中国人口·资源与环境，2011（10）：121－128.

［33］蔡昉，王德文，曲玥．中国产业升级的大国雁阵模型分析［J］．经济研究，2009（9）：4－14.

［34］蔡昉．城乡收入差距与制度变革的临界点［J］．中国社会科学，2003（5）：16－25.

［35］蔡昉．农村剩余劳动力流动的制度性障碍分析——解释流动与差距同时扩大的悖论［J］．经济学动态，2005（1）：35－39.

［36］蔡昉．人口转变、人口红利与刘易斯转折点［J］．经济研究，2010（4）：4－13.

［37］蔡昉．中国经济增长如何转向全要素生产率驱动型［J］．中国社会科学，2013（1）：56－71.

［38］蔡玉梅，郑伟元．政策解读：土地利用分区与差别化的土地利用政策［J］．国土资源，2008（12）：53－54.

［39］陈皓，朱洪兴等．上海制造业产业转移实证研究［J］．资源开发与市场，2012（1）：34－36＋44.

［40］陈计旺．影响东部地区产业转移的主要因素分析［J］．生产力研究，2007（5）．

［41］陈佳贵等．中国地区工业化进程的综合评价和特征分析［J］．经济研究，2006（6）．

［42］陈建军．中国现阶段产业区域转移的实证研究［J］．管理世界，2002（6）．

［43］陈江龙，曲福田，陈雯．农地非农化效率的空间差异及其对土地利用政策调整的启示［J］．管理世界，2004（8）．

［44］陈明，王凯．我国城镇化速度和趋势分析——基于面版数据的跨国比较研究［J］．城市规划，2013（5）：16－21.

［45］陈闻君，胡序勇．对新疆资源富集区产业发展“比较优势陷阱”的理论分析［J］．理论视野，2012（11）：68－70.

［46］陈锡文．工业化、城镇化要为解决“三农”问题做出更大贡献［J］．经济研究，2011（10）：8－10.

［47］陈锡文．我国城镇化进程中的“三农”问题［J］．国家行政学院学报，2012（6）：4－11.

［48］陈秀山，王舒勃．论后发优势与跨越式发展［J］．教学与研究，2002（10）：22－28.

［49］陈秀山，徐瑛．我国地区差距的基本特征与完善转移支付制度［J］．经济学动态，2004（11）：30－34.

［50］陈秀山，徐瑛．中国区域差距影响因素的实证研究［J］．中国社会科学，2004（5）．

［51］陈秀山，徐瑛．中国制造业空间结构变动及其对区域分工的影响［J］．经济研究，2008（10）．

［52］陈耀，郑鑫．内生增长动力与西部发展方式转型［J］．开发研究，2010（4）．

［53］陈耀．产业资本转移新趋势与中部地区承接策略［J］．中国产业发展观察，2009（6）.

［54］陈志雄，任国良．集群演化、企业迁移与制造业集群升级——以慈溪家电产业集群为例［J］．南通大学学报（社会科学版），2014（6）：31－38.

［55］陈竹，张安录．中国东、中、西部之间耕地保护协调［J］．中国土地科学，2010（4）．

［56］程李梅，陈聪，庄晋财．西部地区承接东部产业转移绩效分析［J］．中国科技论坛，2014（12）：87－91.

［57］程李梅，庄晋财，李楚，陈聪．产业链空间演化与西部承接产业转移的“陷阱”突破［J］．中国工业经济，2013（8）：135－147.

［58］仇保兴．新型城镇化带动西部大开发的几点思考［J］．城市规划，2010（6）．

［59］戴宏伟．产业梯度双向转移与中国制造业发展［J］．经济理论与经济管理，2006（12）．

［60］戴宏伟等．区域产业转移研究：以“大北京”经济圈为例［M］．北京：中国物价出版社，2003.

［61］党国英．土地制度对农民的剥夺［J］．中国改革，2005（7）．

［62］丁建军．产业转移的新经济地理学解释［J］．财经科学，2011（1）．

［63］杜官印，蔡运龙，廖蓉．中国1997～2007年包含建设用地投入的全要素生产率分析［J］．中国土地科学，2010（7）．

［64］樊纲，武良成．城镇化：一系列公共政策的集合［M］．北京：中国经济出版社，2010.

［65］范恒山．我国促进区域协调发展的理论与实践［J］．经济社会体制比较，2011（6）．

［66］范剑勇，莫家伟．城市化模式与经济发展方式转变——兼论城市化的方向选择［J］．复旦学报（社会科学版），2013（3）：65－73.

［67］范剑勇，朱国林．中国地区差距演变及其结构分解［J］．管理世界，2002（7）．

［68］范剑勇．产业集聚与中国地区差距研究［M］．上海：上海人民出版社，2008.

［69］范子英，张军．财政分权、转移支付与国内市场整合［J］．经济研究，2010（3）：53－64.

［70］方创琳，马海涛．新型城镇化背景下中国的新区建设与土地集约利用［J］．中国土地科学，2013（7）：4－9.

［71］丰雷，孔维东．2003年以来我国土地政策参与宏观调控的实践——特点、效果以及存在问题的经验总结［J］．中国土地科学，2009（10）．

［72］丰雷．土地宏观调控的政策体系设计——基于中国实践的分析［J］．经济问题探索，2010（9）：99－104.

［73］冯根福，刘志勇，蒋文定．我国东中西部地区间工业产业转移的趋势、特征及形成原因分析［J］．当代经济科学，2010（2）：1－10.

［74］冯根福，刘志勇等．我国东中西部地区间工业产业转移的趋势、特征及形成原因分析［J］．当代经济科学，2010（2）：1－10＋124.

［75］傅允生．东部沿海地区产业转移趋势——基于浙江的考察［J］．经济学家，2011（10）：84－90.

［76］干春晖，余典范．中国构建动态比较优势的战略研究［J］．学术月刊，2013（4）：76－85.

［77］高圣平，刘守英．土地权利制度创新：从《土地管理法》修改的视角［J］．经济社会体制比较，2010（3）．

［78］顾朝林．城市群研究进展与展望［J］．地理研究，2011（5）：771－784.

［79］顾湘，曲福田，付光辉．中国土地利用比较优势与区域产业结构调整［J］．中国土地科学，2009（7）．

［80］郭冬艳，毛良祥．国内外差别化土地政策实践与启示［J］．中国国土资源经济，2015（2）：65－68.

［81］郭海霞．资源型地区承接国际产业转移的产业结构效应研究——以山西省为例［J］．经济问题，2017（3）：111－116.

［82］郭静．解析当代英国执政党竞选中的福利主张——政党竞争与福利政策［J］．欧洲研究，2009（2）：15－32.

［83］郭熙保，胡汉昌．技术模仿还是制度模仿——评杨小凯、林毅夫关于后发优势与劣势之争［J］．学术月刊，2004（4）：29－36.

［84］郭熙保，肖利平．后发优势、技术吸收能力与中国的经验［J］．武汉大学学报（哲学社会科学版），2008（5）：614－619.

［85］中国国土资源经济研究院．国土资源与产业经济发展研究报告［R］．2007.

［86］国务院发展研究中心土地课题组．土地制度、城市化与财政金融风险［J］．改革，2005（10）．

［87］何龙斌．东部地区工业产业转移特征及解释［J］．经济纵横，2015（7）：85－89.

［88］贺清云，蒋菁，何海兵．中国中部地区承接产业转移的行业选择［J］．经济地理，2010（6）．

［89］贺曲夫，刘友金．基于产业梯度的中部六省承接东南沿海产业转移之重点研究［J］．湘潭大学学报（哲学社会科学版），2011（5）：71－75.

［90］贺雪峰．中国城镇化战略规划需要思考的几个问题［J］．社会科学，2013（10）：67－70.

［91］胡存智．差别化土地政策助推主体功能区建设［J］．行政管理改革，2011（4）：19－25.

［92］胡存智．构建城乡土地自由流动的政策工具——以换地权益书保障土地要素返流的探索［J］．中国土地科学，2009（12）：4－9.

［93］胡克梅，杨子蛟．对集体建设用地使用权流转的思考［J］．中国房地产，2003（11）：13－15.

［94］胡秋阳．农民工市民化对地方经济的影响——基于浙江 CGE 模型的模拟分析［J］．管理世界，2012（3）：72－80.

［95］华生．财税改革的根本问题与真实挑战［J］．金融市场研究，2013（2）：8－14.

［96］华生．城市化转型与土地陷阱［M］．北京：东方出版社，2013.

［97］华生．进城农民工的土地权益是改革的核心［J］．农村工作通讯，2013（16）：44.

［98］黄少安．《新结构经济学》侧评［J］．经济学（季刊），2013（3）：1085－1086.

［99］黄少安．制度变迁主体角色转换假说及其对中国制度变革的解释——

兼评杨瑞龙的“中间扩散型假说”和“三阶段论”［J］．经济研究，1999（1）：68－74.

［100］蔡继明，陈钊等．关于土地制度改革的三点共识［J］．科学发展，2013（5）：19－23.

［101］计永超．安徽省产业发展与承接产业转移的实证研究［R］//2010年中国区域经济学会年会论文集［C］.2010.

［102］简新华，罗钜钧，黄锟．中国城镇化的质量问题和健康发展［J］．当代财经，2013（9）：5－16.

［103］简新华，许辉．后发优势、劣势与跨越式发展［J］．经济学家，2002（6）：30－36.

［104］姜海，夏燕榕，曲福田．建设用地扩张对经济增长的贡献及其区域差异研究［J］．中国土地科学，2009（8）.

［105］姜开宏，陈江龙，陈雯．比较优势理论与区域土地资源配置——以江苏省为例［J］．中国农村经济，2004（12）.

［106］蒋省三，刘守英，李青．土地制度改革与国民经济成长［J］．管理世界，2007（9）：34－42.

［107］金碚．科学发展观与经济增长方式转变［J］．中国工业经济，2006（5）：5－14.

［108］金碚．资源与环境约束下的中国工业发展［J］．中国工业经济，2003（3）.

［109］靳相木．地根经济：一个研究范式及其对土地宏观调控的初步引用［M］．杭州：浙江大学出版社，2007.

［110］孔凡文，许世卫．中国城镇化发展速度与质量问题研究［M］．沈阳：东北大学出版社，2006.

［111］李国平，李具恒．梯度理论创新与西部开发的战略选择［J］．中国软科学，2003（4）：128－132.

［112］李汉文．下阶段西部大开发税收优惠政策取向分析［J］．贵州财经学院学报，2011（4）.

［113］李克强．协调推进城镇化是实现现代化的重大战略选择［J］．行政管理改革，2012（11）：4－10.

［114］李名峰．土地要素对中国经济增长贡献研究［J］．中国地质大学学报（社会科学版），2010（1）.

［115］李明月，胡竹枝．土地要素对经济增长贡献的实证分析——以上海市为例［J］．软科学，2005（6）.

［116］李宁，陈利根．差别化管理与调控建设用地资源的政策组合研究［J］．山西农业大学学报（社会科学版），2016（10）：718－722.

［117］李倩．西北未利用地开发之青海：破题差别化政策［J］．中国土地，2010（7）：8－12.

［118］李强，陈宇琳，刘精明．中国城镇化“推进模式”研究［J］．中国社会科学，2012（7）：82－100.

［119］李松志等．珠江三角洲与其外围区域产业梯度比较及优化探讨［J］．地理与地理信息科学，2006（1）．

［120］李铁．城镇化改革需破解三大制度障碍［J］．农村经营管理，2013（1）：30.

［121］李鑫，欧名豪．建设用地供给创新：总量控制＋差别化调控［J］．中国土地，2011（8）：47.

［122］李序颖，顾岚．空间自回归模型及其估计［J］．统计研究，2004（6）：48－51.

［123］李娅，伏润民．为什么东部产业不向西部转移：基于空间经济理论的解释［J］．世界经济，2010（8）：59－71.

［124］李娅，吴虹丽．本地市场效应、比较优势动态化与地方中枢型产业的选择［J］．产经评论，2015（2）：114－125.

［125］李娅，赵鑫铖．东西部对口支援中的能力缺口、援助需求与自我发展能力——以西部边疆五省区为例［J］．学术探索，2016（9）：93－99.

［126］李娅．东西部产业转移滞缓与我国劳动力比较优势［J］．思想战线，2009（4）：129－130.

［127］李娅．国际产业链分工模式的延伸——我国东西部产业转移模式探讨［J］．云南财经大学学报，2010（5）：140－146.

［128］李彦军，戴凤燕等．政策因素对资源型企业迁移决策影响的实证研究［J］．中国人口·资源与环境，2015（6）：135－141.

［129］李彦军，王婷婷．我国企业迁移的行业差异性分析［J］．中南民族大学学报（人文社会科学版），2015（6）：114－119.

［130］李永友．房价上涨的需求驱动和涟漪效应［J］．经济学（季刊），2014，13（2）：443－464.

［131］李占国，孙久文．我国产业区域转移滞缓的空间经济学解释及其加速途径研究［J］．经济问题，2011（1）．

［132］厉以宁．改革创造新红利［J］．资本市场，2013（2）：16－17.

［133］林超，张占录．差别化土地管理政策框架的构建［J］．西北农林科

技大学学报（社会科学版），2015（3）：16－20.

［134］林毅夫，蔡昉，李周．中国的奇迹：发展战略与经济改革［M］．上海：上海三联书店，上海人民出版社，1999.

［135］林毅夫，蔡昉，李周．比较优势与发展战略——对“东亚奇迹”的再解释［J］．中国社会科学，1999（5）：4－20.

［136］林毅夫，李永军．比较优势、竞争优势与发展中国家的经济发展［J］．管理世界，2003（7）：21－28.

［137］林毅夫，刘培林．地方保护和市场分割：从发展战略的角度考察［R］．北京大学中国经济研究中心工作论文，2004.

［138］林毅夫，刘培林．中国的经济发展战略与地区收入差距［J］．经济研究，2003（3）.

［139］林毅夫，苏剑．论我国经济增长方式的转换［J］．管理世界，2007（1）.

［140］林毅夫．《新结构经济学》评论回应［J］．经济学（季刊），2013（3）：1095－1108.

［141］林毅夫．潮涌现象与发展中国家宏观经济理论的重新构建［J］．经济研究，2007（1）.

［142］林毅夫．承载新使命的城镇化战略［J］．唯实（现代管理），2013（2）：23－25.

［143］林毅夫．繁荣的求索：发展中经济如何崛起［M］．北京：北京大学出版社，2012.

［144］林毅夫．后发优势与后发劣势——与杨小凯教授商榷［J］．经济学（季刊），2003（3）：989－1004.

［145］林毅夫．新结构经济学：反思经济发展与政策的理论框架［M］．北京：北京大学出版社，2012.

［146］林毅夫．新结构经济学与中国发展之路［J］．中国市场，2012（50）：3－8.

［147］刘富华，蒋咏华．差异化供地政策的思考与建议［J］．国土资源，2013（10）：53－55.

［148］刘红光，刘卫东，刘志高．区域间产业转移定量测度研究——基于区域间投入产出表分析［J］．中国工业经济，2011（6）：79－88.

［149］刘红光，王云平，季璐．中国区域间产业转移特征、机理与模式研究［J］．经济地理，2014（1）：102－107.

［150］刘洪昌．基于江苏沿海开发的苏北地区承接苏南产业转移问题研究

[J]. 科技管理研究，2014（17）：146-149.

[151] 刘建华，姜照华. 基于共协理论的创新驱动——投资互动的中国经济转型战略［J］. 科学学与科学技术管理，2015，36（2）：25-33.

[152] 刘军辉，安虎森. 欠发达地区开放政策取向研究：一体化还是差别化？——基于新经济地理学视角［J］. 西南民族大学学报（人文社科版），2016（12）：131-136.

[153] 刘琳. 产业梯度转移的中国化发展——基于京津冀视角［J］. 山东社会科学，2015（S1）：255-256.

[154] 刘满平."泛珠江"区域产业梯度分析及产业转移机制构建［J］. 经济理论与经济管理，2004（11）.

[155] 刘琼，欧名豪，盛业旭等. 建设用地总量的区域差别化配置研究——以江苏省为例［J］. 中国人口·资源与环境，2013（12）：119-124.

[156] 刘生龙，王亚华，胡鞍钢. 西部大开发成效与中国区域经济收敛［J］. 经济研究，2009（9）：94-105.

[157] 刘世锦. 从增长阶段理解发展方式转型［J］. 经济研究，2011（10）：14-16.

[158] 刘世锦. 关于我国增长模式转型的若干问题［J］. 管理世界，2006（2）：1-9.

[159] 刘守英. 改革土地制度才能促进发展方式转变［J］. 农村工作通讯，2011（7）.

[160] 刘守英. 深化土地制度改革　促进可持续城镇化［J］. 江苏农村经济，2013（4）：13-16.

[161] 刘嗣明. 中国区际产业转移的困境寻源与对策探究［J］. 经济评论，2007（6）.

[162] 刘新争. 基于要素错配的产业转移效率缺失及其纠正［J］. 华中师范大学学报（人文社会科学版），2016（5）：55-62.

[163] 刘新争. 比较优势、劳动力流动与产业转移［J］. 经济学家，2012（2）：45-50.

[164] 刘颖，周沂等. 污染企业迁移意愿的影响因素研究——以浙江省上虞市为例［J］. 经济地理，2014（10）：150-156.

[165] 刘友金，胡黎明，赵瑞霞. 基于产品内分工的国际产业转移新趋势研究动态［J］. 经济学动态，2011（3）：101-105.

[166] 刘友金，胡黎明. 产品内分工、价值链重组与产业转移——兼论产业转移过程中的大国战略［J］. 中国软科学，2011（3）：149-159.

［167］刘友金，吕政．梯度陷阱、升级阻滞与承接产业转移模式创新［J］．经济学动态，2012（11）：21－27.

［168］刘友金，肖雁飞，廖双红，张琼．基于区位视角中部地区承接沿海产业转移空间布局研究［J］．经济地理，2011（10）：1686－1691.

［169］卢为民，马祖琦．土地政策与产业转型升级路径研究［J］．浙江学刊，2011（6）.

［170］卢阳春．“十二五”时期西部地区承接产业转移的产业结构政策调整实证研究［J］．经济问题探索，2011（10）.

［171］鲁金萍，刘玉等．京津冀区域制造业产业转移研究［J］．科技管理研究，2015（11）：86－89＋94.

［172］陆铭，陈钊．分割市场的经济增长——为什么经济开放可能加剧地方保护？［J］．经济研究，2009（3）：42－52.

［173］陆铭，陈钊．市场分割：改革的另一陷阱？［J］．经济学消息报，2002（2）.

［174］陆铭，陈钊．中国区域经济发展中的市场整合与工业集［M］．上海：上海三联书店，2006.

［175］陆铭．建设用地使用权跨区域再配置：中国经济增长的新动力［J］．世界经济，2011（1）：109－125.

［176］陆张维，吴次芳，岳文泽．土地利用总体规划建设用地指标区域动态分配问题研究［J］．中国土地科学，2010（4）.

［177］路红艳，宋则．长三角地区产业向“泛长三角”转移的路径与模式研究［J］．中国发展，2011（5）：83－87.

［178］罗必良．新制度经济学［M］．太原：山西经济出版社，2005.

［179］罗浩．自然资源与经济增长：资源瓶颈及其解决途径［J］．经济研究，2007（6）.

［180］罗云毅，周汉麒．工业重心东移与“十二五”期间的区域产业转移和承接［J］．宏观经济研究，2010（1）：10－12.

［181］雒海潮，苗长虹，李国梁．不同区域尺度产业转移实证研究及相关论争综述［J］．人文地理，2014（1）：1－8.

［182］马长发，刘双良．让城镇化去伪存真——增减挂钩的推进与“伪城镇化”的预防和治理［J］．中国土地，2011（4）：42－44.

［183］马长发．城乡挂钩与“伪城市化”治理研究［J］．中国土地，2011（5）.

［184］马贤磊，曲福田．东西部农村非正式制度与农地制度创新［J］．江

苏社会科学，2005（6）：97－101.

［185］马永欢，陈静，宋敦江等．地耗考核指标的设计及在差别化管理中的应用［J］．中国科学院研究生院学报，2013（2）：285－288.

［186］马跃辉，高志刚．新疆资源诅咒问题的实证分析［J］．新疆社会科学，2013（3）：36－41.

［187］毛良祥，岳永兵．适合矿业特点的差别化土地政策研究：以山西省为例［J］．中国矿业，2016（9）：34－37.

［188］毛良祥．差别化土地政策的作用方式和传导机制研究［J］．当代经济，2016（25）：7－9.

［189］毛振强，左玉强，耿冲，季宏伟．再论土地对中国二三产业发展的贡献［J］．中国土地科学，2009（1）.

［190］蒙少梅．对促进城镇协调发展的土地差别化政策的思考——以贵港市为例［J］．探索，2014（4）.

［191］南亮进．日本的经济发展［M］．北京：经济管理出版社，1992.

［192］宁光杰．自选择与农村剩余劳动力非农就业的地区收入差异——兼论刘易斯转折点是否到来［J］．经济研究，2012（S2）：42－55.

［193］欧胜彬，农丰收，陈利根．建设用地差别化管理：理论解释与实证研究——以广西北部湾经济区为例［J］．中国土地科学，2014（1）：26－32.

［194］潘文卿，李子奈．三大增长极对中国内陆地区经济的外溢性影响研究［J］．经济研究，2008（6）.

［195］朴银哲，安虎森，颜银根．城市高房价和户籍制度：促进或抑制城乡收入差距扩大？——中国劳动力流动和收入差距扩大悖论的一个解释［J］．World Economic Papersm，2011（4）.

［196］秦兴龙，章波，黄贤金，濮励杰．长江三角洲地区工业地价形成的内在机理与博弈分析［J］．中国土地科学，2005，19（6）：44－48.

［197］青海省促进城镇协调发展实施土地差别化政策［J］．青海国土经略，2014（1）：15－19.

［198］区域间产业转移定量测度研究——基于区域间投入产出表分析［J］．中国工业经济，2011（6）.

［199］曲福田，陈江龙等．经济发展与中国土地非农化［M］．上海：商务印书馆，2007.

［200］全诗凡．京津冀区域产业分工与产业转移分析［J］．现代管理科学，2013（8）：71－73.

［201］桑瑞聪，刘志彪，王亮亮．我国产业转移的动力机制：以长三角和珠

三角地区上市公司为例［J］．财经研究，2013（5）：99－111.

［202］桑瑞聪，刘志彪．中国产业转移趋势特征和影响因素研究——基于上市公司微观数据的分析［J］．财贸研究，2014（6）：53－60.

［203］邵帅，齐中英．西部地区的能源开发与经济增长——基于“资源诅咒”假说的实证分析［J］．经济研究，2008（4）：147－160.

［204］申兆光．广东区域劳动密集型产业转移研究［J］．特区经济，2010（8）：35－36.

［205］沈宗灵．现代西方法理学［M］．北京：北京大学出版社，1992：125－126.

［206］世界银行．东亚奇迹：经济增长与公共政策［M］．北京：中国财政经济出版社，1998.

［207］帅文波，杨景胜，谭文兵．土地集约利用空间分区及差别化政策研究——以安徽省为例［J］．安徽农业科学，2015（8）：289－291.

［208］司慧娟．基于土地利用分区的西部地区差别化土地政策研究——以青海省为例［J］．安徽农业科学，2013（7）：3140－3141.

［209］司慧娟．青海省土地利用分区与差别化土地政策研究［J］．中国国土资源经济，2013（6）：24－26.

［210］孙久文，胡安俊，陈林．中西部承接产业转移的现状、问题与策略［J］．甘肃社会科学，2012（3）：175－178.

［211］孙久文，年猛．中国国土开发空间格局的演变研究［J］．南京社会科学，2011（11）．

［212］孙久文，彭薇．劳动报酬上涨背景下的地区间产业转移研究［J］．中国人民大学学报，2012（4）：63－71.

［213］孙启明，白丽健等．区域经济波动的微观动态基础：企业迁移和产业转移［J］．经济学动态，2012（12）：60－66.

［214］孙庆刚，秦放鸣．“资源诅咒”在我国省际层面传导机制：理论与经验［J］．石河子大学学报（哲学社会科学版），2011（2）：74－79.

［215］孙文凯，白重恩，谢沛初．户籍制度改革对中国农村劳动力流动的影响［J］．经济研究，2011（1）：28－41.

［216］孙秀林，周飞舟．土地财政与分税制：一个实证解释［J］．中国社会科学，2013（4）：40－59.

［217］孙洋．空间计量经济学模型的非嵌套检验方法及其应用［D］．清华大学博士学位论文，2009.

［218］覃成林，熊雪如．我国制造业产业转移动态演变及特征分析——基于

相对净流量指标的测度［J］．产业经济研究，2013（1）：12－21.

［219］覃利春．我国企业迁移的抉择机制与互动机制［J］．当代经济管理，2015（11）：59－63.

［220］谭荣，曲福田．农地非农化的空间配置效率与农地损失［J］．中国软科学，2006（5）．

［221］唐根年，许紫岳，张杰．产业转移、空间效率改进与中国异质性大国区间“雁阵模式”［J］．经济学家，2015（7）：97－104.

［222］陶然，陆曦，苏福兵等．地区竞争格局演变下的中国转轨：财政激励和发展模式反思［J］．经济研究，2009（7）：21－33.

［223］陶然，史晨，汪晖．“刘易斯转折点悖论”与中国户籍—土地—财税制度联动改革［J］．国际经济评论，2011（3）：120－147.

［224］陶然，汪晖．中国尚未完成之转型中的土地制度改革：挑战与出路［J］．国际经济评论，2010（2）．

［225］陶然，袁飞，曹广忠．区域竞争、土地出让与地方财政效应：基于1999~2003年中国地级城市面板数据的分析［J］．世界经济，2007（10）：15－27.

［226］汪泽秋．七个结合：完善差别化土地计划调控［J］．国土资源导刊，2009（1）：26－27.

［227］王爱民，姚丽．创新改革，探索旅游用地差别化管理［J］．中国地产市场，2014（10）：20－21.

［228］王国刚．城镇化：中国经济发展方式转变的重心所在［J］．经济研究，2010（12）：70－81.

［229］王劲峰．空间分析［M］．北京：科学出版社，2006.

［230］王凯，陈明．中国城镇化的速度与质量［M］．北京：中国建筑工业出版社，2013.

［231］王琴梅．制度经济学视角下的东西部差距收敛——基于体制转型的区域差异与区域发展差距一致性的分析［J］．陕西师范大学学报（哲学社会科学版），2006（4）：102－111.

［232］王思文，管新帅．企业迁移决定：来自中国工业企业的经验证据［J］．现代财经（天津财经大学学报），2013（4）：100－110.

［233］王思文，祁继鹏．地区间产业转移的微观基础：来自企业迁移视角的文献综述［J］．开发研究，2012（1）：55－60.

［234］王文森．近年广东产业转移演进趋势及发展对策研究［J］．统计研究，2012（1）：110－112.

［235］王燕梅．东西部地区发展差距的制度因素分析［J］．经济师，2004（6）：97－98.

［236］王一鸣．加快转变经济发展方式关系现代化建设全局［J］．经济研究，2011（10）：16－20.

［237］王一鸣．转变经济增长方式与体制创新［J］．经济与管理研究，2007（8）．

［238］韦森．探寻人类社会经济增长的内在机理与未来道路——评林毅夫教授的新结构经济学理论框架［J］．经济学（季刊），2013（3）：1051－1074.

［239］韦亚平．新疆区域经济与城市化协调发展探讨［J］．经济地理，2007（4）：553－557.

［240］卫兴华，侯为民．中国经济增长方式的选择与转换途径［J］．经济研究，2007（7）：15－22.

［241］魏后凯，邬晓霞．“十二五”时期中国区域政策的基本框架［J］．经济与管理研究，2010（12）．

［242］魏后凯，邬晓霞．我国区域政策的科学基础与基本导向［J］．经济学动态，2010（2）：57－61.

［243］魏后凯．党的十八大以来社会各界关于城镇化的主要观点［J］．经济研究参考，2013（14）：15－17.

［244］魏后凯．我国西部大开发的成效与未来政策展望［J］．新西部，2009（12）．

［245］魏后凯，白玫．中国上市公司总部迁移现状及特征分析［J］．中国工业经济，2008（9）：13－24.

［246］文兰娇，张安录．武汉城市圈土地资源诅咒空间差异性、空间传导机制及差别化管理［J］．中国土地科学，2013（9）：30－37.

［247］邬晓霞，魏后凯．国家区域援助政策的理论依据、效果及体系构建［J］．中国软科学，2009（7）．

［248］邬晓霞，魏后凯．实施差别化国家区域援助政策的科学基础与基本思路［J］．江海学刊，2011（3）．

［249］吴爱芝，李国平等．京津冀地区产业分工合作机理与模式研究［J］．人口与发展，2015（6）：19－29.

［250］吴次芳，谭荣，靳相木．中国土地产权制度的性质和改革路径分析［J］．浙江大学学报（人文社会科学版），2010（6）．

［251］吴敬琏．“十二五”中国宏观经济态势和展望［J］．探索与争鸣，2011（7）．

［252］吴敬琏．体制性障碍阻碍了经济增长方式的转变［J］．农村工作通讯，2013（1）：36.

［253］吴敬琏．中国增长模式抉择［M］．上海：上海远东出版社，2005.

［254］吴静．区际产业转移对西部制造业转型升级的影响——基于产业价值链视角［J］．软科学，2017（5）：21－25.

［255］吴良镛．北京城市发展模式转型的战略思考［J］．北京规划建设，2012（3）：6－11.

［256］吴玉鸣，徐建华．中国区域经济增长集聚的空间统计分析［J］．地理科学，2004，24（6）：654－659.

［257］吴玉鸣．空间计量经济模型在省域研发与创新中的应用研究［J］．数量经济技术经济研究，2006（5）．

［258］吴郁玲，曲福田，冯忠垒．我国开发区土地资源配置效率的区域差异研究［J］．中国人口·资源与环境，2006，16（5）：112－116.

［259］夏燕榕．基于建设用地扩张经济效率的土地利用计划差别化管理研究［D］．南京农业大学硕士学位论文，2011.

［260］项桂娥，胡鹏．基于全球价值链视角下区域间产业转移机理与特征——以泛长三角为例［J］．华东经济管理，2011（7）：45－49.

［261］谢呈阳，周海波，胡汉辉．产业转移中要素资源的空间错配与经济效率损失：基于江苏传统企业调查数据的研究［J］．中国工业经济，2014（12）：130－142.

［262］辛宝海．新型城镇化推进中制度变迁理论研究［J］．上海财经大学学报，2013（3）：26－33.

［263］新疆维吾尔自治区发展与改革委员会．新疆维吾尔自治区国民经济和社会发展第十二个五年规划纲要［Z］．2011.

［264］新疆维吾尔自治区发展与改革委员会．新疆主体功能区规划［Z］．2012.

［265］新疆维吾尔自治区发展与改革委员会．新疆城镇化发展道路选择研究［Z］．2013.

［266］熊必琳，陈蕊，杨善林．基于改进梯度系数的区域产业转移特征分析［J］．经济理论与经济管理，2007（7）．

［267］徐康宁，王剑．自然资源丰裕程度与经济发展水平关系的研究［J］．经济研究，2006（1）：78－89.

［268］许根林，施祖麟．主体功能区差别化土地政策建设的思考与建议［J］．改革与战略，2008（12）：105－108.

［269］许静，周敏．中国工业产业转移区域划分研究——基于多指标面板数据的聚类分析［J］．经济问题探索，2016（3）：101－107.

［270］严汉平，方芳．东西部之间制度落差分析［J］．财经科学，2009（2）：81－87.

［271］杨本建，毛艳华．产业转移政策与企业迁移行为——基于广东产业转移的调查数据［J］．南方经济，2014（3）：1－20.

［272］杨刚强，张建清，江洪．差别化土地政策促进区域协调发展的机制与对策研究［J］．中国软科学，2012（10）：185－192.

［273］杨建军，闫仕杰．罗尔斯《正义论》政治哲学思想误读批判及构建［J］．求索，2016（3）：130－134.

［274］杨俊生．产业转移、能力结构与东西部区域经济协调发展［J］．经济问题探索，2010（5）．

［275］杨璐，唐正国，张占军等．新制度供给“深”入何“处”——关于西北藏区差别化土地政策的思考［J］．中国土地，2012（8）：53－56.

［276］杨瑞龙，杨其静．阶梯式的渐进制度变迁模型——再论地方政府在我国制度变迁中的作用［J］．经济研究，2000（3）：24－31.

［277］杨小凯．城乡土地制度应尽早并轨［J］．中外房地产导报，2001（15）：9－10.

［278］杨小凯．后发劣势［J］．新财经，2004（8）：120－122.

［279］杨小凯．经济改革和宪政转轨：回应［J］．经济学（季刊），2003（3）：1005－1008.

［280］杨振之．旅游规划用地问题与用地创新［J］．旅游学刊，2017（8）：1－4.

［281］杨志荣，靳相木．基于DEA模型的城市土地在经济增长中的贡献率研究——以杭州市为例［J］．经济论坛，2008（9）．

［282］姚士谋，薛凤旋，燕月．应当推进健康城镇化新战略——防止“土地城镇化”冒进［J］．决策与信息，2013（5）：33－34.

［283］叶剑平，丰雷，蒋妍等．2008年中国农村土地使用权调查研究——17省份调查结果及政策建议［J］．管理世界，2010（1）：64－73.

［284］叶剑平，马长发，张庆红．基于空间面板模型的土地要素对中国经济增长贡献研究［J］．财贸经济，2011（4）：111－116.

［285］叶剑平，莫晓辉．城市化的路径选择［J］．中国土地，2009（7）：27－29.

［286］叶剑平，宋家宁，毕宇珠．土地整治模式创新及其权益分配优化研究

[J]．中国土地科学，2012（9）：48－53.

[287] 叶剑平，田晨光．中国农村土地权利状况：合约结构、制度变迁与政策优化[J]．华中师范大学学报（人文社会科学版），2013（1）：38－46.

[288] 叶剑平，徐青．土地管理制度与宏观经济调控[M]．北京：中国人民大学出版社，2005.

[289] 游振波，郭熙．吉泰走廊土地利用差别化管理政策研究[J]．经营管理者，2013（25）：82－83.

[290] 于永达，于君博．有关中国经济发展战略的探讨[J]．清华大学学报（哲学社会科学版），2005（6）：75－85.

[291] 余永定．发展经济学的重构——评林毅夫《新结构经济学》[J]．经济学（季刊），2013（3）：1075－1078.

[292] 袁国华，郑娟尔，王世虎．资源型城市土地利用差别化政策研究[J]．中国发展观察，2015（7）：57－61.

[293] 张春法，冯海华，王龙国．产业转移与产业集聚的实证分析——以南京市为例[J]．统计研究，2006（12）.

[294] 张峰．安徽省承接长三角产业转移研究[J]．学术界，2010（1）.

[295] 张辉．竞争起点公平与过程公平的实现[J]．华南师范大学学报（社会科学版），2007（6）：43－159.

[296] 张军，吴桂英，张吉鹏．中国省际物质资本存量估算：1952－2000[J]．经济研究，2004（10）：35－44.

[297] 张军．"比较优势说"的拓展与局限——读林毅夫新著《新结构经济学》[J]．经济学（季刊），2013（3）：1087－1094.

[298] 张俊峰，张安录，何雄．土地资源空间异质性及差别化政策研究[J]．西北农林科技大学学报（社会科学版），2016（6）：21－28.

[299] 张俊峰，张安录．基于土地利用效率差异的差别化土地管理研究——以武汉城市圈为例[J]．农林经济管理学报，2016（3）：343－350.

[300] 张俊峰，张安录．基于要素贡献率的建设用地差别化管理——以武汉城市圈为例[J]．经济地理，2015（10）：171－178.

[301] 张康之，张乾．效率与公平的两种解决方案——对新制度主义与罗尔斯的比较[J]．长白学刊，2008，139（1）：46－52.

[302] 张可云．区域大战与区域经济关系[M]．北京：民主与建设出版社，2001.

[303] 张清军，鲁俊娜．新型城镇化协调发展下韶关市差别化土地政策研究[J]．特区经济，2014（11）：161－162.

［304］张清军．区域协调发展下广东省差别化土地利用政策研究［J］．国土资源情报，2016（8）：26－30.

［305］张清勇．中国农地转用开发问题研究［D］．中国人民大学博士学位论文，2010.

［306］张少军，刘志彪．全球价值链模式的产业转移——动力、影响与对中国产业升级和区域协调发展的启示［J］．中国工业经济，2009（11）：5－15.

［307］张曙光．市场主导与政府诱导——评林毅夫的《新结构经济学》［J］．经济学（季刊），2013（3）：1079－1084.

［308］张五常．中国的经济制度［M］．上海：中信出版社，2009.

［309］赵伟．市场一体化与中国制造业区域集聚变化趋势研究［J］．数量经济与技术经济研究，2009（2）．

［310］郑娟尔．西北地区未利用地差别化管理的实践与思考［J］．中国国土资源经济，2012（6）：15－17.

［311］郑维伟．民生、民主与社会正义——基于罗尔斯正义理论对中国政治转型的一种分析［J］．天津行政学院学报，2012（1）：33－39.

［312］郑鑫，陈耀．运输费用、需求分布与产业转移——基于区位论的模型分析［J］．中国工业经济，2012（2）：57－67.

［313］郑耀群，周新生．制度变迁程度与区域经济差距：一个分析框架［J］．贵州社会科学，2008（5）：109－112.

［314］中国城市规划设计院．新疆城镇体系规划（2012－2030）［Z］．2012.

［315］蔡洪滨，李波等．土地制度改革与新型城镇化［J］．金融研究，2013（5）：114－125.

［316］中国经济增长前沿课题组．中国经济长期增长路径、效率与潜在增长水平［J］．经济研究，2012（11）：4－17.

［317］中国人口与发展研究中心课题组．中国人口城镇化战略研究［J］．人口研究，2012（3）：3－13.

［318］中国土地矿产法律事务中心．土地政策参与宏观调控探索［M］．北京：地质出版社，2007.

［319］钟国辉．城市建设用地差别化配置的路径分析［J］．经济师，2016（3）：48－49.

［320］钟劲松．产业转移视角下我国中西部地区生态循环经济发展问题研究［J］．经济问题探索，2011（3）：153－156.

［321］周婧，杨庆媛，信桂新等．差别化土地利用策略在新一轮土地利用规

划中的运用——以重庆市为例［J］. 资源与产业，2011（1）：78－82.

［322］周其仁. 农地产权与征地制度［J］. 经济学，2004（4）：193－210.

［323］周正柱，孙明贵. 区域商务成本对企业迁移区位选择影响研究——基于纺织业等三大产业面板数据模型［J］. 上海经济研究，2012（8）：81－89＋99.

［324］Adam Smith. An Inquiry into the Nature and Causes of the Wealth of Nations［M］. New York：Modern Library，1776.

［325］Anselin L.，H. H. Kelejian. Testing for Spatial Error Autocorrelation in the Presence of Endogenous Regressors［J］. International Regional Science Review，1997，20（1）：153－182.

［326］Anselin L. Spatial Econometrics：Methods and Models［M］. Springer Science & Business Media，2013.

［327］Anselin L. Spatial Externalities，Spatial Multipliers and Spatial Econometrics［J］. International Regional Science Review，2003，26（2）：153－166.

［328］Arrow. The Economic Implication of Learning by Doing［J］. Review of Economic Studies，1962（29）：155－173.

［329］Chang H. J. Bad Samaritans—Rich Nations，Poor Policies，and the Threat to the Developing World［M］. Random House，2007.

［330］Chang H. J. The East Asian Development Experience：The Miracle，the crisis and the Future［M］. London：Zed Books and Penang：Third World Network，2006.

［331］Commission on Growth and Development. The Growth Report：Strategies for Sustained Growth and Inclusive Development［R］. Washington，D. C.，2008.

［332］Douglass North，Daron Acemoglu，Francis Fukuyama，Dani Rodrik. Governance，Growth，and Development Decision－making［R］. Washington，D. C.，2008.

［333］Durkin J. T. Perfect Competition and Endogenous Comparative Advantage［J］. Review of International，1997，5（3）.

［334］Esposti R.，Bussoletti S. Impact of Objective 1 Funds on Regional Growth Convergence in the European Union：A Panel－datapproach，Regional Studies，2008，42（2）：159－173.

［335］Fujita M.，Krugman P.，Venables A. J. The Spatial Economy：Citie，Regions and International Trade［M］. MIT Press，Cambridge MA，1999.

［336］Fujita M. Towards the New Economic Geography in the Brain Power Society

[J] . Regional Science and Urban Economics , 2007 (3): 482 –490.

[337] Hannan M. , J. Freeman. Organizational Ecology Cambridge [M] . MA: Harvard University Press, 1989.

[338] Hsiao C. Analysis of Panel Data [M] . Cambridge University Press, 2014.

[339] Joseph Stiglitz. More Instruments and Broader Goals: Moving toward the Post – Washington Consensus [A] . The World Bank Wider Annual Lecture, 1998.

[340] Kojima K. Reorganization of North – South Trade: Japan's Foreign Economic Policy for the 1970's [J] . Hitotsubashi Journal of Economics, 1973 (2): 13.

[341] Krugman P. The "New" Economic Geography: Where Are We? Unpublished Manuscript [M] . Department of Economics, Princeton University, 2004.

[342] Levy M. Modernization and the Structure of Societies—A Setting for International Relations [M] . Princeton University Press, 1966.

[343] Lewis W. A. The Evolution of the International Economic Order [M] . Princeton, New Jersey: Princeton University Press, 1978.

[344] Myrdal G. Economic Theory and Underdeveloped Regions [M] . London: Duckworth, 1957.

[345] Nancy Birdsall, Francis Fukuyama. The Post – Washington Consensus: Development after the Crisis [J] . Foreign Affairs, 2011, 90 (2): 45 –53.

[346] Nelson R. Recent Evolutionary Theory about Economic Change [J] . Journal of Economic Literature, 1995, 33 (1): 48 –90.

[347] Ngai L. R. Barriers and the Transition to Modern Growth [J] . Journal of Monetary Economics, 2004, 51 (7) .

[348] North D. Economic Performance through Time [J] . American Economic Review, 1994, 84 (3): 359 –368.

[349] North D. Understanding the Process of Economic Change [M] . Princeton, N J: Princeton University Press, 2005.

[350] Raymond Vernon. International Investment and Investment Trade in the Product Cycle [J] . Quarterly Journal of Economics, 1966 (8): 190 –207.

[351] Reeve T. A. Factor Endowments and Industrial Structure Review of International Economics, 2006, 14 (1): 30 –53.

[352] Reinert E. The Role of State in Economic Development [J] . Journal of Economic Studies, 1999 (26): 4 –5.

[353] Reinert E., Daastol A. The Other Canon: The History of Renaissance Economics [A] //Reinert (ed.). Globalization, Economic Development and Inequality: An Alternative Perspective [M]. Cheltenham, Edward Elgar, 2004.

[354] Reinert E. How Rich Countries Got Rich and Why Poor Countries Stay Poor [M]. London: Constable & Robinson, 2007.

[355] Seung - Wook Beak. Does China Fallow "the East Asian Development Model"? [J]. Journal of Contemporary Asia, 2005 (4): 485 - 498.

[356] Stephen Redding. Dynamic Comparative Advantage and the Welfare Effects of Trade [J]. Oxford Economic Papers, 1999 (51).

[357] Wade R. Governing the Market: Economic Theory and the Role of Government in East Asian Industrialization [M]. Princeton: Princeton University Press, 1990.

[358] Wooldridge J. M. Econometric Analysis of Cross Section and Panel Data [M]. MIT Press, 2010.

[359] World Bank. Economic Growth in the 1990s: Learning from a Decade of Reform [R]. Washington, D. C., 2005: 14.

[360] World Bank. What is Inclusive Growth [EB/OL]. http: //www. Worldbank. org.

[361] Young H. Individual Strategy and Social Structure [M]. Princeton, NJ: Princeton University Press, 1998.